古代歷史文化^{研究}^{輯刊}

初　編

王　明　蓀　主編

第 17 冊

明代的獄政管理
——國家制度的司法權力運作

連 啟 元 著

國家圖書館出版品預行編目資料

明代的獄政管理——國家制度的司法權力運作／連啓元 著—
初版 — 台北縣永和市：花木蘭文化出版社，2009〔民98〕
目 4+274 面；19×26 公分
（古代歷史文化研究輯刊 初編：第 17 冊）
ISBN：978-986-6449-45-1（精裝）
1. 獄政　2. 司法制度　3. 明代
589.8092　　　　　　　　　　　　　　　　　98002374

ISBN - 978-986-6449-45-1

9 789866 449451

古代歷史文化研究輯刊
初　編　第十七冊　　　　　　ISBN：978-986-6449-45-1

明代的獄政管理——國家制度的司法權力運作

作　　者　連啟元
主　　編　王明蓀
總 編 輯　杜潔祥
出　　版　花木蘭文化出版社
發 行 所　花木蘭文化出版社
發 行 人　高小娟
聯絡地址　台北縣永和市中正路五九五號七樓之三
　　　　　電話：02-2923-1455／傳眞：02-2923-1452
網　　址　http://www.huamulan.tw 信箱 sut81518@ms59.hinet.net
印　　刷　普羅文化出版廣告事業
初　　版　2009 年 3 月
定　　價　初編 20 冊（精裝）新台幣 31,000 元

明代的獄政管理
——國家制度的司法權力運作

連啟元　著

作者簡介

連啟元，臺灣臺北人，中國文化大學史學研究所博士，現為國立臺灣藝術大學通識教育中心兼任助理教授，研究領域為文化史、社會生活史、明清史，目前著重於文化史研究，涵蓋社會生活與法律文化層面。發表著作有：〈明代地方社會的公共訊息傳播〉、〈文徵明的山居生活意象〉、〈反獄動亂下的歷史書寫：明正統末年廣東黃蕭養事件研究〉、〈傳播與空間：明代官方告示刊布場所及其傳播特性〉等近十篇文章。

提　要

　　監獄為司法審判後，執行刑罰的場所，屬於司法制度研究的範疇。明代在獄政管理上，包含人事制度的刑官、司獄官、監察官的設立與編制，獄房起居與督察、獄囚飲食、勞役等諸項活動，獄房刑罰的施行與限制，恤刑的會審制度，罪囚的緝捕，以及獄囚的越獄、劫囚等對抗行為。明代雖承襲歷代前朝的制度，亦有其創新與革新之處，並自成一套系統化的管理制度。

　　本文論述架構共分為七章：

　　第一章　緒論：說明研究的動機，並就目前對獄政管理的相關研究成果，以及本文所運用史料作概略性介紹。

　　第二章　獄政的建置：說明獄政制度之下刑官與獄官編制、獄房種類與設置情形，並論述典獄官員與獄卒的職掌。

　　第三章　獄房的管理：論述獄房的功能，獄囚起居環境、飲食、勞役等活動，獄房的巡察，以及司獄司監察的權責範圍。

　　第四章　獄房的刑罰：說明刑訊的功能與目的，獄中刑具與戒具的使用範疇，會審制度的類型與施行情形。

　　第五章　獄房的囚徒：論述罪囚緝捕行動，罪囚的拒捕與逃亡，獄囚的脫逃藏匿，以及強行越獄與劫囚等行為。

　　第六章　獄囚與社會：從整個明代的獄囚脫逃事件探討類型演變過程，由初期較消極平和的方式，轉向晚期積極暴力的方式，進而說明獄囚與地方社會的互動關係。

　　第七章　結論：從整體獄政管理的運作情形，提出對明代獄政制度的研究所得，並總結明代獄政制度的優缺點與特色。

目

次

第一章　緒　論

一、研究動機

　　監獄爲司法審判後，執行刑罰的場所，屬於司法制度的範疇。罪犯經由審理判決之後，罪行確實成立，若無獄房的設置，則刑法將無由執行。監獄既爲囚禁罪犯之處，就其定義而言，則包含有三種：（1）、監獄是具有特定的人與設備之場所；（2）、監獄爲執行刑罰之所在，與暫時拘留、看守的場所不同；（3）、監獄屬於國家權力之延伸，私人不得任意設置。〔註1〕獄政管理，即是監禁罪囚時一套有系統的管理制度，包含刑官與獄官的人事制度、獄房起居與督察、及獄囚飲食與勞役等諸項活動。

　　傳統中國以來的法律觀念，是以「刑期無刑」爲終極理想，所以刑法之制定，原本即傷天地好生之德，而刑法的出現，是由於社會秩序的不安，不得已而爲之，以期達到明刑弼教的作用，追求以「無刑」爲目標。然而隨著社會日趨繁複，人際關係亦多所衝突，律法遂成爲解決紛爭的依據，基於禁暴衛善的原則，犯罪者需禁繫於獄中，經由刑罰而促其改過向善，以維護社會秩序。獄房之設置本屬於皇權的延伸，而獄政管理的良莠，更關乎整體社會，因此獄政管理實屬政治制度之重要環節。

　　獄房的設置，自古以來即有，其名稱雖異，實則所指類皆相同。據《太平御覽》所載，三代以來即設有獄房以監禁罪囚，最早有唐虞的皋陶造獄，夏代稱爲均臺、念室、圜土，商代稱羑里，周代則有囹圄、狴獄之稱。〔註2〕由稱

〔註1〕林紀東，《監獄學》（臺北：三民書局，1991年8月8版），頁1。
〔註2〕宋・李昉等，《太平御覽》（臺北：大化書局，1977年5月，據宋刻本景印），

呼的紊亂來推測，可知商周以前的獄房並無定制，且未必施以刑罰。〔註3〕雖不知獄房確切源起於何時，但獄房的設置背後皆有以牆土監禁罪囚之義意，並使其得以改過自新，因此監獄制度的出現，應爲社會文明發展至相當的進步。

秦漢以來，獄房之設漸成定制。漢代以廷尉職掌刑獄，其獄又稱爲詔獄，凡官民有罪則逮繫於獄，杜周任廷尉時，詔獄所逮繫罪囚曾高達六、七萬之眾。〔註4〕除詔獄之外，另有設於京師長安各官府的中都官獄，及地方所設的郡邸獄，據當時所載，長安之獄共有九市二十四獄。〔註5〕東漢光武帝即位後，爲求獄治簡明，曾下令自漢武帝以來，所設的中都官獄一律裁撤，僅設廷尉詔獄與洛陽獄各一所，〔註6〕實爲大規模之獄政改革。

唐代承襲隋制，以大理寺與刑部典掌刑獄，而此時的刑部雖掌刑法，但僅屬於尚書省六部之一，職權爲按覆大理寺及天下刑名奏議，〔註7〕不及大理寺之權重。唐代於州縣皆設有獄房，京兆、河南地區則獄治京師，凡官吏有罪則繫於大理寺獄。唐代的獄政管理已具有相當制度，凡典獄之長官需每五日慮囚，並照料罪囚飲食，夏則沐浴淨身，疾病則給予醫藥，且遣家人入侍，〔註8〕其餘如刑具規制、訊杖多寡、刑部官員巡視等，皆有明文規定。

宋代獄政管理是延續唐代制度而來，以提點刑獄司統轄四方之刑獄，並於京師至地方各處，皆設置獄房併掌獄之官，在管理制度上更趨於完整健全。宋代獄房門禁甚嚴，犯人入獄必須經過嚴格檢查，凡刀械、錢財、紙筆皆不

卷643，〈刑法部九‧獄〉，頁1上～1下。

〔註3〕中國社會上古以來，就有「象刑」存在的説法。象刑，即對於犯罪者施以象徵性的懲罰，或以不同衣冠服飾以視恥辱，或描繪罪犯受五刑懲罰之情狀，公布眾人以爲示警。據屈萬里解釋，象刑亦分爲三等：上刑赭衣不緣邊，中刑雜屨，下刑用巾蒙面以當墨刑。詳見：屈萬里註，《尚書今註今譯》（臺北：臺灣商務印書館，1993年2月），〈皋陶謨〉，頁29。

〔註4〕漢‧班固，《漢書》（臺北：鼎文書局，1979年2月2版），卷60，〈杜周傳〉，頁2660。

〔註5〕清‧陳雷夢，《古今圖書集成》（臺北：鼎文書局，1977年4月初版），卷130，〈牢獄部‧雜錄〉，頁45下。

〔註6〕南朝宋‧范曄，《後漢書》（臺北：鼎文書局，1981年4月4版），志二五，〈百官志二〉，頁3582。關於秦漢時期的刑法、司法制度，詳見：張晉藩主編，《中國法制通史‧秦漢卷》北京：法律出版社，1999年1月第1版。

〔註7〕後晉‧劉煦等，《舊唐書》（臺北：鼎文書局，1979年2月2版），卷44，〈職官志三〉，頁1884。

〔註8〕宋‧歐陽修等，《新唐書》（臺北：鼎文書局，1979年2月2版），卷56，〈刑法志〉，頁1410。

得攜入，甚至在獄囚飲食中，亦須檢查是否夾帶禁列物品。在禁繫獄囚方面，不僅沿襲唐代「囚徒貴賤，男女異獄」之制，更將重罪及健訟之徒單獨監禁，防止其蠱惑、煽動其他罪囚。〔註9〕對於罪囚若患有疾病，則交由官府所設病囚院，或地方慈善部門加以診治，輕罪者另可保外就醫。在獄房建築上，設有窗牖疏通空氣，寒暑皆有沐浴潔淨，洗滌獄具等措施，而各地典獄官吏需巡檢獄房，若有隳壞，則需隨時加以增補修建。〔註10〕遼代則因官制的二元化，則將刑獄官分爲北面官與南面官，在獄訟的程序運作上，亦有藩漢不同治的原則。〔註11〕

　　元代於獄政制度上，於前代略有差異。唐宋以前，大理寺皆設有獄房，而刑部未設獄房，至元代始廢除大理寺，並於刑部設立司獄司，以司獄典掌獄事，刑部設獄肇始於此。此外，中央的御史臺亦設獄丞掌獄事，大都路兵馬都指揮使則分設三處司獄司以掌獄政，並於刑部設部醫，專職掌理病囚的調視。〔註12〕在地方上，則於全國各道設肅政廉訪司，以廉訪使專治刑獄。在獄政管理方面，上都由留守司提調獄房，地方則由各郡縣佐貳官、幕官每月輪番親臨巡察，並編造獄囚名冊呈報上官。〔註13〕凡男女罪囚不得混居，檢視獄囚衣糧，家貧者則由官府供給，並嚴禁獄卒虐囚，自此獄政管理制度大體完備。〔註14〕

　　明代既承前代經驗而來，對於獄政管理必有一套完整制度，然而對於明代獄政相關論著，卻遍尋不得。近代學者每論述明代司法制度，偶涉及獄房管理時，雖推測中央至地方，必定設置獄房，然而囿於史料之缺，或草草略過，或避而不談，更遑論獄房的設置、數量分布、及運作情形。因此，明代設置獄房既爲必然之事實，遂欲從史料記載之中，尋找相關資料，以架構出

〔註9〕　王雲海主編，《宋代司法制度》（開封：河南大學出版社，1999年2月第1版），頁397～407。
〔註10〕　元・脫脫等，《宋史》（臺北：鼎文書局，1978年9月），卷201，〈刑法志三〉，頁502。
〔註11〕　島田正郎，〈遼朝鞫獄官考（上）〉，《大陸雜誌》，31卷，10期，1996年11月，頁1～7；〈遼朝鞫獄官考（下）〉，《大陸雜誌》，31卷，11期，1996年12月，頁30～35。
〔註12〕　明・宋濂等，《元史》（臺北：鼎文書局，1981年3月3版），卷85，〈百官志一〉，頁2143。
〔註13〕　《元史》，卷105，〈刑法志四〉，頁2689～2690。關於元代時期的刑法、司法制度，詳見：張晉藩主編，《中國法制通史・元代卷》。
〔註14〕　劉曉，〈元代監獄制度研究〉，《元史論叢》，第7輯，1999年4月，頁35～45。

一套明代的獄政管理制度。

二、相關論著

　　有關明代獄政的研究，並無專門的著作，而司法制度之中的相關論著，則多側重律令的考證、司法審判的制度、及司法體系的設置等。〔註15〕對於獄政管理專著，多側重於清末以後及比較中西現行獄政管理，如《中國監獄史》、〔註16〕李甲孚《中國監獄法制史》，〔註17〕對於歷代獄政制度皆有概略性的介紹。其中《中國監獄法制史》一書，雖著重於近代中外獄政管理的比較，但對於明代獄政管理制度，仍具有其參考價值。蘇同炳所著《明代驛遞制度》一書，〔註18〕雖以論述驛遞制度為主，其中對驛獄的設置，頗有詳細說明，驛站之所以設有獄房，提供長途押解囚徒時，得以暫時繫於驛站，除驛獄之外，遞運所獄房之設置，亦具有相同的功用。

　　關於明代的律法考證，近來成為明史研究的重點，關於此方面專著，已獲得相當的成果，從律法條文的演變，亦可略窺獄政管理的變化。楊一凡的《明大誥研究》、〔註19〕《洪武法律典籍考證》，〔註20〕分析考證明初的律法典籍，對於朱元璋的立法思想，進而影響洪武時期（1368～1398）的法令推行，有深入而精闢的見解。〈明大誥與明初之政治社會〉一文，〔註21〕則說明大誥對明初社會的影響。蘇亦工《明清律典與條例》，〔註22〕則是就明清律例的制定過程、性質作用、實際運作情形等，加以辨析。黃彰建的〈明洪武永

〔註15〕就現今有關研究明史的書目之中，關於司法制度論著成果而言，主要以司法訴訟審判、律法考證等兩大主題，為主要研究方向。詳參見：中國文化大學史學研究所《明代政治制度史》全體研究生編，《明代政治制度史類目初稿》（宜蘭：明史研究小組，2000年6月），〈司法制度〉，頁81～85。

〔註16〕勞改專業教材編輯部，《中國監獄史》，北京：群眾出版社，1986年12月第1版。

〔註17〕李甲孚，《中國監獄法制史》，臺北：臺灣商務印書館，1984年6月初版。

〔註18〕蘇同炳，《明代驛遞制度》，臺北：中華叢書編審委員會，1969年6月初版，頁221。

〔註19〕楊一凡，《明大誥研究》，南京：江蘇人民出版社，1988年12月第1版。

〔註20〕楊一凡，《洪武法律典籍考證》，北京：法律出版社，1992年8月第1版。

〔註21〕鄧嗣禹，〈明大誥與明初之政治社會〉，《燕京學報》，20期，1936年12月。

〔註22〕蘇亦工《明清律典與條例》，北京：中國政法大學出版社，2000年1月第1版。

樂朝的榜文峻令〉，〔註23〕更將明代律法演進劃分爲三期，論述從明初榜文、律令爲主的司法核心，轉變爲以律爲主、以例爲輔的過程，提供司法研究的重要指標。其所編纂的《明律例彙編》，〔註24〕參校明律相關條例及註解，更有助於明律的檢閱與對照。

刑官爲司法判決的人員，決定刑案的定讞結果。關於司法審判方面，則有楊雪峰的《明代審判制度》，〔註25〕對於司法審理、會官審錄、法官任免、罪犯緝捕等，皆有精要的論述，另外對中華法系的演進也提出說明，強調中華法系爲世界文明五大法系之一，有其一脈相承的精神與獨特性。尤韶華《明代司法初考》一書，〔註26〕則強調司法機構的設置與刑法的執行，並略論明代司法的三個歷史分期。杜婉言的〈明代訴訟制度〉則著重司法訴訟、審理過程。〔註27〕巨煥武的〈明代的訴訟費用——囚紙〉〔註28〕與〈明代判決書的招由及其記載方法〉，〔註29〕則論述刑官判決書的撰寫，及訴訟時所需的費用。《嘉靖專制政治與法制》則針對於嘉靖一朝，論述其法制的變革。〔註30〕

此外，對於審判制度的會審、審錄程序，學者亦著重不少研究。明代中央的司法審判制度，主要是以刑部、都察院、大理寺爲主要審判機構，〔註31〕關於刑事案件依照罪行輕重有所差異，輕罪委由地方州縣判決並執行，凡屬於徒罪以上的重罪案件，則需將判決與相關卷宗、物證等提交上級機關審核，若涉及人命、謀叛等十惡重罪，則需經由轉審制度呈報中央的三法司審議。〔註32〕同時，官員對於審錄案件時的推理過程，以及律法條文的註釋與見解，都可視

〔註23〕黃彰建，〈明洪武永樂朝的榜文峻令〉，《中央研究院歷史語言研究所集刊》，46 本 4 分冊，1975 年 10 月。

〔註24〕黃彰健，《明代律例彙編》，臺北：三民書局，1979 年 3 月初版。

〔註25〕楊雪峰，《明代審判制度》，臺北：黎明文化公司，1981 年 12 月 3 版。

〔註26〕尤韶華，《明代司法初考》，廈門：廈門大學出版社，1998 年 11 月第 1 版。

〔註27〕杜婉言，〈明代訴訟制度〉，《中國史研究》，1996 年 2 期，頁 74～86。

〔註28〕巨煥武，〈明代的訴訟費用——囚紙〉，《大陸雜誌》，62 卷 4 期，1981 年 4 月，頁 30～45。

〔註29〕巨煥武，〈明代判決書的招由及其記載方法〉，《中華文化復興月刊》，10 卷 6 期，1977 年 6 月，頁 58～67。

〔註30〕懷效鋒，《嘉靖專制政治與法制》，長沙：湖南教育出版社，1989 年 3 月第 1 版。

〔註31〕那思陸，《明代中央司法審判制度》，臺北：正典，2002 年。

〔註32〕邱澎生，〈以法爲名：明清訟師與幕友對法律秩序的衝擊〉，《新史學》，15 卷 4 期，2004 年 12 月，頁 105～112。

爲明代法律知識體系的建立。〔註33〕

隨研究律法風氣所及，明代判牘亦漸受學者重視。判牘，即官吏審訊讞案之判決書，其內容載錄案情始末、兩造供詞、及裁決結果，更能眞實反映當時社會現狀，及司法審判中援引律法條文的使用情形。童光政《明代民事判牘研究》，〔註34〕主要以民事判牘來分析明代的社會關係，而民事律法不僅存在於條文之中，更表現在實際運作之上，舉凡戶婚、田土、借貸等糾紛，皆屬民事範疇，本書針對明代所存的判牘與檔案文獻，以田產典賣、債務契約、損害賠償、婚姻關係、遺產繼承等專題，對於民事法律制度與運行狀況，皆有詳細的論述。濱島敦俊所著〈明代之判牘〉，〔註35〕則就現存判牘專著及明人文集，有關讞獄斷案史料詳加介紹。巫仁恕〈明代的司法與社會——從明人文集中的判例談起〉，〔註36〕則以明人文集的判牘，所反映的社會問題及社會控制加以討論。

禁子即爲獄卒，是看守囚犯之衙役，繆全吉的《明代胥吏》對於胥吏的種類與流品，皆有詳細論述，〔註37〕而禁子原屬地方所僉派的皂隸，地位低下頗爲人所輕視，然而禁子以看守獄門之便，從中索取「常例錢」爲生財之道，對於獄卒爲惡、收受財物亦有些許描寫，具有重要的參考價值。趙世瑜《吏與中國傳統社會》，〔註38〕則提出胥吏對社會之影響。在通論方面，《中國法制通史·明代卷》則採分章專題論述，並分析明代法律制度的承襲與演進。〔註39〕

關於獄囚的脫逃與緝捕，在地方上除弓兵、民壯之外，另有巡檢司專職

〔註33〕邱澎生，〈眞相大白？明清刑案中的法律推理〉，收入於熊秉眞編《讓證據說話——中國篇》（臺北：麥田出版公司，2001 年），頁 135～198。邱澎生，〈有資用世或福祚子孫：晚明有關法律知識的兩種價值觀〉，《清華學報》，新 33 卷 1 期，2003 年 6 月，頁 1～43。

〔註34〕童光政，《明代民事判牘研究》，廣西：廣西師範大學出版社，1999 年 5 月第 1 版。

〔註35〕濱島敦俊，〈明代之判牘〉，《中國史研究》，1996 年 1 期，頁 111～121。

〔註36〕巫仁恕，〈明代的司法與社會——從明人文集中的判例談起〉，《法制史研究》，2 期，2001 年 12 月。

〔註37〕繆全吉，《明代胥吏》，臺北：嘉新水泥公司文化基金會，1969 年 11 月初版。

〔註38〕趙世瑜，《吏與中國傳統社會》（杭州：浙江人民出版社，1994 年 11 月第 1 版。

〔註39〕張晉藩、懷效鋒，《中國法制通史·明代卷》，北京：法律出版社，1999 年 1 月第 1 版。

其責。陳寶良〈明代巡檢司初探〉一文，〔註 40〕對於巡檢司之設置、職責皆有論述，其設置之目的是防禦盜賊，盤詰違法之事，凡有走私、逃軍、逃囚等可疑者，則加以拘捕問罪，雖官秩卑微，所負之責任甚重。而《中國古代治安制度史》〔註 41〕則將明代治安制度，分為中央的京師與廠衛系統，及地方的鄉村與軍隊系統，對於詔令的欽提及盜賊的緝捕多有論述。

　　在國外方面，對於獄政管理制度，亦鮮少研究，其中日本學者濱島敦俊曾研究過相關議題。濱島敦俊在〈明清時代中國の地方監獄—初步的考察〉、〔註 42〕〈明末東南沿海諸省の牢獄〉等兩篇文章中，〔註 43〕曾略敘東南沿海地區有關獄房的設立情形。川勝守〈明代鎮市の水柵と巡檢司—長江デルタ地域について〉，〔註 44〕則是兼述水柵與巡撿司設置的功能，及地方防衛體系的形成，亦提及巡檢司所附設的獄房建置。高遠拓兒〈清朝の監獄と越獄反獄〉，則論述清朝有關越獄與反獄事件的探討。〔註 45〕

三、史料運用

　　關於史料運用方面，明代的正史、政書對於獄政管理制度，多為概略性介紹，其中以詔獄之敘述最詳。史部正史類的實錄、政書類的會典判牘所載皆國家大事，對於刑獄的建置，則有重要參考價值。而屬於地方性質的府州縣獄資料，則散列於集部別集類的明人文集、子部法家類的判牘、子部雜家類的野史筆記、史部地理類的地方志等史料。對於明代全國獄房設置情形，除正史所載之外，以下就明人文集、判牘史料之中較為重要者，加以概略介紹：

　　判牘為反映司法制度與社會現狀最直接的資料，關於研究明代史料之

〔註 40〕陳寶良，〈明代巡檢司初探〉，《天府新論》，1992 年 6 期，頁 82～86。

〔註 41〕朱紹侯主編，《中國古代治安制度史》（開封：河南大學出版社，1994 年 12月第 1 版），804 頁。

〔註 42〕濱島敦俊，〈明清時代中國の地方監獄——初步的考察〉，《法制史研究》，卷33，1984 年。

〔註 43〕濱島敦俊，〈明末東南沿海諸省の牢獄〉，《西嶋定生博士還曆記念——東アジア史における國家と農民》，1984 年，頁 473～486。

〔註 44〕川勝守，〈明代鎮市の水柵と巡檢司——長江デルタ地域について〉，《東方學》，74 輯，1987 年 7 月，頁 101～115。

〔註 45〕高遠拓兒，〈清朝の監獄と越獄反獄〉，《亞洲史研究》（中央大学）24，2000年。

中，亦現存不少判牘的專著。張肯堂《𥳑辭》，〔註46〕爲其任職北直隸大名府浚縣知縣時，所定讞之判牘，全書共有三百多則案例，包含鬥毆、戶婚、劫殺、欺詐等案件。錢春《湖湘五略》，〔註47〕主要是錢春在以監察御史巡按湖廣時，任官之內所彙集之判牘，內容是以涉及人命與賊盜等重大刑案爲主。王廷相《浚川駁稿集》，〔註48〕爲其御史任內，巡撫陝西時所著之判牘。此外，部分判牘並未彙集成書，而是散列於明人文集之中，其重要的有：李陳玉《退思堂集》、〔註49〕胡敬辰《檀雪齋集》〔註50〕、沈演《止止齋集》、〔註51〕歸有光《震川先生集》、〔註52〕范景文《文忠集》、〔註53〕吳亮《止園集》等。〔註54〕其中《退思堂集》包含文告、批記、讞書等，對於地方政務之實行，有極重要的參考價值。明人文集中的判牘史料，從地方府州縣官乃至巡按御史等，包含各種階層，判牘史料不僅可以瞭解當時社會關係，更可看出刑官讞獄時援引律法之情形。

關於地方政務的施政情形，則可從各地官員的實政經驗加以瞭解。《寶坻政書》，〔註55〕爲袁黃於任職北直隸順天府寶坻知縣時所著，其官居清簡，善於教化胥吏，其中〈御吏書〉、〈睦僚書〉、〈刑書〉等，皆爲地方施政經驗，對於刑吏、獄卒管理，及刑名訴訟等多有助益。海瑞《海忠介公集》，〔註56〕

〔註46〕明・張肯堂，《𥳑辭》，12卷，臺北：臺灣學生書局，1970年12月初版，據明崇禎年間原刊本景印。

〔註47〕明・錢春，《湖湘五略》，10卷，《四庫全書存目叢書》史部，臺南：華嚴文化事業有限公司，1997年6月初版，據首都圖書館藏明萬曆王時敏刻本景印。

〔註48〕明・王廷相，《王廷相集》，76卷，北京：中華書局，1989年9月第1版。

〔註49〕明・李陳玉，《退思堂集》，13卷，臺北：漢學研究資料中心景照明崇禎年間刊本。

〔註50〕明・胡敬辰，《檀雪齋集》，40卷，《四庫全書存目叢書》集部，臺南：華嚴文化事業有限公司，1997年6月初版，據上海圖書館藏明刻本景印。

〔註51〕明・沈演，《止止齋集》，70卷，臺北：漢學研究資料中心景照明崇禎六年刊本。

〔註52〕明・歸有光，《震川先生集》，30卷，別集10卷，《四部叢刊初編》集部，臺北：臺灣商務印書館，據清康熙本景印。

〔註53〕明・范景文，《文忠集》，9卷，《文淵閣四庫全書》集部，臺北：臺灣商務印書館，據國立故宮博物院藏本景印。

〔註54〕明・吳亮，《止園集》，24卷，附錄4卷，臺北：漢學研究資料中心景照明天啓元年刊本。

〔註55〕明・袁黃，《寶坻政書》，12卷，北京：書目文獻出版社，1988年2月，據明萬曆刻本景印。

〔註56〕明・海瑞，《海忠介公全集》，7卷，臺北：海忠介公集輯印委員會，1973年5

則對於任職浙江淳安知縣時，所著之條例、告示、申文，及關於詞訟、審錄、治獄等皆有所記載。《呂公實政錄》，〔註 57〕爲記載呂坤歷任山西巡撫、刑部侍郎時之地方政務，其中〈獄政〉一卷，專述獄政管理，舉凡門禁關防、飲食醫療、獄囚生活等，皆有詳盡記載，並提出相關的改進意見。何喬遠在其《鏡山全集》內，〔註 58〕則有〈獄志〉與〈膳志〉等篇章，討論獄房治理與飲食的重要，並提出其見解。王守仁世稱陽明先生，歷官至南京兵部尚書，封新建伯，所著《王陽明全集》之中，以任職刑部主事提調刑部獄時，曾著有〈提牢廳題名記〉及〈重建提牢廳司獄司記〉兩篇文章，記述刑部獄的興建始末，及審錄、提問罪囚等情形，是爲研究刑部獄之珍貴史料。〔註 59〕此外，另有關於盜賊作亂、劫獄等奏疏，則可窺見當時獄囚脫逃的情形。

明代律法幾經更定，隨時間流轉又制定條例，因此「律」、「例」之間的關係密切，而律法條文之深刻，則有賴相關律法專著之輔助，方得以瞭解其內容。明初以來，對於甚爲重視律令的推行，並推行全國性的講讀律令活動，中葉以後私家註解律令的風氣漸盛，因此產生許多著名註律的書籍，雷夢麟的《讀律瑣言》〔註 60〕即爲其中之一。此書的體裁依照《明律》所編排，對明律條文詳加解釋，並提出個人建議，對於明律的深入瞭解，具有極重要的參考價值。另外，沈家本所撰《歷代刑法志》，〔註 61〕則對於歷代刑法制度甚有研究，其中《獄考》、《刑具考》等，專述歷代獄官之演變及職責、刑具的源流皆有論述。薛允升《唐明律合編》，〔註 62〕則是就唐律與明律作相關比較研究。

現存明代所編纂各類方志，約有一千餘種，數量之多，甚爲可觀，其取材廣泛，足資參考。〔註 63〕各類方志對於獄房設置與運作，多有零星的記載，

月初版。

〔註 57〕明·呂坤，《呂公實政錄》，7 卷，臺北：文史哲出版社，1971 年 8 月景印初版，據清嘉慶丁巳年重刊本景印。

〔註 58〕明·何喬遠，《鏡山全集》，72 卷，臺北：漢學研究資料中心景照明崇禎十四年序刊本。

〔註 59〕明·王守仁，《王陽明全集》，41 卷，上海：上海古籍出版社，1997 年 8 月第 1 版。

〔註 60〕明·雷夢麟，《讀律瑣言》，30 卷，附 1 卷，臺北：臺灣學生書局，據明嘉靖癸亥歙縣知縣熊秉元刊本景印。

〔註 61〕清·沈家本，《歷代刑法考》，73 卷，北京：中華書局，1985 年 12 月第 1 版。

〔註 62〕清·薛允升，《唐明律合編》，30 卷，臺北：臺灣商務印書館，1968 年 3 月臺 1 版。

〔註 63〕黃葦等著，《方志學》（上海：復旦大學出版社，1993 年 6 月 1 版），頁 186～

如《正德·瓊臺志》之中，曾提及獄中的井水，所活甚多獄囚，並記載其開鑿始末經過，以做為典獄官員對於獄囚的仁政與關愛之心；〔註 64〕《嘉靖·浦江志略》記載司獄官為照顧獄囚生活，更設有養濟院、惠民藥局、義塚等設施，以為體恤獄囚的措施。〔註 65〕類似相關資料，大多零散的記載於各方志之內。此外，野史筆記及文集方面所散存的讞辭、判牘、見聞等，對於當時司法活動、獄囚生活，則呈現豐富多樣的記錄，因為著作繁多，茲不備載。

四、論述架構

本文的論述架構主要是探討國家司法權力下的獄政管理制度運作，首先從制度面的規劃著手，然後論及對整體地方社會所造成的影響，時間斷限從明朝肇建（洪武元年，1368）至南明滅亡為止（桂王永曆十五年，1661）。研究主旨在於討論獄政管理的設置與職能運作、監督情形、獄房內刑罰的執行，並討論獄囚的追捕與獄中的生活狀況，藉由研究方向的提出，本文擬討論以下各個議題：

1. 獄政管理的職官制度規劃為何？其官吏編制與職權、監督制度的設置為如何？並討論明代全國各地監獄的類型差異，是否影響獄政制度的運作？

2. 獄政管理的功能與目的為何？涉及獄政管理的制度設計，涵蓋「刑官」與「獄官」兩大職官系統，兩者之間的職責是否有所差異？而獄囚在獄中的生活起居、飲食醫療，以及管理獄囚的勞役、巡察等實際運作情形為何？

3. 獄房為執行罪犯刑罰之處，審訊時所施行的刑訊，以及入獄後所施戴的獄具，兩者施行的差異為何？是否涉及傷殘人命等酷虐刑罰？而中央與地方政府對於這些酷刑的弊端，是否採取恤刑或監察的相關預防機制？

4. 獄囚在獄房之中，是否能順從教養與規訓的制度，進而矯正或改變反社會性的犯罪行為？若未能接受官方的規訓制度，是否採取消極或積極的強力行為，企圖逃脫於監獄之外？而逃脫監獄的類型有哪些？相對於各時期、地域等因素，是否有所差異？藉以討論獄囚與地方社會的互動關係。

190。

〔註 64〕 明·唐冑，《正德·瓊臺志》（《天一閣藏明代方志選刊》15，臺北：新文豐出版公司），卷 13，〈公署〉，頁 3 上。

〔註 65〕 明·毛鳳韶纂，《嘉靖·浦江志略》（《天一閣藏明代方志選刊》7，臺北：新文豐出版公司），卷 3，〈官守志·恤制〉，頁 20 上。

5. 獄政管理的執行，除人為疏失而造成獄囚的脫逃之外，制度本身的設計是否有所缺失，進而造成獄政管理運作上的困境？此外，獄房人員的編制與配置、獄房空間的容納等設計不良，是否會造成獄囚增加與逃亡的可能性？會審與轉審制度的推行，是否會造成案件定讞的曠時費日？

第二章　獄政的建置

　　明代獄政管理的職官制度，主要分為「刑官」與「獄官」兩大系統，兩者在職權上各有所差異，前者屬於司法審判的範疇，主要是專司案件審訊、定罪，泛指涉及刑名與訴訟的職官，〔註1〕就司法體系的權責劃分而言，明代士人曾將其職司分為緝捕、審訊、定律、刑罰等四大程序；〔註2〕後者是直接管理獄房安全的巡察，以及獄囚飲食生活、日常起居等各項事務。所以，欲討論明代獄政管理制度的運作，則需從刑官與獄官兩個官職系統加以論述。

　　刑官制度，可以由中央、地方、軍衛三方面來論述。中央機關是以三法司為主，刑部掌天下刑名案件，都察院掌刑案的覆審，大理寺則對兩者審理的刑案，進行最後覆審並判決執行。地方機關則為三司與府州縣為主，布政司、按察司、都司雖然分掌一省事務中的行政、司法、軍事等職權，但其下亦設有專管詞訟的官員，而府州縣則設有推官、通判以及佐貳官等，以協助處理地方訴訟事務。軍衛則涵蓋五軍都督府、地方衛所以及廠衛，五軍都督府與衛所皆斷事官以掌刑名，錦衣衛則因負責皇宮護衛，其地位特殊，除掌

〔註1〕清・孫承澤，《春明夢餘錄》（臺北：大立出版社，1980年10月，據清光緒九年古香齋重刊本景印），卷44，〈刑部一〉，頁4下：「刑官，在朝者謂之士師，在六鄉謂之鄉士，在名縣謂之縣士，各掌其民之數。……蓋以此官民命所係，天討所寓，國家所以得失民心，皆在於此。故非明理義備、道德通經學者，不可以居之。」
〔註2〕明・黃景昉，《國史唯疑》（臺北：正中書局，1969年12月臺初版，據國立中央圖書館藏本影印），卷4，頁223。明人趙汝濂，曾就三法司是否應當執行刑罰處決的問題，認為：「五城爭官，御史問官，理問、司獄獄官並以笞箠從事，吾三法司堂上官，如律定罪而已。」因此，可將司法職司分為緝捕、審訊、定律、刑罰等四大程序，

理刑名外，另有緝捕、巡察、典理詔獄之權。

　　獄官制度的職官權責，在一般行政體系中無論是中央或地方機構，除了縣級單位之外，都設有司獄官專職管轄，軍事體系則是由各地衛所的鎮撫所掌理，而專門禁錮宗藩的鳳陽高牆則委由鎮守太監加以管理。司獄官又通稱為「提牢官」，其職責範圍包含生活起居、飲食醫療、獄房監督等諸項事務，在管理獄囚監禁過程之中，另有從中央遣派的審錄官，以及地方的按察司與分司等官員，不定時的巡視各處獄政管理情形，以防止獄囚冤屈或長年累繫獄囚的情形發生。

第一節　刑官的編制

一、中央機構

　　明代設置刑部、都察院、大理寺爲三法司，是職掌天下刑獄的司法機關，因此公署的規劃並不在皇城之內，而是獨立自成一區，所以三法司「官署之建設必在西北，於南在鍾山之陰，於北在國之巽隅，截然一區，不與諸官寺齒，謂之西衙門。」〔註3〕又因其職掌刑獄，事涉人命死生，故而有「劇地」之別號。〔註4〕從三法司官署位置的特殊規劃，不與其它衙門相互混雜，可見其地位之重要性。

　　明成祖以靖難事變稱帝之後，欲遷都至北京，首先仿設中央機關於北京，稱爲北京行部，明仁宗時則規定，凡諸司衙門在北京者，皆加「行在」二字，後因行部的存在不利於政務推行，遂於宣德三年（1428）正式革除。〔註5〕在京師遷往北京之後，南京三法司地位遂居於京師之下，並成爲官員優老清閒之處。〔註6〕之後，因南京法司動輒以虛言逮繫人犯成獄，致有濫死無辜者，

〔註3〕明・洪朝選，《洪芳洲公文集》（臺北：洪福增重印，1989年11月），《洪芳洲先生歸田稿》，卷2，〈宜山何公應廷尉召北上序〉，頁25上。

〔註4〕明・費宏，《太保費文憲公摘稿》（臺北：文海出版社，1970年3月初版，據明嘉靖三十四年江西刊本景印），卷9，〈修江周氏世德錄序〉，頁37下。

〔註5〕明成祖以燕王起兵靖難，取得帝位之後，即仿照明太祖建中都之制，將原封地北平改爲北京，並設北京行部以統轄原北平府、州、縣，藉以提高北京地位。「北京行部」，即爲中央六部在北京的行署。詳見：徐泓，〈北京行部考〉（《漢學研究》，2卷2期，1984年12月），頁574～580。

〔註6〕明・王恕，《王端毅公文集》（《四庫全書存目叢書》集部36冊，臺南：華嚴

於是朝廷詔令南京法司不得干預在外訴訟，只限於鞫問南京城之軍民訴訟，其餘訴訟俱送往北京法司審理。〔註7〕

（一）刑　部

刑部，掌天下刑名及徒隸勾覆關禁之政令。明初刑部隸屬於中書省，廢中書省後，設刑部尚書一員，並依其職務的劃分，轄有四部：總部、比部、司門部、都官部，〔註8〕其下設有郎中、員外郎、主事等官員。其中司門部專管編發囚軍，都官部則專責提調牢獄。洪武十三年（1380），罷中書省，升六部尚書為正二品、侍郎正三品、郎中正五品、員外郎從五品。洪武二十三年（1390），依所轄地域劃分，改原來四部為十二部，其下各分為憲、比、司門、都司四科，各部負責每一布政司之事務。〔註9〕洪武二十九年（1396），改部為清吏司。至宣德十年（1435），將全國定為十三布政使司，因此刑部確立為十三清吏司。十三清吏司分管所屬布政司刑名，並兼管直隸府州縣，及在京各衙門。除十三清吏司之外，刑部其下轄有司務廳司務，從九品，掌管印信；照磨所照磨，正八品，掌照刷文卷；司獄司司獄，從九品，督率獄吏以管理獄囚。

刑部職掌天下刑案之初審、會審、彙報罪囚、死刑執行等，凡「四方有大獄，則受命往鞫之」，〔註10〕其所轄範圍廣佈全國。凡京師所在大小詞狀，皆由通政司受送，交付刑部審理，而巡視京城時，御史雖有審理詞訟之權，仍需交付該城兵馬司轉送刑部理問。」〔註11〕洪武二十五年（1392）更規定：「吏、禮、兵、戶、工五部，凡有逮繫罪人，不許自理，俱付刑部鞫問。」

文化事業有限公司，1997年6月初版，據北京大學圖書館藏明嘉靖三十一年喬世寧刻本景印），卷2，〈送兵部左侍郎尹公正言赴召序〉，頁3下：「南京雖舊都，諸司臣僚不過恪守舊章，奉行成命而已，既不與廷議，可否大政，雖有長才遠猷，將安施乎？」

〔註7〕明・夏原吉等，《明宣宗實錄》（臺北：中央研究院歷史語言研究所，1984年再版），卷33，頁7上，宣德二年十一月庚子條。

〔註8〕《明太祖實錄》，卷130，頁7上，洪武十三年三月戊申條。

〔註9〕明・不著撰人，《諸司職掌》（《玄覽堂叢書》初輯，臺北：國立中央圖書館，1981年8月臺初版，據明刊本景印），卷5，〈刑部〉，頁1上。

〔註10〕清・張廷玉，《明史》（臺北：鼎文書局，1978年10月再版），卷72，〈職官志一〉頁1758。

〔註11〕明・鄭曉，《端簡公文集》（《四庫全書存目叢書》集部85冊，臺南：華嚴文化事業有限公司，1997年6月初版，據北京大學圖書館藏明萬曆二十八年鄭心材刻本景印），卷9，〈明職掌疏〉，頁11上。

〔註12〕兩京地區的訴訟，雖然刑部與都察院皆得以審理，但仍以刑部審理居多。〔註13〕

刑部初審案件的來源，約可分為五種：一、皇帝所交付審理案件；二、由錦衣衛、東西廠所移交審理案件；三、在京民間訴訟；四、出巡審理重大刑案；五、越訴案件。〔註14〕除初審之職權外，舉凡朝審、大審、熱審、京外會審等，刑部皆需派員參加，以審錄罪囚。在京地區訴訟刑案，需經由通政司轉達於刑部，然後加以審理；〔註15〕其餘各衙門訴訟案件，無論案件是否審決、結案，均需上呈刑部，而後送交大理寺覆核，未得大理寺審核者，不得擅自執行刑責。〔註16〕對於刑部不經由通政司轉達，而擅收民間訴訟，或已經由大理寺審判，而更改案情輕重者，明代均詔令嚴格禁止。

凡全國決囚時，刑部皆遣官會同監察御史前往察視，《明律》規定：「直隸去處，從刑部委員與監察御史；在外去處，從布政司委官與按察司官，公同審決。若犯人反異，家屬稱冤，即使推鞫，事果違枉，問將原問、原審官吏，通問改正。」〔註17〕因此，當犯人或家屬欲翻供時，而案情確實有矜疑冤枉之處，在審問明白之後，則糾劾相關失職官員。

刑部對於全國每年所審問罪囚，可藉由「歲報」、「月報」來瞭解各地獄政執行狀況。凡罪名的無論輕重，分為南、北京等人數，委由山東清吏司整理之後向皇帝奏聞，此稱為「歲報」；而每月則將監禁罪囚，除病故之外，如數呈堂奏聞，謂之「月報」，〔註18〕月報內容包含每月監禁、釋放、傷亡罪囚人數，及罪囚於獄中生活勞動情形。此外，對於做工、運炭等罪囚，則需每

〔註12〕《明太祖實錄》，卷150，頁6下，洪武二十五年十二月丙戌條。

〔註13〕明‧戴金等編，《皇明條法事類纂》（《中國珍稀法律典籍集成》乙編第2冊，北京：科學出版社，1994年8月第1版），卷38，〈刑部類‧告狀不受理〉，頁543：「錐刀之利，睚眦之忿，輒動興詞，通政司每日所收詞狀，送刑部者十之八，送都察院者十之二。」

〔註14〕尤韶華，《明代司法初考》，頁6～7。

〔註15〕《明史》，卷94，〈刑法志二〉，頁2311：「諸司有應問罪人，必送刑部，各不相授，民間獄訟，非通政司轉達于部，刑部不得聽訟。」

〔註16〕《明史》，卷72，〈職官志一〉，頁1758。

〔註17〕《明代律例彙編》，卷28，〈刑部十一‧斷獄〉，頁996。

〔註18〕明‧李東陽等奉敕撰、申時行等重修，《大明會典》（臺北：新文豐出版公司，1976年7月，據萬曆十五年司禮監刊本景印），卷179，〈刑部二十一‧歲報罪囚〉，頁1上。

五日開送工科，填寫文冊，月終分六科輪流奏報。〔註19〕

（二）都察院

都察院，即元代御史臺所改制。明太祖於吳元年（1367）即設置御史臺及各道按察司，御史臺設有左右御史從一品、御史中丞正二品、治書侍御史從二品等官。至洪武十三年（1380）胡惟庸案之後，曾罷廢御史臺，洪武十五年（1382），更置為都察院，設監察御史八人，正七品，分設有浙江等十二道監察御史，正九品。〔註20〕洪武十六年（1383），設都察院左右都御史各一人，正三品、左右副都御史各一人，正四品。〔註21〕洪武十七年（1384），升都察院為正二品衙門，凡在外官員加銜都御史或副、僉都御史者，有總督、提督、巡撫、經略等員。宣德十年（1435），更定為十三道監察御史，至此成為制度。都察院其下所轄，有經歷司、照磨所、司務司、司獄司等機構。

都察院十三道監察御史及提刑按察司，均稱為「風憲衙門」，以肅政、飭法為職責。〔註22〕都察院的職權，根據《憲綱事例》所載：左右都御史、副都御史、僉都御史，專職糾劾百官，辯明冤枉，提督各道及一應不法之事，而各道監察御史若遇刑名案件，則依照各道分送發落。另有差委監察御史出巡、追問、審理、刷卷等事務。〔註23〕因此，都察院之職則以訴訟刑名、糾劾百官為要，而監察御史另有以職務不同，分為出巡、追問、審理、刷卷等職責。〔註24〕其中「追問」，即由監察御史出外追查刑案；「出巡」，為出外考核各地官員審理案件情形，並可接受軍民之訴訟；「審理」，則會同刑部等官員，審決死罪囚犯。

對於官員的考核與監督，為都察院重要之職責。洪武十四年（1381）即遣監察御史林愿、孫榮等分別按察全國各地十三道的罪囚，罪行重者發送京師，交由從大理寺詳讞。〔註25〕永樂元年（1403）又命巡按御史與按察司巡

〔註19〕《明史》，卷94，〈刑法志2〉，頁2311。

〔註20〕《明太祖實錄》，卷149，頁1上，洪武十五年十月丙子條。

〔註21〕前引書，卷155，頁2上，洪武十六年六月戊子條。

〔註22〕《大明會典》，卷209，〈都察院1・風憲總例〉，頁1下。

〔註23〕《諸司職掌》，卷7，〈都察院〉，頁1上。

〔註24〕明代專差御史主要事依照事務不同，而分為刷卷、巡茶、巡倉、巡鹽、巡關、巡漕、屯田、巡河、巡青等專差御史，同時又因差務內容牽涉的層面與重要性，區分為大差、中差、小差。詳見：《明史研究專刊》，第14期，2003年9月、15期，2006年10月，點差御史專輯各篇論述。

〔註25〕明・談遷，《國榷》（臺北：鼎文書局，1978年7月初版），卷7，頁607，洪

視地方，凡州府縣官到任半年以上，察其貪廉與否，並具實奏聞。嘉靖二十一年（1542）又令御史出巡各地，務要革除酷刑，嚴懲酷吏，凡官員濫用酷刑致使無辜枉死者，察經屬實，六品以下官員逕行拿問，五品以上者參題，若御史自行酷虐，或縱庇不究者，回道考以不職處分。〔註26〕巡按御史回道之後，需將審錄、糾劾官員等內容開列造冊，以備都察院考察。

都察院除了考核與監督職權之外，也接受軍民的訴訟案件，其類型有三：一、通過通政司或登聞鼓上訴。二、不服按察司判決，向監察御史上訴，再不服，則可向都察院上訴。三、一般戶婚及田土的訴訟。〔註27〕洪武時期（1368～1398）因朱元璋關心民瘼疾苦，特別在京師設立登聞鼓，凡在外軍民有冤屈申告者，可以赴京擊登聞鼓，或經由通政司投狀告訴，監察御史皆需出巡追問清楚；而洪武十七年（1384），更令天下刑獄皆交由都察院評允。〔註28〕明律曾規定，訴訟需於本管衙門，自下而上陳告，若因斷理不公，冤抑不理者，則允許赴按察司、巡按御史陳告。因此，都察院所接受之刑案，主要仍以覆審或重大冤抑為主。

（三）大理寺

大理寺原名大理司，後改稱大理寺。朱元璋於稱吳王時期，即仿元制設置，之後經過二次興革。洪武元年（1368）首次廢除，洪武十四年（1381）復置，官設大理寺卿一人，正五品、左右少卿各一人，從五品、及左右寺丞等，並將天下罪囚分左右寺審理，凡刑部、都察院、五軍斷事司、直隸府州縣等，由左寺審理；而十二布政司則由右寺審理。在此同時又設置審刑司，凡大理寺所審理之刑案，皆需經由審刑司再次審核，其官設左右審刑各一人，正六品、及左右詳議等。〔註29〕洪武二十二年（1389）升大理寺卿為正三品、少卿正四品。洪武二十九年（1396）再次罷大理寺，建文帝即位後復設，改左、右寺為左、右司，寺正為都評事。〔註30〕永樂二年（1404）恢復洪武舊

武十四年十月癸亥條。

〔註26〕《大明會典》，卷210，〈都察院一·出巡事宜〉，頁28下。

〔註27〕尤韶華，《明代司法初考》，頁33。

〔註28〕《國榷》，卷8，頁646，洪武十七年閏十月乙未條：「令天下論獄皆屬都察院評允，送大理寺覆審，乃決之。」

〔註29〕《明太祖實錄》，卷140，頁1下，洪武十四年十一月乙亥條：「復置大理寺與審刑司，以平理庶獄。」

〔註30〕《明史》，卷73，〈職官志二〉，頁1782。

制，規定左、右寺之職掌權責，並審錄內外刑獄，自此始爲定制。

關於大理寺權限的劃分，自洪武以來即相當紊亂。洪武十四年（1381）即規定，凡刑部、都察院、直隸府州縣等罪囚，由左寺覆審；十二布政司之罪囚，則由右寺覆審。又以左寺掌理京師地區的刑獄案件，右寺掌理京師以外刑名，至萬曆九年（1581），始以地域區分左右寺之權責範圍。〔註31〕此外，洪武朝更設有審刑司以理平獄訟，其職在於覆審大理寺審理過後之刑案，地位居於大理寺之上，但旋即罷廢。而在御史的遷轉上，除晉陞各部尙書之外，則以榮陞大理寺爲最優，然而此比例甚小，一般多外補爲布政、按察二司。〔註32〕

大理寺於三法司之中，品秩皆低於刑部與都察院，其職權主要爲刑獄之覆審，掌有審錄參詳、詳擬罪囚、月報囚數、處決重囚等。大理寺所覆審刑案以重罪爲主，凡「天下刑獄皆刑部、都察院詳議平允，又送大理覆審，然後決之」，〔註33〕對於刑案不交付覆審，或不當改擬案情之官員，大理寺有追究參問之權。在京各問刑衙門之訴訟，非經由通政司不得參送，非經由大理寺評允不得發落，若有改意發落者，大理寺得以參究。

洪武二十六年（1393）規定，凡全國刑獄需經由所轄衙門奏本發審，再由通政司送呈大理寺，並押解罪囚至京。若大理寺比照律法，審錄無誤之後，則將罪囚會同案卷收領回監，聽候發落，而原奏本則送交所屬刑科給事中，編號收掌，仍由通政司回報原來衙門，依原擬罪名施行；若大理寺審錄不合律，則依律封駁，並將其奏本，送交所屬刑科收編，並駁回再擬。〔註34〕若三次皆遭封駁，則將案件奏請上聞。

對於刑案改擬不當的官員，大理寺則有參問之權。成化五年（1469）大理寺評事張鈺奏請：「大理寺之設，之所以審錄刑部、都察院鞫問罪囚，其間或擬罪不當者，一再駁還，并令改擬，或仍不當，許參問，此係舊制。近見南京法司多用嚴刑迫囚誣服，其被究亦止改正而無罪，乞自今許本寺參問。」〔註35〕沈垣任職大理寺時，「日讞省臺，獄持平恕，律例有弗當，輒照駁、參

〔註31〕《春明夢餘錄》，卷50，〈大理寺〉，頁2下。

〔註32〕明・朱長春，《朱太復文集》（《四庫禁燬書叢刊》集部82冊，2000年1月初版，北京：北京出版社，據明萬曆刻本景印），卷22，〈贈蘇公由御史進大理丞序〉，頁1下。

〔註33〕《春明夢餘錄》，卷44，〈刑部一〉，頁30下。

〔註34〕《大明會典》，卷214，〈大理寺・審錄參詳〉，頁18上～18下。

〔註35〕清・清高宗敕撰，《續通典》（臺北：新興書局，1963年10月初版），卷111，〈刑五〉，頁1811中。

駁、追駁，甚或圓審情理制決，必平乃已。」〔註 36〕因此，大理寺職權除了覆審之外，對於案情改擬不合律文、問刑失當等官員，俱得以依法追究。另外，朝廷會官審錄罪囚之時，大理寺官員亦有權參與，所以三法司對於審判職權的劃分，初審是以刑部、都察院為主，覆審以大理寺為主；〔註 37〕若是遇到重大刑案需審錄，或冤獄有疑時，大理寺則需與刑部、都察院或九卿共同會審。〔註 38〕

二、地方機構

（一）三　司

明代的承宣布政使司、提刑按察使司、都指揮使司屬於省級機關，分別掌理一省行政、司法、軍事等職權，號稱「三司」。因其總制地方事務，故有封疆大吏之稱。〔註 39〕

1. 承宣布政使司

布政司或稱「藩司」，為一省最高行政機關。明初承襲元制，首先於江南地區設立行中書省，以後每略定地方，即設置行省，並設官平章政事、左右丞、參知政事等掌理事務。洪武九年（1376）下詔廢除行省制度，改設承宣布政使司，並罷除平章政事、左右丞等，改參知政事為布政使，品秩為正二品。宣德三年（1428），制定全國政區，除北京順天府與南京應天府之外，共定為十三布政司。

布政司官設左右布政使各一人，從二品、左右參政從三品、左右參議從四品等。布政使之職權，是以專責地方民政事務為主，〔註 40〕需定期考核屬官以上報中央，每三年則率府、州、縣正官朝覲京師，並考核屬吏，「凡僚屬滿秩，

〔註36〕《端簡公文集》，卷 6，〈廣東惠州知府鄱陽沈君墓志銘〉，頁 37 下。

〔註37〕《明史》，卷 73，〈職官志二〉，頁 1783：「大理寺之設，為慎刑也。三法司會審，初審，刑部、都察院為主；覆審，本寺為主。」

〔註38〕清‧查繼佐，《罪惟錄》（《四部叢刊廣編》，臺北：臺灣商務印書館，1981 年 2 月初版，據上海涵芬樓影印吳興劉氏嘉業堂手稿本），志 27，〈職官志〉，頁 27 下。

〔註39〕《明史》，卷 90，〈兵志二〉，頁 2159。

〔註40〕明‧費宏，《太保費文憲公摘稿》（臺北：文海出版社，1970 年 3 月，據明嘉靖三十四年江西刊本景印），卷 9，〈送大恭翁君應乾之任廣東序〉，頁 771：「國家設三司以總治於外，其專職民事者，布政也。」

廉其稱職、不稱職，上下其考，以報撫按，以達於吏部、都察院。」〔註41〕每十年編造黃冊，一份上交戶部，其餘三份分別留於省、府、縣。布政使雖以職掌地方民政爲主，於刑獄審判上，亦有部份參與之權。陶雲谷任福建右布政使時，因庫房失竊錢糧，而平反冤屈者五十人，並拘捕眞盜歸案。〔註42〕若有重大興革之事，布政使則需會同按察使司、都指揮使司共同商議。

布政司以下所轄有經歷司、照磨所、理問所、司獄司、染造局、軍器局等部門。其中理問所負責部份刑名事宜，設有理問一人，從六品，及副理問、提控案牘等官，理問所所掌理之司法職權原爲兼理性質，而後逐漸廢弛。正德元年（1506）更規定：「凡布政司官不許受詞，撫按官亦不許批行理問，其分守官受理所屬所告戶婚、田土等情，許行理問所及各該府屬問報。」〔註43〕此後理問所不得過問刑案，但對民事訴訟仍有審理之權。司獄司職掌獄囚管理。

此外，布政司另委派有屬官分駐於各地，協助處理政務，即分守道。永樂時期（1403～1424），原以布政使巡視地方民情，而後改以參政、參議分駐於各府州縣，而成爲分守道，全國總計有五十九道。另有以按事分設的督糧道、督冊道等。〔註44〕

2. 提刑按察使司

按察司或稱「憲司」、「臬司」，爲一省最高司法機關。明初即於江南地區設置按察使司，吳元年（1367）十月始於全國普設各道按察司，官設按察使正三品，副使正四品，僉事正五品。〔註45〕洪武十三年（1380）改按察使爲正四品，尋以胡惟庸案而罷各道按察司，翌年復設各道按察司，並制定全國爲五十三道按察分司。〔註46〕洪武二十五年（1392）九月，以各按察分司所巡按的地區不當，而更定爲四十八道。建文時期（1399～1402）曾仿元代舊制稱謂而將提刑按察司更名爲「肅政按察司」，永樂時期又恢復原名。〔註47〕正德五年（1510），復設浙江等十三道布政使司、按察使司，及分守、分巡官

〔註41〕《明史》，卷75，〈職官志四〉，頁1839。
〔註42〕明・陶望齡，《陶文簡公集》（《四庫禁燬書叢刊》集部9冊，北京：北京出版社，2000年1月初版，據明天啓七年陶履中刻本景印），卷8，〈廣西都御史雲谷陶公暨配諸夫人墓志銘〉，頁7下～8上。
〔註43〕《大明會典》，卷177，〈刑部十九・問擬刑名〉，頁6下。
〔註44〕《明史》，卷75，〈職官志四〉，頁1842～1844。
〔註45〕《明太祖實錄》，卷26，頁2下，吳元年十月壬子條。
〔註46〕《明太祖實錄》，卷136，頁1下～2上，洪武十四年三月丁亥條。
〔註47〕《明史》，卷75，〈職官志四〉，頁1841。

等舊制，仍需於每年更替。〔註48〕

　　按察司設官按察使、按察副使、僉事等，屬有經歷司、照磨所、司獄司等，又以副使、僉事分道巡察爲「分巡道」，另有兵備道、提學道、撫民道、清軍道等。按察使掌一省刑獄與監察，其職責爲「糾官邪，戢奸暴，平獄訟，雪冤抑以振風紀，而澄清吏治。」〔註49〕明初按察使之職權，則偏重於吏治與司法的監察，所謂「風憲之政，本在整肅綱紀，澄清吏治，非專理刑名。」〔註50〕按察使司亦得以更審布政司之案件，如浙江布政司因一起越獄，該司判定二十七名獄卒爲故縱之罪，按察副使陳煒卻認爲定罪過重，而改論以徒刑。〔註51〕

　　明代訴訟審判制度，地方審案程序是由下而上陳訴，必需先由府縣、司道，然後上達至按察司，所謂「讞斷於郡邑，取衷於司道，而後仰決於憲裁，此定體也。」〔註52〕因此越級申訴，即屬違法，但是若因審理不當，以致冤屈案情，則允許向撫按、都察院等陳告，或擊登聞鼓鳴冤。據《憲綱事類》載：「凡按察司斷理不公不平等事，果有冤枉者，許赴巡按御史處聲冤。監察御史枉問，許赴通政司遞狀，送都察院審理。都察院不予理斷或枉問，許擊登聞鼓陳訴。」〔註53〕

3. 都指揮使司

　　都司或稱「閫司」，爲一省最高軍事機關。明初建國於各省設翼元帥府，後改爲行都督府，並設有都衛與鎮撫司，洪武八年（1325）改都衛與行都督府爲都指揮使司，此後多所更定。宣德二年（1427），制定全國爲十六個都指揮使司，另有四川、陝西、湖廣、山西、福建等五個行都司，以及中都、興都留守司。

〔註48〕《明武宗實錄》，卷67，頁6下，正德五年九月癸亥條。

〔註49〕《明史》，卷75，〈職官志4〉，頁1840。

〔註50〕《明太祖實錄》，卷89，頁3上，洪武七年五月壬辰條。

〔註51〕明・焦竑，《國朝獻徵錄》（臺北：臺灣學生書局，1965年1月初版，據國立中央圖書館藏明刊本景印），卷84，〈浙江等處承宣布政使司左布政使陳公煒墓志銘〉，頁4上。

〔註52〕明・劉錫玄，《黔牘偶存》（《北京圖書館古籍珍本叢刊》80冊，北京：書目文獻出版社，1988年2月，據明末刻本景印）《黔南軍政》，卷1，〈爲孟氏獄棠兩院〉，頁14上。

〔註53〕明・張鹵校刊，《皇明制書》（臺北：成文出版社，1969年版，據明萬曆年間刊本景印），《憲綱事類》，〈聲訴冤枉〉，頁13上。

都指揮使司設有都指揮使、同知、僉事等官，下領經歷司、斷事司、司獄司等職司。都指揮使需「各率其衛所以隸五府，而聽於兵部，凡都司并流官或得世官，歲撫按察其賢否，五歲考迭軍政而廢置之。」〔註54〕其中斷事司，設有斷事以理刑獄，副斷事爲貳，吏目佐之，以管理地方衛所軍官之軍人訴訟案件。司獄司則設司獄一人，以管理獄政。

明初，在各行省皆設置都衛指揮使司，並於洪武四年（1371）規定：各處都指揮使司統屬諸衛，凡軍官、軍人詞訟，皆設有斷事司掌理刑名，斷事一人正六品，副斷事一人正七品，以掌理軍官、軍人訴訟事件。〔註55〕洪武八年（1375），改都衛指揮使司爲都指揮使司，設斷事司斷事一人，正六品、副斷事一人，正七品、司獄司司獄一人，從九品，〔註56〕斷事仍掌理軍中刑獄。

（二）府州縣

洪武六年（1373）以納糧多寡爲標準，分天下之府爲三等：每年納糧二十萬石以上，爲上府；二十萬石以下，十萬石以上爲中府；十萬石以下，則爲下府。自宣德三年（1428）以後，制定全國共一百五十九府。府設知府爲掌印官，正四品、及同知、通判、推官等官。通判、推官之員額，因事而添設，通判甚至有添設五人之多。其屬有經歷司、照磨所、司獄司等機關。知府統領一府之政事，宣風化，平獄訟，均賦役，以教養百姓爲要。〔註57〕知府以下雖有專官負責政事，若遇重大事務，仍需由知府親臨裁決。

各府之下設有推官，其職爲掌理刑名，推官之設始於洪武三年（1370），由監察御史鄭沂所請設。〔註58〕推官既爲專職刑名之官員，掌理一府刑獄，與民最爲親近，責任甚重而不易擔任，〔註59〕有時對於疑案則需有正確的決斷，「苟有所可不可，皆決之於己，非若他法官，獄有所疑者，猶有同官可與

〔註54〕《明史》，卷76，〈職官志五〉，頁1872。
〔註55〕《明太祖實錄》，卷61，頁4下，洪武四年二月癸酉條。
〔註56〕《明史》，卷76，〈職官志五〉，頁1872。
〔註57〕《明史》，卷75，〈職官志四〉，頁1849。
〔註58〕《明太祖實錄》，卷53，頁11上，洪武三年六月辛巳條。據監察御史鄭沂奏言：「人命至重，古人所矜。各府宜設有推官一員，專掌刑名，不預他政，庶責有所歸而人無冤抑。」
〔註59〕明・孫克弘，《孫文簡公瀼溪草堂稿》（《北京圖書館古籍珍本叢刊》102冊，北京：書目文獻出版社，1988年2月，據明孫克弘等刻本景印），卷27，〈送陸希哲赴臨江節推序〉，頁20上。

共議其當否，是其任不亦尤難且重哉！」〔註60〕而推官之職權，有時得與巡按御史相並稱。〔註61〕

府所管轄之訴訟，僅限於本府屬縣，不得干涉外府事務，其所受理之案件，多由所轄州縣申詳而來，或由按察司、巡按等委託審理，多非初審案件。〔註62〕以案件程度而言，一般性質案件多由推官掌理，盜賊巡捕則委由同知或通判負責，人命傷亡等重要案件則由知府親自審理。依照明代司法審判制度規定，府為覆審機關，一般不收受訴狀，而是對杖刑以上的案件，或縣級案件進行覆審。

府設有司獄司司獄負責看管獄囚，並由一名佐貳官協助提調。司獄司，官設司獄一員，其下則有獄典數人，專責獄政事務，是為地方制度下最低一級典獄機關。府以下，則由知州、知縣兼掌獄政，已無專職典獄機構。知府既為州縣官之上司，其權責得以鉗制州縣官，若州縣官有缺，則得以委派其它官員暫代，如劉昂為內丘縣訓導，因知縣暫缺，知府知其賢能，遂委其暫理縣中政事。〔註63〕

明代設州二百三十四個，有屬州與直隸州之分。直隸州則直屬布政使司，地位與府相同；屬州又稱散州，則直屬於府，地位與縣相同。〔註64〕州設知州、同知、判官、吏目等官員，知州總理一州事務。關於州的官員，除知州為定額之外，同知、判官等官皆無定員，因事而有所裁撤或增添。凡州的範圍不及三十里且有屬縣時，則裁同知；若無屬縣時，則同知、判官均裁。〔註65〕

縣為地方最基層的組織，以財賦情形分縣為三等：糧十萬石以上為上縣，六萬石以下為中縣，三萬石以下為下縣。〔註66〕縣設知縣、縣丞、主簿、典史等，知縣掌一縣之政，以理民為首要，需設鄉飲禮、講禮以彰顯善惡，使

〔註60〕 明・薛瑄，《薛敬軒先生文集》（《百部叢書集成・寶顏堂秘笈》，臺北：藝文印書館，1966 年版），卷 3，〈送鎮江府推官鄭聰序〉，頁 3 上。

〔註61〕 清・錢謙益，《牧齋初學集》（《四部叢刊初編》集部，臺北：臺灣商務印書館，1975 年 6 月臺 3 版，據明崇禎癸未刊本景印），卷 34，〈常州何司理考績序〉，頁 378 下：「國家郡置司理，專以明刑為職，而司理吾四郡者，所讞刑獄與巡方之使，輶軒相並。」

〔註62〕 楊雪峰，《明代的審判制度》，頁 66。

〔註63〕 《國朝獻徵錄》，卷 82，〈棗強縣學訓導劉公昂傳〉，頁 48 下。

〔註64〕 《明史》，卷 75，〈職官志四〉，頁 1850。

〔註65〕 《罪惟錄》，志 27，〈職官志〉，頁 40 下。

〔註66〕 《明史》，卷 75，〈職官志四〉，頁 1851。

百姓有所勸戒，〔註 67〕其它舉凡「養老、祀神、貢士、讀法、表善良、恤貧乏、稽保甲、嚴緝捕、聽獄訟、皆躬親厥職而勤慎焉。」〔註 68〕縣官若未能親視執政，則權柄未免下移，而爲奸吏所竊，進而流毒地方。前恩縣知縣因染病在身，無暇理政，其屬吏李燦然等，趁機侵盜庫藏，欺詐百姓而騷擾地方。〔註 69〕縣又設有六房吏，其中刑房吏則是掌管刑事案件，並管理牢獄事務。〔註 70〕

　　知縣既掌一縣之政，雖有縣丞、主簿分掌事務，然而對於錢糧、刑獄諸事，仍需親自參與。其中尤以刑獄爲難事，而獄房有無獄囚停滯，端視知縣行政能力如何，如山陰縣周縣令，任官之內「政令一新，剖民獄於片言，稽吏奸於一燭，案無滯牘，獄無停囚。」〔註 71〕然而，各地縣官未必精通於諸事，於是有時委由屬官的協助，如盧資川爲湖廣桃源縣主簿，以幹才之能，爲知縣委於推勘刑獄。〔註 72〕而杜常更以廣西龍江驛丞之任，平反誣告一案，而爲按察司長官所敬重。〔註 73〕

　　知縣爲地方機構最基層之官員，與民最親，然而在施政上，仍需與上司交涉應酬，並考量其意見，因此掣肘甚多而無法專心於政務，所以「縣令之責甚重而權甚輕，責重即一邑、一供、一饑、一寒皆辦於我，而權輕則時有掣肘之患。」〔註 74〕此外屬官、鄉紳、胥吏、百姓亦得以左右縣官之決策，可見知縣之職位卑而任重，實在是非有才幹者不能勝任。〔註 75〕

〔註 67〕明・夏浚，《月川類草》（《北京圖書館古籍珍本叢刊》107 冊，北京：書目文獻出版社，1988 年 2 月，據清抄本景印），卷 6，〈海鹽歷代縣令題名記〉，頁 1 上。

〔註 68〕《明史》，卷 75，〈職官志四〉，頁 1850。

〔註 69〕《文忠集》，卷 4，〈李燦然〉，頁 33 下。

〔註 70〕趙世瑜，〈明代吏典制度簡說〉，《明清史》，1988 年 5 月，頁 35。

〔註 71〕明・季本，《季彭山先生文集》（《北京圖書館古籍珍本叢刊》106 冊，北京：書目文獻出版社，1988 年 2 月，據清初抄本景印），卷 1，〈送山陰周父母考滿序〉，頁碼不明。

〔註 72〕明・江盈科，《江盈科集》（長沙：岳麓書社，1997 年 4 月第 1 版），《雪濤閣集》，卷 7，〈三尹盧資川去思記〉，頁 355。

〔註 73〕明・李攀龍，《李攀龍集》（濟南：齊魯書社，1993 年 12 月第 1 版），卷 20，〈杜長工傳〉，頁 471。

〔註 74〕明・袁中郎，《袁中郎集》（臺北：清流出版社，1976 年 10 月，襟霞閣精校本），《袁中郎文鈔》，〈送榆次令張元漢考績序〉，頁 22。

〔註 75〕柏樺，〈明代州縣官的施政及障礙〉，《東北師範大學學報》，1998 年 1 期，頁 33～45。

三、軍衛機構

（一）五軍都督府

　　明承元制，在初期即設有統軍大元帥府，負責全國軍事事務，之後更名為樞密院，再改為大都督府，洪武十三年（1380）又改大都督府為中、前、左、右、後等五軍都督府。〔註76〕五軍都督府皆設有都督，由公、侯、伯等署理府事，其下設都督同知、都督僉事等參贊軍事，並以中軍都督府斷事官為五軍的斷事官，並負責軍中訴訟。其後因軍衛詞訟繁重，五軍斷事官邵文德奏請增置員額，遂於洪武十七年（1384）十一月，命五軍斷事官增設左、右斷事二人，及提控案牘、司吏、典吏等官吏，以分理軍衛刑名職務。

　　洪武二十三年（1390），升五軍斷事官為正五品，總治五軍刑獄，並於斷事官之下，分左、右、中、前、後等五司，各司設稽仁、稽義、稽禮、稽智、稽信五人，各理其軍之刑獄。〔註77〕建文帝即位後，曾革除斷事官及五司官，旋即又加以恢復。永樂元年（1403）增設北京留守行後軍都督府，置左、右都督等官，後又分五府，稱「行在五軍都督府」，正統六年（1441）復除「行在」字。〔註78〕

　　五軍都督府掌理軍政，與掌有軍令的兵部互為表裡，「兵部掌軍令，而統軍旅、專征伐，則歸之五軍都督府，兵部有出兵之令，而無統兵之權，五軍有統兵之權，而無出兵之令。至將屬于五府，而兵又總於京營，合之則呼吸相通，分之則犬牙相制。」〔註79〕然而五軍都督府之權，日漸削弱，遠不能與兵部相抗衡。

　　斷事官的職掌，包含問擬刑名、詳擬罪名等審判職權；及起解贓罰、處決重囚、獄囚月報等行政職權。〔註80〕五軍斷事官雖總治五軍刑獄，都督若有過失，亦得以審理其罪，陳克昭為五軍斷事司官時，因審定某都督有罪論死，卻遭到明太祖念舊而欲加以赦免，陳克昭乃數度上奏堅持己見，並經過兵部尚書反覆鞫問後，明太祖才不得已接受此項判決。〔註81〕五軍斷事官雖

〔註76〕《大明會典》，卷227，〈五軍都督府〉，頁1上。

〔註77〕《明太祖實錄》，卷199，頁1下，洪武二十三年春正月丁卯條。

〔註78〕《明史》，卷76，〈職官志五〉，頁1858。

〔註79〕《春明夢餘錄》，卷30，〈五軍都督府〉，頁6下。

〔註80〕楊雪峰，《明代的審判制度》，頁43。

〔註81〕明‧魏驥，《南齋先生魏文靖公摘稿》（《北京圖書館古籍珍本叢刊》103冊，北京：書目文獻出版社，1988年2月，據明弘治十一年洪鐘刻本景印），卷2，

負責五軍刑名，所審理之案件，仍需送往大理寺覆核。

（二）衛　所

五軍都督府以下，設有都司、衛、千戶所等單位，都司一級，則有行都指揮使司、都指揮使司、留守司等，皆正二品。明初，在各行省皆設置都衛指揮使司，並於洪武四年（1371）規定：各處都指揮使司統屬諸衛，凡軍官、軍人詞訟，皆設有斷事司掌理刑名，斷事一人正六品，副斷事一人正七品，以掌理軍官、軍人訴訟事件。〔註82〕洪武八年（1375），改都衛指揮使司爲都指揮使司，設斷事司斷事一人，正六品、副斷事一人，正七品、司獄司司獄一人，從九品。而斷事仍掌理軍中刑獄。

衛、所爲地方軍事組織，衛隸屬於都司。衛設有指揮使一人，正三品，另有同知、僉事、鎮撫等官，衛指揮使「掌軍旅防禦之事，使同知、僉事、考選掌管衛事，事報都指揮使。」〔註83〕鎮撫司設鎮撫二人，從五品，專責衛中之刑名事宜。衛以下有所，設有千戶、百戶之職，千戶所設有正千戶一人，正五品、副千戶二人，從五品、鎮撫二人，從六品。

鎮撫雖掌理軍中刑名，而千戶所的鎮撫有時則兼掌百戶職務，「千戶督百戶，百戶下總旗、小旗，率其卒伍以聽令。鎮撫無獄事，則管軍，百戶缺，則代之。」〔註84〕其職權較爲繁雜，不似衛鎮撫專責刑獄，因此兼有刑獄與治軍之權。

（三）錦衣衛

錦衣衛的前身爲拱衛司，至洪武二年（1369）設親軍都衛府，統領中、左、右、前、後五衛軍，〔註85〕洪武十五年（1382）更名爲錦衣衛，掌侍衛、緝捕之事，洪武十七年（1384）改錦衣衛指揮使爲正三品。錦衣衛既原屬於軍事單位，地位與其它軍衛相等，一般軍衛具有作戰與出征之責，而錦衣衛屬於上十二衛之一，負責皇宮護衛，號稱天子親軍，以都督指揮所統領，並不隸屬五軍都督府。〔註86〕官設與一般軍衛相同，設有鎮撫二人，然而錦衣

〈陳克昭傳〉，頁18上。

〔註82〕《明太祖實錄》，卷61，頁4下，洪武四年二月癸酉條。

〔註83〕《罪惟錄》，志27，〈職官志‧定制武官〉，頁45下。

〔註84〕《明史》，卷76，〈職官志五〉，頁1874。

〔註85〕方志遠，〈明朝軍隊的編制與領導體制〉，《明史研究》，第3輯，頁39。

〔註86〕《震川先生集》，卷9，〈送南京虎賁經歷鄭君之任序〉，頁126下：「明以五都督統天下兵，留守四十八衛，京軍分隸之。而錦衣等上十二衛，無所隸屬，

衛鎮撫的職權，較一般軍衛鎮撫來的高，除掌理衛中刑名事宜之外，另有巡察、緝捕、典理詔獄之權，其權責遍及全國。〔註87〕

錦衣衛之下設有鎮撫司掌理衛中刑名，兼管軍匠，設鎮撫二人「別印分司，專理詔獄。獄成，直達於上，下法司覆擬。」〔註88〕洪武時期（1368～1398），凡涉及重大政治性案件，多由鎮撫司以取詔而行，並不經由三法司，因此權力漸為擴大。洪武二十年（1387），曾因鎮撫司治獄嚴峻，而一度焚其刑具，並詔令不得治理外獄，內外案件皆由三法司所審理。〔註89〕明成祖即位之後，復置鎮撫司，並以北鎮撫司專治詔獄。成化十四年（1478），增鑄北鎮撫司印信，凡鎮撫司所審理之刑案，皆專達於皇帝，不必關白錦衣衛，連指揮使亦不得干涉，其權勢益重。〔註90〕

錦衣衛雖以偵緝為主要職責，另外也有司法刑獄之權。明太祖方用重刑，有罪者往往下錦衣衛鞫實，所以掌有刑獄之權。廷杖官員時則有行杖之權，廷杖時錦衣衛官陪列於午門，下列旗校百人，皆衣臂衣，執木棍而立。〔註91〕此外，亦得以參與會官審錄，凡每歲秋後的承天門外審錄罪囚，錦衣衛官則與三法司及各衙門會審。〔註92〕因此，錦衣衛成為司法體系之外的特殊機構。

第二節　獄政的職官

一、典獄職官

（一）提牢主事

明代從中央到地方，於各級獄房皆設司獄，又通稱為提牢官。中央是由刑部主事輪流出任，地方則委任於司獄官或佐貳官提調。洪武時期（1368～1398）即於刑部設置提牢官，以其由刑部主事輪值之故，故稱為「提牢主事」，

　　　為環衛之師，天子之親軍。」
〔註87〕《大明會典》，卷228，〈上二十二衛〉，頁1下。
〔註88〕《罪惟錄》，志27，〈職官志‧定制武官〉，頁44上。
〔註89〕《大明會典》，卷178，〈刑部二十‧獄具〉，頁10下。
〔註90〕《明史》，卷95，〈刑法志三〉，頁2336。
〔註91〕丁易，《明代的特務政治》，（北京：群眾出版社，1983年12月第1版），頁353。
〔註92〕《大明會典》，卷228，〈上二十二衛〉，頁6下。

刑部凡於審問囚人、監禁罪囚等事務,「每月山東部案呈差委主事一員,躬親提調,一應見牢獄。各部每夜又各委官,各點本部囚數,並將囚人上枷鎖。」〔註93〕因此刑部所審問之囚人,則交於司獄司監禁並管理罪囚各項事宜。

明初的提牢官是由刑部山東司主事專職,並於每月更換,相互輪流出任。永樂元年(1403)以後,則改由刑部月派主事一員提調牢獄,並於每月會同刑部、風憲官視察監房,〔註94〕督令司獄官吏人等嚴防巡守。至此提牢官之委任,不再限於山東司主事。

提牢主事之職責為「善視囚蓐鹽,禁吏卒一切痛苦囚者」,〔註95〕並負責修葺監房,檢視獄具,照料囚犯飲食,有病疾者則加以醫治,嚴禁獄中不法情事,「凡官有過紀錄之,兩京歲杪,請勒渧除紀過。」〔註96〕所以提牢官於視察獄房時,需留心「桎梏之緩急,扃鑰之啟閉,寒暑早夜之異防,饑渴疾病之殊養,其微至於箕箒刀錐,其賤至滌垢除下,雖各司於六監之吏,而提牢者一不與知,即弊興害作,執法者得以議擬於其後,又天下之至猥也。」〔註97〕可見舉凡事無大小,提牢官皆需親臨督責。

提牢廳為提牢主事辦公之處,每月由刑部主事輪流接掌,其移交程序則是「先五日,舊提牢官將提牢須知封送接管官看閱。至日,將囚數併一應煤米等項文簿呈堂查驗,批發新提調官管理。」〔註98〕若因事未能輪值,則需商請他人替代,如杭淮於弘治己未年(1499)授刑部主事,當時「諸司遞閱獄狂,月一人為次,同官某當往,以子病疹不欲行,公白其長代之。」〔註99〕所以提調獄房之責任甚重,規定嚴格,若非其他特殊因素,不得擅自任意曠職。提牢主事在任職期間之內,除朔望日及特殊要事之外,其餘時間皆不得擅自外出,其主要職責有二:一、提督司獄司官吏,鈐轄獄卒巡邏,並稽查獄具與月糧煤油,嚴禁獄中不法之事;二、若獄中有冤屈及淹禁情事,則可

〔註93〕《諸司職掌》,卷5,〈刑部・提調牢獄〉,頁14下。
〔註94〕《歷代刑法考》,《獄考》,頁1190。
〔註95〕明・耿定向,《耿天臺先生文集》(臺北:文海出版社,1970年3月,據明萬曆二十六年刊本景印),卷12,〈明河南按察司僉事鄒伯子墓志銘〉,頁13上。
〔註96〕《春明夢餘錄》,卷44,〈刑部一〉,頁2上。
〔註97〕《王陽明全集》,卷29,〈提牢廳壁題名記〉,頁1059。
〔註98〕《歷代刑法考》,《獄考》,頁1188。
〔註99〕明・吳仕,《頤山私稿》(《四庫全書存目叢書》集部70冊,臺南:華嚴文化事業有限公司,1997年6月初版,據北京圖書館藏明嘉靖刻本景印),卷8,〈大中丞杭公傳〉,頁18上。

申明審查。〔註100〕因此，提牢主事除提調獄房之外，另負有平反冤抑之責。

明代中央機關對於提牢官處理獄監獄事務的能力極為重視，有時會以刑部官員是否具有提牢經驗與否，作為參與會審的重要資歷。王世貞（1526～1590）出任刑部時，凡審理刑獄之刑部官員，「必用半年之外，曾經提牢過者，南北決囚三人，必于主事中差資最深者，毫髮不敢亂」，〔註101〕主要是因為刑部官員若曾經擔任提牢官，對於刑獄事務則較有實際經驗，因此在會審審錄罪囚時，具備專業法學經驗並能處理相關事務。

表 2-1：明代獄官系統體制表

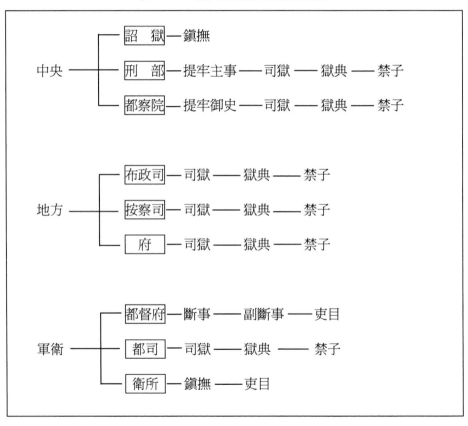

（二）司 獄

司獄，即為掌管獄政事務的職官，舉凡獄房監督、清理、飲食等皆為其職

〔註100〕《歷代刑法考》，《獄考》，頁 1189。

〔註101〕明・王世貞，《觚不觚錄》（《廣百川學海》，臺北：新興書局，1970 年 7 月第 1 版，據明刻本景印），頁 12 上。

責範圍，並隸屬於刑部所管轄，其職責爲率獄吏、典囚徒。〔註102〕凡刑部、都察院、五軍都督府、應天府、各布政司、各按察司、各府等，皆設有司獄司，其官設司獄一員，品秩爲從九品，掌印，下設獄典及職役禁子數人。〔註103〕司獄司只建置於府以上之機關，其位置多位於府治西面，並建有官吏房舍，其提問囚徒辦公之處爲司獄廳，住宿之所爲司獄廨。〔註104〕

司獄司的建置，是效法天象排列而來，設立監房以禁錮不法之徒，且爲防止機密外洩，官吏衙門與屋舍亦設於獄中。〔註105〕司獄官在未稟明上司時，不得擅自虐待罪囚，獄囚若有不明原因死於監房，司獄官人等，亦需受失職處分。如成化二十一年（1466），都察院獄中有婦人投井而亡，監察御史劉洪及司獄官等，皆以行政疏失遭受糾劾。〔註106〕

司獄對於所繫獄囚徒，必先置立簿冊載錄，而各衙門需提取囚徒，或獄囚就醫而出入獄房時，則需上告知府。〔註107〕對於獄囚要詳加安置，並嚴加監牢防備，更不得任意縱容外人入獄探視，以免傳遞言語而走漏獄情。〔註108〕人犯若患有疾病，則厚予給藥治療，若病情危急，則可在外醫治，待病癒後復收入監房，司獄官皆需詳察獄囚所在，即使罪囚在獄房之外身亡，司獄官亦需負擔行政疏失之責；若獄囚死亡，則陪同正官勘驗死因。

司獄司既掌獄政之職，專職管理獄囚，至於獄案是否有所冤屈時，司獄官皆不許擅自過問，以其各有職司，不得干涉刑案審判結果，亦不得唆使罪囚翻案，或因減免罪責而變亂事實，乃至於誣陷他人入罪。但是司獄若發現獄囚有矜疑、冤禁之事，則可申明上司，若不允則上告都察院。〔註109〕因此，司獄不僅管理獄囚的起居作息，更應當留意獄囚是否有冤枉的情形發生。

關於司獄官的員額歷朝多有損益，而各地方設置的情形略有不同，如洪武二十七年（1394）曾因河南都司上奏獄囚無官員掌理，而命各都司特設司

〔註102〕《明史》，卷72，〈職官志一〉，頁1758。

〔註103〕《明太祖實錄》，卷166，頁1下，洪武十七年冬十月庚午條。

〔註104〕關於司獄司之職掌與設置的情形，詳見第3章第4節。

〔註105〕明‧章律，《成化‧保定郡志》（《天一閣藏明代方志選刊》1，臺北：新文豐出版公司），卷5，〈諸司廨舍〉，頁11上。

〔註106〕《明憲宗實錄》，卷268，頁2上，成化二十一年秋七月癸丑條。

〔註107〕明‧李然等，《嘉靖‧寧國府志》（《天一閣藏明代方志選刊》8，臺北：新文豐出版公司），卷3，〈秩統紀〉，頁20上。

〔註108〕《明代律例彙編》，卷27，〈刑律十‧捕亡‧主守不覺失囚條〉，頁968。

〔註109〕《皇明制書》，《大明令》，〈刑令〉，頁40上。

獄一人；〔註110〕正統八年（1443）則於裁減南京官員時，革去刑部司獄二員。
〔註111〕根據表2-2所列，是由洪武時期（1368～1398）所編纂的《諸司職掌》
到萬曆時期（1573～1620）重修《大明會典》，期間府級以上司獄員額的變化
情形，就整體而言司獄官員額變動不大，僅萬曆年間北直隸的司獄官，較洪
武時期所設裁減較多。

表2-2：明代司獄官員額變動表

		洪　武《諸司職掌》	弘　治《大明會典》	萬　曆《大明會典》	備　　　　註
北京	刑　部	6	6	6	
	都察院	6	6	1	舊6員，嘉靖八年革去3員；萬曆九年革1員，又住補1員。
	順天府		1	1	
南京	刑　部			2	
	都察院			1	舊2員，嘉靖三十七年革去1員。
	應天府	1	1	1	
各承宣布政使司				1	內湖廣、山西、山東、貴州俱革。
各提刑按察使司		1	1	1	
各　　府		1	1	1	
五軍都督府		1	1		

【註】：《弘治·大明會典》即《文淵閣四庫全書》史部政典類所藏之版本。

（三）鎮　撫

明承元制，於諸衛、所皆設有鎮撫司，置鎮撫二人，其職為世襲，主管
本衛、所獄訟。〔註112〕永樂之後，則設北鎮撫司專理詔獄。關於軍士犯罪，
與一般民間不同，據《明律》規定，軍士有犯人命或涉及姦盜、戶婚、田土、
鬥毆等，與民相關的糾紛，則需由所屬軍職衙門會同有司審理；若與民不相
關者，則由所屬軍職衙門自行審理，並嚴禁軍官收受民間訴訟。〔註113〕以所
犯罪行決定所屬審理機關，說明軍人司法訴訟，處於半獨立狀態。鎮撫既專

〔註110〕《明太祖實錄》，卷231，頁5上，洪武二十七年二月庚辰條。
〔註111〕《明英宗實錄》，卷101，頁2上，正統八年二月乙丑條。
〔註112〕《嘉靖·寧國府志》，卷3，〈秩統紀〉，頁23下。
〔註113〕《明代律例彙編》，卷22，〈刑律五·訴訟·軍民約會訴訟〉，頁887。

掌軍衛訴訟事宜，其他職官不得干涉，英宗天順六年（1462），甚至詔令嚴禁鎮守總兵官、參將等干涉理獄訟。〔註114〕成化十四年（1478），增鑄北鎮撫司印信，「一切刑獄，毋關白本衛，即衛所行下者，亦徑自上請可否，衛使毋德與聞，故鎮撫職卑而權重」，凡鎮撫司所審理之刑案，皆專達於皇帝，指揮使亦不得干涉。〔註115〕

　　明代的教育體制下，設有武學與衛學以教育軍人子弟，但因設備不佳、不受朝廷重視等因素，所以成效大受影響，〔註116〕以致於在軍衛機構內雖設有鎮撫掌理刑獄，但鎮撫既為武人，多不善於文書，以致權柄移至他人之手。宣德五年（1430）監察御史林英即提出此一弊端，並奏請別設一員從旁協理，或設專員專理刑獄：

> 天下都司設斷事司理刑獄，已有定制，而各衛所及守禦千户所，設鎮撫以理刑獄。鎮撫武人多不諳文移，不通律意，甚至有不識一字者，刑獄往往委之於吏及識字軍，致是非不明，獄囚淹滯冤枉者多。乞令天下衛所援都司斷事司之例，別設一員專理刑獄，或選諳法律者，授以經歷吏目協助刑獄，庶免淹滯之患。〔註117〕

鎮撫對於刑獄審判未必皆能熟悉，若設佐官協助治理，當可改善此弊端，並防止屬吏竊權，然而此項建議並未被宣宗所採納。

二、監察職官

（一）撫　按

　　明代的御史為天子耳目，舉凡大臣奸邪，小人構黨者皆可糾劾，並得以考察百官，會同吏部給予黜陟。在司法職權上，有大獄重囚則會同刑部，鞫於外朝，至於建議大事、廷推大臣、廷鞫大獄，皆得參預，〔註118〕因此監察御史職權甚重。所以吳寬（1435～1504）認為：

> 朝廷設六部以分掌庶事，不相侵越。惟御史按行天下，自官吏、鹽

〔註114〕《國榷》，卷33，頁2140，天順六年九月癸丑條。

〔註115〕《明史》，卷95，〈刑法志三〉，頁2336。

〔註116〕蔡嘉麟，《明代的衛學教育》（宜蘭：明史研究小組，2002年2月初版），頁197～205。

〔註117〕《明宣宗實錄》，卷73，頁5上，宣德五年十二月乙酉條。

〔註118〕清‧趙翼，《廿二史箚記》（臺北：仁愛書局，1984年9月），卷35，〈明言路習氣先後不同〉，頁804。

課、學校、軍政、刑獄、水利皆得以治。或非所治，亦得以論其得

失，陳其利病。御史之職，可謂重矣。〔註119〕

朝廷則定期向地方派出巡按、錄囚使者，以防不法之事。對此，韓邦奇認爲
內有三法司，外有按察司，又特差監察御史審錄、都御史巡撫，對於百官的
監察與糾劾，於制度上以堪稱完備。〔註120〕

　　明代皇權素以集權著稱，政權在中央則析分爲六部，地方則由三司分掌。
地方三司職權的劃分，雖有助於中央集權，但卻造成權責不一，或遇過推諉
的弊端。因此自永樂以來，朝廷即不定期派遣部、院官員，巡行地方，統御
於三司之上，事畢覆命，而都察院及十三道既維持憲紀爲職責，於是都察院
御史，亦得以受命出巡地方，其「治體之所關者，其大若此御史之按行四方
者，凡銜命而出與夫，事峻而還，皆有常制」，〔註121〕另於兩畿諸藩鎮設巡撫、
巡按加以分治。爾後地方如有災異、兵禍、財政等重大事務，皆依循中央遣
官巡行地方之例，逐漸由臨時派遣而形成定制。

　　對於百官的考察，明初即遣御史及各地按察司察舉地方官吏，依其奏報
加以獎懲。除十三道監察御史之循例考察之外，又有不定期派遣官員至地方
考察，自弘治以後，始定外官三年一次外察之例。〔註122〕對於地方勤政之官
員，「不分正佐，果賢而有惠政，如在己則廉名、著治、才優，在官則農桑勸、
學校興、戶口增、獄訟簡、徭役均等事，綽有明效者」，皆給優賞。〔註123〕
關於地方風俗民情，巡按御史亦得以提振教化風氣。〔註124〕

〔註119〕明・吳寬，《鮑翁家藏集》（《四部叢刊初編》集部，臺北：臺灣商務印書館，
　　　　1975年6月臺3版，據明正德刊本景印），卷41，〈贈孟御史序〉，頁254下。
〔註120〕明・韓邦奇，《苑洛集》（《文淵閣四庫全書》集部，臺北：臺灣商務印書館，
　　　　1983年版，據國立故宮博物院藏本景印），卷13，〈慎刑獄以光新政事〉，頁
　　　　3上：「國家法古制刑，內則總之三法司，外則總之提刑按察司，後又特差監
　　　　察御史審錄、都御史巡撫，且付以糾察之寄，其法詳且盡矣。」
〔註121〕明・姚淶，《明山先生存集》（臺北：漢學研究資料中心景照明嘉靖三十六年
　　　　刻本），卷3，〈新修通州察院記〉，頁34下。
〔註122〕《明史》，卷71，〈選舉志三〉，頁1723。
〔註123〕明・周敘，《石溪周先生文集》（《四庫全書存目叢書》集部31冊，臺南：華
　　　　嚴文化事業有限公司，1997年6月初版，據蘇州市圖書館藏明萬曆二十三年
　　　　周承超等刻本景印），卷5，〈修理獄廟疏〉，頁10下。
〔註124〕明・王錫爵，《王文肅公文集》（《四庫全書存目叢書》集部135冊，臺南：華
　　　　嚴文化事業有限公司，1997年6月初版，據首都圖書館藏明萬曆王時敏刻本
　　　　景印），卷5，〈戶部左侍郎見峰王公神道碑〉，頁18上。

　　監察御史出巡地方，所到之處皆得以參與司法審判，並於各布政司設有察院，各地府州縣則設有察院分司，以爲監察御史之駐所。正統三年（1438），規定各處巡按御史會都、布、按三司及直隸府、衛正官，將見繫重囚，俱如京例，審錄以聞。〔註125〕而御史亦有直接處決罪犯之權，如嘉靖年間有監生鄧玉堂，交結官宦，爲惡鄉里，御史陳大賓遂以計除之，「具刑嚴鞫之，俯首伏訊，諸貴人以書爲請者盈門，御史悉令投匭中，獄既具，隨斃諸杖下。」〔註126〕

　　若巡按御史執法不公，按察使亦得以干涉。戴鰲任山西按察使時，某知縣因受賄殺人，巡按御史知其與權貴有識，意欲開脫，戴鰲遂直言勸諫，終得以將知縣正法。〔註127〕此外，若冤情仍無法申理，或御史審理不公，則可向都察院遞狀，或擊登聞鼓鳴冤。

　　巡撫與地方巡按御史合稱爲「撫按」，皆屬於因事而設之職官，早期的巡撫多以侍郎、尚書等官兼任，之後改都察院官兼授，因此具有監察職權，〔註128〕景泰以後，巡撫則多於職稱上加欽差之銜，並領有專敕，不受吏部管轄。〔註129〕由於巡撫掛都御史銜漸成制度，於是巡撫乃改稱「巡撫都御史」，並向都察院系統遷轉。〔註130〕於是巡撫的監察權逐漸提高，從初期的考察地方州縣官，進而考察「南北直隸府州縣官，及各布政司、按察司堂上官」，〔註131〕使其成爲地方最高行政官員，而按察使原掌有地方司法及監察之權，由於巡按御史漸次侵奪按察使之職權，逐漸淪爲其承行之官。〔註132〕

〔註125〕清·龍文彬，《明會要》（北京：中華書局，1956 年 11 月第 1 版），卷 65，〈刑部二·詳讞〉，頁 1258。

〔註126〕明·顧起元，《客座贅語》（北京：中華書局，1987 年 4 月第 1 版），卷 8，〈陳侍御〉，頁 256。

〔註127〕明·戴鰲，《戴中丞遺集》（《四庫全書存目叢書》集部 74 冊，臺南：華嚴文化事業有限公司，1997 年 6 月初版，據北京圖書館藏明嘉靖三十九年戴士充刻本景印），附錄，〈明故通議大夫巡撫四川都察院右副都御史東石戴公墓志銘〉，頁 4 上。

〔註128〕關於巡撫之功能與職掌，詳見：張哲郎，《明代巡撫研究》（臺北：文史哲出版社，1995 年 9 月初版），頁 179～246。

〔註129〕明·敖英，《東谷贅言》（《四庫全書存目叢書》子部，臺南：華嚴文化事業有限公司，1997 年 6 月初版，據南京圖書館藏明嘉靖二十八年沈淮刻本景印），卷下，頁 8 上。

〔註130〕宋純路，〈明代巡撫及明政府對它的控制〉，《長春師範學院學報》，2001 年第 3 月期，頁 365。

〔註131〕《明宣宗實錄》，卷 5，頁 1 上，宣德十年十月壬申條。

〔註132〕按察使之職掌，應以「提刑」兼掌「監察」，其地位與巡按御史相當，然而至

（二）審錄官

「錄囚」或稱爲「慮囚」，即由朝廷中央遣官至地方審訊刑案，或以平反冤屈的制度，有時亦考核地方官吏對政事處理的能力，而審錄官有時又被稱爲「錄囚使者」。明初曾不定時派遣審錄官向地方審訊刑案，以防不法及冤濫情事，更在此種錄囚基礎之下，發展出朝審、大審、熱審等會審制度。

明代中央與地方皆有錄囚之舉，中央以朝審、大審爲主，地方則以遣官審錄獄囚最爲典型。遣官審錄始於洪武時期（1368～1398），至成化八年（1472）奏准每五年前往兩直隸、各布政司錄囚，凡有冤抑則奏請定奪，並成爲定制。弘治十二年（1499）改以每年一次，派遣官員審錄重囚，限期回京覆命。嘉靖十五年（1536）則鑄有審錄關防十五顆，萬曆五年（1577）規定考核審錄官的標準，是以審錄、改駁案件數量爲主，對於不諳刑律或審錄不合律者，皆依法參究治罪。胡世寧任刑部尚書時，有豪強柳瓚誣訴巡鹽御史王朝用，胡世寧加以平反，事後案情大白，而劾去當時讞獄不當的錄囚官員。〔註133〕

審錄官的選派，多由善於刑名或廉能之官員出任，宣德八年（1433）曾敕命三法司，遣廉能官分詣所在，會同三司、巡按御史及府州縣官共同詳審。〔註134〕審錄官派遣時則需請旨，因此權力較大，即如撫按官亦不得妄加干涉，而地方官更猶如屬吏，「知府俱稱屬，手板素服，庭參惟免跪禮，府同知以下，一切庭趨折腰。」〔註135〕嘉靖二十六年（1547）更規定，凡經由審錄官審理得以恤刑減死後，撫按、三司官皆不得任意更改判決，若有致人於死者，皆糾劾嚴懲。〔註136〕審錄官既直接受命於皇帝，故權力凌駕於其他官員之上，得以施行司法職權。

對於案情有可疑之處，審錄官則應加以詳細審問，特別是長年久繫獄中

明代中期以後，按察使之監察權屢爲巡按御史所侵奪，其地位已不在是僚友關係，儀禮已有賓主之分。因此，按察司官漸由風憲綱紀之任，淪爲專以提刑爲主或巡按御史之承行之官。詳見：巨煥武，〈明代提刑按察司職掌之陵替〉，《思與言》，14卷，1期，1976年十一月，頁5～6。

〔註133〕明·袁裹，《衡藩重刻胥臺先生集》（《四庫全書存目叢書》集部70冊，臺南：華嚴文化事業有限公司，1997年6月初版，據北京大學圖書館藏明萬曆十二年衡藩刻本景印），卷17，〈胡端敏公傳〉，頁23下。

〔註134〕《古今圖書集成》，《祥刑典》，卷4，〈總部彙考四〉，頁23下。

〔註135〕明·沈德符，《萬曆野獲編》（北京：中華書局，1997年11月第1版），卷18，〈刑部·恤刑〉，頁459。

〔註136〕《明會要》，卷66，〈刑三·寬恕〉，頁1277。

的罪囚。如廣東惠州知府沈鄂陽奉璽錄囚廣西時，出冤民劉榮等七十餘人。
〔註137〕萬虞愷以御史審錄地方時，則出福州久繫罪囚五十餘人，湖廣六十
人。〔註138〕福建按察僉事福富，分巡至福寧州清理獄囚，五日之中，提囚
二百餘人，審錄定讞。〔註139〕王世貞於嘉靖年間（1522～1566），受命審錄
地方，即於二十日之內，分別審錄順德、廣平、大名等地。〔註140〕至萬曆
時期（1573～1620），甚至以審錄、改駁案件之數量，作為考核審錄官的標
準，因此平反冤獄，遂成為審錄官重要之職責。

　　審錄官於地方審理刑案，雖握有絕對的司法決定權，有時亦需接納地方
官建言。吳中宇於廣西上石西州知州任內，以詳於讞獄著稱，對於冤獄多所
平反，因此每當錄囚使者受命審錄廣西時，凡有疑獄則多委其鞫訊，往往得
以結案。〔註141〕湖廣辰州知府程廷策，曾上讞獄使者，平反數十百人。〔註142〕
江西贛州府二十餘人被誣入獄，同知張瓛「亟白于錄囚使者，釋其未死者七
人。」〔註143〕

　　朝廷遣官審錄之目的，是為了平反冤屈及考核地方官員執法能力，雖有
勤於政事之官，但亦有虛應敷衍者。一些敷衍塞責的官員，常藉此機會「往
往圖得便道過家，不及致詳刑獄，雖有審錄之名，實為虛應故事。」〔註144〕
而後審錄官的素質低落，多以炫耀儀衛為能，有些更是「巡歷郡縣儀衛張甚，
至聽民訟，漫不加省，徒恃區區筆撻以昭明斷」，〔註145〕反而不注重冤案的審
理與定讞。萬曆以後，對於審錄官的簡任，漸不受重視，改以刑部員外郎或

〔註137〕《端簡公文集》，卷6，〈廣東惠州知府鄂陽沈君墓志銘〉，頁37下。
〔註138〕《王文肅公文集》，卷10，〈刑部右侍郎楓潭萬公墓志銘〉，頁15上。
〔註139〕明·李樂，《見聞雜記》（上海：上海古籍出版社，1989年6月第1版，據明萬曆年間刊本景印），卷11，頁16上。
〔註140〕《李攀龍集》，卷16，〈送河南按察副使王公元美自大名之任左參政序〉，頁393：「公既領治獄使者，渡滹沱，緣太行，乃從某三日而讞順德，又五日讞廣平，又十日讞大名。」
〔註141〕明·顧起元，《嬾真草堂集》（臺北：文海出版社，1970年3月，據明萬曆四十二年刊本景印），文部卷26，〈上石西州中宇吳公傳〉，頁3下。
〔註142〕《國朝獻徵錄》，卷89，〈辰州守程廷策傳〉，頁46上。
〔註143〕《國朝獻徵錄》，卷87，〈贛州府同知張瓛墓志銘〉，頁75下。
〔註144〕明·陳子龍等編，《皇明經世文編》（北京：中華書局，1962年6月第1版），卷78，倪岳〈會議〉，頁23下。
〔註145〕明·吳鵬，《飛鴻亭集》（《四庫全書存目叢書》集部83冊，臺南：華嚴文化事業有限公司，1997年6月初版，據北京圖書館藏明萬曆吳惟貞刻本景印），卷5，〈僉憲王俶園之山東序〉，頁20上。

不諳刑律者出任，故而削弱其審錄原有之功能。

（三）監刑官

　　監刑官，即於刑場上監督死刑執行之官員。死刑為人命至重之大事，罪行重大之刑案，需奏請中央裁決，定讞之後則交付地方處決，所以審判之權雖在中央，而實際處決之權則在地方。洪武時期規定，凡處決重囚不及十名者，需具本回覆，十名以上者，則由刑部、御史、錦衣衛官監決，而後回京復命。永樂時，則以死囚百人以上，方得以遣御史審決。〔註 146〕正統元年（1436），令重囚三覆奏畢，仍請駕帖，交付錦衣衛監刑官，領校尉詣法司，取囚赴市。

　　對於監斬官的任命，多以京官奉旨巡察地方為主，而按察司、御史本為風憲官，專職司法監察，所以監斬為其職責所在。潘鈺任福建按察僉事，奉敕督理屯田，亦曾參與監斬。〔註 147〕此外，府州縣官有時亦參與監斬，粵中地區用法甚嚴，「凡遇劫盜，即時論斬于市，但承臺檄出，雖縣令亦出涖刑。」〔註 148〕此舉就維護地方治安而言，確實有遏止劫盜之惡風，也可以防止因監禁所造成的納賄疏通，或趁隙脫逃等弊端。不過，事實上緝獲盜賊，多數仍應奏請聽候審決，否則即有妄殺之虞，此定讞後不待請旨隨即論斬，則舉應屬特例。

　　另外，錦衣衛亦得以監督死刑的執行，凡奉旨處決重囚，錦衣衛從刑科給駕帖，差官會同法司監決，其囚人家屬或奏訴姑留者，校尉則從刑科批手，然後馳至市曹停刑。〔註 149〕監刑官在監督處決罪囚之後，若認為行刑有不當之處，則需對審錄官員提出糾劾。如南京刑部尚書顧應祥，奏嘉靖三十二年（1553）重囚應決之數，比得報，已過多至二日，顧應祥輒以奉旨在前，便宜論決。當時，南京道御史李尚智為監斬官，「事峻聞人言斷獄非是，則大悔，乃與給事賀涇，交章劾應祥，連及刑部尚書何鰲，亦宜並治。」〔註 150〕

（四）司　道

　　明代在地方的省與府之間，設有「道」，屬於監察性質，其源於元代分道按察制度。一道管理若干府，且有獨立的轄區，凡由布政使司參政、參議等

〔註 146〕《古今圖書集成》，〈祥刑典〉，卷 137，〈聽斷部匯考三〉，頁 14 上。

〔註 147〕《國朝獻徵錄》，卷 90，〈福建按察僉事潘鈺墓志銘〉，頁 88 上。

〔註 148〕《萬曆野獲編》，卷 18，〈刑部・嶺南論囚〉，頁 472。

〔註 149〕《大明會典》，卷 228，〈上二十二衛〉，頁 6 下。

〔註 150〕明・徐學聚，《國朝典彙》（臺北：臺灣學生書局，1965 年 1 月初版，據國立中央圖書館藏明刊本景印），卷 185，〈錄囚〉，頁 18 上。

出任，分掌各諸道的有督糧道、督冊道、分守道等；由按察使司副使、僉事等出任，分理各道的有清軍道、驛傳道、分巡道、兵備道等。司道原屬於臨時性布、按兩司分駐於地方的分機構，而後演變為行政單位。〔註151〕

布政使司佐官所出任的司道，其職責多以協助處理地方政務或財務為主，但在早期亦兼有司法職權，永樂九年（1411）曾以在京官員「分行天下，詢訪軍民利病，兼察官吏賢否，存問孤窮，伸理冤滯。」〔註152〕分守、分巡官既以布、按使佐官出任，其職權在府州縣官之上，若有違例之事，即可責罵，甚至加以鞭朴，府州縣官亦不敢違抗。〔註153〕對於分守、分巡官對刑案之定讞，府州縣官亦有權提出疑異，並加以改正。〔註154〕

按察使司佐官所出任的司道，即兼有監察與司法職權。明初，即以按察司副使、僉事分巡各地，即為分巡道前身。如兵備道職責以防邊平亂為要，亦兼有司法職權，弘治時期（1488～1505）即規定，凡文官五品以下犯罪者，兵備官可以自行拿問。〔註155〕有時則因地方聚訟過於繁雜，而添置兵備官員，以協助地方理刑。如蘇州、松江、常州、鎮江四府因獄訟過多，巡按南直隸監察御史王廷相，即以此奏請添設兵備副使一員，以協助當地審理刑案。〔註156〕不過，兵備道既以防邊平亂為要，其理問刑名之權，相較之下則較為微不足道。〔註157〕

第三節　獄房的種類

獄之名稱，古今稱謂不同，〔註158〕而於明代以前，獄無「監」的稱呼，

〔註151〕李國祁，〈明清兩代地方行政制度中道的功能及其演變〉，《中央研究院近代史研究所集刊》，3本，1972年7月，頁139～187。
〔註152〕《明太宗實錄》，卷123，頁1下，永樂九年閏十二月己未條。
〔註153〕《見聞雜記》，卷8，頁54上。
〔註154〕明・王慎中，《遵巖先生文集》（《北京圖書館古籍珍本叢刊》105冊，北京：書目文獻出版社，1988年2月，據明隆慶5年邵廉刻本景印），卷31，〈中順大夫永州知府唐有懷公行狀〉，頁30下：唐有懷任信陽州知州時，有分巡官嘗誤出真盜，案將定讞，唐有懷知其有冤，乃具案牘加以說明，勸諍許久，而後分巡官方才接納。
〔註155〕《明孝宗實錄》，卷45，頁3上～3下，弘治三年十一月乙未條。
〔註156〕《王廷相集》，《浚川內臺集》，卷2，〈議處兵備官員職守以圖久安事〉，頁1059。
〔註157〕謝忠志，《明代兵備道制度》（宜蘭：明史研究小組，2002年8月初版），頁122～126。
〔註158〕明・郎瑛，《七修類稿》（《四庫全書存目叢書》子部102冊，臺南：華嚴文化

自從明律制定以後，始通稱獄為「監」，即含有監察之義，〔註159〕所以自明代以降，獄房多稱之為「監獄」。明代獄房的稱謂繁多，有監房、司獄房、犴獄、獄禁、牢獄等名稱，且於各級機關治所的附近，皆設有獄房。〔註160〕獄房之建置與類別，雖有律法明文規定，依照罪行輕重、男女有別等情形予以分監管理，但是因為地域不同或管理方式而略有差異，甚至有混監的情況出現。

洪武時期（1368～1398）曾規定，決獄「笞五十者縣決之，杖八十者州決之，一百者府決之，徒以上具獄送行省」，〔註161〕所以罪行輕緩，可由州縣直接審斷並加以執行，凡觸犯死刑、謀逆等重罪，則解送入省府、刑部，而皇帝下詔拘提之欽犯，更直接由錦衣衛鞫審至廠衛。所以罪行有異，則監禁之處不同；而鳳陽高牆之衣食豐厚、廠衛詔獄之慘烈，則是獄房待遇不同。本節依獄房的不同層級，分為京獄、中央獄、地方獄、軍獄、水獄、其他等六大類，並論述如下。

一、京　獄

京獄，泛指京師及皇室所建立之獄禁，包括南、北二京及中都鳳陽府。明初，太祖對京師建置所在，頗為猶疑不定，雖於定都於南京，卻又使太子巡撫陝西，並營建中都，故有多都制之傾向，〔註162〕而中都鳳陽為朱元璋出生之地，更是具有其特殊地位。明朝肇立以來，太祖嚴懲貪賄，嚴苛刑法，故對諸王與臣僚多施予罰責，於是設立專責囚禁皇族的監獄，爾後或行或廢。

（一）鳳陽高牆

明初，太祖以「天下之大，必建藩屏，上衛國家，下安生民」為由，〔註163〕

事業有限公司，1997 年 6 月初版，據中山圖書館藏明刻本景印），卷 19，〈辯證類・歷代獄名〉，頁 7 下：「夏曰均臺，又曰念室。殷曰動止，曰羑里。周曰圜土，曰稽留，曰深室，曰虎穴。秦曰囹圄。漢曰若盧，曰都傳，曰寺互，曰靖室，曰狴犴。晉曰黃沙。魏曰司空，總名曰圜扉、圜牆。」
〔註159〕 《歷代刑法考》，《獄考》，頁 1190。
〔註160〕 明・鄭岳，《鄭山齋先生文集》（臺北：文海出版社，1970 年 3 月，據明萬曆十九年莆田鄭氏家刊本景印），卷 11，〈興化府遷建司獄司記〉，頁 5 下。
〔註161〕 《明史》，卷 94，〈刑法志二〉，頁 2306。
〔註162〕 關於明太祖的多都制問題，詳見：朱鴻，〈從南京到北京——明初定都問題的討論〉，《師大學報》，33 期，1988 年 6 月，頁 259～282；萬明，〈明代兩京制度的形成及其確立〉，《中國史研究》，1993 年 1 月，頁 123～132。
〔註163〕 《明太祖實錄》，卷 51，頁 5 上，洪武三年夏四月辛酉條。

大肆封藩，以爲長治久安之計，而後宗藩繁衍漸多，不僅造成朝廷財政負擔，其濫用特權更危及社會安全，歷朝皇權對於宗藩勢力皆有適時的禁抑。洪武六年（1373）即曾以《昭鑑錄》頒賜諸王，並加以勸誡，〔註164〕至嘉靖年間更制定《宗藩條例》，將宗藩禁令與限制詳列於明文之中，宗室「凡有非法不道，怙惡違訓者，必革去封爵，押發高牆」，〔註165〕這些獲罪入獄的宗室，通稱爲「罪宗」，所以鳳陽高牆就成爲禁錮罪宗之處。

由於宗藩繁衍眾多，漸有明顯的兩極分化現象：〔註166〕品級尊崇的親王、郡王等，祿賜豐厚，衣食無匱；品級低微的中尉、奉國將軍等，既有不得從事工商之藩禁，朝廷又多拖欠祿米，遂多有不能自存的窘境。〔註167〕甚至有些宗藩迫於饑寒，爲求溫飽，竟假逯藉以它事獲罪，而進入高牆居住，以獲得口糧以免於饑寒。〔註168〕此外，高牆有時亦囚禁宦官，如太監劉良相與魏忠賢有隙，遭其矯旨謫往鳳陽殺之，〔註169〕而魏忠賢於事敗之後，同樣發往下鳳陽禁錮。〔註170〕這些發往鳳陽監禁的內侍宦官，最後通常是老死於獄中。

鳳陽高牆之建制，嘉靖時期（1522～1566）有高牆五座散處其間，〔註171〕其牆內外皆鑿池，甚至有如崇垣深渠，門數敵臺，不減郡縣城郭。在禁錮罪宗人數方面，至明代中晚期以來日漸增加，英宗天順時期（1457～1464）高牆的五十餘間宅房，累繫已高達三百餘名罪宗，〔註172〕嘉靖十三年（1534）更因宗藩犯罪人數激增，以致於「兄弟同居，不分妯娌者，有子女繁眾，房

〔註164〕《明太祖實錄》，卷80，頁1下，洪武六年三月癸卯朔條：「《昭鑑錄》成，先是命禮部尚書陶凱、主事張籌等採摭漢唐以來，諸王善惡可爲勸戒者爲書。會凱出參行省，編輯未成，……續修之，至是書成，繕寫爲兩卷，太子贊善大夫宋濂爲序以進，賜名爲《昭鑑錄》，以頒賜諸王。」

〔註165〕明・李春芳等修，《宗藩條例》（《中國珍稀法律典籍集成》，乙編第2冊，北京：科學出版社，1994年8月第1版），卷上，〈降發高牆〉，頁559。

〔註166〕懷效鋒，《嘉靖專制政治與法制》（長沙：湖南教育出版社，1989年3月第1版），頁218。

〔註167〕《宗藩條例》，〈禮部尚書嚴訥等題本〉，嘉靖四十一年十月二十五日，頁520。

〔註168〕《明世宗實錄》，卷558，頁4下，嘉靖四十五年五月丙午條。

〔註169〕明・文秉，《先撥志始》（《借月山房彙鈔》，臺北：義士書局，1968年9月景印初版），卷上，頁54上。

〔註170〕明・朱長祚，《玉鏡新譚》（北京：中華書局，1989年9月第1版），卷8，〈自縊〉，頁124：「自逆璫（魏忠賢）事敗，而伏國憲也，猶荷聖明寬厚，姑置鳳陽。」

〔註171〕《宗藩條例》，卷上，〈釋放庶人〉，頁560。

〔註172〕王劍英，《明中都》（北京：中華書局，1992年5月第1版），頁138。

屋窄狹，盛暑炎蒸，翁婦不避者」，〔註173〕容納空間已出現過度飽和的狀態，而朝廷每次赦免鳳陽罪宗，動輒以數百人計，足見高牆之內罪宗增加的比例。在收容空間漸趨不足的情況下，明世宗開始增設罪宗的收容空間，遂詔命「於省城中蓋造閑宅一區，多其院落，繚以高垣外設總門，仍舊晝夜扃護，五日一啓」，〔註174〕增建獄房數量，以便禁錮罪犯，而後管理漸疏，竟「弛施其扃鑰，疏其啓閉，任其出入」，〔註175〕猶如私宅一般。

從英宗以來罪宗越漸增加，反映出宗藩人口日漸增多，進而對地方秩序造成危害的事實，而罪宗繫獄日久，有時因爲特殊之政治因素，甚至可長達數十年之久，一旦獲釋出獄，反而無法適應高牆以外的環境，導致生活上的困難與衝突，如建文帝（1399～1402）的子嗣在英宗時期獲釋，因無法適應生活環境而死亡，建文帝後代至此斷絕。〔註176〕就拘繫罪宗與部分犯罪宦官來看，鳳陽高牆與詔獄（錦衣衛獄）皆直屬於皇帝所管轄的獄房，有時則以「閑宅」的型式暫時替代獄房，這些都說明其特殊性質。但大體而言，高牆主要仍屬於禁錮罪宗之專用監房。

（二）逍遙牢

明太祖爲維護明初社會的安定，曾嚴禁頑民及游手好閒者，對於此輩更處以嚴苛之刑，〔註177〕並在南京地區設置「逍遙牢」加以禁錮。據《客座贅語》記載：

> 俗傳淮清橋北有逍遙樓，太祖所建，以處游惰弟子者。按陳太史《維禎錄》紀，太祖惡游手博塞之民，凡有不務本、逐末、博奕、局戲者，皆捕之，禁錮於其所，名「逍遙牢」。〔註178〕

逍遙牢另有「逍遙樓」之別稱，而此處所謂的「逍遙」，即是對頑民及游手好

〔註173〕明·沈朝陽，《皇明嘉隆兩朝聞見紀》（臺北：臺灣學生書局，1969年十二月初版，據明萬曆原刊本景印），卷4，頁42下。

〔註174〕《明世宗實錄》，卷404，頁2下，嘉靖三十二年十一月乙卯條。

〔註175〕《李文節集》，卷2，〈覆楚藩善後事疏〉，頁15下。

〔註176〕明·徐復祚，《花當閣叢談》（《筆記叢編》，臺北：廣文書局，1969年1月初版，卷1，〈高牆〉，頁13下～14上。

〔註177〕明·祝允明，《野記》（《四庫全書存目叢書》子部，臺南：華嚴文化事業有限公司，1997年6月初版，據南京圖書館藏明毛文煒刻本景印），卷1，頁28上：「高皇惡頑民竄逃淄流，聚犯者數十人，掘地埋其軀，什伍井口，特露頭，用斧削之，一削去數顆頭，謂之鏟頭會。」

〔註178〕《客座贅語》，卷10，〈逍遙牢〉，頁348。

閒者的諷刺。此外，《金陵瑣事》也詳敘逍遙牢設置始末，同時更記載明太祖
如何處置此等游手好閒之徒：

> 太祖造逍遙樓，見人博奕者、養禽鳥者、遊手遊食者，拘於樓上使
> 之逍遙，盡皆餓死。樓在淮清橋東北，臨河對洞神宮之後，今關王
> 廟是其地基。〔註179〕

淮清橋舊名東水閘，〔註180〕位於南京長安街之西，其下河水與秦淮河相通，
〔註181〕所以逍遙牢是南京地區特有的監獄。在《明朝小史・宣帝紀》中曾記
云：「漢庶人高煦，帝之叔也。因謀反，帝親征，獲至京，鎖繫於大內逍遙城。」
〔註182〕可見高煦舉兵失敗後，繫於逍遙城之中，而此逍遙城亦位於南京應天
府，應與淮清橋地理位置相當，所以「逍遙城」應當就是洪武時期的「逍遙
牢」。由此可知，逍遙牢於宣德時期仍然存在於南京地區。

（三）詔　獄

歷代以來，詔獄皆爲專奉帝王詔令審理刑案，其中以審理大臣之政治要
案爲主。明代的詔獄即爲「北鎮撫司獄」，其於衛治附監房，錦衣衛原設有南
北鎮撫司，永樂以後，始以北鎮撫司專理詔獄。北鎮撫司設有看監百戶五名，
以管理詔獄，並有獄卒數名把守。錦衣衛獄關防嚴密，凡一切大小獄情，皆
不得走露，亦不許受人囑託，若有看監千戶、百戶等，走透獄情，皆以律處
斬。〔註183〕

天順六年（1462），門達任錦衣衛都指揮使僉事，以獄囚過多爲由，遂於
城西武邑庫之隙地，增建新衛獄，自此拘繫狼籍。〔註184〕門達覆敗之後，乃
依朝臣奏請，毀棄新建衛獄。〔註185〕明初規定，凡錦衣衛獄囚人病故，需由

〔註179〕明・周暉，《金陵瑣事》（《中國方志叢書・華中地方》440，臺北：成文出版
　　　　社，1989年3月臺第1版，據明萬曆三十八年刊本景印），卷3，〈逍遙牢〉，
　　　　頁31上。
〔註180〕明・不著撰人，《洪武・京城圖志》（北京：書目文獻出版社，1988年2月，
　　　　據清抄本景印），〈橋樑〉，頁22上。
〔註181〕明・陳循等，《寰宇通志》（《玄覽堂叢書》續輯，臺北：國立中央圖書館，1985
　　　　年12月臺初版，據明景泰間內府初刊本景印），卷8，〈應天府〉，頁17上。
〔註182〕明・呂邲，《明朝小史》（《四庫禁燬書叢刊》史部19冊，2000年1月初版，
　　　　北京：北京出版社，據北京圖書館藏舊抄本景印），卷6，〈宣帝紀・銅缸燔
　　　　死〉，頁4上。
〔註183〕《大明會典》，卷228，〈錦衣衛〉，頁8下～11下。
〔註184〕《明英宗實錄》，卷344，頁5上，天順六年九月壬子條。
〔註185〕《明史》，卷95，〈刑法志三〉，頁2336。

監察御史與刑部主事同往相識，若奉有詔令者，則需於次日復命。〔註186〕

　　東廠、西廠、內行廠為明代所設置，而與錦衣衛併稱「廠衛」，皆屬明代之弊政。〔註187〕東廠設於永樂時期（1403～1424），由司禮太監兼領，稱為督主，專主刺事，並非正式機構，亦無專設人員。東廠設有貼刑千百戶二員、番役千餘名，另置廳堂、祠堂，廳後影壁雕有狻猊等獸，獄房以囚處重罪犯為主，輕犯則繫於署外。〔註188〕西廠與內廠其設施應當與東廠相同。東廠、西廠之職責仍以偵伺為主，其原因有：（1）東廠、西廠所屬之編制有掌刑千戶、理刑百戶、隸役若干等，多為錦衣衛撥充。〔註189〕掌刑、理刑僅是偵伺後的審判，並無獄官、獄卒之編制。（2）政治性案件，多由東廠、西廠偵伺後逮捕，經由北鎮撫司獄拷訊後，再送交三法司。所以東廠、西廠並不附設獄房拘繫罪囚，而是逮捕罪犯後，於詔獄內拷訊，再送交三法司擬罪。

　　廠衛所審理刑獄，因多涉及政治案件，故有特務組織之稱，〔註190〕明代帝王更倚之為耳目，使其四處偵察監視臣民的生活，詔獄既直屬皇帝命令行事，故審判往往不經由三法司，如嘉靖八年（1529）刑部員外郎邵經邦上疏忤帝意，遂下鎮撫司獄拷訊，獄上，請送三法司擬罪，世宗即以「此非常犯」為由，不送三法司而直接謫戍至福建鎮海衛。〔註191〕廠衛既以君王旨意行事，遂恃勢任意胡為，乃至於危害各地。

（四）兵馬司獄

　　兵馬司獄，是隸屬於五城兵馬司的監獄。對於京師地區的守衛，以五城兵馬司專司其責。京師為全國至重之地，治安與警備防衛甚嚴，除軍衛的駐防守備之外，治安的管轄主要是由五城兵馬司及巡城御史所負責，而皇城警衛則由侍衛親軍所擔任。其中的五城兵馬司，洪武初期所設置，原為兵馬司，

〔註186〕《大明會典》，卷228，〈錦衣衛〉，頁5下。

〔註187〕《明史》，卷95，〈刑法志三〉，頁2331。

〔註188〕明・劉若愚，《酌中志》（《北京古籍叢書》，北京：北京古籍出版社，1994年5月第1版），卷16，〈內府衙門職掌〉，頁100～101。

〔註189〕《明史》，卷95，〈刑法志三〉，頁2333。

〔註190〕《明代特務制度》，頁4。明代的特務機關約可分為三大類：（1）分駐各地的鎮守太監，（2）駐守京師的錦衣衛與東西廠，（3）臨時派遣的監軍、稅監等。除錦衣衛之外，其它皆操於宦官之手，並以司禮監為最高指揮機關，而由皇帝作最後裁決。

〔註191〕清・夏燮，《明通鑑》（臺北：世界書局，1962年11月初版），卷54，頁2045，嘉靖八年十月條。

以稽察奸僞爲職，後增爲五城兵馬司，管理巡捕盜賊等事務，之後又增設巡捕官予以統轄，萬曆時期（1573～1620）規定，京師治安委由五城兵馬司與巡捕官共同負責，並採輪流制，凡自卯時至申時，由五城兵馬司負責；自酉時至寅時，則由巡捕官負責。〔註192〕

根據《今言》的記載，弘治時期（1488～1505）中曾有台州人繆恭，晚年至京師奏陳六事，其中一條乃請封建庶人之後爲王，並奉祀懿文太子。但因奏言不當而被通政司官劾奏，並繫於兵馬司獄，旋以詔令赦免，放還歸鄉。〔註193〕憲宗成化末年曾因京師多盜，兵部尚書余子俊奏請科道部屬等官，大肆搜索京師內外居民，凡遇寄居或無路引者，輒以爲盜，悉送繫兵馬司，〔註194〕既然能將可疑者逮繫至兵馬司之中，可見必有監禁之所。

此外，馬從聘曾奉都察院箚兼管中兵馬司事務，見監中兵馬司犯人吳坤、白如璧等人及人命重犯葛應奎俱羈押獄中，遂奏請如律懲治，以免淹繫日久。〔註195〕由此可知，五城兵馬司不僅有守備京師之責，另設有獄房監禁可疑或不法份子。

二、中央獄

中央獄，指隸屬於中央政府，專職司法機關所設之獄房，包含刑部獄與都察院獄，而大理寺在明初原設有司獄司，但是因其屬於司法覆審機關，專職司法審理，遂廢除司獄司，不設監房監禁罪囚。

（一）刑部獄

刑部設於皇城西方，附設獄房，並設置提牢廳，由刑部主事輪流負責提點之職，謂之「提牢主事」，每月更替一人。另外都察院、大理寺亦有監房，爾後大理寺於弘治以後，爲最高覆審機構，故不設獄房以囚處人犯。刑部獄，最早設立於洪武十七年（1384），當時明太祖即以刑主陰肅爲由，於南京太平門外鍾山之處，設立隸屬三法司之「貫城」，並下敕言曰：

〔註192〕《明史》，卷89，〈兵志一〉，頁2189。

〔註193〕明‧鄭曉，《今言》（北京：中華書局，1984年5月第1版），卷4，頁169～170。

〔註194〕《菽園雜記》，卷10，頁122。

〔註195〕明‧馬從聘，《蘭臺奏疏》（《四庫全書存目叢書》史部64冊，臺南：華嚴文化事業有限公司，1997年6月初版，據清光緒五年定州王氏謙德堂刻畿輔叢書本景印），卷1，〈乞究處贓犯疏〉，頁7下～8下。

> 肇法司於玄武之左，鍾山之陰，其所名貫城。貫者，法天之貫索。
> 是星七宿如貫珠，圈而成象，乃天牢也。若中虛而無凡星於內，則
> 刑官無私邪，政平訟理，故獄無囚人，貫內空。若繁星處其中而有
> 數枚者，則刑官非人。若中有星明亮者，則貴人無罪而獄。今法司
> 以法天道，爾諸事，各司其事，當以身心天道而行之。〔註196〕

因為貫城是仿效天象而建置，故又有「天牢」之稱。（參見圖 2-1）明都北遷之後，正統七年（1442）十一月，另建刑部、都察院、大理寺於北京宣武街之上，因此三法司仍並列於皇城之西。〔註197〕在京官員如有犯罪的情形，多直接逮繫至於刑部獄，如嘉靖時期（1522～1566）海瑞因上書直諫，由於言詞過激，致使嘉靖皇帝大怒，廷杖之後遂將海瑞監禁繫於刑部獄之中。〔註198〕

京師既為天下重地，而刑部又職掌全國的刑獄事務，所監禁的罪囚數量更是歲以萬計。王守仁（1472～1528）於刑部主事任內，曾經提調刑部獄，在其〈提牢廳壁題名記〉之中，即說明其建置始末及運作情形：

> 京師，天下獄訟之所歸也。天下之獄分聽於刑部之十三司，而十三
> 司之獄又併繫於提牢廳，故提牢廳天下之獄皆在焉。獄之繫，歲以
> 萬計，朝則皆自提牢廳而出，以分布於十三司。〔註199〕

刑部每月輪派主事為提牢官，專管獄政事務，並設有獄卒看守監房。若因審問所需而由獄中提取人犯時，提牢官需查照各司取囚票帖，再由禁子押解，且提牢官與司獄一同行動，方得提取人犯，審理完畢後，再以獄卒押回收監。〔註200〕

〔註196〕明·傅鳳翔編纂，《皇明詔令》（臺北：成文出版社，1967 年 9 月臺 1 版，據明嘉靖刊本景印），卷 3，〈太祖高皇帝下·諭法司敕〉，頁 9 下。

〔註197〕《明英宗實錄》，卷 98，頁 4 上，正統七年十一月壬戌條。

〔註198〕明·葉權，《賢博編》（北京：中華書局，1987 年 4 月第 1 版），頁 35。

〔註199〕《王陽明全集》，卷 29，〈提牢廳壁題名記〉，頁 1059。

〔註200〕《歷代刑法考》，《獄考》，頁 1190。

圖 2-1：貫索天象圖

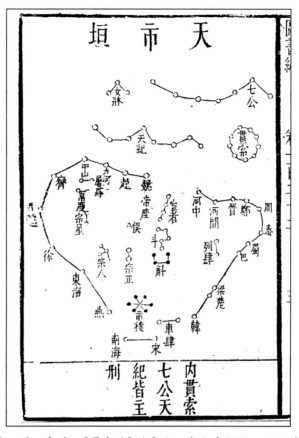

資料出處：明・章潢，《圖書編》（臺北：成文出版社，1971 年 1 月初
版，據明萬曆四十一年刊本景印），卷 122，〈刑曹總敘〉。

　　對於南京刑部建置，編制雖然較為簡要，仍舊仿照北京規劃設立。明代
中葉，寧王朱宸濠舉兵反叛，當時南京地區曾實施戒嚴，顧起元對此事有所
載記，其中略可窺見當時南京刑部獄之規模：

> 正德十四年七月十二日，江西宸濠反，攻安慶。南京戒嚴，刑部重
> 監、輕監人犯，俱移於錦衣衛獄，事寧復初。按自三法司門往北一
> 帶，舊有大牆，總括三法司、京畿道在內。而刑部郎中龐嵩建議，
> 猶謂於湖北岸增築城，接刑部後牆，至鍾山之紅牆止。不惟法司緩
> 急有備，免越獄之虞，即陵寢、冊庫，亦增一重扞圍。〔註201〕

──────────────

〔註201〕明・顧起元，《客座贅語》（北京：中華書局，1987 年 4 月第 1 版），卷 10，〈移

為避免亂事擴大，乃將獄中囚犯移往錦衣衛獄，而南京刑部獄的邊牆，涵蓋原有三法司之官署，而後又增建新牆接續鍾山的紅牆，可謂加強對三法司、陵寢、冊庫等的防護（參見圖 2-2）。

圖 2-2：明代南京城示意圖

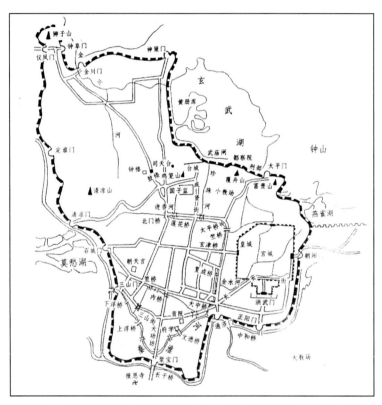

資料出處：高樹森等編，《金陵十朝帝王州·南京卷》，北京：中國人
民大學出版社，1992 年 5 月第 1 版，頁 127。

（二）都察院獄

都察院，即元代的御史臺，明代都察院亦附設獄房，對於都察院獄的相關資料，明實錄上則多有所載。如成化二十一年（1485），都察院獄中有婦人投井而亡，監察御史劉洪及司獄官等，受連帶處份。〔註 202〕而南京都察院司獄司，曾於嘉靖時期（1522～1566）一度革新獄政，並由御史方鳳勒石立碑記文：

囚〉，頁 346。

〔註 202〕《明憲宗實錄》，卷 268，頁 2 上，成化二十一年秋七月癸丑條。

今皇帝繼統，刷故劃弊，萬政一新，自府部寺院都司而下，咸有革新，
罔敢弗循，罔敢弗敬。且畏安福王公以右都御史來主院事，松滋伍公、
廣平胡公實副之，同心一德，順承休美。凡院事無細大，搜閱立矣。……
武進曹君時用，適有督獄之責，承三公之意，條列獄務之宜者，以告
三公，曰：可。又謀於同寅，僉曰：可。君迺買石，書氏名，前記所
未及者，洎事宜並鑴而虛上，方委鳳爲記。〔註203〕

可惜關於獄政革新的確切情形，碑文中並未明載，故無從詳加討論。對於獄房
相關設施若有所損毀，則屬於御史職權管轄範圍之內，需奏請加以修緝。〔註204〕

都察院獄亦曾經發生獄囚脫逃事件，如成化四年四月南京都察院獄囚，於
夜晚逃逸六十四人；〔註205〕成化十四年五月都察院獄囚逃逸，逮御史馬隆、李
寅下獄問罪，左都御史王越等罰俸三月，〔註206〕以爲巡察不嚴之懲戒。甚至遭
到盜賊劫獄，如英宗天順元年（1457）發生都察院獄盜賊越獄事件；〔註207〕成
化九年（1473）七月，盜賊更趁風雨之際，侵入南京都察院獄，並劫走死囚三
人。〔註208〕

（三）大理寺獄

唐宋以來，大理寺爲職掌刑獄的重要機構，至元代而廢除，明初又加以復
設。根據實錄所載，洪武十七年（1384）六月，曾下詔罷大理寺司獄司，〔註209〕
由此可知，在洪武十七年（1384）之前即設司獄司於大理寺，既設有司獄，必
設有獄房以監禁罪犯，而後才廢除司獄司。

據《明史》所載：大理寺於明初時，猶置刑具與牢獄，弘治以後，只有
閱案卷宗，囚徒俱不到寺應訊。〔註210〕所以在洪武以後，雖罷除大理寺司獄
司，但應仍具有暫時拘留罪囚之權，直到弘治以後，才完全廢除刑獄之權，
而以審閱案件並覆審刑名案件爲主。大理寺之職掌，既以審讞平反刑案爲要，

〔註203〕明・祁伯裕，《南京都察院志》（臺北：漢學資料中心景照明天啟三年刊本），
　　　　卷36，〈藝文志〉，方鳳〈提牢廳題名記〉，頁28上。
〔註204〕《明英宗實錄》，卷326，頁1上，天順五年三月壬寅條。天順五年（1461）
　　　　因都察院獄牆隳損失修，即由左都御史寇深奏請，加以修補獄牆。
〔註205〕《國榷》，卷35，頁2249，成化四年四月丙午條。
〔註206〕《國榷》，卷38，頁2402，成化十四年五月癸酉條。
〔註207〕《明英宗實錄》，卷280，頁5上，天順元年秋七月己巳條。
〔註208〕《明憲宗實錄》，卷118，頁1上，成化九年秋七月辛卯條。
〔註209〕《明太祖實錄》，卷162，頁3上，洪武十七年六月丁卯條。
〔註210〕《明史》，卷73，〈職官志二〉，頁1783。

凡都刑部、都察院、五軍斷事官等刑獄，皆移案牘並引罪囚至寺詳讞，〔註211〕而大理寺司獄司廢除的原因，乃是其原本掌理刑獄之權，為刑部所取代，故而以覆審為主要職掌，所以不設獄房以囚處罪犯。

三、地方獄

（一）布按獄與府州縣獄

地方獄包含三司：布政司獄、按察司獄以及府、州、縣獄。布政司之獄房，隸屬理問所管理；而按察司獄房，則由司獄司負責。據福建《萬曆・延平府志》記載：其布政司理問所禁子員額有九人，分屬將樂縣、尤溪縣僉派；而按察司司獄司禁子員額有四人，分屬尤溪縣、順昌縣僉派。〔註212〕所以布政司獄與按察司獄，分別由理問與司獄提調監房，其下所屬禁子，則隸屬屬縣所僉派。

布按獄有時也用於監禁犯官，如嘉興知府徐必進以貪墨瀆職，囚繫於浙江按察司獄。〔註213〕獄房所在位置，多設於府、縣治儀門西方（參見圖2-3），除獄房之外，另有廳堂、官廨、神祠等。浙江《嘉靖・浦江志略》對此有詳盡記載：

> （縣獄）在縣儀門之西，東二十二步，南二十步，西二十三步，北
> 二十一步。蕭王堂一間，獄房一十二間，知縣毛鳳韶重修。〔註214〕

河南光山縣的縣獄，則因罪行輕重類型不同，有輕重男女之區分，為防止獄囚逃逸，又加設門戶或圍牆以隔絕失囚之虞：

> 監房在儀門西南，中有提牢廳，有神祠，重囚、輕囚、女囚各有房，
> 內外有門。〔註215〕

提牢廳即審問獄囚之處，亦為司獄辦公之所，而府級以上機關始設司獄官，縣級單位則由知縣、縣丞兼任，或以刑房吏掌理刑獄事務。獄房的設置，因

〔註211〕《歷代刑法考》，《獄考》，頁1187。

〔註212〕明・鄭慶雲，《萬曆・延平府志》（《天一閣藏明代方志選刊》9），卷5，〈食貨志〉，頁19上～24下。

〔註213〕《萬曆野獲編》，補遺卷2，〈吏部・汪徐相仇〉，頁844。

〔註214〕明，毛鳳韶纂，《嘉靖・浦江志略》（《天一閣藏明代方志選刊》7），卷3，〈官守志・恤制〉，頁19下。

〔註215〕明・沈紹慶，《嘉靖・光山縣志》（《天一閣藏明代方志選刊》14），卷3，〈建置志〉，頁5上。

以監禁罪囚爲事，除有特殊因素，否則不得輕易遷移。北直隸眞定府趙州地區，因連年的兵燹災禍，地方已經殘破不堪，而後有北虜南犯，眞定巡按衛楨固乃奏請，將趙州居民及倉庫、獄囚等，移往臨近的元氏縣，以便共同協守，抵禦外患。〔註216〕

圖2-3：北直隸威縣獄房位置圖

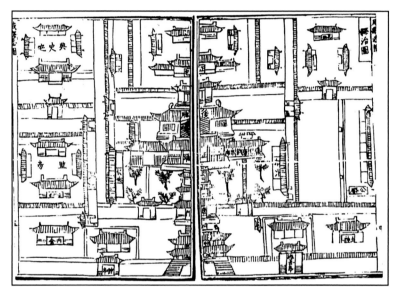

資料出處：明・胡容重修，《嘉靖・威縣志》（《天一閣藏明代方志選刊續編》2，上海：上海書店，1990年12月），卷首，〈縣治圖〉。

圖片說明：北直隸廣平府威縣的獄房位置，設於縣治儀門西方，與典史宅、內倉比鄰，內有數間獄房，外有圍牆區隔。

（二）巡檢司獄

明代於各地方要衝之處，皆設有巡檢司，其設置之目的是防禦盜賊，盤詰違法之事，凡有走私、逃軍、逃囚等可疑者，則加以拘捕問罪，雖官秩卑微，所負之責任甚重。〔註217〕對於地方治安之維護，除巡檢司所轄弓兵之外，府縣的民壯及衛所的軍士，另有巡邏盤詰、查緝私鹽、緝捕盜賊等任務，負有保境衛民之責。〔註218〕明代全國各地的水陸交通要道多設有巡檢司，編制

〔註216〕中央研究院歷史語言研究所編，《明清史料》（臺北：維新書局，1972年3月再版），乙編第5本，〈兵部題行兵科抄出眞定巡按衛楨固題稿〉，頁456上。

〔註217〕陳寶良，〈明代巡檢司初探〉，《天府新論》，1992年6期，頁82～86。

〔註218〕呂進貴，《明代的巡檢制度——地方治安基層組織及其運作》（宜蘭：明史研

弓兵員額，以備巡緝之用。〔註219〕顧炎武（1613～1682）認為，巡檢司之設在於防範於未然，由於弘治以來巡檢司多所裁革，所存數量不及明初設置之半，以致於崇禎時期開始在薊州、保定各地設置總督，主種情形便是反映出「巡簡（檢）遏之於未萌，總督治之於已亂」的特色。〔註220〕所以，巡檢司與總督的根本功能不同，在於巡檢司設立是時常巡察地方，並具有警備作用，以便遏止可能的犯罪行為，減少地方發生盜賊、動亂的可能性。因此，巡檢司各有其信地的管轄範圍，若非情況特殊，皆不得擅離其地。

巡檢司既以盤詰不法為職責，所拘捕的人犯，需予以監禁在巡檢司獄房之內。如南直隸淮安府贛榆縣所屬的巡檢司即附設監房、荻水鎮巡檢司設監房三間、臨口鎮巡檢司設監房三間、直河口巡檢司設監房三間。〔註221〕若從表 2-3 各地巡檢司監房的分佈來看，這種附設監房的情形，應該是普遍設於各地方，以便加強地方治安的管理。

表 2-3：巡檢司獄房表

巡檢司名稱	獄 名	數量	所在位置	資 料 出 處
裴家圈巡檢司	監房	2	巡檢司之右	《嘉靖‧夏津縣志》
采石巡檢司	監房	3		《嘉靖‧太平府志》
清溝鎮巡檢司	監房	2		《萬曆‧鹽城縣志》
喻口鎮巡檢司	監房	2		《萬曆‧鹽城縣志》
馬頭巡檢司	監房	3		《萬曆‧淮安府志》
惠澤巡檢司	監房	1		《萬曆‧淮安府志》
壩上巡檢司	監房	3		《萬曆‧淮安府志》
羊塞巡檢司	監房	2		《萬曆‧淮安府志》
高橋巡檢司	監房	1		《萬曆‧淮安府志》
荻水鎮巡檢司	監房	3		《萬曆‧淮安府志》
臨洪鎮巡檢司	監房	3		《萬曆‧淮安府志》

究小組，2002 年 8 月初版），頁 125～149。

〔註219〕明‧蕭騰鳳，《議稿》（臺北：漢學資料中心景照明刊本），卷 3，〈為條陳地方十事〉，頁 4 上。

〔註220〕明‧顧炎武，《原抄本日知錄》（臺北：明倫書局，1979 年），卷 11，〈鄉亭之職〉，頁 233。

〔註221〕明‧何儀，《萬曆‧淮安府志》（《天一閣藏明代方志選刊續編》8，上海：上海書店，1990 年 12 月），卷 3，〈建置志〉，頁 51 上～51 下。

直河口巡檢司	監房	5		《萬曆・淮安府志》
許浦巡檢司	監房	2		《萬曆・崑山縣志》
福山巡檢司	監房	2		《萬曆・崑山縣志》
白茆巡檢司	監房	2		《萬曆・崑山縣志》
黃泗浦巡檢司	監房	2		《萬曆・崑山縣志》

（三）驛獄與遞運所獄

　　明代於各處交通要道，皆設有驛站，掌郵傳遞送爲務，遞運所與驛站不同之處，在於前者以掌運遞糧物爲主，後者則以掌郵傳遞送之事。遞運所設於洪武九年（1376），先是「在外多以衛所戍守軍士傳送軍囚，太祖以其有妨練習守禦，乃命兵部增置各處遞運所，以便遞送」，〔註222〕所以遞運所設獄房爲押解拘禁之用。根據蘇同炳《明代驛遞制度》的研究，認爲若在同一處地方皆有設驛站與遞運所時，獄房則無重覆設置之必要，因此驛站設有獄房時，則表示當地並無遞運所。〔註223〕

　　對於罪犯的押解，情節輕者，由各衙門獄卒或其他差役充任；案情重大者，則由官員提調。〔註224〕而校尉於押解囚犯之時，或因路途遙遠，而暫憩於驛站，遂設有監房或拘留所，謂之「驛獄」。如北直隸眞定府獲鹿縣所屬的鎭寧驛、鹿泉遞運所，皆設有獄房三間，以拘繫人犯；〔註225〕南直隸淮安府邳州遞運所，設有監房三間。〔註226〕對於驛獄的管理，是由驛丞於每年查點監倉、驛遞、養濟等房舍，並加以修葺。〔註227〕但是有時驛丞亦會藉職權之便，向人犯強取銀錢，因此每遇「各衙門發到遞解人犯，點差犯夫轉解，多將囚犯不論輕重，一概綑綁，打逼凌辱，或非法肘鎖，百般羅織，局取寬刑錢肥己。」〔註228〕所以戴璟對此加以嚴禁，並列入教條之內，申誡勿犯。

〔註222〕《明史》，卷75，〈職官志四〉，頁1853。

〔註223〕《明代驛遞制度》，頁221。

〔註224〕《明宣宗實錄》，卷89，頁8上，宣德七年夏四月甲寅條。根據宣德七年詔令：「凡發回原告及起解罪人等，必須斟酌，果情犯深重，發遞運所防解；輕者，或本衙門差人押送，或送衛所府州縣遞運。」

〔註225〕明・俞憲等，《嘉靖・獲鹿縣志》（《天一閣藏明代方志選刊續編》1，上海：上海書店，1990年12月），卷3，〈建置〉，頁6下～7下。

〔註226〕《萬曆・淮安府志》，卷3，〈建置志〉，頁53上。

〔註227〕《呂公實政錄》，卷7，〈獄政・驛犯〉，頁23上。

〔註228〕明・戴璟，《嘉靖・廣東通志初稿》（《北京圖書館古籍珍本叢刊》38，北京：書目文獻出版社，1988年2月，據明嘉靖刻本景印），卷10，〈公署・刑獄教

四、軍衛獄

　　衛所皆附設獄房，大多位於治所之內或西側，主要是用以監禁犯罪的軍士。福建邵武衛的鎮撫司在衛治西側，而衛獄則在其西方，爲洪武十四年（1381）鎮撫耿班所建。〔註229〕福建漳州衛衛治舊與按察分司行臺共由一門，出入甚爲不便，遂議作新門，而其衛獄則在衛治之西。〔註230〕凡衛所之軍士，若有犯法者，則拘捕入衛獄。軍士劉雲因傷毆他人，受杖二十板而繫於衛監。〔註231〕遼東廣寧左衛軍士耿士虎、楊二漢則因搶奪財物，被監禁於廣寧左衛監。〔註232〕陳獻章於〈朱君惟慶墓志銘〉之中提到，貴州偏橋衛有某軍士欲奪孀婦爲妻，後爲人訴於官府而禁繫於衛獄：

> 其地有橫蠻黃一奇，奪孀婦李氏爲妻。君於其夫爲族兄弟，李氏使人告難於君，斷一指以信。蠻知禍將及，亟饋金以冀免，君叱以狗彘，即日以其狀白於官，捕蠻投衛獄，死焉。〔註233〕

除鎮撫司設置衛獄之外，守禦千戶所亦設有獄房。如表2-4所見，江西贛州府的雩都守禦千戶所、會昌守禦千戶所，以及江西吉安府永新守禦千戶所等，皆設有獄房用以監禁軍囚。對於獄房的頹圮，鎮撫需適時加以修飭，若有不適獄囚生活，則需遷移它處，如廣東瓊州府海南衛獄舊處於鼓樓之下，後因其低溼而遷至現在所在之地。〔註234〕

表2-4：衛所獄房表

衛　所　名　稱	獄　名	數　量	所在位置	資　料　出　處
隕　陽　衛	衛監	12		《萬曆‧隕陽府志》

〔註229〕明‧陳讓，《嘉靖‧邵武府志》（《天一閣藏明代方志選刊》10），卷3，〈制宇〉，頁25上。

〔註230〕明‧戚繼光，《止止堂集》（臺北：臺灣中華書局，1971年版，據中央研究院歷史語言研究所藏本景印），《橫槊稿》，卷中，〈漳州衛新作大門記〉，頁6下。

〔註231〕《止園集》，卷27，〈詳牘一〉，頁26下。

〔註232〕明‧陸鎮默，《審錄山東題稿》（臺北：中央研究院善本書室），第3冊，〈遼東部〉，頁7上～8下。

〔註233〕明‧陳獻章，《白沙子》（《四部叢刊三編》集部，臺北：臺灣商務印書館，據東莞莫式五十萬卷樓藏明嘉靖刊本景印），卷4，〈朱君惟慶墓志銘〉，頁101上。

〔註234〕《正德‧瓊臺志》，卷18，〈兵防上〉，頁15下。

寧　波　衛	囹圄	3	衛治西南	《敬止錄》
蘇　州　衛	獄		衛治西北	《正德‧姑蘇志》
太　倉　衛	監房		衛治西	《正德‧姑蘇志》
九　江　衛	獄	1	鎮撫司附設	《嘉靖‧九江府志》
邵　武　衛	衛獄		衛治西	《嘉靖‧邵武府志》
漳　州　衛	新監		衛前之右	《萬曆‧漳州府志》
常　德　衛	獄房	3		《嘉靖‧常德府志》
惠　州　衛	獄		鎮撫司內	《嘉靖‧惠州府志》
碣　石　衛	獄		鎮撫司內	《嘉靖‧惠州府志》
黃　州　衛	監房		鎮撫廳右	《弘治‧黃州府志》
蘄　州　衛	監房			《弘治‧黃州府志》
杭　州　衛	獄			《萬曆‧杭州府志》
海州守禦中前千戶所	監房	1		《隆慶‧海州志》
東海守禦千戶所	監房	1		《隆慶‧海州志》
雩都守禦千戶所	獄		鎮撫廳東後	《嘉靖‧贛州府志》
永新守禦千戶所	禁獄	1		《嘉靖‧吉安府志》
會昌守禦千戶所	獄		鎮撫廳右	《嘉靖‧贛州府志》
南安守禦千戶所	監房		鎮撫廳後東	《嘉靖‧南安府志》
武定守禦千戶所	獄		千戶所西	《嘉靖‧武定志》

五、水　牢

　　水牢即設於水上之獄房。福建《嘉靖‧建寧府志》在提及其司獄司所在之處時，曾記載：「舊在行都司前，洪武八年（1375）在建即水獄基，後移於今所。」〔註235〕所以建寧府司獄司，原為水獄的地基舊址，可見洪武時期曾經設置水獄，但這種水牢的設置並不普遍。鄭瓛為江西南昌知府時，曾將朱宸濠黨羽所作一切不法情事，加以逮繫治罪，因此宸濠銜怨於心，直到寧王朱宸濠舉兵為亂時，乃將鄭瓛囚於舟中，〔註236〕其間鄭瓛遭到校尉的百端凌辱，械繫飢餓十九日，僅以細嚼衣袂以充腹，爾後宸濠欲殺害加以祭旗，幸而鄭瓛機警，遂得以脫逃。〔註237〕

〔註235〕明‧夏玉麟等，《嘉靖‧建寧府志》（《天一閣藏明代方志選刊》9），卷8，〈公署‧司獄司〉，頁3上。
〔註236〕《皇明嘉隆兩朝聞見紀》，卷2，頁35下。
〔註237〕《金陵瑣事》，卷3，〈恨打宸濠〉，頁67上。

萬曆二十八年（1600），武英殿帶銜中書程守訓，藉奉旨訪求天下異寶之際，恃勢爲惡，專門羅織殷實之家以索賄，凡有不聽從者，則設水牢加以囚禁：

> 其初逮也，不遽訊也，鐵索鎖項，三木曳身，令過都歷市遍使觀者股慄，而後就訊舟次。設水牢于舟中，晝夜浸之，絕其食飲，已乃詭出之岸，令與皂廝養競訐而迭毆之，非法刑阱，備極慘毒。〔註238〕

就以上所得的史料，朱宸濠與程守訓所設置之水牢，應屬於非法私設性質。建寧府雖曾於洪武時期設有水獄，但此僅爲孤例，是否爲元朝所遺留下之設置，皆有待詳細考證。因此，關於水牢之設置，尚未能證明是全國的普設性質，僅能推測應是當地特有之獄房。

六、私　獄

對於罪犯的懲戒與監禁，皆屬於皇權之延伸，若非經由正式司法官員之審判程序，皆不得任意私設獄房。然而事實上，貴戚依恃權勢往往擅設私獄，濫施酷刑。自永樂以來，宦官之權漸重，埋下宦官干政之隱憂，魏忠賢掌權之時即私設獄房，並以王思敬侵佔牧地爲由，不付之有司判決，而徑拏黑獄三次拷掠，以致身無完膚。〔註239〕宗室與官私設監獄，濫施刑罰亦多有所聞，如嘉靖二十年（1541），給事中戚賢糾劾翊國公郭勛假擅威福、逞肆兇狂，之後六科給事中李鳳來更劾其貪橫不法情事，內有「濫收無籍，索取地錢，擅科私稅，舉放子錢，兌折男女，稍有違抗，即挾官刑幽縶私獄。」〔註240〕張元吉於英宗、成化兩朝被敕封爲道教玄同大眞人等名號，但卻憑藉權勢爲惡，凡擄掠殺人「皆下私獄，幽暗慘酷，或縊之，或囊沙壓之，或縛投深淵，凡殺四十餘人，至有一家三人者。」後於成化五年（1469）被人所舉發，械至京師問罪。〔註241〕呂下問在南直隸徽州府斂財無度，並私設部獄，凡有不納賄者，盡繫獄中，當地百姓被禍甚慘，乃至於激發民怨，「遂揭竿，大書『誅呂安民』四字，眾數千，各攜木梃，直趨郡治，譟呼聲動地，闢部獄縱囚，焚部署，呂踰牆遁。」〔註242〕

〔註238〕《明神宗實錄》，卷347，頁1下，萬曆二十八年五月癸卯條。
〔註239〕《楊忠烈公集》，卷2，〈劾魏忠賢二十四大罪疏〉，頁23下。
〔註240〕明·何喬遠，《名山藏》（臺北：成文出版社，1971年1月，據明崇禎十三年刊本景印），〈臣林雜記三〉，頁8下～9上。
〔註241〕《萬曆野獲編》，補遺卷4，〈釋道·眞人張元吉〉，頁919。
〔註242〕明·趙維寰，《雪廬焚餘稿》（《四庫禁燬書叢刊》集部88冊，北京：北京出版社，2000年1月初版，據明崇禎刻本景印），卷10，〈揭竿〉，頁7下。

可見權貴動輒恃勢爲惡，乃至於無所不作。

地方豪強與惡吏，有時也私自設立水牢，藉以索賄訛詐，欺凌無辜百姓。如嘉靖時期的監生鄧玉堂，即以家境富裕，交結親貴，爲禍鄉里，凡有索賄不得者，則囚禁於水牢之中，使其悶絕求饒，得其贖款而後放歸。〔註243〕廣東地區的風土民情，以擄人勒贖爲常事，「或禁之船中，或圉之地窖，或幽之密室，意其能識認者，則蒙其首而去，公然揭示於通衢而索之金錢。飽其意，則人可生還，稍不滿意，多有財命俱喪者。」〔註244〕這些都反映明代私設獄房的情形，仍時有所見，而設置私獄者多爲勳戚戚權貴或地方豪強，憑恃權勢擅設私刑，遊走於法律邊緣。

七、其 它

明代獄房之設，京師地區除刑部、都察院、北鎮撫司等京獄、中央獄之外，於正統年間（1436～1449）北直隸的戶部、兵部及通政司，始設有禁子員額；南直隸則遲至正德十六年（1521）開始於兵部職方清吏司、通政司設置禁子員額。據表2-4所列，在萬曆九年（1581）以前，戶部山西清吏司、兵部職方清吏司、兵部武庫清吏司，皆設禁子員額二至四名不等，主要在於看守軍囚人等；〔註245〕通政司在嘉靖七年（1528）以前，至少設有四名禁子。〔註246〕既設有禁子，則上述機構必設有獄房。不過，兵部附設獄房之目的，猶可理解，而戶部、通政司附設獄房，則頗令人費疑，尤其是通政司之職責，掌內外章疏敷奏封駁之事，〔註247〕其所設獄房何用？未免啓人疑竇，然而囿于史料之闕，未能深入瞭解，僅能推論既設獄房，戶部、通政司可能掌有部分司法審判的權力。

歷來漕運的發展，是爲政權統一及南北經濟平衡，而明代南方的經濟重

〔註243〕《客座贅語》，卷8，〈陳侍御〉，頁256。
〔註244〕明・王臨亨，《粵劍編》（北京：中華書局，1987年），卷2，〈志土風〉，頁75。
〔註245〕明・余繼登，《典故紀聞》（北京：中華書局，1981年7月第1版），卷11，頁211：「通政使司有奏訴冤枉人等，戶部山西清吏司、兵部職方武庫二清吏司，具有軍囚人等，各處看監各四名。」
〔註246〕據《大明會典》所載，正德十六年之通政司皂隸員額，包含直堂、直廳、看監等共50名，至嘉靖六年又革去4名禁子，從此完去革除其禁子員額。由此可知，在嘉靖六年以前，通政司禁子人數，至少還有4名。
〔註247〕《明史》，卷73，〈職官志二〉，頁1780。

心與北方的政治軍事中心，需靠漕運的聯繫，方能發揮最大作用。〔註248〕明代漕運組織，設有理刑主事專掌刑名訴訟，〔註249〕因此，於造船廠所在之處，亦附設獄房，如：清江造船總廠、衛河造船總廠等，各設有東西書軍牢房三間。〔註250〕而位於福建的都轉運鹽使司，也於運司副使宅之前，設置監房一所。〔註251〕由此可知，明代於各機關之中，對獄房的設置頗爲繁雜，不僅顯示明代獄政制度的紊亂，更說明獄政職權的不相統合。

表 2-5：大明會典所列兩京禁子員額表

	時　　　間	正統年間 （1436～1449）	正德十六年 （1521）	嘉靖七年 （1528）	萬曆九年 （1581）
北 京	刑　　　部	139	141	141	141
	都　察　院	128	134	134	134
	錦衣衛鎮撫司	32	43	43	43
	戶部山西清吏司	4	4	4	4
	兵部職方清吏司	4	4	2	2
	兵部武庫清吏司	4	4	2	2
	通　政　司	4	50		
南 京	刑　　　部			101	101
	都　察　院			91	60
	兵部職方清吏司		4	2	2
	兵部武庫清吏司			2	2
	通　政　司		4		

【註】
1. 本表據《大明會典》卷157、158所製。
2. 正德十六年，通政司自隸員額，包含直堂、直廳、看監共50名。
3. 嘉靖六年，革兵部職方清吏司、武庫清吏司看監俱2人，通政司看監4人。

〔註248〕吳緝華，《明代海運及河運研究》（臺北：中央研究院歷史語言研究所，1961年4月初版），頁343～348。
〔註249〕《大明會典》，卷179，〈刑部二十一・漕運理刑〉，頁26上。
〔註250〕明・席書編、朱家相增修，《漕船志》（《玄覽堂叢書》初輯，臺北：國立中央圖書館，1981年8月臺初版，據明嘉靖甲辰刊本景印），卷5，〈公署〉，頁3下～4下。
〔註251〕明・林烴等修，《福建運司志》（《玄覽堂叢書》初輯，臺北：國立中央圖書館，1982年6月臺初版，據明萬曆癸丑刊本景印），卷3，〈公署〉，頁4下。

第三章　獄房的管理

　　明代律法的制定，是根據傳統思想「以刑輔禮」的觀念，是以禁暴衛善為原則，凡身犯過失或違反社會秩序者皆需遭受刑罰懲治，依情節輕重入獄監禁服刑。獄房設立的本意，是讓有過失的人經由懲罰或與外界隔離，身處狹隘幽閉的環境中，增加肉體折磨與心理壓力的各種痛苦，藉此勸誡獄囚以期能反省悔悟，而促其改過遷善。

　　刑罰既以遷善為本意，對於反省者則給予自新機會，故多以減贖罪刑作為寬貸。明代對於輕罪的判決，多採以罪囚力役來替代刑罰，即所謂「贖刑」。在明代初期多依照律法執行判決，至中晚期以降，則大量使用贖刑與充軍以替代刑法。贖刑可以獲得人力的勞動，充軍則可以解決兵源問題，因此贖刑既可獲得恤刑目的，又能達到實際需求，漸為明代後期司法判決的重要方式。

　　獄房之設置，主要是罪行輕重加以區隔，對於老弱殘疾、男女罪囚則需分別拘禁。司獄司不僅包含審問廳堂、官吏廨舍等工署，另有重監、輕監、女監、散監等各類監房，獄房之中或築有門庭、水井、廁所等設施，各地獄房設置情況，則因守令勤政不一而有所差異。

　　關於獄囚飲食方面，洪武時期（1368～1398）已有每日給米一升之規定，此後獄囚月糧略有更動，除每日所需糧米外，另附有鹽菜、煤薪等錢銀。在生活管理上，備有睡舖蓆墊，綿衣、綿褲則於定時發放，於多夏之際，所施戴戒具需加以洗滌，另外多設暖匣、夏備涼漿，供予獄囚使用，以免因酷熱中暑，或寒冷凍餒。凡獄囚染疾，則需予以醫治，以免傳染其它獄囚，若病重則可保外就醫。

第一節　獄房的功能

一、明刑弼教

監獄爲監禁罪犯之處，是國家權力對於破壞社會秩序者所給予懲罰，傳統中國歷代肇建之初，莫不積極進行律法的立法工作，對於刑罰制度的訂定，藉由不斷修改以臻完善，其中主要的特點及趨勢，即是在律法條文規定上，逐漸廢除各種特別殘酷的刑罰。〔註1〕《尚書‧大禹謨》所謂「明於五刑，以弼五教」，即爲後世論法者所必稱的「明刑弼教」，而「五教」又稱五常，爲傳統社會之倫理道德，即父子、君臣、夫婦、兄弟、朋友，此倫理關係所相對應之道德行爲，則是父子有親、君臣有義、夫婦有別、長幼有序、朋友有義。

基於教化之重要，儒家莫不主張「爲政以德」，並將禮法教化融入法律體系，並將「以德輔刑」視爲最高施政目標。漢儒董仲舒更認爲：「教，政之本也。獄，政之末也。」〔註2〕因此獄政制度的設置，即是在社會秩序無法以禮法教化所規範後所形成的制度。而明太祖的明刑弼教思想，即是在承繼前人思想，結合個人治國理念，再由具體推動實踐而成。〔註3〕

明代律法的制定，是採取以刑輔禮的觀念。明太祖甚爲重視禮法，洪武二十二年（1389）更定《明律》，書成之後，曾諭太孫朱允炆：「此書首列二刑圖，次列八禮圖者，重禮也。顧愚民無知，若於本條下即註寬恤之令，必易而犯法，故以廣大好生之意，總列名例律中。」〔註4〕將二刑圖與八禮圖並列，即說明禮法與刑法同等重要。而宣揚禮治主要是維護三綱五常，並藉由一系列《大誥》的推行，申明忠君、孝親等倫理，促使臣民遵守。〔註5〕因此，明太祖對禮制典籍的編纂相當重視，例如《洪武禮制》、《禮儀定式》、《慈孝錄》等，特別強調君臣、父子、夫婦之倫理制度，以嚴上下尊卑之別。

刑法之所用，必須建立在禮法之上，待禮樂崩壞而有刑法，正所謂「人

〔註1〕 韓國磐，《中國古代法制史研究》（北京：人民出版社，1993年7月第1版），頁95。

〔註2〕 漢‧董仲舒，《春秋繁露》（長沙：岳麓書社，1997年），〈精華第五〉，頁48。

〔註3〕 楊一凡，《明大誥研究》（南京：江蘇人民出版社，1988年12月第1版），頁101。

〔註4〕 《明史》，卷93，〈刑法志一〉，頁2283。

〔註5〕 關於《大誥》的編纂有：《大誥》、《大誥續編》、《大誥三編》等三種，有學者以爲《大誥武臣》應屬於《大誥》的第四編。參見：《明大誥研究》，頁1～17。

情廣則作奸，狹則思欲，先王立禮以爲防之，防不足而刑生焉，故日：禮失而後刑。」〔註6〕刑與禮的施用，則視君子與小人而有所差異，對君子、良善應待之以禮，對小人、奸頑則施以刑戮，因此藉由刑罰來維護禮法，維護以君臣、父子爲核心的倫理秩序，進而強化統治的穩定性。〔註7〕

　　律令既爲教化與懲戒的兩面手段，首先須使律令廣爲流通，使一般百姓得以知曉。於是自明初開始，明太祖陸續頒布詔令於天下，並督令各府州縣學講讀《大誥》，或於農閒之際，由里老聚眾講讀，推行全國性的講讀律令活動，而收藏《大誥》與否，更可做爲減罪的標準。〔註8〕又規定凡有師生能赴京誦讀《大誥》者，皆給予賞賜，而持《大誥》赴京者，無需路引皆可通關，此外甚至將律令的內容作爲科舉試題。〔註9〕明代的部分官員甚至結合民間信仰善書的功過格概念，將法律理念融入宗教信仰與道德倫理之中，在「居官功過格」之中，即列舉：嚴禁獄卒虐囚、不得隨意監禁、不得濫用重刑、平反冤抑等事例，作爲功過的依據，顯然是將民間信仰的功過格思想，深入影響地方官員對於司法審判的詳刑、愼刑等施政行爲，建立一套參考的依據與標準。〔註10〕

　　刑法之所以存在，是爲了確保社會安寧，雖以懲惡爲目的，但在施行上不當過度殘酷，以免酷虐之弊。謝肇淛（1567～1624）在〈無刑堂說〉認爲，禮法仍是維持社會安定的圭臬，而刑罰則需追求以「無刑」爲最終目標：

　　　夫刑非聖人之心也，微獨非聖人之心，亦非天地之心。夫刑起於何
　　　時，惟明克允以弼五教者，非皋陶氏乎？舜之治也，功歸五臣，益

〔註6〕《衡藩重刻胥臺先生集》，卷14，〈送大理寺丞林公赴留都序〉，頁16下。

〔註7〕羅冬陽，《明太祖禮法之治研究》（北京：高等教育出版社，1998年11月第1版），頁27～31。

〔註8〕清・劉獻廷，《廣陽雜記》（北京：中華書局，1997年12月第1版），卷1，頁25：「今爱書中，有大誥減一等，自死罪外，無一不然。」

〔註9〕楊一凡，《洪武法律典籍考證》，頁126。

〔註10〕明・袁黃，《功過格分類彙編》（《叢書集成續編》62冊，臺北：新文豐出版公司，1989年），頁18a～19a。《功過格分類彙編》收入「敦倫格、脩身格、勸化格、救濟格」等類，後增有「增訂居官功過格」，藉此反映出功過格概念，應該影響到地方官員施政行爲的依據與標準。功過格原本是屬於民間信仰的善書，主要是藉由功過的觀念做爲賞罰依據，因此功過格所代表的乃是所謂「陰律」，並具有強化、規範現世社會秩序的作用。詳參見：包筠雅（Cynthia J. Brokaw）著，杜正貞、張林譯，《功過格：明清社會的道德秩序》，杭州：浙江人民出版社，1999年。

掌火，禹抑洪水，稷藝五穀，契敷教之。四聖人者，其後子孫相繼
爲帝，明禋弗斬，獨皋陶稱邁種德，乃不數十傳而忽諸不祀矣，豈
非作法於涼，啓萬世淫屬之階，傷上帝好生之德，足以干天和，而
弗裕其後也。夫舜、皋陶故已慮之矣，其言曰：刑其于無刑，與其
殺不辜，寧失不經。夫無刑者，聖人之心也，至於不得已而刑焉，
非聖人意也，勢也。……夫刑而至於習以爲常，則必有戕賊暴戾之
心應之，暴戾橫于中而腥發聞於外，究且輕民命而伐天和，必自此
始矣。故爲顏其堂曰「無刑」，俾觸目心醒焉，固知世之降也，寇賊
奸宄，法令滋章，其勢必不能以無刑，而能時以無刑爲心，及不得
已而與之刑，則猶夫無刑也，作無刑堂說。〔註11〕

由此可知，謝肇淛認爲舜的太平治世，得力於五臣之功，其中唯有皋陶後代
子孫，未得善終，足見刑法之制，有傷天地好生之德，因此治世仍需要靠禮
法，故以無刑爲目標，所謂的刑法只是一種治理的方法，並不能完全憑藉此
種方法治理國家。所以法制雖可治天下，但社會序並不能完全依賴法制，因
爲「藥石所以治疾，而不能使人無疾；法制所以備亂，而不能使天下無亂。」
〔註12〕所以刑法的出現，是基於社會秩序的紊亂，不得已而爲之，其目的則
是追求以「無刑」爲最終目標。

　　明代於中央與各級地方，其官署衙門附近皆設置獄房，用以禁錮人犯，
對於罪犯的懲戒與監禁，皆屬於皇權之延伸，若非經由正式司法官員之審判
程序，皆不得任意私設獄房或濫施刑罰。明初《教民榜文》規定：「老人、里
甲剖決民訟，毋置立牢獄，不問男子婦人，犯事不許拘禁。晝則會問，晚則
放回，事若未了，次日再來聽問，敢有監禁生事者，治以重罪」，〔註13〕即使
如地方的里甲、老人，雖有代理地方訴訟的權力，亦不得任意濫設獄房以拘
禁人犯。

　　獄房所監禁的囚犯，可概分爲四大類：一、正在審理案情之被告及疑犯；
二、宣判罪責而等待執刑之罪犯；三、證人；四、原告。因此，所監禁者並
非全是犯罪者，舉凡與案件有關人等，或不與官府合作，或隱匿案情眞象者，

〔註11〕明·謝肇淛，《小草齋文集》（臺北：漢學資料中心景照明天啓間刊本），卷19，
　　　　〈無刑堂說〉，頁1上。
〔註12〕明·方孝孺，《遜志齋集》（《四部叢刊初編》集部，臺北：臺灣商務印書館，
　　　　1975年6月臺3版，據明刊本景印），卷2，〈深慮論二〉，頁59下。
〔註13〕《皇明制書》，《教民榜文》，頁6下。

皆可能繫於監房之中。訟訴、牢獄對一般百姓而言，通常是種負擔，所謂「惟是催科、獄訟、厭苦兵燹，三者皆民隱也。」〔註14〕所以非到必要地步，通常多採取息事寧人的態度，以免官司纏身。

　　獄房設立的原意在於使有過失之罪犯，經由刑罰懲治或教化規訓，再透過獄房的幽閉，以期能深思改過。明宣宗（1426～1435）認爲囚徒若能懷有改過之心，必屬良善之輩，遂詔命予以減贖罪刑以爲寬貸：

> 三法司上輕重繫囚罪狀，上親閱之。……蓋上仁恕不嗜殺，犯罪者必審錄無冤然後罪之，未嘗以喜怒爲輕重。隆寒盛暑，必先勅所司決遣繫囚，或罰輸作、贖罪。蓋從輕典者多，有司屢執奏，上曰：「與其殺不辜，寧失不經。彼能因事改過，即爲良民，若怙終不悛，終亦不免。」〔註15〕

因此在改過遷善的原則下，錢謙益（1582～1664）也認爲：「學之所棄，刑之所取也，未有不先學而後刑者也」，〔註16〕說明教化爲社會倫常之根本，若非不得已，不濫於施加刑罰，即使在施行律法之前，更應先加以宣揚文教，否則不教而刑殺之，則爲虐民之舉。

　　刑法之所以設置，其目的在於禁暴衛善，所謂「聖人之殺，所以止殺也，故果於殺而不爲姑息，故殺者一二，而所全活者千萬。」〔註17〕治天下之道，更是善用賞、罰之柄，使「小人而有功，則賞之如其功，而駕馭之以濟吾用；君子而有罪，則罰之如其罪，而以禮行之。若盤水加劍之類，不至于詘之辱之，以存其廉恥而已矣。」〔註18〕然而後世卻流於濫刑，好以肅殺爲懲戒，徒使奸惡之輩遺患，使生民陷於危禍之中。

二、幽閉悔悟

　　刑法之設，即在於抑暴扶弱，藉由懲戒奸頑之徒，以維護良民之安全。

〔註14〕明・王忠孝，《惠安王忠孝公全集》（南投：臺灣省文獻委員會，1993 年 12月），卷 1，〈鄧嘯菴思明治績記〉，頁 13。

〔註15〕《明宣宗實錄》，卷 28，頁 6 上，宣德二年五月丙午條。

〔註16〕《牧齋初學集》，卷 41，〈蘇州府修學記〉，頁 448 下。

〔註17〕明・呂坤，《呻吟語》（臺北：漢京文化事業有限公司，1981 年 3 月，據明萬曆癸巳刊本景印），卷 5，〈治道〉，頁 35 下。

〔註18〕明・袁中道，《珂雪齋前集》（《四庫禁燬書叢刊》集部 181 冊，北京：北京出版社，2000 年 1 月初版，據明萬曆刻本景印），卷 19，〈賞罰〉，頁 20 上。

朱元璋在《大誥三編》序文中，提到《大誥》之所以刊布，是為使良民君子有所依恃，「所以強凌人者，眾暴人者，以計量致賺人者，設諸不正邪謀之徒，專以此為良善之害者，一施即為良善所擒，所以發覺之疾也，所以良善之志伸矣，含冤者漸少。」〔註19〕

獄房監禁之目的，不僅在防止獄情等消息外洩，妨礙司法審判，更是要讓罪囚於禁閉之中，與親友隔離，令其內外憂之，〔註20〕使其「外而父母妻子不得而易見也，內而囚心懸望，欲語父母妻子不可得而易聞也。」〔註21〕獄房的擁塞與困境，即是身心之考驗，如南昌舊獄在弘治時期（1488～1505），圍牆僅有一畝，卻積繫獄囚達千餘人，〔註22〕獄房不僅使人犯與外界隔離，更因空間的狹小與擁擠，增加幽居的心理痛苦。方震孺（1585～1645）也認為世間最苦之事，莫過於「離父母，困獄吏，隻影自弔於桁楊三木之間，已受之如是不堪。」〔註23〕因此，經由狹隘且幽閉的環境，藉以頓挫獄囚之心，以期能悔悟反省，而促使其改過遷善。

刑獄既為人命之所繫，因此官員上任時，以祀神為首要，之後則是巡察所在獄囚。據《到任須知》所載：

> 刑獄者，死生所係，實屬重事，故報祀神之次，即須報知。本衙門見禁罪囚，議擬已完若干，見問若干，其議擬已完者，雖係前官之事，亦且詳審決放。見問者，到任尤宜究心，中間要知入禁年月久禁，事體重輕，何事證明白，何者取法涉疑。明白者即須歸結，涉疑者更宜詳審，期在理獄平，不致冤抑。〔註24〕

關於囚徒精神信仰方面，於獄中則奉有神祠（參見圖 3-1）。固始縣的群神祠「四楹三龕，中土地、東馬神、西獄神」，〔註25〕是將土地神、馬神、獄神三神合祀之祠。而鄢陵縣則於獄房之中，立有獄神廟，單獨祭祀獄神，並題有

〔註19〕明・朱元璋，《大誥三編》（《明朝開國文獻》1，臺北：臺灣學生書局，1966年3月影印初版），〈序〉，頁1下。

〔註20〕《大誥續編》，〈刑獄第四十〉，頁30上。

〔註21〕《名山藏》，〈刑法記〉，頁9下。

〔註22〕清・葉舟，《康熙・南昌郡乘》（北京：書目文獻出版社，1988年2月，據清康熙刻本景印），卷47，〈藝文志六〉，頁37下。

〔註23〕《明文海》，卷62，方震孺〈出獄謝恩疏〉，頁8下。

〔註24〕《大明會典》，卷8，〈吏部八・關給須知〉，頁6上。

〔註25〕《嘉靖・固始縣志》，卷3，〈建置志〉，頁3下。

碑文。〔註 26〕至於獄神廟祠所奉之神祇爲何，因史料闕失而未明，不過應與地獄思想有關，而「獄神」威赫勸戒之作用，應大於心靈慰藉之作用。獄中生活需勞役且多困苦，若適逢僧道者入獄，則以囹圄爲道場，傳揚宗教義理。明代德清大師（1545～1623），法號憨山，曾受人誣陷而入獄，其「在獄時，以梵教化導，諸囚皆感泣，虔事日夕叩誦」，〔註 27〕頗讓囚徒於精神心靈上有所寄託。

　　既然人非聖賢，豈能無過？若有過失之時，則應給予悔改的機會，因此「刑法之設，明王之所以愛小人，而示之以君子之路也，然則囹圄者，小人之學校」，〔註 28〕經由獄房幽閉空間的監禁，使其身處困厄環境之下，若能潛心省悟，亦不失爲改過向善之法。特別是知識份子所懷有反省思考的個性，部分因政治等因素而獲罪入獄者，最能思考困頓所帶來的正面價值，例如周怡在下獄之後，即深刻體悟到刑獄亦屬禮樂教化，經由外在行動的侷限，以達到精神安然之境界：

> 周子被罪下獄，手有梏，足有鐐，坐臥有梐，日有數人監之。客過問曰：「辱乎？」周子曰：「國法也，而敢辱怨乎？」曰：「君罪之也而敢怨。然則樂乎？」周子蹙然正色而對。曰：「君之怒也，而敢樂也。」「然則安乎？」曰：「安。」曰：「何安也？」曰：「余今始知檢也，手有梏則恭，足有鐐則重，坐臥有梐則不敢以妄動，監之者眾則不敢以妄言，行有鐐則疾徐有節，余今知檢，夫是之謂安。」

〔註 29〕

知識份子在身處嚴格監視的環境之下，視其爲磨練心志的試煉，藉由不妄動、不妄言等舉止合宜的行爲，進而達到精神安寧的境界。固然獄中罪犯不乏頑劣之輩，但典獄的官吏若將獄囚一概皆視爲重大罪犯，不僅剝奪獄囚可能改過的機會，復以一味的施加刑罰，或司獄官吏的怠忽職守，都容易致使獄政的弊端叢生。

〔註 26〕明・劉訒纂修，《嘉靖・鄢陵縣志》（《天一閣藏明代方志選刊》15），卷 2，〈建置志〉，頁 2 下。

〔註 27〕明・沈德符，《敝帚軒剩語》（《筆記續編》，臺北：廣文書局，1969 年 9 月初版），卷上，〈憨山之遣〉，頁 10 下。

〔註 28〕《呻吟語》，卷 5，〈治道〉，頁 33 下。

〔註 29〕明・黃宗羲編，《明文海》（北京：中華書局，1987 年 2 月 1 版），卷 135，周怡〈囚對〉，頁 7 下。

圖3-1：山東東昌府夏津縣獄神廟圖

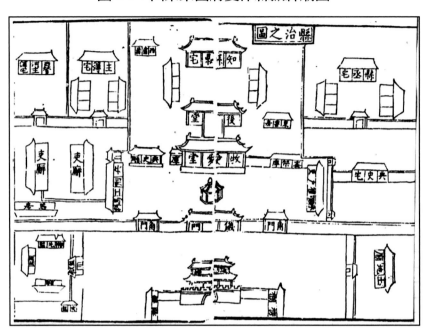

資料出處：明‧易時中纂，《嘉靖‧夏津縣志》（《天一閣藏明代方志選刊》13，
臺北：新文豐出版公司），卷首，〈縣治圖〉。

圖片說明：山東東昌府夏津縣的縣治右側為監獄所在之處，從獄門進入，分
為重監、女監，其中的獄主，即為供奉獄神。

　　在審問案件時，因案情不明，或罪證不足等原因，導致懸宕而未決的疑
案，則將一干疑犯繫於獄中，直至案情明白為止，然而經年累月之下，往往
造成「淹禁」之弊。淹禁，是將獄囚長時間的監禁，雖然明律規定獄囚需依
照罪行輕重分開監禁，但仍有些官府「不問罪之輕重，一概重監，有一年不
決者，有半年不決者」予以混雜，〔註30〕造成獄囚不必要的長期監禁，何喬
新（1427～1502）對此深感為疵政：

> 近見街市愚夫愚婦，或一時言語忿事，或偶因酒醉戲罵，本無用事
> 挾威，凌逼情由，而愚民輕生，輒使自盡者，官司往往問擬，威逼
> 罪名，追給銀兩，殊非律意，其罪雖止於杖，然監追銀兩，有力者
> 隨即送官，貧窘者淹禁連月，甚至鬻子女、典房產而後完納，深為
> 可憫。〔註31〕

〔註30〕《典故紀聞》，卷12，頁228。
〔註31〕《椒丘文集》，卷33，〈題為修省事〉，頁8上。

獄囚在監禁期間還必須追贓銀兩，於是貧窮無計者，惟有變賣家產籌措金錢，乃至於賣妻鬻子，方能籌足如數以完納銀兩。尤其是無端受到牽連的疑犯，因為案情不明、罪證不足等因素，致使繫獄日久，其身心所受到的傷害，實難以申訴。

為防止淹禁的弊端，明代官員於蒞任時，首要之舉就是清理刑獄，即開列現今囚禁獄囚多少，造冊呈報，〔註32〕若凡滯獄矜疑之罪囚皆加以開釋。劉東星就任湖廣右僉都御史之初，細心審理相關疑獄，其「戍者坐如律，矜疑者概徙末減論，為鬼薪、城旦舂者，計其繫之日輕之，誣誤者出之，無辜者亟出之。概自是圄無瘠，衣無褚，案無積牘」，〔註33〕此一惠舉，使得百姓無所冤屈而心喜。另外，在審理案件的過程中，能夠速審速決，則可避免不必要的監禁時間：「凡獄囚已審錄，應決斷者限三日，應起發者限十日，逾限計日以笞，囚淹滯至死者罪徒」，〔註34〕以減少淹滯的弊端。

刑官經由反覆詳察來定讞刑案，主要是為求減少獄囚冤抑的發生，然而有些官員卻專以翻案為事，欲藉以博得聲譽，造成適得其反的效果。如山西趙思誠，在初任山東萊州司理之時，曾因昭雪一起冤獄而聞名，並拜為諫議大夫，自此之後即好以平反獄案為能事，之後出任為監司，舉凡強盜殺人之獄案，都視為遭受誣陷，皆予以免罪釋放。〔註35〕所以，獄房雖有淹繫年久的弊端，其根源不少是出在刑官的審案不明，且獄中所繫罪囚，亦有罪行重大的惡徒，若僅是博取私人的聲名，未審獄情如何，一律加以釋放，反而徒增地方社會的不安。

基於改過向善的原則，獄中若是有誠心悔改者，官員則應當加以勉勵，以激發其改過向善之心。袁黃（1533～1606）任順天府寶坻縣知縣時，為激發獄囚向善之心，曾諭令凡是獄囚有誠心悔改者，經由典獄官吏查驗屬實，則厚給口糧以為嘉勉：

> 朝廷設獄繫頑民，豈徒困苦之哉，蓋有聚教之意焉。教不獨是言語，
> 凡人困苦則善心生，今獄中諸囚，率念佛持經，有向善之意，知縣

〔註32〕《大明會典》，卷8，〈吏部八·關給須知〉，頁6上。
〔註33〕明·李廷機，《李文節集》（臺北：文海出版社，1970年3月，據明崇禎年間刊本景印），卷16，〈送觀察晉江劉公遷湖廣右轄之任序〉，頁29下。
〔註34〕《明史》，卷94，〈刑法志二〉，頁2315。
〔註35〕明·謝肇淛，《五雜俎》（臺北：新興書局，1971年5月版，據明萬曆戊申年刻本景印），卷14，〈事部2〉，頁5下。

有暇，不拘早暮，親至獄中為陳說，處困履艱之理，爾獄吏獄卒察
有回心改過，實意向善者，指名報知知縣，當厚給口糧以優異之。

〔註36〕

藉由諭之以理、誘之以利的方式予以勸誘，不僅有心向善者獲得照顧，並且
促使其它獄囚有向善的動機，然後在潛移默化之中，達到明刑弼教之理。

獄囚在獄中表現良好，或地方適逢災異，官府有時會採取疏放獄囚的措
施，頗類似於現今的假釋。永樂十三年（1415）二月，明成祖即以輸作贖罪
之人多所逃亡，因而釋放囚徒四千九百餘人：

輸作贖罪，多脫亡，有司請捕之，上曰：「必其空乏，遂命見役者俱
還家，期秋後赴工。」令下，有不願去者七百餘人，上併盡釋之。

〔註37〕

出囚之舉，立意良善，既是出於刑官對獄囚的憐憫之情，而於法外施恩，藉
以感化罪犯，但是人心之難測，獄囚之中不乏奸惡之徒，則可能趁此機會逃
遁他處。浙江山陰毛知縣曾因善意出囚，卻反遭獄囚逃逸為盜，進而騷擾地
方：

侯嘗公出囚逸為盜，時簿攝獄，侯曰：「吾或堪，茲簿靡矣！」遂以
身請，臺使者多侯之義，不之罪。〔註38〕

若非毛知縣個性忠厚，並親自向上司請罪，只恐當時典掌獄政的相關官吏，
將遭受到牽連處分。此外，前述明成祖釋放囚徒之事，類似唐太宗縱囚之舉，
然而就人性而言，事實則有待商榷，宋代蘇洵即著有〈縱囚論〉辯駁其非。
唐順之更以為大赦應慎重其事，不當任情而為，否則縱放罪犯之徒，反而流
於姑息養奸，甚至有博取名聲的政治意圖。〔註39〕誠如法學家沈家本（1840
～1913）所謂：「後世人主每有自聖之意，又喜怒無常，每定一獄，即成一例，
畸輕畸重，貽害無窮，可不慎哉？虞舜施刑，必屬皋陶，周公敬獄，必推蘇
公，聖人之所為，固非庸眾之所能窺測矣。」〔註40〕因此，赦免獄囚之舉雖

〔註36〕 明·袁黃，《寶坻政書》（北京：書目文獻出版社，1988 年 2 月，據明萬曆刻
本景印），卷 6，〈示諭提牢監倉吏卒〉，頁 5 上。

〔註37〕 《國榷》，卷 16，頁 1114，永樂十三年二月乙未條。

〔註38〕 明·朱賡，《朱文懿公文集》（臺北：文海出版社，1970 年 3 月，據明天啓年
間刊本景印），卷 2，〈山陰毛侯去思碑記〉，頁 40 上。

〔註39〕 明·唐順之，《稗編》（臺北：新興書局，1972 年 2 月，據明萬曆辛巳年刻本
景印），卷 119，〈論大赦之非〉，頁 25 上。

〔註40〕 《歷代刑法考》，《歷代赦考》，卷 12，頁 794。

立意良善，但基於司法公平原則，實不當以爲常法。

　　爲免獄中淹禁之弊，萬曆時期（1573〜1620）曾施行歲清制度，以清理獄房罪囚。萬曆二十一年（1593）刑部奏請：「於巡按每歲審錄外，再立澄清圄圄之法，師兩京會審之規，爲撫按會疏之例。方春時和，每歲聽兩直隸、十三省各撫按官會同所屬問刑衙門，各審部內輕重罪囚。按察司居省會，即審省會之囚，守巡道即審各道之囚，皆親身巡行，不得調審，亦不得委審。」〔註41〕至萬曆二十三年（1595），御史李宗延奏請改革歲清制度，以「春爲歲清，冬爲處決，中屬審錄」爲原則，由撫按臣於每年五六月會審，案情有矜疑者，奏請發落。〔註42〕藉以每歲清理罪囚之例，達到減少淹禁及疑獄的發生，並得以達到幽閉悔悟之原意。

第二節　獄房的環境

一、生活起居

　　獄房爲拘禁獄囚之處，亦是獄囚之生活空間，根據《明律》的規定，依罪行輕重等差異，需予以分別監禁，所以罪囚皆需依照「老疾必散收，輕重以類分」爲原則，〔註43〕並依罪行輕重加以區隔，以免相互混雜，同時對於男女罪囚則需依性別差異而分開拘禁。〔註44〕獄囚的罪行既輕重有別，則當分處輕重之監，不得一概混監，所謂「刑獄之設，所以懲奸頑而嚴法守者也，但所犯情罪各有輕重，圄圄之苦，度日如年，是惡可不加之意。」〔註45〕至於關於輕、重罪之別，明律雖無嚴格區分，然而重罪多爲盜殺、謀逆等十惡之罪，固始知縣張梯認爲獄囚罪行「輕有田宅、錢糧、戶役、鬥毆、婚姻；重有盜賊、人命、十惡」，〔註46〕而輕罪多由州縣依律擬罪，徒、流以上等重

〔註41〕《神宗實錄》，卷261，頁5上，萬曆二十一年六月丁酉條。

〔註42〕《續通典》，卷112，〈刑六〉，頁1820上。

〔註43〕明・余繼登，《典故紀聞》（北京：中華書局，1981年7月1版），卷17，頁302。

〔註44〕《大明會典》，卷178，〈刑部二十・提牢〉，頁8上。

〔註45〕明・陳儒，《芹山集》（台北：漢學研究資料中心景照明隆慶三年刊本），卷23，〈清審獄囚事〉，頁9下。

〔註46〕明・張梯，《嘉靖・固始縣志》（《天一閣藏明代方志選刊》之15），卷8，〈典禮志〉，頁13上。

罪者，則上達法司，然後定罪。而老幼、身有疾病、家有新喪者、不係勘合及重犯，亦不許輒送入監。〔註47〕獄囚於獄房之中，輕者免施獄具，重者繫有枷杻、重鐐，皆以等待刑責之審定與執行。（參見圖 3-2）

圖 3-2：南直隸宿遷縣輕重獄囚分監圖

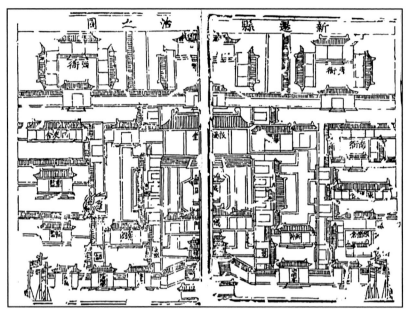

資料出處：明・何儀等纂修，《萬曆・宿遷縣志》（《天一閣藏明代方志選刊續編》8，上海：上海書店，1990 年 12 月），卷首，〈縣治圖〉。

圖片說明：南直隸淮安府宿遷縣的縣獄，依據獄囚罪行輕重的差異，分別設置輕監、重監兩處。

　　弘治十六年（1503）何歆出任徽州知府時，對獄房加以整頓，重新規劃為重監、輕監、女監、散監等獄房設置：

　　　　方築砌堅厚土牆，牆內連簷合角。建造監房東六間為重監，南北各

　　　　九間為輕監，西南三間為女監，西北三間為散監。〔註48〕

而陝西略陽縣監，則以「重囚間在儀門之西，女監在重囚監北，輕監在重間外。」〔註49〕河南尉氏縣獄則有輕犯監三間、女監三間。〔註50〕福建興化府

〔註47〕《呂公實政錄》，卷7，〈獄政・驛犯〉，頁 23 下。

〔註48〕明・彭澤，《弘治・徽州府志》（《天一閣藏明代方志選刊》7，臺北：新文豐出版公司），卷5，〈公署〉，頁5上。

〔註49〕明・李遇春，《嘉靖・略陽縣志》（《天一閣藏明代方志選刊》之20），卷2，〈公

的司獄司獄房，更將其地劃分爲四區，界地井然有序：

> 於是界其地（司獄司）爲四區，比南其屋首爲官吏廨舍，次官及女
> 囚，又次輕囚，又東其屋以處重囚，溝通環樓檻中，峙備巡瞭也。
> 區各爲門、爲庭、爲井、爲圃，舒煩鬱也。〔註51〕

興化府的獄政制度設計，是以司獄司爲主，包含官吏廨舍及各類監房，並築
有門庭、水井、廁所等設施，規劃堪稱完備。就上述各地獄政制度的規劃，
可見獄房類別大致可分爲重監、輕監、女監、散監等四類，但因各地情況或
官員勤政態度不一，可能並未完全建構如制。

　　女監之所以設立，主要是防止男性獄卒對女性囚犯之覦覷與狎戲，與男
性或重罪囚犯有所區隔（參見圖 3-3）。依據明代律法的規定，凡婦人犯罪，
多由其夫或鄉里親友看管，並不加以監禁，唯有涉及死罪及姦罪者，方予以
收押監禁。〔註52〕另由養濟院之內，選用精壯老婦以代禁子之職，月糧除依
照養濟院支給外，另加銀錢，〔註53〕此稱爲「伴嫂」。伴嫂即伴婆，吳中地區
的婦女常以此做爲幫傭性質，〔註54〕而獄中伴嫂的工作，多以解決女犯接送
飲食及傳呼答應之事，至於獄門啓閉、巡察職責仍由禁子擔任。事實上，犯
姦與死罪之婦女，仍多爲官吏、禁卒所欺凌狎戲，或因此成爲其妻妾。〔註55〕
更尤甚者，某御史本爲風憲之官，竟也「娶見禁罪囚親屬爲妾，或挾其妻就
飲人家，通宵不返，廉恥道喪，漸習成風」，行爲不檢至此，〔註56〕因此婦女
身陷囹圄之中，往往受到典獄官員或獄卒的脅迫，名節多易受污。〔註57〕對
此種情形，刑部員外郎陳金曾上疏建言，認爲婦人犯罪應依照男子犯罪之例，

署〉，頁 1 上。
〔註50〕明・汪心，《嘉靖・尉氏縣志》（《天一閣藏明代方志選刊》之15），卷2，〈官
　　　政類〉，頁 24 上。
〔註51〕《鄭山齋先生文集》，卷11，〈興化府重修司獄司記〉，頁 5 下。
〔註52〕《明代律例彙編》，卷28，〈刑律十一・斷獄・婦人犯罪〉，頁 1006。
〔註53〕《呂公實政錄》，卷7，〈獄政・優恤〉，頁 10 上。伴嫂之月糧，除依照養濟院
　　　支給外，每季另加鹽菜銀五錢。
〔註54〕《敝帚軒剩語》，卷下，〈丐戶〉，頁 10 上。伴婆，有時亦出身於丐戶之中，
　　　即如「江東有丐戶，其妻入大家爲櫛工及婚姻事，執保嬤諸職，如吳中所謂
　　　伴婆者。」
〔註55〕《國榷》，卷22，頁1480，宣德九年十一月壬寅條：「監察御史顧文林，檢南
　　　京贓罰庫，索賂又私囚婦，戍遼東。」
〔註56〕《萬曆野獲編》，卷19，〈臺省・臺省之玷〉，頁 497。
〔註57〕《呂公實政錄》，卷6，〈風憲約・監禁〉，頁 23 下。

減半收贖，避免囚禁於獄中，藉以改善此種不良風氣。〔註58〕從以上論述來看，女性雖有規定監禁於女監，避免遭受到不必要的傷害或脅迫，但從整體而言，女性仍舊不免受到官吏與禁卒人等的欺凌，顯示明代獄囚分監制度並未能完全落實執行。

圖 3-3：福建永安縣獄男女分監圖

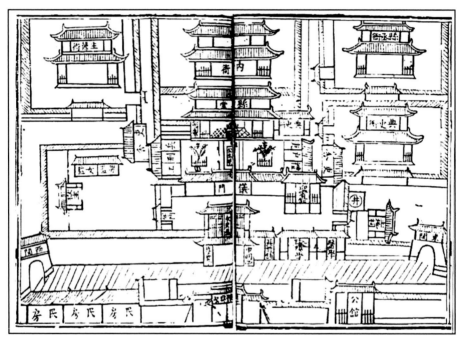

資料出處：明・蘇民望修、蕭時中等纂，《萬曆・永安縣志》（《日本藏中國罕見地方志叢刊》，北京：書目文獻出版社，1990年2月），卷首，〈縣治圖〉。

圖片說明：福建延平府的永安縣縣獄，位於縣治右側，並依照男、女性別設立兩處監獄，以體現男、女監區隔的法治精神。

　　散監，為監禁散收之囚徒，所謂「散收」即指獄囚免戴戒具。洪武元年（1368）詔令，凡「禁繫囚徒，年七十以上，十五以下罪犯、廢疾，散收，輕重不許混雜」，而「有官者犯私罪，除死罪外，徒、流鎖收，杖以下，散收。」〔註59〕《明律》則以明文指出：

　　　　凡獄囚應禁而不禁，應枷鎖而不枷鎖，及脫去者，若囚該杖罪，笞

〔註58〕《國榷》，卷30，頁1908，景泰二年八月癸巳條：「刑部員外郎陳金言：……婦人真犯徒、流、笞、杖罪的決，廉恥道喪，宜依男子例減半贖之。」

〔註59〕《大明會典》，卷178，〈刑部二十・提牢〉，頁7上。

三十。徒罪，笞四十。流罪，笞五十。死罪，杖六十。若應枷而鎖，
應鎖而枷者，各減一等。……其不應禁而禁，及不應枷鎖杻而枷鎖
杻者，各杖六十。〔註60〕

由條文的規定，可知獄囚分爲「應枷鎖」與「免枷鎖」，其中「免枷鎖」則屬
於散監，而枷、鎖、杻皆屬於獄具，主要是防止罪囚脫逃的器械，皆爲獄囚
於牢中所繫戴。〔註61〕所以「散收」是指老幼殘疾及官犯輕罪，而不施戴戒
具者，因此散禁之對象，多爲平民犯杖罪、笞罪以下，或官吏犯公罪、流罪
以下者，其目的含有憐恤輕刑之意味。

　　雖然獄房爲監禁囚徒之所，偶有將監禁他處的特例。王世名因報父仇而
手刃仇人，事後出首官府，縣官於辨明眞象後，認爲雖犯刑律，但念其孝行
可嘉，而不置其於獄卒同伍之列，而另處於別館之內。〔註62〕有時則因看守
之便，而直接囚於官邸之中。〔註63〕在獄中仍不乏特立獨行者，有時則獨自
暴立於烈日之下，不與眾囚爲伍，頗具儒士之氣節。〔註64〕獄中更有德行超
卓之士，如陝西漢中府同知柴庸雖獲罪於獄，仍不忘以德行感化同獄的囚徒，
使同僚與同獄者皆言其爲官廉潔，因而獲得皇帝的寬赦。〔註65〕

　　由於獄中環境的幽閉困頓，《明律》規定除功臣及五品以上官員，允許親
人入侍之外，其餘皆孤身繫於獄中。〔註66〕不過刑官有時則依情況，而有法
外開恩之擧，以憐恤囚徒，或使「重囚每月令家屬一對面，任縱談敘家常，
待其辭畢方許收監」，〔註67〕經由家人入監探視，以慰聊寂。獄中囚徒除蓄意

〔註60〕《明代律例彙編》，卷28，〈刑律十一・斷獄・囚應禁而不禁〉，頁975。

〔註61〕明・高擧刊刻，《明律集解附例》（臺北：成文出版社，1969年版，據清光緒
　　　　二十四年重刊本景印），卷首，〈獄具之圖〉，頁12下。明律所規定的獄具種
　　　　類有笞、杖、訊杖、枷、杻、鐵索、鐐等七種，若就其功能與性質而言，則
　　　　可細分爲刑具、戒具兩類，詳參見第4章第2節。

〔註62〕明・李詡，《戒庵老人漫筆》（北京：中華書局，1982年2月1版），卷7，〈王
　　　　孝子〉，頁282。

〔註63〕清・錢謙益，《牧齋有學集》（上海：上海古籍出版社，1996年9月1版），卷
　　　　29，〈朝議大夫廣西布政使司右參議贈中大夫太僕寺卿王君合葬墓誌銘〉，頁
　　　　1092。

〔註64〕明・陳洪謨，《治世餘聞》（北京：中華書局，1985年5月1版），下編，卷2，
　　　　頁51。

〔註65〕《明太祖實錄》，卷235，頁6上，洪武二十七年十二月辛卯條。

〔註66〕《明代律例彙編》，卷28，〈刑律十一・斷獄・功臣應禁親人入視〉，頁986。

〔註67〕《呂公實政錄》，卷6，〈風憲約・監禁〉，頁21下。

觸犯重罪外，其中不乏誤觸刑律者，即使親如夫婦，亦有「以一戲謔無憑之語，毫不檢察，遂傷妻命」的情形，〔註68〕此類囚徒或因一時激憤而犯罪，實有憐憫之處。而死囚一入監牢，則與家人後會無期，因此允許家人入監探視。司獄官有時更慮及身死無後者，更允許其妻入獄侍疾，使其有子嗣以承繼香火。〔註69〕

江南習俗頗尚男色，如戲子、廝役、變童等，多為人所狎戲，仕宦之士甚至以此道為樂，相互誇耀以為佳事。而罪囚既久繫獄中，孤寂難耐，更需人慾之慰藉，遂有囚徒「求一人作耦，亦有同類為之，講好送入監房，與偕臥起，其有他淫者，至相毆訐告，提牢官亦為分別曲直。」〔註70〕可見獄中仍存有同性之間相互慰藉，以解孤寂者，乃至於為此爭風吃醋，鬥毆訐告。

獄中亦不乏貶謫的仕宦，於監禁期間或修家書以安慰親人、〔註71〕或賦詩贈友、或以文章論述發洩來舒解心中之氣。〔註72〕楊繼盛（1516～1555）於獄中的家書內，勸其妻勿以為念，切不可因絕望而懷有殉死之心：

> 若夫主雖死，尚有幼女孤兒無人收養，則婦人一身乃夫主宗祀命脈，一生所係于此。若死則棄夫主之宗祀，墜夫主之事業，負夫主之重托，貽夫主身無窮之慮。則死，不但輕於鴻毛，且為眾人之唾罵。
> 〔註73〕

雖處困厄環境之下，仍掛念妻兒安危，足見其情義之深。相較於楊繼盛慷慨激昂的態度，沈束則是採取較為消極的方式，沈束（1514～1581）因彈劾嚴嵩而遭誣陷入獄十八年，其間在「讀書之餘，傍攻匠藝，無斧鋸，以片鐵日

〔註68〕《珂雪齋前集》，卷19，〈貞魂志〉，頁38上。

〔註69〕 明・楊士奇，《東里文集》（北京：中華書局，1998年7月1版），卷19，〈東阿知縣貝君墓誌銘〉，頁284。

〔註70〕《敝帚軒剩語》，卷中，〈男色之靡〉，頁28下。

〔註71〕《明太祖實錄》，卷63，頁4上，洪武四年閏三月壬午條：「刑部搜獄中囚，得其私書以奏，上覽之。一書乃吳興王升，以遺其子者，……上覽書加歎良久，允賜升手詔曰：『昔元初有天下，人務實學，故賢材重進取，其後失天下，由俗尚虛名，干權勢以希用。……今因閱汝私書，知汝之善教，能以盡忠之言丁寧其子，子之賢否雖未可知，然薄俗中睹此家訓，誰能出其右哉？勸善懲惡，移風易俗，實有國之務。滋命中書遣使齎詔往，諭賜白金百兩、絹十匹、附子五枚、川椒五斤，以旌爾賢，仍命復其家。』」

〔註72〕《明文海》，卷25，盧枏〈幽鞠賦〉，頁7下。

〔註73〕 明・楊繼盛，《楊忠愍公遺筆》（《百部叢書集成・學海類編》，臺北：藝文印書館，1966年版），〈愚夫諭賢妻張貞〉，頁1下。

夕磨之」，〔註74〕其所製之竹匣，堪稱絕藝，竟為時人所爭相購置。

　　在獄中講學論道，更是士大夫繫獄時常有之舉。永樂時期的黃淮（1367～
1449）、楊溥（1372～1446）、金問三人，因為政治因素而被同繫於獄中，雖身
陷困境，三人仍於空暇之餘，則各持一經講論，以為身處憂患之道。〔註75〕楊
爵（1493～1549）就獄七年之內，日與同獄所繫之周怡、工部員外郎劉魁等切
學講論，遂忘其幽禁，乃著有《周易辨說》、《中庸解》等書。〔註76〕對於身繫
獄房之中，仍舊懷有論學不輟的精神，正是呈現出士大夫的氣節與抱負：

> 楊文定在獄中十餘年，家人供食，數絕糧，又上命叵測，日與死為
> 鄰，愈勵志讀書不輟。同難者止之，曰：「勢已如此，讀書為何？」
> 曰：「朝聞道，夕死可也。」五經諸子，讀之數回，已而得釋。晚年
> 遭遇為閣老大儒，朝廷大制作多出其手，實有賴於獄中之功。〔註77〕

由此可以看出士人身居憂患，尚能勵志向學，更足見楊溥所抱持之氣節與胸
懷負。楊繼盛（1516～1555）於獄中之際，仍不忘提攜後學，寫信予超然書
院諸生，並勸勉其精進學業。〔註78〕而李材素好講學，學者稱為「見羅先生」，
其「繫獄時，就問者不決，至戍所，學徒亦眾。」〔註79〕因此士人繫獄多藉
由講學論著，或以自勵，或舒發胸懷，以解獄中苦悶之情。

　　士人監禁於獄中時，有時會上書伸冤表明清白，或書寫家書以慰親人。
部分官員藉由獄中上書伸冤，期待能感悟君王以獲得開釋，如廣平府安成縣
丞唐詢被繫獄期間，自獄中上書陳情，而為明太祖而釋放；〔註80〕黃道周（1585
～1646）被繫於獄中時，黃石齋稱其在獄中讀書，常感戴聖恩，並手書《孝

〔註74〕明・張岱，《陶庵夢憶》（《百部叢書集成・粵雅堂叢書》，臺北：藝文印書館，
　　　　1966年版），卷2，〈沈梅岡〉，頁10上。
〔註75〕明・焦竑，《玉堂叢語》（北京：中華書局，1981年7月第1版），卷5，〈器
　　　　量〉，頁174。
〔註76〕《明史》，卷209，〈楊爵傳〉，頁5526。
〔註77〕明・何良俊，《四友齋叢說》（北京：中華書局，1959年4月1版），卷38，〈續
　　　　史〉，頁346。
〔註78〕明・楊繼盛，《楊忠愍集》（《乾坤正氣集》17冊，臺北：環球書局，1966年9
　　　　月，據清道光二十八年求是齋刊本景印），卷2，〈獄中與超然書院諸生書〉，
　　　　頁18上。
〔註79〕《明史》，卷227，〈李材傳〉，頁5958。
〔註80〕《明太祖實錄》，卷87，頁3上，洪武七年春正月壬午條：「廣平府安成縣丞
　　　　唐詢，蒞事三月，以細故禁繫二年。自獄中上書陳情，上曰：『非大故而繫獄
　　　　三年，若不幸而死，詢何辜？』即命釋之，逮問其官吏之淹禁者。」

經》百卷，崇禎皇帝乃悅而開釋之。〔註 81〕書寫家書以慰親人是獄中士人常見的舉動，但是若欲以書寫家書聊表親情，卻遭獄卒阻攔時，唯有將書信藏匿安置，希冀死後能傳達家人至手中。〔註 82〕此外，獄房既無紙筆，於是將心中之冤屈與悲憤書於壁上，則是吐露情緒的方法之一，如僧人達觀因妖書案逮至錦衣衛，頻遭笞拷，後轉繫刑部獄，夜晚偶聽更夫的敲梆聲，乃作聞偈書於獄壁。〔註 83〕楊漣（1572～1625）在疏劾魏忠賢二十四大罪，卻反遭誣陷入獄之後，魏忠賢妄加罪名，必欲置之死地，而楊漣自知將枉死於詔獄時，更是大書絕筆之文於獄神廟之壁上，〔註 84〕以訴忠貞不貳之心，更是宣洩滿腔的無奈與悲憤。

　　對於獄房居處環境，洪武十六年（1383）曾規定，由「提督司獄人等，常加潔淨，不致刑具顛倒」，〔註 85〕各地獄房之中，有些設置門戶、庭井，藉以流通空氣，以舒解監房煩悶之氣。〔註 86〕盛夏酷暑，輒每三日清理監房，或於牆上多加小孔，以通穢氣，溷廁則由園丁隔五日掃除，並備有天水散等藥，以防囚徒中暑瀉。〔註 87〕然而，許多獄房的環境條件並不好，有些甚至位於地下室，其「晝則聯緤而居，拳桎而食，呻吟悲號，相靡于棘垣之下。入夜則足連縶項，重鉗肢脅，受縛三櫐，髮引層閑之半，筋脈急張，血肉反攻，而疾痛不勝。」〔註 88〕而獄囚所施戴之戒具與刑具，不僅使行動受到限

〔註81〕　清・楊士聰，《玉堂薈記》（《四庫全書存目叢書》子部 244 冊，臺南：華嚴文化事業有限公司，1997 年 6 月初版，據北京圖書館藏清鈔本景印），總頁 525下。

〔註82〕　明・黃煜，《碧血錄》（《百部叢書集成・知不足齋叢書》，臺北：藝文印書館，1966 年版），卷下，〈天人合徵錄〉，頁 27 下：「楊公（漣）有遺稿二千餘言，又親筆謄眞一通，叩首床褥以托顧公（大章）。獄中耳目嚴密，無安放處，藏之關聖畫像之後，已而埋臥室，蓋以大磚。後公發別房，望北壁眞如天上，倩孟年竊之以還，隨寄弟持歸。楊公又有血書二百八十字，藏於之中，冀死後枕出，家人拆而得之。」

〔註83〕　《酌中志》，卷 2，〈憂危竑議後紀〉，頁 14：「匿王問法忽齊年，自謂觀河見不遷，我有眼根聽夜柝，卻沉豐蔀更冷然」

〔註84〕　明・楊漣，《楊忠烈公集》（《四庫禁燬書叢刊》集部 13 冊，北京：北京出版社，2000 年 1 月初版，據清道光十三年重鐫世美堂藏版景印），卷 9，〈書獄神廟壁文〉，頁 21 上。

〔註85〕　《大明會典》，卷 178，〈刑部二十・提牢〉，頁 8 下。

〔註86〕　《鄭山齋先生文集》，卷 11，〈興化府重修司獄司記〉，頁 5 下。

〔註87〕　《呂公實政錄》，卷 7，〈獄政・優恤〉，頁 5 下。

〔註88〕　《明文海》，卷 204，盧柟〈辯冤書〉，頁 17 上。

制，更是無止盡的對身體造成傷殘與折磨。

獄房若處於污穢之所，在惡劣的潮濕環境之下，容易使獄囚感染疾病，因此「窄隘而囚多，則疫厲易作，民死非命」，〔註89〕亦有壁虱等昆蟲藏於牆內，成群嚙人，致使獄囚疼癢難當。〔註90〕獄囚於獄中的生活多有不便，飲食與盥洗條件極差，甚至有以裝木炭之簀，權充為盥洗用具。〔註91〕加上空氣不易流通，有時穢氣更充斥其間，使生活周遭充斥惡臭的味道，如李東陽（1447～1516）在獄中曾提到：「獄中穢氣鬱蒸，久在其內者習不自知，從外乍進，則臭不可堪」，〔註92〕因此乃焚香懸於壁上，以求稍解穢氣。此外，陰濕雜亂之地，極易叢生蟲鼠，《寓圃雜記》曾記載某處監獄，「重囚皆三木仰臥于床，不能轉動，被鼠夜嚙，流血淊淊」，最後豢養貓於獄中，鼠患方得稍息。〔註93〕

飲水為日常生活之必需，獄中亦規定獄囚飲水多寡，「監犯之水，照例每一監口，每日與水五石，再加二挑，不許短少。」〔註94〕然而獄中所使用的飲水，多為探汲取井水，若無井水可用，則獄囚生活將是乾渴難耐，在《正德·瓊臺志》所載的〈萬守吳教記〉中，即詳細說明監獄內井水的設置經過，而此井水猶如「生泉」一般，解救無數獄囚的飲水所需：

> 初入獄，見獄之二門外，有井名生泉。井欄以圈石，蓋以窾石，四圍砌石，方丈遠地，以防穢污源泉，混混潔然。而中沴病者傴僂，械繫者累足，或報甕而汲，或把瓢而注，饑者食，渴者飲，垢者濯，謹然若脫圜扉而適也。教因而知夫名井之義，遂訊斯井所以得名之由。……如今不幸與獄吏者伍，均蒙飲吸，始知一口之井，可活數百口之命，省數萬錢之費，生泉之利溥矣，仁哉！〔註95〕

因此部分典獄官員心懷仁德，鑑於監房之鄙陋隳壞，往往修葺獄政，善待獄囚

〔註89〕《弘治·徽州府志》，卷5，〈公署〉，頁5下。

〔註90〕《五雜俎》，卷9，頁46下。

〔註91〕明·蔣一葵，《長安客話》（《北京古籍叢書》，北京：北京古籍出版社，1994年5月第1版），卷1，〈皇都雜記·禁刑日〉，頁37。錄有詠獄雜物詩八首，其中〈炭簀盆架〉云：「編荊為圜籠，本以貯木炭，今匭用炭時，聊以助吾盥。」

〔註92〕《明文海》，卷127，李東陽〈香灰解〉，頁4下～5上。

〔註93〕明·王錡，《寓圃雜記》（北京：中華書局，1997年11月1版），卷4，〈獄中畜貓〉，頁28。

〔註94〕《退思堂集》，卷5，〈文告·曉諭貼監民壯示〉，頁115下。

〔註95〕《正德·瓊臺志》，卷13，〈公署〉，頁3上～下。

生活，更顯得「生泉」的得來不易。浙江金華府浦江知縣毛鳳韶，見獄房所處低下，獄囚多患有病濕之症，遂「以板舖地，以木構床；又飯門舊在儀門內，供送不便，又於儀門外，穴牆爲牖，嵌石爲扉，以通餉路」，以改善獄囚居住的品質。〔註96〕此外，亦有官員將地處低窪的獄房，遷移至其他潔淨之處，重新建置，〔註97〕這些條件的改善都能使獄囚獲得更爲良好的生活環境。

二、飲食醫療

　　獄囚既繫於獄房之中，飲食皆需由家屬照料，若無家屬且貧窮不能自給者，則由「有司係官錢糧內支破，獄司預期申明關給，毋致缺誤。」〔註98〕洪武時期（1368～1398）曾經規定「凡囹圄囚徒，貧不能自給者，人給米日一升」，〔註99〕欲使窮困之獄囚，能維持必要之生活所需。此種給米制度立意十分良善，但是卻於洪武二十四年（1391）罷除，直至正統二年（1437）才又復行舊制。嘉靖二年（1523），又定「囚糧重囚每日七合，強盜三合，獄卒二次造飯給散。」〔註100〕崇禎九年（1636）刑部尚書馮英，鑑於獄中囚眾糧少，遂每月增米二十石。〔註101〕除每日所需糧米之外，另附有鹽菜煤薪等錢銀。〔註102〕

　　在獄囚飲食管理上，若遇「苦寒則置溫之，炎暑則置涼之，飲食則置節之，病則置醫之。」〔註103〕尤其於冬夏寒暑之際，則「枷杻常需洗滌，蓆薦常須鋪置，冬設暖匣，夏備涼漿」，〔註104〕供予獄囚使用。又以贓罰敝衣、綿衣褲供其衣物，另於每月皆設額銀定敷，分給煤油藥料予獄囚。〔註105〕屠長卿任松江府青浦知縣時，於城中隙地設置養濟院，收容鰥獨老疾，並將院中

〔註96〕 明‧毛鳳韶，《嘉靖‧浦江志略》（《天一閣藏明代方志選刊》7），卷3，〈官守志‧恤制〉，頁19下。
〔註97〕 《正德‧瓊臺志》，卷18，〈兵防上〉，頁15下。
〔註98〕 《大明會典》，卷178，〈刑部二十‧提牢〉，頁7下。
〔註99〕 《明太祖實錄》，卷145，頁1上，洪武十九年五月丁巳條。
〔註100〕 《大明會典》，卷178，〈刑部二十‧提牢〉，頁10上。
〔註101〕 《國榷》，卷95，頁5741，崇禎九年四月甲午條。
〔註102〕 《呂公實政錄》，卷7，〈獄政‧優恤〉，頁3上。
〔註103〕 《御製大誥續編》，〈再諭刑獄第四十一〉，頁31下。
〔註104〕 《大明會典》，卷178，〈刑部二十‧提牢〉，頁7上。
〔註105〕 《明史》，卷94，〈刑法志二〉，頁2316。根據嘉靖六年的規定，歲冬時給獄囚綿衣、綿褲各一件，並由提牢主事查驗。

多餘衣物，給予獄中短缺衣物的罪囚，以免其因受凍而亡。〔註106〕

獄囚所給糧藥皆有定制，然而直至明代中期以後，卻有「已成獄」與「未成獄」的分別：

> 獄囚請給衣糧醫藥，原無已成獄、未成獄之別。近來有司不知何據，惟奉決及曾上長枷者，照月給糧，而見審未成刑之人，牽連淹禁經三五年，少衣缺食，有病全不照管，但報陸續病故。是仁於情眞應死之重犯，而不仁於情罪未明之生人也。〔註107〕

所給糧藥既以罪刑定讞與否爲標準，因此審定罪責後施戴戒具之罪犯爲「已成獄」，而待審或有疑獄者爲「未成獄」，前者按月給予糧米，後者則少衣絀食。然而所定讞罪責者，多爲證據確鑿之罪犯；未定讞者，則可能是證據不足的疑案，其疑犯亦未必是眞正犯人。倘若淹禁日久，疑犯衣食短缺，未得昭雪之日，卻已饑餒於獄中，如此本末倒置的作法，不免讓呂坤有「仁於情眞應死之重犯，而不仁於情罪未明之生人」之嘆。

除了官府所規定的飲食醫藥之外，更有地方善心士紳，在每歲隆冬之際，以粥米賑濟獄中囚徒，〔註108〕甚至於「暑月疫厲作，囹圄尤甚，乃問醫市藥并具酒食餉之，歲以爲常，不計其費」，〔註109〕以體恤其生活之艱苦。在山西地區更有施捨獄囚的風俗，「晉俗自新正至上元，好施獄，而宗室皆載牲饌、香錢、器具，竟入官府獄中，莫之禁。」〔註110〕由於新年施捨風氣在山西地區普遍風行，甚至直入獄房內施捨獄囚，官府之所以不加以嚴禁，一方面礙於當地風俗民情，另一方面亦可算是對獄囚的善待。

〔註106〕明・王世貞，《弇州山人續稿》（臺北：文海出版社，1970年3月，據明崇禎間刊本景印），卷57，〈青浦屠侯去思記〉，頁13下：「又數營室各城之號，而居諸鰥獨者，其又老疾不能自覽者，始歸養濟院，而以時食之，質庫有敝衣不售，長而卿爲儺，薄賈而收之，亦歸養濟院，又有餘衣，則給獄囚之裸露者，曰：『藉令彼當死法死耳，我不忍其生凍餒。』」

〔註107〕《呂公實政錄》，卷7，〈獄政・監犯〉，頁9上。

〔註108〕明・陶望齡，《歇庵集》（臺北：偉文圖書公司，1976年9月初版，據國立中央圖書館藏本景印），卷12，〈王孝子傳〉，頁58上。

〔註109〕明・吳仕，《頤山私稿》（《四庫全書存目叢書》集部70冊，臺南：華嚴文化事業有限公司，1997年6月初版，據北京圖書館藏明嘉靖刻本景印），卷10，〈從子潮墓志銘〉，頁16下。

〔註110〕明・李濂，《嵩渚文集》（《四庫全書存目叢書》集部71冊，臺南：華嚴文化事業有限公司，1997年6月初版，據杭州大學圖書館藏明嘉靖刻本景印），卷84，〈南京兵部尚書王公傳〉，頁5下。

　　鳳陽高牆既為京獄，專為監禁宗藩之用，因此罪宗在獄中的衣食則歸中央統籌，飲食較為一般獄囚優沃。天順元年（1457），建文帝子孫及其家屬禁錮高牆之內，「每月支領食米二十五石，柴三千觔，木炭三百觔。」〔註111〕可見高牆之生活條件，遠優於地方獄房之待遇。因此竟有部分落魄的宗藩，至無以維生之際，寧願藉由觸犯小罪，企圖進入高牆之內以求溫飽。嘉靖四十五年（1566）五月，周府鎮國中尉朱勤熨之子朱朝垾，因家貧無以持生，遂採納他人之建議，上奏言以觸怒世宗，而得繫於鳳陽高牆，〔註112〕因此高牆雖名為監禁，卻淪為少數宗藩的生存之地。或許受到罪宗在鳳陽高牆生活待遇的影響，落魄無以為生的宗藩，競相以進入高牆監禁為樂事，於是造成高牆罪宗人數日益增多的因素之一。

　　地方囚徒之飲食與生活費用，既然由所屬州縣負責，然而各地錢糧未必寬裕，所以給米制度並未能完全施行。為解決獄囚飲食所需之費用，呂坤（1536～1618）在出任山西巡按時，則將罪囚飲食所費，改由地方暫時發給，並使值日刑吏記錄獄囚出監之日，待其出獄後，則照數納穀上倉之折衷方法，以減輕地方負擔。〔註113〕而刑部則規定，凡獄囚飲食皆記載於簿冊，並依此有所循行。〔註114〕明代中期以後，則把囚糧分為三個等級發放，以期能解決地方對於囚糧之財政問題：

> 除罪大惡極、死有餘辜者，不准給。家不甚貧，有人供應者，不准給外。有情稍輕而家極貧，或無家供應者，給與全糧。情稍輕而家次貧，日用不足者，給與半糧。至於新獲賊盜，真假未分，果無供給亦當有處。〔註115〕

《明律》雖規定司獄官與獄卒人等，若扣剋衣糧而致使獄囚死亡者，則有杖、徒之罪，凡提牢官知而不舉，亦與之同罪。〔註116〕但是事實上，獄囚之錢糧仍多為獄卒所侵吞，甚至剋減囚糧，以冷水攪入囚飯，造成重囚往往病死。

〔註111〕《萬曆野獲編》，補遺卷1，〈列朝‧建吳二庶人〉，頁795。
〔註112〕《明世宗實錄》，卷558，頁4下，嘉靖四十五年五月丙午條。
〔註113〕《呂公實政錄》，卷7，〈獄政‧優恤〉，頁3上。
〔註114〕明‧王衡，《緱山先生集》（《四庫全書存目叢書》集部178冊，臺南：華嚴文化事業有限公司，1997年6月初版，據吉林省圖書館藏明萬曆刻本景印），卷12，〈明故都察院右僉都御史偏沅巡撫贈兵部右侍郎纘石江公墓誌銘〉，頁13上。
〔註115〕《呂公實政錄》，卷6，〈風憲約‧提刑事宜〉，頁20下～21上。
〔註116〕《明代律例彙編》，卷28，〈刑律十一‧斷獄‧獄囚衣糧〉，頁985。

〔註 117〕獄囚既缺糧少衣，復以繫獄累年，更常發生因饑寒致死者，就永樂九年（1411）十一月刑科給事中曹潤等奏稱：「上以天寒念獄囚淹滯，敕近臣就獄審錄，輕即釋之，臣竊見其中有淹禁一年以上者，且一月之間瘐死九百三十餘人，使罪重者，不得示懲，而輕者死於無辜。」〔註 118〕僅就一月之間，獄中死者竟近千人，此雖非完全因饑餒而亡，但仍可見獄中管理失當。

　　對於獄囚之醫療措施，若獄囚患有疾病時，則需撥遣醫士加以調治。明初曾規定，「令有司買藥餌送部，並廣設惠民藥局，以醫療患病囚人。」〔註 119〕永樂時（1403～1424）曾有武官繫獄而染疾者，允許出外醫藥，並著爲律令，〔註 120〕後來更於各地獄中增設醫士，並由「太醫院原撥聽用醫士內擇一人，提牢廳診視。」〔註 121〕元代曾於地方設置惠民藥局以醫治有疾病者，明朝承襲之，隸屬於太醫院之下。〔註 122〕舉凡獄中造囚飯之煤價、療囚病藥、獄中燈油等費用，皆由刑部山東清吏司辦理：〔註 123〕戴鰲任刑部主事時，「每督獄，見繫囚滯穢，率多瘐死，必令櫛沐以蘇屬」，〔註 124〕以避免疾病傳染。司獄官檢視獄房，必以照料獄囚生活爲要務，所以「設養濟之院，建安樂之堂，立惠藥之局，闕漏澤之制，創義塚之規，不但是也，恤囚而謹囹圄之所，愛物而建放生之池，惟恐一民之陷于罪，一物之夭其生，仁增而益高，德博而彌深」，〔註 125〕可見整頓刑獄，實爲仁德憫恤之政。

　　獄囚若染患疾病，除重罪死囚之外，皆由提牢官驗實後給藥醫治，並准

〔註 117〕《明孝宗實錄》，卷 162，頁 11 上，弘治十三年五月丙子條。

〔註 118〕《明太宗實錄》，卷 121，頁 5 上，永樂九年十一月丙子條。

〔註 119〕《明史》，卷 94，〈刑法志二〉，頁 2316。

〔註 120〕《明太宗實錄》，卷 166，頁 1 下，永樂十三年七月甲寅條：「命法司自今武職官杖罪以下繫獄者，有疾許出就醫藥，著爲令。」

〔註 121〕《大明會典》，卷 178，〈刑部二十・提牢〉，頁 9 下：「囚醫之醫士歲支贓罰銀一十二兩，充雇直，月給本部倉米七斗，充飯食。六年滿日，送吏部，奏授冠帶。」

〔註 122〕明・葉子奇，《草木子》（北京：中華書局，1997 年 11 月第 1 版），卷 3 下，〈雜制篇〉，頁 64：「元，惠民有局，養濟有院，重囚有糧，皆仁政也。」

〔註 123〕《大明會典》，卷 179，〈刑部二十一・類進贓物〉，頁 17 上。另外，《大明會典》卷 178 又載：「正德十四年題准，每月囚飯價銀四兩，獄中燈油銀三兩，療病藥枋二兩五錢，司獄司修理獄具工食銀二兩，官倉關支囚糧腳銀一兩二錢，俱於入官贓物銀兩內，支送山東清吏司收給買辦。」

〔註 124〕《戴中丞遺集》，附錄，〈明故通議大夫巡撫四川都察院右副都御史東石戴公墓志銘〉，頁 2 上。

〔註 125〕《嘉靖・浦江志略》，卷 3，〈官守志・恤制〉，頁 20 上。

許開疏枷杻，令親人入獄探視。笞罪以下者，則可保外醫治，待病癒後復收入監禁。〔註126〕若於盛夏獄中悶熱，囚犯易感染中暑，則可暫時疏放獄囚，〔註127〕而屬疫大起之際，為防止疫情有擴大之虞，則多疏放罪囚，待屬疫消除之後，再拘禁於獄房，以免疫疾相互傳染。〔註128〕病囚若經過醫藥調理後仍無法痊癒，或因病亡故者，則需由親友領取結狀，再送交官府存查，方得以殮葬：

> 取屍親告領結狀，一併粘連申詳本司，方准開除。無親人者，以里
> 長、甲首、鄰佑代之，其強盜失迷鄉貫，原無親族、里長者，取刑
> 房吏告治病呈，及醫生病案粘申。〔註129〕

藉由結狀、病案之醫療證明的領取，以防止獄吏凌虐罪囚。而刑部獄囚病故，處置更為慎重，必須先取獲批單，並附卷備照，然後由刑部主事、錦衣衛官與監察御史，偕同仵作人等，共同前往察驗，若無異狀，才令其掩埋。〔註130〕

死囚之驗屍，茲事體大，在京師則由五城兵馬司派員檢驗，在外「屬府者，必通判、推官。屬州縣者，必知州、知縣親自檢驗，毋得輒委雜職下僚。」〔註131〕雖然並非由守令親自驗屍，但仍需在旁偕同察驗，以防仵作與胥吏人等，從中受財舞弊。但是，若有獄囚若以詐病、死傷等方法，故意避免事務者，《明律》對此則加重其懲處：

> 若犯罪待對，故自傷殘者，杖一百。詐死者，杖一百，徒三年。所
> 避事重者，各從重論，若無避，故自傷殘者，杖八十。其受故情，
> 為人傷殘者，與犯人同罪。因而致死者，減鬥殺罪一等。〔註132〕

醫官之職，本應「察病症理脈，識藥性以利一邑之病」，〔註133〕若置獄囚病患不理，不僅虧於職責，道德更有所喪。《庚巳編》即載醫官不體恤獄囚，而遭因果報應之事：「郡醫官盛早被檄攝獄事，有數囚死，不以理。壬申夏四月，

〔註126〕《大明會典》，卷178，〈刑部二十‧提牢〉，頁8上。

〔註127〕清‧吳偉業，《吳梅村全集》（上海：上海古籍出版社，1999年12月第1版），卷42，〈通議大夫兵部右侍郎永寧玉調張公神道碑〉，頁883。

〔註128〕《李攀龍集》，卷23，〈徐給事中墓表〉，頁524。

〔註129〕《呂公實政錄》，卷6，〈風憲約‧提刑事宜〉，頁20上～下。

〔註130〕《大明會典》，卷178，〈刑部二十‧相視〉，頁5下。

〔註131〕《大明會典》，卷178，〈刑部二十‧驗屍〉，頁4下。

〔註132〕《明代律例彙編》，卷24，〈刑律七‧詐偽‧詐病死傷避事〉，頁931。

〔註133〕明‧海瑞，《海忠介公全集》（臺北：海忠介公集輯印委員會，1973年5月初版），卷2，〈醫官參評〉，頁107。

盛罷攝，攜獄中刑具數事歸家，囚憑而爲厲」，﹝註134﹞而後冤囚作祟，家人相繼夭折而亡。此外，醫官若誤診病患致死，或詐稱囚犯有病而騙取財物者，凡經法司核驗罪證確實後，皆有重罰於刑律：

> 凡庸醫爲人用藥鍼刺，誤不依本方，因而致死者，責令別醫辨驗藥餌穴道，如無故害之情者，以過失殺人論。不許行醫。若故違本方，詐療疾病，而取財物者，計贓准竊盜論。因而致死，及因事故用藥殺人者，斬。﹝註135﹞

在明太祖刑律嚴苛時期，關於醫士犯罪情事，罪責更重。《大誥三編》記曾載醫人王允監販售毒藥一事，其事後被披露，太祖竟逼令王允監服食毒藥，待其毒發「身不自寧，手騷上下，摩腹四顧，眼神張惶」之時，再徐徐審訊，使其幾番痛苦後，再以「糞清插涼水」給予解毒，次日仍梟首示眾。﹝註136﹞若依照明律〈庸醫殺傷人〉條，不過論斬而已，如此不僅可見明太祖律外用刑之嚴苛，更可見其殘酷濫誅之處。﹝註137﹞

　　任何醫藥偏方，都可能是挽救獄囚的一線生機，因此獄囚繫於牢獄之中，若遇有疾虐病痛，官司未必能周全照料，稍有不慎，則可能死於獄中，而遭鼠嚙食其屍，﹝註138﹞此時囚徒惟有信服醫藥偏方，自行解決疾病。「輪回酒」即俗稱人尿，南京吏部侍郎章綸（1413～1483）獲罪繫於錦衣衛獄時，曾「六七年不通藥餌，遇胸隔不利、眼痛、頭痛，輒飲此物，無不見效」，﹝註139﹞其藥效神奇如此。蚺蛇膽素有不死藥之稱，尤其在治療杖傷方面，有相當的功效。刑部尚書趙錦於獄中，即有賈人贈之以療癒其病，﹝註140﹞而楊繼盛在繫獄時，亦有人遣送此物作爲醫藥，﹝註141﹞可見蚺蛇膽神奇之效用。

　　此外，若於獄中遭嚴刑拷打，致使身軀受殘，若非急救得當，則有喪命

﹝註134﹞明‧陸粲，《庚巳編》（北京：中華書局，1987 年 4 月 1 版），卷 3，〈盛氏怪〉，頁 30。

﹝註135﹞《明代律例彙編》，卷 19，〈刑律二‧人命‧庸醫殺傷人〉，頁 816。

﹝註136﹞明‧朱元璋，《御制大誥三編》（《明朝開國文獻（1）》，臺北：臺灣學生書局，1966 年 3 月影印初版），〈醫人賣毒藥第二十二〉，頁 55 下。

﹝註137﹞楊一凡，《洪武法律典籍考證》（北京：法律出版社，1992 年 8 月 1 版），頁 91。

﹝註138﹞《鮑翁家藏集》，卷 33，〈崔巡撫辯誣記〉，頁 203。

﹝註139﹞明‧陸容，《菽園雜記》（北京：中華書局，1985 年 5 月 1 版），卷 13，頁 160。

﹝註140﹞《陶文簡公集》，卷 7，〈太子少保刑部尚書端肅趙公行狀〉，頁 5 下。

﹝註141﹞明‧尹守衡，《明史竊》（臺北：華世出版社，1978 年 4 月臺 1 版，據清光緒丙戌年重刊本景印），卷 92，〈楊繼盛傳〉，頁 8 上。

之虞。英宗時期李時勉（1374～1450）因直諫不合帝意，受杖十數下，「脇斷，曳出，大學士楊士奇灌以燒酒，得不死。」〔註142〕禮科給事中姜埰，因諫言不合帝意，下刑部獄受杖一百，傷重幾乎氣絕，賴其弟姜垓「含溲吐兄口中，得甦，已謁良醫，親爲括去腐肉斗許」，〔註143〕方得以不死。當楊繼盛（1516～1555）上疏糾劾嚴嵩，反被構陷入獄，在獄中被施以杖刑之後，因受創甚重，遂「夜半而蘇，碎磁碗，手割腐肉，肉盡，筋掛膜，復手截去」，〔註144〕以此療養傷患，難怪獄卒於目睹後，會執燈驚駭欲墜，爲之顫慄不已，由此也可窺見獄中非法凌虐，是何等的殘酷。

第三節　獄房的管理

一、囚徒勞役

　　明代對於笞、杖、徒、流及雜犯死罪的判決，多採以罪囚力役來替代刑罰，即所謂「贖刑」。洪武初期，曾詔令刑部規定：「凡十惡眞死罪者，處決如律，餘徒、流。笞、杖者，今代農民力役以贖罪。」〔註145〕而明代雖依照律法執行判決，然而越到晚期，則大量使用贖刑與充軍以替代刑法，贖刑可以獲得勞役，充軍則可以解決兵源問題，〔註146〕因此贖刑既可獲得恤刑目的，又能達到實際需求，漸爲明代後期司法判決的重要方式。

　　對於贖刑的種類，孫承澤以爲應工役、輸糧、輸灰、輸磚、輸水及炭等，是爲「五贖」，〔註147〕或以罪囚充任各地雜役者，如驛遞驛卒、水馬車夫等，〔註148〕以上主要是屬於力役爲主。所以，大致可將贖刑分爲三類：一是勞役，包括作工、輸作、種田等；二是納錢，有贖銀、贖銅、贖鈔等；三是納物，

〔註142〕《玉堂叢語》，卷4，〈侃直〉，頁118。
〔註143〕清·錢澄之，《田間文集》（安徽：安徽古籍出版社，1998年8月1版），卷11，〈虎丘萊陽二姜先生祠記〉，頁201。
〔註144〕《明史》，卷209，〈楊繼盛傳〉，頁5542。
〔註145〕《明太祖實錄》，卷151，頁3上，洪武十六年春正月丁卯條。
〔註146〕尤韶華，《明代司法初考》，頁166。
〔註147〕《春明夢餘錄》，卷44，〈刑部一〉，頁11上。
〔註148〕蘇同炳，《明代驛遞制度》，頁308～313。關於驛卒來源，可分爲二種：（1）、由衛所之中，挑選軍士撥充，並非因犯罪所謫發者，謂之「軍夫」；（2）、因犯罪而充任於驛遞者，謂之「囚夫」。兩者差異在於軍夫爲世代永充，囚夫則非永充，而軍夫仍具有軍人身份，囚夫則另有恩軍、囚軍等名稱。

包括納米、運磚、運石、運炭等。〔註149〕所以，輕罪及罪至於死者，除納鈔、納銀之外，罪囚繫於監房之中，則需服勞役以抵刑責。贖刑之中，部份銀錢則歸於官府公用，盛應期任內時則一併廢除相關費用。〔註150〕

以工役代替罪罰，種類繁雜，除明代律法所明文規定之外，歷朝條例亦多所損益，爲區別律法與條例之規定，又將贖刑分爲「收贖」與「納贖」兩種。凡律文規定稱爲「收贖」，屬於硬性規定，不得任意更改；條例規定者稱爲「納贖」，可因時制宜，時有更動。〔註151〕

對於罪囚的力役施行，首先需置立文冊，「編成字號，註寫各囚姓名、年籍、鄉貫、地址，并爲事緣由、工役年限日期，分豁滿日，充軍、疏放、終身工役。」〔註152〕而罪囚應役則依刑罰區分等級：笞罪五等，每等役五日；杖罪五等，每等十日，徒罪准所徒年月加以應杖之數輪役。流罪三等，俱役四年，并役滿釋之。雜犯死罪輪役終身。〔註153〕囚徒因犯罪性質不同，又分爲正工與雜工二種，雜工三日當正工一日計算，〔註154〕若有犯徒刑者，皆需帶鐐工作，鐐約重三斤。工役管理是由刑部河南司負責，並編立清冊，記載相關資料，再依所需工役事務的衙門，分別交付有關資料，並遣派囚徒；若工役期滿，則核對清冊無誤後，遣回刑部，再由應天府或順天府發遣歸家。〔註155〕

明代律法規定罪囚得以力役贖罪，「死罪拘役終身，徒、流照年限，笞、杖計日月，滿日疏放，或修造，或屯種，或煎鹽炒鐵，事例不一。」〔註156〕洪武初期曾規定官員害民者，至京論罪，並作築城役，〔註157〕若遇有修砌城牆、街道、修蓋官員屋舍、起築功臣墳塋等事項，則由該衙門移文刑部，依照工作所在之處，撥發罪囚交付監工人員，並編造二本文冊，以填寫罪囚資

〔註149〕尤韶華，《明代司法初考》，頁215。
〔註150〕明・陸粲，《陸子餘集》（《文淵閣四庫全書》集部1274冊，臺北：臺灣商務印書館，據國立故宮博物院藏本景印），卷4，〈明故資善大夫都察院右都御史盛公行狀〉，頁6上：「舊有賦入餘羨，及贖金別儲以備公用，悉屏去之，曰：『名公實私，吾無用。』是諸汎征橫費，一切停格。」
〔註151〕楊雪峰，《明代審判制度》，頁363。
〔註152〕《大明會典》，卷176，〈刑部十八・拘役罪囚〉，頁19上。
〔註153〕《明太宗實錄》，卷11，頁3上，洪武三十五年八月己未條。
〔註154〕清・孫承澤，《天府廣記》（臺北：大立出版社，1980年11月初版），卷21，〈工部〉，頁248。
〔註155〕《歷代刑法考》，《刑法分考》，卷12，頁311。
〔註156〕《大明會典》，卷176，〈刑部十八・拘役罪囚〉，頁18下。
〔註157〕《明朝小史》，卷2，〈洪武紀・築城役〉，頁10下。

料，分別進呈工部及內府。〔註158〕至於所需的木材建料，則由當地官府支應，《大明會典》載：「凡京文武衙門公廨，如遇起蓋及修理者，所用竹木、磚瓦、灰石、人匠等項，或官為出辦，或移咨刑部、都察院差撥囚徒，著令自辦物料人工修造。」〔註159〕

　　嘉靖以來贖刑漸趨完備，所定的納贖標準，依在京、京外地區有所不同：在京地區，依笞、杖、徒、流、雜犯死罪等罪行，分別處以做工、納米、運灰、運磚、運炭、運石等六項工役。京師之外地區者，則囚徒對於贖刑能力高下與否，分為有力、稍有力、無力三等：凡有力者以米糧納贖，稍有力者則以力役折算銀錢繳納工價，無力者則依律法規定執行判決。〔註160〕對於新舊律文及條例之不同，則有「收律贖鈔」和「收律例鈔」等折銀的折算規定。

　　徒刑是依照年限規定，發配所在地區勞役，種類有煎鹽與炒鐵兩類，並依所隸屬籍貫，分發流配地區。洪武十四年（1381）規定，凡徒罪煎鹽者，北直隸地區發往河間，南直隸地區發往山東，福建、廣西之人發往兩淮，河南、山東之人，發往兩浙，湖廣之人發往海北。而徒罪炒鐵者，江西之人發泰安、萊蕪等處，山西之人發鞏昌，北直隸之人發平陽，四川之人發黃梅等。〔註161〕囚徒應役每日工作皆有規定，煎鹽者每日需煎鹽三斤，炒鐵者每日冶鐵三斤，而應役囚徒染有疾病，則予以給假就醫，病癒後仍應服役，若藉故不應役或脫逃者，則拘捕逃囚，依律論罪徒役。〔註162〕

　　除工役、煎鹽、炒鐵之外，囚徒力役另有屯種、擺站、瞭哨等類型。屯種主要施行於在明代初期，乃將罪犯遷至人口較少，耕地尚多之處，以便充實地方。洪武八年（1375）九月，首先規定輕罪罪犯，發往鳳陽屯種，「凡雜犯死罪者，免死輸作終身；徒、流罪，限年輸作。官吏受贓及雜犯私罪，當罷職役者，謫鳳陽屯種；民犯流罪者，鳳陽輸作一年，然後屯種。」〔註163〕此後又以制定武官、軍士贖罪例，凡軍士有犯死罪者，發往北京衛所屯田。明成祖時期（1403～1424）設立「行部」以提高北京地位，為求充實地方，

〔註158〕《大明會典》，卷176，〈刑部十八・拘役罪囚〉，頁19上。
〔註159〕《大明會典》，卷187，〈工部七・公廨〉，頁11上。
〔註160〕《大明會典》，卷176，〈刑部十八・五刑贖罪〉，頁1上。
〔註161〕《明太祖實錄》，卷135，頁5下，洪武十四年二月癸酉條。
〔註162〕《明代律例彙編》，卷28，〈刑律十一・斷獄・徒囚不應役〉，頁1006。
〔註163〕《明太祖實錄》，卷97，頁1下，洪武八年二月甲午條。

即由罪犯中遷往北京屯種：

> 上以奸民好訟，由無恆產，而北京尚多閒田，乃下令法司，越訴雖
> 得實，而律當笞者免罪，令挈妻子徙北京、良鄉、涿州、昌平、武
> 清爲民，授田耕種，依自願爲民種田例給路費，三年始供租調。誣
> 告者犯徒、流、笞、杖者亦免罪，挈妻子徙盧龍、山海、永平、小
> 興州爲民種田，不給路費，一年供租調。〔註164〕

此舉雖有以減刑憐恤罪犯，實則仿傚明太祖屯種中都之制，意在充實北京地
方。此外，另有發往天壽山種樹者，此項規定，既以充實鳳陽、北京爲主，
之後耕地漸少，至仁宗以後則漸少施行。

　　犯徒刑以上者，若無力納米、納錢，則需以擺站或瞭哨爲力役。擺站與
瞭哨兩者之差異在於：（1）就地點而言，擺站在遞運所或要衝之處，瞭哨是
於沿邊防守墩臺。（2）就性質而言，擺站屬於百姓之勞役，瞭哨則屬於軍士
之力役。

　　擺站始於永樂，地點在遞運所或要衝之處，有勞役年限限制，凡各處擺
站因人，若有年限滿日者，即令法司撥替疏放。瞭哨是於沿邊防守墩臺，在
洪武時期（1368～1398）即於沿邊設衛，並採用當地土著及囚犯守邊，永樂
時始命內地軍番戍，謂之班兵。至正統初年，守邊的罪人得以更換，其更番
的方式，是分爲兩班軍，每歲一班，如期放遣。〔註165〕正統五年（1440）三
法司奏准：凡罪囚無力輸贖者，民犯雜罪及文官贓罪者，發往莊浪等衛、安
遠等遞運所充軍擺站。軍士有罪，則由總兵官撥定衛所，備禦瞭哨，役滿後
發回原衛還職。〔註166〕因此，擺站的對象是以一般百姓及犯罪文官爲主，瞭
哨則是以衛所犯罪軍士爲主。

二、巡視督察

　　獄房的功能在於監禁罪囚，所以在管理上甚爲嚴密，故「立有巡捕提牢
以範於叢棘，復設有禁員獄卒以峻其徽纆，又總轄之縣令以素其長繫，勑法
議禁之典，蓋其重矣。」〔註167〕獄房周遭多築砌堅厚之土牆，並設以溝渠及

〔註164〕《明太宗實錄》，卷124，頁4下，永樂十年正月壬子條。
〔註165〕《明史》，卷91，〈兵志三〉，頁2242。
〔註166〕《明英宗實錄》，卷64，頁5下，正統五年二月丁亥條。
〔註167〕《檀雪齋集》，卷15，〈讞牘‧金鼎等〉，頁11上。

磚牆環繞，[註168] 即使嚴密如京師的刑部獄，亦有逃囚之虞，[註169] 因此獄政之中，對監房戒備更為重視。為防止囚徒脫逃，監房多築以高牆，有時「築圜土高十尺餘，外復繚以高牖，盡括縣治，凡三百餘丈，殊極堅厚，可弭外虞」，[註170] 甚至有高牆深渠，敵臺門數，不減郡縣城郭者，[註171] 可見其獄房外牆之堅固與牢實。

除軍獄為鎮撫所管，鳳陽高牆由鳳陽守備太監專責管理獄事外，[註172] 其餘獄政皆由司獄司的司獄所職掌。司獄既掌獄政，「凡囚之出入司獄，謹籍其數，以聽于府」，[註173] 或於朔望二日，由刑官會同佐貳、首領等官，親自點查獄囚，[註174] 藉由確實掌握獄囚數目，以防其脫逃及遁藏。因此獄囚初入監房，需以先後為序，立簿籍加以管理。[註175]

凡欲提訊人犯，司獄官需與提牢官一齊提錄獄囚，並由禁子隨時戒衛左右。所以刑官對於獄房之巡察管理，甚為重視，《大明會典》即載：

> 至天明，各提牢官將監門鎖封看訖，令司獄於總提牢官處關領鑰匙，
> 眼同看鎖，照依本部取囚勘合內名數點放出監。各該獄卒管押赴部
> 問畢，隨即押回監收，傾刻不得摘離左右。[註176]

而北京三法司在永樂年間，皆設有門防，且差吏典把守，以嚴防閒雜人等擅自出入。天順年間以後，則依照南京事例，於北京三法司設立總門，並撥吏典把守，以嚴禁關防。[註177]

王陽明（1472～1528）任刑部主事時，首先創製獄房巡警規制，後人多

〔註168〕《嘉靖・固始縣志》，卷3，〈建置志〉，頁3下。

〔註169〕《國榷》，卷31，頁1993，景泰六年六月癸卯條。

〔註170〕明・申嘉瑞等，《隆慶・儀真縣志》（《天一閣藏明代方志選刊》5），卷3，〈建置考〉，頁9上。

〔註171〕《明中都》，頁139。

〔註172〕明・王世貞，《弇山堂別集》（臺北：臺灣學生書局，1965年5月初版，據國立中央圖書館藏本景印），卷99，〈中官考十〉，頁5上：「祖宗設立鳳陽守備供事皇陵，兼管皇城與高牆鎖鑰，督操八衛一所軍馬。」

〔註173〕《嘉靖・寧國府志》，卷3，〈秩統紀〉，頁3上。

〔註174〕明・吳玄，《眾妙齋集》（臺北：漢學資料中心景照明萬曆序刊本），〈恤獄榜諭〉，頁9下：「朔望二日，親為點查，仍於佐領等官，統為督攝，毋另設一簿，濫禁一人，多淹一宿，而犴狴可清。」

〔註175〕《呂公實政錄》，卷7，〈獄政・優恤〉，頁6上。

〔註176〕《大明會典》，卷178，〈刑部二十・提牢〉，頁8下。

〔註177〕《皇明條法事類纂》，卷46，〈刑部類・淹禁〉，頁835～836。

遵從其制。〔註178〕獄中並設有大砲，以防止罪囚脫獄，若有獄囚脫逃，則令「守城人約放砲四聲，先關四門，更夫登樓，撞鐘無數，快壯人等護監牆，保甲街民攔巷道，各家閉門以防盜入舍，壯男子執兵，防盜砸牆。」〔註179〕府縣亦有設置團練兵壯，以巡守監房及城池，如松江府所屬三縣，即設有防守城池、庫、獄等團練水陸兵壯一千二百四十名；〔註180〕或將各地操練士兵，於閒暇之際調回原屬州縣，協守倉庫、獄房之用。〔註181〕為避免獄囚趁隙逃脫，對於監房夜間警備更為嚴密：

> 夜巡之法，一更、五更最緩，二、三、四更為急，三更為尤急。每更監中用禁子一人，鳴鑼走獄監外，外一人鳴梆，內一人提鈴，相約各十步一聲。先一聲鑼，次一聲鈴，次一聲梆，週而復始，不許斷續，亦不許鈴梆亂響，致令獄中動作不聞。其照監燈火，務須徹夜常明，庶奸謀不得乘便，大抵走更之法，惟陽明公所行為妙。〔註182〕

不僅有禁子巡邏於獄房內外，且配合鑼、鈴、梆聲的交互應和，以防獄囚脫逃，其環節嚴謹相扣，無甚疏漏。

除了積極巡備之外，在獄房及廳署的布局上，亦詳加設計。嘉靖六年（1527），廣州知府范祿，因「常阜庫與司獄司相近，乃改以後堂東西二字廳為庫，而拓舊庫地為監，又設女監於其外。」〔註183〕有時則將獄房之門，面向府治、官廳，以便戒護並提錄囚犯。徽州知府何歆於新建獄房之外，更以「中央為亭一間，以便點閱，而門則西向近官廳，以便提錄。土牆與磚牆相去五尺許，為夾道。令獄卒擊柝，巡警經略嚴密。」〔註184〕如此周密設計，不僅利於官吏提問審錄，更重要是扼止囚徒覬覦越獄之心。

刑官於審理獄案之時，除專注精神聽取雙方供詞之外，判別真偽後加以

〔註178〕明・耿定向，《耿天臺先生文集》（臺北：文海出版社，1970年3月，據明萬曆二十六年刊本景印），卷13，〈新建侯文成王先生世家〉，頁21下。

〔註179〕《呂公實政錄》，卷7，〈獄政・關防〉，頁14上。

〔註180〕明・方岳貢修、陳繼儒纂，《崇禎・松江府志》（《日本藏中國罕見地方志叢刊》，北京：書目文獻出版社，1990年2月），卷9，〈賦役中〉，頁45下。

〔註181〕明・蕭彥，《制府疏草》（《百部叢書集成・涇川叢書》，臺北：藝文印書館，1966年版），卷下，〈島夷情形已真沿海防守宜密疏〉，頁13上。

〔註182〕《呂公實政錄》，卷7，〈獄政・關防〉，頁14下。

〔註183〕清・王永瑞，《康熙・新修廣州府志》（《北京圖書館古籍珍本叢刊》39冊，北京：書目文獻出版社，1988年2月，據清康熙抄本景印），卷12，〈建置志〉，頁149下。

〔註184〕《弘治・徽州府志》，卷5，〈公署〉，頁5上。

定讞，更需將審訊之內容，予以保密並防止外洩，因此隱密偵訊的空間就顯得格外重要。張柏崖在其〈理刑廳記略〉即提到：「理刑舊無廳祗，就儀門外便宇爲之。宁隘甚，且當路之衝，往來井井，終日喧闐，獄未成而情已先泄。」〔註185〕獄事機要秘密既洩，則易產生買通行賄之舉，進而造成審判失當，喪失律法公正的意義，此即所謂「機事不密則害成，《易》之大戒也。」〔註186〕且官署建築的位置不當，不僅會造成獄事機密外洩，更有失囚之虞。如河南魯山縣縣監，原本位於縣治東南隅，因發生獄囚逃逸之事件，知縣劉逵乃將其遷至現址，嚴加管理。〔註187〕所以官署建築之方位，確實需要謹慎規劃。

　　凡於獄中提取囚犯，需經由一定程序及文件，「凡法官治囚，皆有成法，提人勘事，必齎精微批文。」〔註188〕首先由提牢官查照各司取囚票帖，送至司獄司查驗之後，再由該司差遣獄卒提取人犯，審理完畢後，再以獄卒押回收監。〔註189〕對於夜間探獄之事，更當嚴加看管，以嚴防獄囚黨羽趁隙變亂：

> 傍晚方來寄衣，安知非大盜相通藉，非卒紐住，萬一姦細有故，如
> 何！如何！該衙此後，刻刻嚴防，千丈之堤只一蟻穴，百尺之木只
> 一囊孔，事或意外，六州鐵鑄不成錯矣！〔註190〕

所以在提錄獄囚過程中，司獄需與提牢官一齊行動，並由禁子隨時於左右戒護，以防人犯脫逃，即使夜晚有人前來探監，也須詳細加以盤問、檢查，以免因疏忽造成意外。

　　獄房的修築與整建，同樣是典獄官員的重要職務範圍。若監房牆屋隳壞，在京則由刑部行文，移咨工部，再量撥囚人修造；〔註191〕在地方則須向所屬上司申呈，並開列所需估計修理的清冊。〔註192〕而各處獄房修建之職，屬於地方政務的範疇，爲地方掌印官所負責，在府則爲知府，在縣則爲知縣，此

〔註185〕明・夏良勝等，《正德・建昌府志》（《天一閣藏明代方志選刊》11，臺北：新文豐出版公司），卷6，〈公署〉，頁3下。

〔註186〕明・薛瑄，《薛文清公從政錄》（《百部叢書集成・寶顏堂秘笈》，臺北：藝文印書館，1966年版），頁7上。

〔註187〕明・姚卿，《嘉靖・魯山縣志》（《天一閣藏明代方志選刊》15），卷4，〈建置〉，頁15上。

〔註188〕《明史》，卷94，〈刑法志三〉，頁2311。

〔註189〕《歷代刑法考》，〈獄考〉，頁1190。

〔註190〕《退思堂集》，卷7，〈批記・探獄之事〉，頁3上。

〔註191〕《諸司職掌》，卷5，〈刑部・營造〉，頁14上。

〔註192〕《呂公實政錄》，卷6，〈風憲約・提刑事宜〉，頁23下～24上。

外亦偶有府縣佐貳官爲之。〔註193〕修葺監房的經費，一般而言需在府州縣地方的經費上，編派固定銀額以作爲修繕監房之用，如松江府即「編派銀額，修理府監十六兩，縣監二十四兩」以修飭獄房，〔註194〕更有守令捐納己俸，以修整傾頹的監房。〔註195〕地方鄉紳，亦有見監房頹敝而慷慨捐貲助修者，如嘉靖時期（1522～1566）江西袁州府的萬載縣獄房，即於由石塘耆民龍昇通所捐貲修築。〔註196〕除編派銀額之外，另有拆毀地方淫祠，並將其磚瓦、木料等建材，變賣成銀兩，以作爲地方官修建官署、牢獄等費用：

> 即將本境內寺觀庵院，查係古剎及有敕賜牌額者不動外，……其餘盡數拆毀地基，變賣銀兩，并磚瓦、木料俱入官，運送該縣，如法收貯，以後倘有官廨、學校、倉廠、牢獄傾頹損壞，就便申請動支修理。〔註197〕

除官府原本用於修繕官署所能動支的款項外，另有以獄訟納贖的費用加以補貼。〔註198〕

　　對於獄房增建，因涉及經費、勞役等諸多問題，吳亮即提出「三不便」的說法。〔註199〕而在增建或修葺獄房時，需經過繁雜程序，特別是牽涉人事關係，就刑部獄而言，自正統年間創建以來，獄房隳壞二十餘年，直至弘治時期（1488～1505）方由刑部主事劉璉（1348～1379）建議重修，獄吏爲此感念道：「自吾劉公，始出己意，創爲木閑，令不苛而密，奸不弛而消，桎梏可弛，縲絏可無，吾儕得以安枕無事，而囚亦或免於法外之誅」，以其澤披獄囚、獄吏，遂請王守

〔註193〕明・吳福原，《嘉靖・淳安縣志》（《天一閣藏明代方志選刊》之6），卷6，〈公署〉，頁2上：「弘治四年，知縣劉笈增建獄房。」此外浦江知縣毛鳳韶、順天知府林雲程、績溪知縣郭紅等，皆曾在任內修築府、縣監房，此例多見於方志，故不詳列。

〔註194〕《崇禎・松江府志》，卷9，〈賦役中〉，頁50上。

〔註195〕明・劉佃等，《嘉靖・武定志》（《天一閣藏明代方志選刊》13），卷上，〈公署志第5〉，頁16下：「知州（劉）佃目擊其敝，慮其疏虞也，捐己俸修飭之。」

〔註196〕清・李芳春，《康熙・袁州府志》（《北京圖書館古籍珍本叢刊》30冊，北京：書目文獻出版社，1988年2月，據清康熙刻本景印），卷3，〈公署〉，頁17下。

〔註197〕《嵩渚文集》，卷70，〈拆毀淫祠以正人心事〉，頁7下。

〔註198〕明・錢琦，《錢臨江集》（台北：漢學研究資料中心景照明萬曆3十2年刊本），卷8，〈築城議〉，頁10下：「將本郡行縣脩繕鋪舍、廠廥諸費動支，本郡建縣銀兩，餘皆本郡獄訟贖鍰」。

〔註199〕《止園集》，卷28，〈詳牘二〉，頁39上：「議修監房，議設獄卒，不煩費乎？不便一；至零星會審，不便二；起解會審，不便三。」

仁作文以誌其德。〔註 200〕弘治十五年（1502），楊孟瑛出任浙江杭州知府時，在其〈重修府治正堂獄屋記〉中，說明修繕獄房之始末經過：

> 犴狴弗飭，校械無守，庫藏弗審，奸匿靡防，弗亟改非，殆有不可。
> 將撤而新之，顧政未通洽，祇自取譏，躊躇前卻者。又兩月，復謀
> 之二守杜君克善、通守劉君兆文、阮君進之、薛君德充、節推蕭君
> 信之，咸請勿疑。遂狀其事，告于巡按夏公、邢公、高公，皆廉知
> 郡事廢甚，報曰：可，其聽取資于公帑。未幾，今巡按謝公繼至郡，
> 復以白公，尤督其亟。……而需材則錢塘尹劉諶、仁和丞曹銘，經
> 始於二月四日，閱十一月訖事。〔註 201〕

可見即如知府欲增修官署與獄房，仍要擔心官場上「政未通洽，祇自取譏」的疑慮。同時，整修官署或獄房，不僅要上請於巡按，下詢於同知、通判，〔註 202〕更需屬縣之助，耗費公帑千六百緡，及民力無數，方得以竣工。又因其始議修繕之舉，引起他人議論與譁然，故而自記始末以說明事件原委，澄清外人疑慮，由此足見官場之間關係複雜，及修建公署之不易。

第四節　獄政的職司

一、司獄職掌

　　司獄，即為掌理獄政事務的職官，舉凡獄房監督、清理、飲食等皆為其職責範圍，並隸屬於刑部管轄。司獄司設有司獄官一員，從九品，掌印，勳階則初授將仕佐郎，陞授徵仕佐郎，〔註 203〕其下設獄典及職役禁子數人。縣級地方並無專職司獄官，而是以知縣或縣丞兼理，其下則設有六房司吏，其中刑房吏分為南、北二科，另有典吏與禁子數名。〔註 204〕司獄品秩雖為

〔註 200〕《王陽明全集》，卷 29，〈重修提牢廳司獄司記〉，頁 1061。
〔註 201〕明・陳善等，《萬曆・杭州府志》（《明代方志選》，臺北：臺灣學生書局，1965
　　　　年 5 月，據明萬曆七年刊本景印），卷 39，〈公署三〉，頁 2 上。
〔註 202〕《萬曆・杭州府志》，卷 14，〈古今守令表二〉，頁 36 上。據表所記，弘治十
　　　　五年楊孟瑛任杭州知府時，二守杜君克善，即同知杜馴；通守劉君兆文、阮
　　　　君進之、薛君德充，即歷任弘治十四、五年之通判；節推蕭君信之，即推官
　　　　蕭潮。
〔註 203〕《大明會典》，卷 6，〈吏部・散官〉，頁 26 上。
〔註 204〕明・沈榜，《宛署雜記》（北京：北京古籍出版社，1982 年 4 月第 1 版），卷 3，

從九品，卻歸於雜職人員，故地方志於敘述官師職責之時，往往略而不提，似乎受到輕視，〔註205〕然而司獄既掌獄政，管理囚徒，卻關乎獄政之清明與否。

司獄司的建置，是上法天象排列而來，設立監房以禁錮不法之徒，在《成化·保定郡志》中，即詳載司獄職責所在：

> 司獄司，即古囹圄也。在天星應貫索之象，古人設狴犴以守之，謂之犴獄，所以待夫不法之人而禁錮之，俾不得他適也。國朝於府、州、縣各設牢獄以處罪人，惟府治有司獄官，而州縣則無官也。其衙門廨宇俱在獄內，以防情泄也。本府司獄司，洪武年間建於府治西，廳堂土地神廟如制，州邑惟四周垣牆內建房舍耳。〔註206〕

可見府、州、縣各地皆有獄房，但惟有在府級以上之行政機關，才設置司獄司以專職獄政，縣級單位則無專職獄政官員，而由其它官員兼掌。為防止獄事的機密外洩，官吏衙門與屋舍亦設於獄中，而廳堂及土地神廟等建築，皆有定制。

司獄司多位於府治西面，並建有官吏房舍，以及公署，有廳、房、宅等建築。（參見圖3-4）以湖廣常德府為例，其司獄司位於府堂東南，有廳三間，房六間。〔註207〕嘉靖時期（1522～1566）福建的建寧府，其司獄司則在府治內西偏，其監房南方為司獄廳，北方為司獄廨。〔註208〕司獄廳即司獄辦公、

〈職官〉，頁24。宛縣的刑房吏分為南、北二科，各有司吏一名，其下則有典吏二名。

〔註205〕《大明會典》對於官員品秩，分為入流官、未入流官兩種，而司獄的品秩為從九品，屬於入流官；對於職官的性質，以其直接理民與否，分為流官、雜職兩類，而司獄官則歸於雜職。事實上，司獄官雖有從九品，然而史料對於司獄升遷之資料，甚為鮮少。若就比較儒學教官而言，教官雖無品秩，卻因其與文化教育有關而重視，列為雜職之首，因此方志所載，必列舉歷任教官名冊，或為之立傳，相較之下，司獄官之記載遠少於教官。明初取才，雖以科舉、生員、吏員三途並用，之後則偏重科舉取士，且魏晉以來，儒吏分流以成定局，司獄多為吏員出身，本受忽視，復掌理獄政，更為時人所輕賤，故難以遷轉，不載於史籍。儒吏相關問題，詳見：吳智和，《明代儒學教官》（臺北：臺灣學生書局，1991年3月初版），頁11。

〔註206〕明·章律，《成化·保定郡志》（《天一閣藏明代方志選刊》2，臺北：新文豐出版公司），卷5，〈司獄司〉，頁11上。

〔註207〕明·陳洪謨等，《嘉靖·常德府志》（《天一閣藏明代方志選刊》17，臺北：新文豐出版公司），卷4，〈建設志〉，頁6下。

〔註208〕《嘉靖·建寧府志》，卷8，〈公署〉，頁3上。

或提問囚徒之處，司獄廨則爲司獄住宿之所。而雲南昆明縣的獄房規制，則包含土地神祠、庫房、及廳堂等：

> （縣）周垣一百九丈四尺，爲衛三，爲幕廳一，爲祠、爲庫、爲獄、爲樓、爲亭于堂後者二，左曰致恭，以迎賓也；右曰愼思，退自省也；獄中廳曰回春，示仁也。〔註209〕

福建的建寧府則因司獄司所處位置於不當，不利於提牢審訊，後遂奏請工部加以遷移其治所：

> 福建建寧府知府賀泓奏：本府司獄司去府甚遠，囚犯往來不便關防，布政司衙門去府甚近，乞將司獄司改爲雜造局，以雜造司改爲分司，以分司改爲司獄司。事下，工部覆奏，從之。〔註210〕

明律規定，官吏必須居住於公署之內，倘若不住公廨而居民房街市者，則需受杖責。〔註211〕此舉除了使官吏免於舟車之勞苦，專心於刑獄職務，更可防止官員在外買賣通賄之嫌，以維持官府之公正性。

明代官員任職原則上九年爲滿任，九年中需經過三次考核，其考滿之法，三年給由是爲「初考」，凡不稱職者不給由，六年爲「再考」，始得實授，九年則爲「通考」。〔註212〕關於司獄的進階授官，亦需經過九年三考，據弘治十一年（1498）所頒定《吏部條例》載：

> 驛遞、閘壩、司獄、河泊、稅課司局、織染、茶鹽批驗所等官，三年、六年考滿，隸北直隸者赴本部，隸南直隸者赴南京吏部，隸各布政司者赴各布政司給由，查理明白，就令復職。各布政司將各官考滿牌冊，具本差人類繳，候九年通考給由，赴部以憑查考、黜陟，違者送問，公文內不具該府州縣官吏保結者，聽候行查。〔註213〕

司獄官需經由九年三考，或三年、六年考滿，分南北兩處管轄，屬北直隸者赴吏部，屬南直隸者赴南京吏部，隸各布政司者赴各布政司給由，並交付吏部存查，以爲查考、升黜的參考。

〔註209〕明·吳鵬，《飛鴻亭集》（北京：書目文獻出版社，1988年2月，據明萬曆吳惟貞刻本景印），卷10，〈昆明縣記〉，頁9上。
〔註210〕《明英宗實錄》，卷215，頁3上，景泰三年夏四月壬申條。
〔註211〕《明代律例彙編》，卷29，〈工律一·營造·有司官吏不住公廨〉，頁1016。
〔註212〕《明史》，卷71，〈選舉志三〉，頁1721。
〔註213〕明·吏部奉敕編，《吏部條例》（《中國珍稀法律典籍集成》乙編第2冊，北京：科學出版社，1994年8月第1版），頁204。

圖3-4：陝西鞏昌府司獄司官署圖

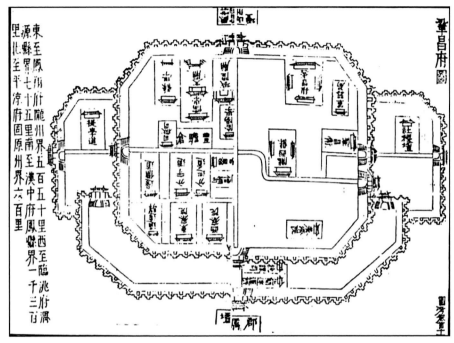

資料出處：明‧王光庭等，《萬曆‧陝西通志》（臺北：漢學資料中心景照明萬曆三
十九年刊本），卷首，〈鞏昌府圖〉。

圖片說明：陝西鞏昌府的司獄司位於府治之內，在縣學對面，倉庫之旁。

官吏所受誥敕，因其品秩高下有所差異，就《大明會典》所言：「洪武二
十六年定，一品至五品，皆授以誥命；六品至九品，皆授以敕命。」〔註214〕
司獄的陞遷，是初授將仕郎，陞授登仕佐郎，據給〈刑部司獄司司獄臧清〉
的敕命所載：

> 敕曰：國家欽恤庶獄，故於圜圄設官以掌之，所以時其衣食，制其
> 寢處，使麗於此者，無瘐死之患，非特謹獄具而已。具官某早由才
> 諝授以今官，歷歲滋深，劾有勞勤，是用授爾階，登仕佐郎，錫之
> 敕令，以為爾榮，向益盡心，以稱任使，欽哉！〔註215〕

另外，在《嘉靖‧衡州府志》中所載錄〈司獄官蔣愷進階敕〉，由其所受敕命

〔註214〕《大明會典》，卷6，〈吏部五‧誥敕〉，頁16上～下。
〔註215〕明‧高拱，《高文襄公集》（《四庫全書存目叢書》集部第108冊，臺南：華嚴
文化事業有限公司，1997年6月初版，據北京圖書館藏明萬曆刻本景印），
卷1，〈外制集‧刑部司獄司司獄臧清〉，頁30下。

之中可以看出，都察院司獄司司獄蔣愷的出身與陞轉：

> 聖襃爾都察院司獄司司獄蔣愷，始由才胥授以斯職，歷年滋久，考稱厥官，是欲進爾階登仕郎，錫之敕命，其益盡心，毋怠厥事，欽哉！天順四年四月。〔註216〕

從以上史料所見，臧清與蔣愷皆由吏員出身，而分別出任刑部與都察院的司獄司司獄，並過經三年考滿而進登仕郎。由此得知吏員經由考滿，亦可升任為司獄官，並因考績優異而賜與敕令，經由吏員處理政事之資歷，對於獄政事務管理，當有相當的助益。

治獄為專門之學，對於司獄官的簡選，需要相當的慎重，應擇其有才幹且專精刑律的官員。〔註217〕丘濬認為：「折獄之官，人命所係，是以自古典獄之官，必用易直仁厚之長者以任之。蓋以箠楚之下，何求不得？和顏悅色以徇之，猶恐畏威懼刑而不敢盡其情，況禦之以口給乎？」〔註218〕所以將正直仁厚之品德，視為司獄官選任之要點。而王達則強調善治獄者，不僅要勤於檢視獄中不法之事，更要有感化獄囚之心，及智慮聰穎之計謀，方能感化罪囚，使其安於監房，讓屬吏不敢妄加干涉獄事：

> 典厥職者，得不謹乎！隸人恃其賂則緩，緩則變矣；循其私則急，急則毒矣。故善治獄者，要在勤而點視之，理言以感之，立計以閑之，如此不徒罪人安厥罪，隸人豈敢縱其私而亂其法耶？〔註219〕

因此司獄官的宅心仁厚，可使獄囚免於拷訊的鍛鍊，而勤於職事則使獄囚安於獄中生活起居，及遏止獄吏的一切不法事端。

司獄專責刑獄，對於所繫獄囚徒，必先置立簿冊載錄，而各衙門需提取囚徒出入獄房時，則需上告知府。對於獄囚更要詳加安置，「凡囚必審輕重，別其寢處，病與餒者，必報府療而飼之」，並且嚴加監牢防備，〔註220〕更不得

〔註216〕明・楊珮等，《嘉靖・衡州府志》（《天一閣藏明代方志選刊》18），卷8，〈綸音・司獄官蔣愷進階敕〉，頁8下～9上。

〔註217〕《歷代刑法考》，《歷代敕考》，卷12，頁794：「夫治獄乃專門之學，非人人之所能為。」

〔註218〕明・丘濬，《大學衍義補》（京都：中文出版社，1979年1月初版，據日本實正四年和刻本景印），卷111，〈簡典獄之官〉，頁9上。

〔註219〕明・王達，《翰林學士耐軒王先生天游雜稿》（北京：書目文獻出版社，1988年2月，據明正統元年胡濱刻本景印），卷2，〈論禁獄〉，頁1上。

〔註220〕《嘉靖・寧國府志》，卷3，〈秩統紀〉，頁3上。

任意縱容外人入獄探視，以免傳遞言語而走漏獄情。〔註221〕人犯若患有疾病，經由驗實後給藥治療，或醫士醫治，若病情危怠，則可在外醫治，待病癒後復收入監房，司獄官皆需詳察獄囚所在，即使罪囚在獄房之外，住宿而身亡，司獄官亦難辭其咎，需負擔行政疏失之責。〔註222〕若獄囚死亡，則陪同正官勘驗，「初覆檢驗并定執致死根因相同，方許下獄，不得轉委佐貳、首領並陰醫等官，徇情受賄及聽信仵作喝報，以致輕重生死頓殊重負冤枉。」〔註223〕

司獄司既掌獄政之職，專責於獄囚管理，關於「獄之曲直疑允，司獄不得辯」，〔註224〕因為各有職司，不得干涉刑獄審判結果，亦不得唆使罪囚翻案，或因減免罪責而變亂事實，乃至於誣陷他人入罪。但是司獄若發現獄囚有矜疑、冤禁之事，則可申明上司，據《大明令》所載：「凡各府司獄專管囚禁，如有冤濫，許令檢舉申明，如有本府不准，直申憲司，各衙門不許差占。府州縣牢獄，仍委佐貳官一員提調，其男女罪囚，須要各另監禁，司獄官常切點視。」〔註225〕獄囚若有不明原因死於監房，司獄官人等，亦需受失職處分，〔註226〕可見司獄不僅掌管獄囚起居飲食，更當留意冤濫之事。

明代律法條文之中，涉及獄政管理範疇，涵蓋戶律與刑律兩類，其中刑律又析分盜賊、訴訟、捕亡、斷獄等四門，共二十九款條文，〔註227〕而斷獄門即佔有二十三條，皆屬獄房監禁與管理等相關規定。刑案之中時而晦澀不清，司獄官雖不得干涉審判結果，但若於巡察獄中獲知真相，仍可提出建議

〔註221〕《明代律例彙編》，卷27，〈刑律十・捕亡・主守不覺失囚〉，頁968。
〔註222〕《大明律》，〈刑律十一・斷獄・囚應禁不禁〉，頁976。
〔註223〕《芹山集》，卷28，〈慎重刑獄事〉，頁5下。
〔註224〕《嘉靖・寧國府志》，卷3，〈秩統紀〉，頁3上～下。
〔註225〕《皇明制書》，《大明令》，〈刑令〉，頁40上。
〔註226〕《明憲宗實錄》，卷268，頁2上，成化二十一年秋七月癸丑條。成化二十一年七月，都察院獄中有婦人投井而亡，監察御史劉洪及司獄官等，俱以行政疏失遭受懲處。
〔註227〕《明律》之中，涉及獄政管理範疇，計有〈戶律一・戶役〉點差獄卒條；〈刑律一・盜賊〉劫囚條；〈刑律五・訴訟〉見禁不得告舉他事條；〈刑律十・捕亡〉獄囚脫監及反獄在逃條、稽留囚徒條、主守不覺失囚條；〈刑律十一・斷獄〉囚應禁而不禁條、故禁故勘平人條、淹禁條、凌虐罪囚條、與囚金刃解脫條、主守教囚反異條、獄囚衣糧條、功臣應禁親人入視條、死囚令人自殺條、老幼不拷訊條、鞫獄停囚待對條、依告狀鞫獄條、原告人事畢不放回條、獄囚誣指平人條、官司出入人罪條、有司決囚等第條、檢驗屍傷不以實條、決罰不如法條、獄囚取服辯條、聞有恩赦故犯條、徒囚不應役條、婦人犯罪條、死囚覆奏待報條，共計二十九款條文。

以協助辦案。楊振任西安府司獄時，得知獄囚之中有屈姓者，實因遭誣陷而服罪，遂建議知府延緩其罪，並嚴加調查，不久緝獲到眞正犯人，而免去一樁冤獄。〔註228〕梁潛任刑部主事時，凡遇有疑獄時，輒與尙書魏源合作辦案，〔註229〕因此案件皆得以公正定讞。

司獄官在未稟明上司時，不得擅自虐待罪囚，若未能克盡職責，其權則將爲他人所簒奪，造成獄囚遭到虐待的情形。胡明善於督學御史任內，橫行鄉里，強奪百姓之妻女，當時府中並無正官，遂恃其權勢，侵奪簿籍戶冊，更僭越職權，侵奪獄中鎖鑰加以掌管，甚至妄執平民爲盜，於家中私置刑具，動用私刑，極其慘酷。〔註230〕另外，亦有司獄官不盡守其職責，不論罪情輕重，皆一概混監。〔註231〕如此敗壞之風，將造成「庸人悉習其風流，以貪婪苟免爲得計，以廉潔受刑爲飾辭，出於吏部者無賢否之分，入於刑部者無枉直之判」的弊端，〔註232〕此皆導源於司獄官之失職。

司獄既直接典掌獄政，其品德之優劣更關乎獄政清明與否。明代亦不乏清名廉能的司獄官，如著名的閩中三司獄：孫一謙、陳繼源、蘇夢暘。此三人皆有幹才，並留心獄治，嚴禁一切非法凌虐之事。孫一謙鑑於獄囚食糧多被侵吞，遂持秤逐日按籍分給，獄囚乃得以溫飽。〔註233〕而蘇夢暘則於治獄其間，厚葬無主死囚，又於每間獄房設置銅鑼，凡有獄卒虐囚，同監房獄囚則加以鳴鑼，若不鳴鑼者與獄卒同罪，乃得以整飭獄政，後以考滿轉任雲南祿豐知縣，因賊寇襲陷縣城，被執不屈而死。〔註234〕

另外，司獄官於獄中若能秉持公正之心，則受枉下獄的獄囚人，則多能受到庇護而避免禍害。司獄劉某任職刑部時，典掌獄事，對於遭奸人所誣而繫獄者，多所迴護，受枉者得以不死於獄中。〔註235〕而丘秉文於任職刑部主

〔註228〕《王端毅公文集》，卷5，〈明故致仕陰陽訓術楊公及其配墓表〉，頁4上。
〔註229〕《南齋先生魏文靖公摘稿》，卷7，〈故正奉大夫浙江布政使司左布政使梁公墓志銘〉，頁23上。
〔註230〕《松窗夢語》，卷1，〈宦遊紀〉，頁8。
〔註231〕《王廷相集》，《浚川公移集》卷2，〈清審獄囚〉，頁1160。
〔註232〕《明史》，卷147，〈解縉傳〉，頁4117。
〔註233〕明‧朱國禎，《湧幢小品》(《筆記小說大觀》第22編7冊，臺北：新興書局，1978年9月)，卷11，〈三司獄傳〉，頁15上。
〔註234〕《明史》，卷290，〈蘇夢暘傳〉，頁7442。
〔註235〕明‧楊繼盛，《楊忠愍集》，卷2，〈劉司獄承恩圖引〉，頁10上：「劉子關中人，以儒行起刀筆官於刑曹，方予以排奸被杖繫獄，適劉子治獄事，日侍左右，躬湯藥進，飲食徬徨，奔走其間，故予得僥倖不死者，劉子維持保護之

事時，適逢楊繼盛以糾劾輔臣嚴嵩逮繫刑部獄，嚴嵩「先後遣人密授意西曹官折辱之，承旨者眾，秉文獨時時問遺膳饋有加，繼盛病，即陽稱己病，具藥餌，潛予之」，〔註236〕正因爲丘秉文於獄中的多所保護，使楊繼盛不至於遭奸人所害。正因爲有這些廉明的司獄官，克盡獄政之職司，方使明代獄政得以存在些許清流。

二、禁子職役

　　禁子，即看守獄房者，屬於賦役制度下之徭役，其名稱另有獄卒、看監皂隸、隸兵〔註237〕等。明代的役法有正役、雜役之別；里甲、老人爲正役，均徭、驛傳、民壯則爲雜役。除排年里甲之外，其餘大小雜役，則有均徭、雜泛，共分爲三等九則。〔註238〕而力役又有輕重之別，關於力役輕重的區分，徽州府是以「預備倉斗級、本府本縣廳堂、皂隸、門子爲重役，禁子次之，儒學祭器庫門子、儒學門子又爲次。」〔註239〕重役對於百姓的負擔很大，《留青日札》即載道：「耳房、舖陳、庫子、館驛、買辦諸役爲重役，應役者往往十九破家。」〔註240〕禁子之役，在徭役之中則多屬於輕役。

　　力役又有力差、銀差之分，其差役應出力者，謂之「力差」；應出銀者，謂之「銀差」，〔註241〕兩者之間差異，頗類似宋代所施行之差役與雇役。〔註242〕有些地方則將禁卒的職役，編定爲上、中、下三種等級，爲府之司獄司所僉派

　　　　功居多。甲申，歲以三載考最，得厝敕命。」
〔註236〕《小草齋文集》，卷14，〈光祿寺志列傳〉，頁11下。
〔註237〕《萬曆・杭州府志》，卷31，〈征役〉，頁34上。海寧縣差役之中，隸兵之職役爲「南京直堂把門看監」，其餘杭州所屬諸縣，皆與海寧縣同。
〔註238〕《明史》，卷78，〈食貨志二〉，頁1904：「迨造黃冊成，以一百十戶爲一里，里分十甲，曰里甲。以上、中、下戶爲三等，五歲均役，十歲一更造。一歲中諸色雜目應役者，編第均之，銀、力從所便，曰均徭。他雜役，曰雜泛。凡祗應、禁子、弓兵，悉僉市民，毋役糧戶。」
〔註239〕明・汪尚寧等，《嘉靖・徽州府志》（《明代方志選》2，臺北：臺灣學生書局，1965年5月，據明嘉靖四十五年刊本景印），卷8，〈食貨下〉，頁24下。
〔註240〕明・田藝蘅，《留青日札》（《四庫全書存目叢書》子部105冊，臺南：華嚴文化事業有限公司，1997年6月初版，據浙江省圖書館藏明萬曆三十七年徐懋升重刻本景印），卷4，〈非民風〉，頁30上。
〔註241〕明・何喬遠，《閩書》（福州：福建人民出版社，1994年6月第1版），卷39，〈版籍志〉，頁936。
〔註242〕《嘉靖・徽州府志》，卷8，〈食貨下〉，頁24上。

者，屬於中差；爲縣所僉派者，則屬於下差。〔註243〕《大明令》爲洪武時期（1368～1398）所編纂，從表 3-1 所列，可以得知明代初期的禁子僉派，主要是以「賦稅」單位爲標準，也就是府州縣之秋糧多寡爲主，各府以十萬石爲等差，各縣以五萬石爲等差，依次略有不同。不過明代中晚期以後，則改以各縣地方人口多寡爲標準，按比例僉派禁子員額。

表 3-1：明初府州縣祇侯、禁子編制表

		祇　侯	禁　子
應　天　府		20	30
各　府	秋糧二十萬石以上	20	15
	秋糧十萬石以上	18	13
	秋糧十萬石以下	15	12
各　縣	秋糧十萬石以上	15	10
	秋糧五萬石以上	13	8
	秋糧五萬石以下	10	7

資料出處：明・張鹵校刊，《皇明制書》（臺北：成文出版社，1969 年，據明萬曆年間刊本影印），《大明令》，卷 4 資料彙整。

根據《嘉靖・江陰縣志》所載，對於力役的種類項目，可分爲京役、府役、縣役三種：

> 丁田之役，以黃白冊籍，按丁田多者爲上戶，編重差。次者爲中戶，編中差。少者爲下戶，編下差。或一戶編一差，或數差，或數十差，或數戶朋一差，是謂均徭。其徭有三，一京役……，二府役……，三縣役。〔註244〕

因此，就一縣所需僉派之徭役，共有京役、府役、縣役三種，負擔可謂不輕。耿定向在論及均徭編目時，更細分六項：編之王府者、編之司府者、編之本縣者、編之儒學者、編之驛傳者、編之巡司者。〔註245〕

關於禁子的僉派類型，根據《閩書》所列，與獄房相關之力役，依地方

〔註243〕明・劉啓東重修，《嘉靖・高淳縣志》（《天一閣藏明代方志選刊》5），卷 1，〈建置〉，頁 18 下～頁 20 上。
〔註244〕明・趙錦，《嘉靖・江陰縣志》（《天一閣藏明代方志選刊》5），卷 5，〈食貨記第四上・徭役〉，頁 29 下～30 下。
〔註245〕《耿天臺先生文集》，卷 18，〈牧事末議〉，頁 9 上～9 下。

府縣行政區之差異，有布政司獄卒、府司獄司獄卒、縣禁子等三類。〔註246〕
其中司獄司禁子屬於府之力差，由各縣分別僉派；南京刑部禁子則屬於部院
各衙門之銀差，而分派各縣。〔註247〕實際上禁子的僉派類型不只如此，以廣
東地方爲例，所屬 10 府 75 縣之中，〔註248〕由廣州府負責省級禁子的員額編
派，據表 3-2 所列廣州府各縣禁子僉派員額分配情形來看，各屬縣除本縣、本
府的禁子僉派外，對於省級衙門則包括布政司、按察司、都司等司獄司衙門，
都需分配僉派禁子之員額。各屬縣總僉派禁子員額共 280 名，其中按察司因
掌理一省司法事務，所以禁子員額分配最多，共達 80 名，佔總員額 29%；其
次則是布政司、府級之員額各 40 名，佔總員額 14%；都司所佔比例爲最低爲
7%，員額 20 名。此外，各縣禁子總數雖有 100 名，佔總員額 36%，實際上若
分配縣則數量甚少，且相差甚多，如最多者爲南海縣，禁子 16 名；最少者爲
連山縣，僅禁子 2 名。除南海縣爲廣州府治所在之處，兼有府級禁子與縣級
員額可達 30 名之外，其餘各縣僅在 10 名以下，若用如此少量的禁子來看守
獄房，確實在警備的規劃與配置上極爲不足。

　　由廣州府各屬縣禁子之分配情形，反映出地方禁子僉派的幾個重要結
論：（1）、地方禁子僉派以省級爲單位，與衙門事務性質相關，因此按察司所
佔員額比例最高，其次爲布政司、都司。（2）、禁子僉派若屬於兩直隸地區，
則需分配兩京之禁子員額，因此廣州府無需僉派兩京地區之禁子員額。（3）
各縣相對於府級以上衙門，其禁子員額相差懸殊，近於省級或府級衙門者，
禁子員額數多。如最少者爲連山縣禁子員額，僅爲按察司禁子員額之四十分
之一，顯示出縣級獄房的守備薄弱。

　　總結以上所得可知，禁子爲地方所僉派之力役，在徭役之中屬於輕役。其
類型可分爲四種，即：（1）兩直隸禁子，即南北京刑部禁子，（2）省級禁子，
即布政、按察、都司三司（2）府級禁子，（3）縣級禁子。兩直隸之禁子僉派，
僅屬於兩直隸地區，兩直隸之外的地區則不需僉派，基於應役輕重及路程遠近
等因素，屬於省級以上者，多採用銀差；屬於府州縣者，則多爲力差。

〔註246〕《閩書》，卷 39，〈版籍志〉，頁 936。
〔註247〕《嘉靖・徽州府志》，卷 8，〈食貨下〉，頁 27 上。
〔註248〕根據《明史・地理志》記載，廣東領府十，直隸州一，屬州七，縣七十五，
　　　　　各府爲：廣州府、肇慶府、韶州府、南雄府、惠州府、潮州府、高州府、雷
　　　　　州府、廉州府、瓊州府。參見：《明史》，卷 45，〈地理志六・廣東〉，頁 1132
　　　　　～1147。

表 3-2：廣州府各屬縣禁子僉派員額表

編派單位 屬縣	布政司 司獄司	按察司 司獄司	都指揮 斷事司	本 府	本州／縣
南海縣	15	55		14	16
新會縣	7	10		11	10
順德縣	13		3	4	7
東莞縣		3	4	5	10
三水縣		12		3	5
番禺縣	5				10
增城縣			3		7
香山縣			10	3	5
新寧縣					5
連　州					5
龍門縣					5
清遠縣					5
從化縣					5
連山縣					2
陽山縣					3
總　計	40	80	20	40	100
比例（%）	14%	29%	7%	14%	36%

資料出處：明·戴璟，《嘉靖·廣東通志初稿》（《北京圖書館古籍珍本叢刊》38
　　　　　冊，北京：書目文獻出版社，1988 年 2 月，據明嘉靖刻本景印），卷
　　　　　25，〈差役〉，頁 19 下。

　　禁子屬於衙門中胥吏之一，而胥吏在明初多為罪囚所充任，其勞役奔波
之苦，又多為人所規避，因此社會遂存有賤視胥吏之觀念，〔註249〕加上胥吏
素有「衙蠹」之稱，貪墨收賄者不在少數，故俗諺有云：「吏弊有如鼠穴，謂
其隨塞隨穿，極難料理。」〔註250〕士人對胥吏亦有所鄙棄，歸有光即認為：「所

〔註249〕《明代胥吏》，頁 71。
〔註250〕明·夏良勝，《東洲初稿》（《文淵閣四庫全書》集部 1269 冊，臺北：臺灣商
　　　　務印書館，1983 年版，據國立故宮博物院藏本景印），卷 11，〈議吏役〉，頁

謂大事任於天下，要以讀書學古，識治務，知大體為先，有非俗吏之所能者。是以不屑文書、訟獄、食貨、兵戎、河渠之事，而可以無所不通。」〔註251〕所以，士人當以學古讀書為要，方得諸事廣博，而非俗吏所為之文書、訟獄、食貨、兵戎、河渠等事。古來理民之道，在於管理胥吏，此舉近於王道之成，所以「廉以遠利，明以蔽獄，詳以理賦，嚴以督姦，儉以節費，恤以柔民，皆炳然為天下稱首。」〔註252〕因此整飭吏役之責，也是刑官施政要點。

刑部對於禁子的管理，由山東司所掌管，凡有新僉派的禁子，需記載其年籍、鄉貫、住址等資料，若各衙門有需要職役禁子多少，則先立文案開列，並送交刑部存查：

> 凡本衙門皂隸并司獄司看監獄卒，山東部掌行各部，將一應皂隸開稱：本部皂隸若干名，内跟官幾名，聽差幾名，直廳幾名，本部直堂幾名，跟官幾名，務要明立文案。遇有更替，本部將新僉派皂隸，取訖年籍、鄉貫、住址、供狀，分豁明白，發下該部收役。〔註253〕

禁子職務既以看守獄囚為主，若遇提囚審錄時，則需負責押解囚犯，「管押赴部問畢，隨即押回監收，傾刻不得摘離左右」，〔註254〕戒護並限制其行動，事後則需清點人數，以避免獄囚脫逃。若獄卒在押解途中，因疏失致使犯人脫逃，則需代受其罪。〔註255〕禁子既與囚犯時時相隨，所及之處，不過獄房内外，雖名為看監，其實無異監禁於獄房之中。

除看守獄房，禁子有時亦擔負其它事務。如山東定陶縣知縣，對於按察司移文之追徵鈔事，屢次不應，於是按察司遂差派禁子陳良，及兗州府差禁子李仕成，到縣追贓四千七百八十貫。〔註256〕若遇有刑案懸疑，或獄囚遭獄吏以惡刑鍛鍊成獄，而導致案情不明時，刑官除了對囚徒採取和顏悅色的態度，以誠心感化之外，更可「令忠厚獄卒，款曲以其情問之」，〔註257〕使其解除心中疑

---

24 下。

〔註251〕《震川先生集》，卷9，〈贈陽曲王公分守太倉序〉，頁128下。

〔註252〕明·王寵，《雅宜山人集》（臺北：國立中央圖書館，據明嘉靖十六年原刊本景印），卷9，〈送天水胡公序〉，頁12下。

〔註253〕《諸司職掌》，卷5，〈刑部·皂隸獄卒〉，頁13上。

〔註254〕《大明會典》，卷178，〈刑部二十·提牢〉，頁8下。

〔註255〕《敝帚軒剩語》，〈金元煥〉，頁20。

〔註256〕《御制大誥3編》，〈臣民倚法為姦第一〉，頁6上。

〔註257〕明·楊昱，《牧鑑》（《百部叢書集成·得月簃叢書》，臺北：藝文印書館，1966年版），卷6，〈應事三·訊讞〉，頁13下。

慮與戒心，方能吐露案情眞象。所以，獄卒有時成爲解開疑案的關鍵人物。

　　獄卒原有支領工食銀，而其工食銀本爲微薄，但是卻又以常例支出爲名，被官府移作公用，致使獄卒饑餒不堪。以刑部獄卒爲例，原本例有供食錢，後以囚糧之贏糧給予獄卒，而將供食錢移作爲公費使用，此種情形沿習已久。〔註258〕王世貞（1526～1590）曾任刑部主事，對於禁子工食銀屢遭官員挪用之弊病深有感觸，在其〈爲議處禁役工食疏〉奏稱：

> 山東司案呈奉本部司獄司禁子孫守智等，呈爲前事。守智等百名募頂、廣德、句容等州縣額編禁子，看守獄囚，畫夜不休，詎意各州縣多拖欠工食銀兩，迄今三年，屢告牌催，輒以停徵抵搪，餬口無計，衣裝盡典，懇乞轉借，支給以甦蟻命。〔註259〕

禁子工食銀遭拖欠的情形，多達數州縣，且長達三年之久，致使禁子典當衣物，以求苟活，此事雖然經由中央支出銀兩，暫爲轉借以維生計，然而終非長久之法。所以王世貞不禁爲此感慨：「重犯尙有囚糧，而典守者衣食不給，其哀迫懇告之情，夫豈得已。」

　　對於禁子的工食銀遭拖欠、挪用等弊端，朝廷亦曾試圖加以解決。弘治時期（1488～1505）即因挪用情況嚴重，以致下令嚴加徹查，不許刑部、都察院擅自挪用：

> 刑部、都察院獄卒代役工食銀兩數定例，官有公用間亦取之，以致獄卒饑餒，未免尅減囚糧。……乞敕該部將獄卒工食銀兩，照都察院例止收燒煙八錢，食米聽令自備，其所公用仍以法查處。〔註260〕

然而官員既以官俸爲生計之道，而明代官俸則爲歷代最薄，〔註261〕因此官員多議取皂隸折食銀兩，影響所及，官府則以常例之名加以所挪用，故官員取皂隸工食遂爲普遍現象。〔註262〕不過仍有少數清廉官員，並不佔用皂隸工食，就《明史》所載，於成化時期（1465～1487），僅有黃仲昭與羅倫不取皂隸薪

〔註258〕《名山藏》，〈臣林雜記三〉，頁 3 上；《湧幢小品》，卷 12，〈二主事得罪〉，頁 13 上：「刑部獄卒例有供食，後移爲公使費，而以囚糧之贏者給之，其敝已久。」

〔註259〕《弇州山人續稿》，卷 142，〈爲議處禁役工食疏〉，頁 9 下。

〔註260〕《明孝宗實錄》，卷 162，頁 11 上，弘治十三年五月丙子條。

〔註261〕《廿二史箚記》，卷 32，〈明代官俸最薄〉，頁 750。

〔註262〕明・鄧球，《皇明詠化類編》（臺北：國風出版社，1965 年 4 月初版，據國立中央圖書館藏明隆慶間刊鈔補本景印），卷 136，〈一峰皂隸書〉，頁 13 下。

資而已。〔註263〕因此禁子工食銀遭到拖欠、挪用等弊端，以其存在既久，一時之間實難以革除。

獄卒工食銀既爲官府所挪用，爲求生計，只有藉由衙門內的常例規矩，以爲生財之道，所謂「卑官小民以衙門爲活計，惟知嗜利，罔有良心，是以有錢者放，無錢方來呈稟。」〔註264〕如罪囚在獄中衣食所需，端賴家人供給，獄卒即此從中牟利，若稍不如意，輒斷絕飲食。〔註265〕甚至要脅誣指百姓爲盜，以求得所賄。如安徽青山里郡丞沈延賞，曾「遣邏卒夜巡江，遇江邊漁子六人，指爲盜，要索不遂，繫至官。」〔註266〕至於貧窮罪囚，雖有官府所給予之囚糧，有時仍爲獄卒所侵吞，致使獄囚饑餒挨餓，甚至有因此餓死獄中者。

此外，在審案拷訊時所執行的拷打，雖由刑官審定，但是受杖輕重多寡，皆取決於衙役之手。而笞杖雖屬輕刑，但若欲傷人，僅笞打數十即可使人斃命，衙役若想輕縱人犯，則將杖棒施力於中間，以避免打落人身，即可減輕人犯的痛苦。此種方式多由人犯家屬花錢買通衙役，即俗稱的「杖錢」，衙役亦得以居中取財，凡「每杖約用錢青蚨百文，不用，則出格捶撻之」，〔註267〕因此行刑施打的取決權力，遂成爲衙役財源之所在。

獄卒有時也會私下收受賄賂而謀害獄囚，例如有些仇家爲求報復，於是賄賂獄吏，或假借「上官風旨，謬以疾申，不數日輒報死，實殺之也。」〔註268〕索賄與納賄的風氣盛行，在廠衛獄內尤爲囂張，即使是貴爲朝中大臣，倘若因政治因素牽連入獄，亦不免受到獄吏所欺凌。《三垣筆記》記載朝中大臣，受其欺凌之窘態：

〔註263〕《明史》，卷179，〈黃仲昭傳〉，頁4753：「兩京諸司隸卒率放還，而取其月錢爲故事，惟仲昭與羅倫不取。」

〔註264〕明・李清，《三垣筆記》（北京：中華書局，1982年5月1版），卷上，〈崇禎〉，頁36。

〔註265〕明・不著撰者，《萬曆邸鈔》（臺北：國立中央圖書館，據國立中央圖書館藏抄本景印），萬曆三十五年丁未卷，頁3下：「（萬曆三十五年）三月，刑部檢校周一麟奏乞賜其祖周天佐諡，……臣祖天佐應詔陳言，疏救楊爵忤權臣，貫罪蜓杖，繫械詔獄，與楊爵一例，樞內仍授意獄吏，鐵鍊貫杻，榜掠叢加，斷絕飲食，三日慘死。」

〔註266〕《田間文集》，卷26，〈鮑心樾救漁人冤獄紀事〉，頁496。

〔註267〕明・陳龍正，《幾亭全書》（《四庫禁燬書叢刊》集部，北京：北京出版社，2000年1月1版，據清康熙雲書閣刻本景印），卷30，〈詞訟・禁杖錢〉，頁12上。

〔註268〕《湧幢小品》，卷12，〈申文鬼殺〉，頁9上。

> 傅司馬宗龍以復疏拂上意下獄，入門即索錢，及行至天下太平門，
> 錢盡，監門者閉不使入，宗龍徬徨門外，俟續取前至方入。又原任
> 謝少司馬啓光（萬曆丁未章邱人），下獄，爲牢頭索詐不遂，被擊數
> 掌。〔註269〕

即使貴如六部官員，在初入監房之時，隨即就遭到獄卒的勒索，若是遲疑不從，遂受無情的責打。另外，獄卒則會根據所取銀兩多寡，決定監房所居環境，若遭索錢不得，則驅入污穢之地，甚至日加重枷，夜縛格筲，折磨凌虐。王猷定於〈浙江按察司獄記〉中記載：

> 始入獄，卒導罪人至獄司前索金。故事，罪人入見獄吏，無輕重皆
> 輸金卒如之，又推罪人有貲爲牢頭者，主進焉，而後掠其私，謂之
> 嘗例錢。金多者，雖重罪，處淨室，或自構精舍以居；否，置一獄
> 名套監，周遭樹木柵地，穢濕覆以腐草，鬱蒸之氣是生惡蟲。罪人
> 械而入，卒持其兩手，繫柵上，使不得便，須臾蟲觸人氣，百千攢
> 集人體，自耳鼻緣入衣裓，凡屬有竅，蟲滿其中。經晝夜，雖壯夫
> 生者什不得一二。〔註270〕

以索賄多寡與否來決定所處的獄房環境，而優劣之間竟有天壤之別，更可見獄卒以獄房爲市，競相爲生財之道的情形。

獄房既爲監禁囚犯之處，負責看守的獄卒、獄吏，遂間接具有宰制囚犯的權力，其中更衍生出牢頭、監霸、鎖頭等特殊地位，橫行肆虐於各獄房之間。祁彪佳（1602～1645）批評到，監獄內誣陷詐財等弊端叢生，多半是由獄卒與牢頭所指使，同時此輩在外又有地棍爲羽翼，以致於鄉民皆畏懼而不敢言。〔註271〕而獄卒與囚犯長時間共處的情形，也強化了獄卒可能或潛在的劣質化現象。

1. 牢頭與監霸

牢頭與監霸，是獄政制度之下所形成的畸形產物。獄卒既服役於獄房，實際上猶如監禁獄中，而終日與囚徒爲伍，難免受其影響，乃至於弊端叢生。禁子常年看守囚犯，責任甚爲繁重，有時採取以囚治囚之法，擇其入獄最久

〔註269〕《三垣筆記》，卷上，〈崇禎〉，頁36。
〔註270〕《明文海》，卷340，王猷定〈浙江按察司獄記〉，頁5下～6上。
〔註271〕明・祁彪佳，《祁彪佳集》，10卷，上海：中華書局，1960年2月第1版），
　　　　卷3，〈致畢郡丞書〉，頁48。

者，爲牢頭、監霸，以管理其它囚犯。牢頭，即獄囚之中最有錢財者，爲禁子主要索賄對象；〔註272〕監霸，多爲豪強之人，以錢財買通書吏，遂得以役使禁卒。〔註273〕此等人犯多以銀兩打通關係，在獄中地位尊榮，生活奢侈，凡有忤逆者，則施以捶打凌辱，或是教唆罪囚，滋事爲亂，危害獄房安全甚大。此等牢頭多恃勢於獄中逞惡，驅役眾囚，有時以照面稀湯、薰鼻壞飯，使其餘囚徒不得飯飽，並剋扣其飯錢等，行爲極爲苛毒。若是獄囚待在牢中年久，也會轉變成爲牢頭，並藉此欺凌初來的新囚，如生員曹欽程與數人以逆案論死，十數年後參與逆案諸人皆死，惟其僥倖尚存，遂憑藉在獄中日久而自爲牢頭，並藉機勒索初入獄縉紳之錢財：

> 曹欽程以逆案論死，十餘年來，逆案諸人正法畧盡，而欽程獨存，遂爲牢頭。每一縉紳入獄，欽程如例需索，成大怒拳拳之數百，一無所得而身負重傷，月餘乃愈，一時縉紳在獄者莫不快也。〔註274〕

因此，牢頭所憑藉的是在獄中時間年長，並以爲欺凌新近獄囚的特權，獄囚皆恨之入骨，如曹欽程之仗勢欺人，反被痛毆重傷，難怪其他獄囚莫不稱快，藉此以抒發怨氣。

獄卒過度縱任牢頭之舉，使其權力漸爲高張，有時甚至能侵奪或取代典獄官員的職權，產生「致使獄吏之貴，移爲牢頭之橫」的情形。〔註275〕談遷（1594～1658）在論及英宗時期錦衣衛鎮撫門達的弄權行爲，以致於妄加攀誣良善，盡皆囚繫於北鎮撫司獄內，乃爲此感嘆道：「天順之季，中外纓組，填獄北司者，比比也。偏信門達，羅織細故，雖閣部無少免，獄吏之貴，固如是。」〔註276〕致使朝臣文士，莫不受辱於此輩獄吏之手。

2. 鎖 頭

即獄卒之長，有時或以獄囚擔任，在獄中具有絕對權力，甚至掌握生殺之權，得以濫施刑罰、無惡不作。天啓年間（1621～1627），六君子遇害，其中楊漣、左光斗、魏大中皆死於鎖頭葉之仲手中，而葉之仲手段狠毒，號爲

〔註272〕《明文海》，卷340，王猷定〈浙江按察司獄記〉，頁5下：「故事，罪人入見獄吏，無輕重皆輸金辛如之，又推罪人有貲爲牢頭者，主進焉，而後掠其私，謂之嘗例錢。」
〔註273〕《呂公實政錄》，卷7，〈獄政・優恤〉，頁3下～4下。
〔註274〕《玉堂薈記》，總頁560上～下。
〔註275〕《三垣筆記》，卷上，〈崇禎〉，頁36。
〔註276〕《國榷》，卷33，頁2159，天順七年十二月辛卯條。

獄卒之冠。〔註277〕雖然在《明律》條文規定，獄囚若遭到獄官、獄卒凌虐時，可以申告舉發，〔註278〕但事實上若非官員懷有清廉愛民之心，否則獄囚舉發獄卒的行為不僅成效不彰，甚至可能只是換回更殘酷的欺凌。

關於獄卒為非作歹的暴行，一般人多深惡痛絕，因此亦有人載錄其惡行，欲將公諸於世並加以遣責。明末有位吳文明，平時好抱不平於鄉里，素有俠客之稱，後為人所誣陷入獄，其「在獄五年，晝則讀書，夜則筆記卒徒陰事，卒徒知之，怖。會大吏不恤囚，遂死卒徒手」，〔註279〕顯然獄卒畏懼獄中私刑與酷虐的消息，將招來官員的審訊與責罰，於是私下將吳文明殺害。而燕客所著《碧血錄》一書，更是詳載天啟六君子遇害的始末詳情，披露詔獄之中獄吏的各種殘酷惡行。

上級長官的態度與命令，有時亦成為獄吏凌虐獄囚的不得已因素。獄吏屬於獄政體制之下最底層的結構，若是迫於上級長官的命令，有時為了保全身家性命，惟有遵從而已；若執意反抗，不免會發生「戇直之吏以觸忌蒙誅，廝役之人以忤意罹辜」之情形，〔註280〕致使自身反遭禍亂。除了所屬長官命令之外，有時地方鄉紳亦會加以干涉，而皇權更是高於司法權，動輒以私欲，濫施刑罰。〔註281〕工部員外郎劉魁，因上書切諫勿奢靡於宮室建築，忤逆嘉靖皇帝而下詔獄，時「帝怒不測，獄吏懼罪，窘迫之愈甚，至不許家人通飲食。」〔註282〕所以，刑與德之間的取捨，則為士大夫對帝王刑罰的勸諫：

> 故德多刑少者帝，刑德相半為王，刑多德少者霸。純用刑而亡者秦，
> 鉆鑽慘酷，淪胥以鋪，治獄之吏皆欲人死，非憎人也，自安之道在
> 人之死。囚人不勝痛，則飾詞以示之，上奏畏際，則鍛鍊以周內之。
>
> 〔註283〕

〔註277〕《碧血錄》，卷下，〈天人合徵紀實〉，頁24下。
〔註278〕《明代律例彙編》，卷22，〈刑律五・訴訟・見禁囚不得告舉他事〉，頁882。
〔註279〕明・徐渭，《徐渭集》（北京：中華書局，1999年2月第1版），逸稿卷22，〈吳俠士墓志銘〉，頁129。
〔註280〕《嬾眞草堂集》，文部卷2，〈擬條具祈天永命保國安民事宜疏〉，頁19上。
〔註281〕明代紳權在權力結構上，介於皇權與人民之間，是中央在地方上的代理者，協助處理政務的推行，然而紳權在鄉里之間，仍具有其影響力，有時亦不免恃勢而為，反而破壞地方政務的推行。詳參見：史靖，〈紳權的本質〉，《皇權與紳權》（天津：天津人民出版社，1990年11月1版），頁134～136。
〔註282〕《明史》，卷209，〈劉魁傳〉，頁5531。
〔註283〕明・王在晉，《越鐫》（《四庫禁燬書叢刊》集部104冊，北京：北京出版社，據明萬曆三十九年刻本景印），卷5，〈敬由編序〉，頁1下。

葉伯巨（？～1376）認為獄政好壞與否，關乎帝王意旨如何，即使律法明確規定，也會因帝王片言而有所更改，因此「用刑之際，多裁自聖衷，遂使治獄之吏，務趨求意旨，深刻者多功，平反者得罪，欲求治獄之平，豈易得哉！」〔註284〕皇權的干涉司法制度，不僅成為獄吏欺凌罪囚的原因，更直接妨礙刑獄制度的施行，進而造成獄政敗壞。

〔註284〕《明史》，卷139，〈葉伯巨傳〉，頁3991。

第四章　獄房的刑罰

　　獄政管理之中對於囚犯的刑罰，可概分爲兩部份：即審訊時的刑訊、監禁獄中的刑罰。前者屬於刑具，後者屬於戒具。凡訴訟兩造到案後，首先以刑訊審問口供，若對質無誤，或被告服罪，則原告人等予以釋放，而案情不明時，雙方皆暫繫於獄，等候後重審；若罪證確鑿，則以刑具懲治罪犯，再押入大牢，擇日執行刑責。而審問時所施行的刑訊，則有其規定與限制，若因過度拷訊而致使人犯傷殘者，行刑差役與審問官員皆依法究辦。

　　獄具，包括刑具與戒具兩種型式。案情審訊定讞後，罪犯首先受到刑具的拷掠懲治，監禁獄中後則需施戴戒具。戒具之施戴，則依所犯罪行輕重，分別施戴相應之工具，其目的在於防止罪囚脫逃。關於獄具的式樣與規格，曾有律文明確規定，凡在京各衙門刑具，皆需較勘如法，若有損壞則需交付有司修理。由於酷刑過度傷殘人命，屢爲朝廷所禁，而《明律》雖規定以五刑爲合法之刑法，事實上在五刑之外，仍存有其它輔助刑罰，這些輔助刑既無確切量刑標準，常介於合法與非法之間，因此導致在施行懲治時，動輒流於酷虐，甚至幾乎近與酷刑。

　　獄囚既繫於獄中，以刑罰懲治其罪行，但基於體恤民命，且恐有疑獄冤枉之失，故歷代皆設有恤刑之制，藉由審錄罪囚減少冤獄發生，以達司法公正的精神。關於明代恤刑制度，有（1）、中央會審：包含朝審、熱審、寒審、圓審等類型，施行範圍多以兩京地區爲主，參與會審官員則以三法司、各部院、錦衣衛等在京官員爲主。(2)、地方錄囚：由中央遣派監察御史、巡按御史等審錄官會同各地方官員，共同審錄罪囚。對於審錄官員之資格，多委由諳於刑名或廉能之官員出任。

第一節 刑 訊

一、功能目的

　　刑訊或稱獄訊，即以刑具來審訊疑犯。刑官在審訊之時，需秉持「兩造具備」的原則，即聽取原告與被告雙方之說辭，以免偏袒任何一方，《皇明祖訓》強調：「凡聽訟要明，不明則刑罰不中，罪加良善，久則天必怒焉。或有大獄，必當面訊，庶免構陷、鍛鍊之弊。」〔註1〕然而歷代以來，刑訊目的多著重於口供之取得，關於案件證據之存在，或真實與否，則較疏於確認。〔註2〕

　　刑訊之目的，乃是基於「獄貴初情，事久生變」的原則，〔註3〕尤其是案情晦澀不清時，更應掌握時效，所謂「獄之初發，犯者不暇藻飾，問者不暇鍛鍊，其情必真而易見，威而臨之，虛心以詰之，十得七八矣。少蒙姑息，則有百倍厥初者。」〔註4〕否則將使疑犯趁隙以抵賴、狡辯，甚至串通供詞等方式，導致刑案生變牽連日久。〔註5〕因此明律規定，凡內外衙門審訊，「文書小事五日程，中事十日程，大事二十日程」，並要求在期限之內，迅速審問結案。〔註6〕刑科給事中侯廷柱所奏〈條陳問刑七事〉，說明審訊速決之重要性：

> 聽斷速，則窺伺者無所容其私；歸結遲，則需索者得以乘其隙。今一人繫獄，動至破家，在歇家有保頭之例，在守門有門禁之擾，在皂卒有杖頭之錢，在庫役有掌櫃之號，此其弊端皆起於聽斷不速之故也。內外有司心知其弊，而或為胥吏沮擾，或以奔走訪妨職，宜懲一戒百，以釋冤滯。〔註7〕

刑官藉由刑訊施加於疑犯，以達到威赫作用，再由疑犯反應與辭色，來判別口供真偽，並作出正確的審斷。

　　元代的《吏學指南》提到：「推究曰詳，評議曰讞，凡諸疑獄者，雖文致於

〔註1〕 明‧朱元璋，《皇明祖訓》（《明朝開國文獻》，臺北：臺灣學生書局，1966年3月，據國立北平圖書館原藏本景印），〈祖訓首章〉，頁9上。
〔註2〕 陳顧遠，《中國法制史》（臺北：臺灣商務印書館，1968年2月臺4版），頁250。
〔註3〕 《王廷相集》，《浚川內臺集》卷1，〈題為審錄罪囚事〉，頁1032。
〔註4〕 《牧鑑》，卷6，〈應事‧訊讞〉，頁13下。
〔註5〕 《王廷相集》，《浚川公移集》卷2，〈參詳李伏剴罪犯〉，頁1152。
〔註6〕 《讀律瑣言》，卷3，〈吏律二‧公式‧官文書稽程〉，頁12下。
〔註7〕 《明世宗實錄》，卷487，頁5上，嘉靖三十九年月癸亥條。

法，而人心不厭，必須申詳，議其罪者。」〔註 8〕因此爲求詳讞罪行，刑官於刑訊之際，需對疑犯口供辨別眞假與否，加以反覆推究，然後作出正確的判決。《周禮》之中已有辭聽、色聽、氣聽、耳聽、目聽等五聽之法，以辨別眞僞，于愼行認爲這些聽獄之法，十分詳密，「即有神奸，不能自遁，片言折之可矣。後世不務出此，而鉤距伺察得人之情，以羅織咒箐求人之情，其法彌刻，其術彌疏。」〔註 9〕因此，歷來智慧所累積的聽獄法則，足以審斷是非，而重要之處在於刑官是否用心於刑獄，倘若敷衍塞責，則徒增羅織牽連無辜而已。

刑訊的功能除了具有懲罰的作用，另有戒愼的示警意義，所謂「用刑總有報、戒二意，報是報其已爲，戒是戒其未爲。」然而禮與法並非獨立存在，乃是相輔相承，「若果禮在事前，法在事後，截然二物，則用刑之時，但有雪憤稱快，而無防閑愛之心，於制刑佐禮之仁，其少疏矣。」〔註 10〕所以刑官的仁心善念，才是刑法公正之道。

刑官於審問案情，不應先存有預設立場，更不能專以臆測決斷，〔註 11〕因此爲求公正，證物與贓物的取得，皆爲審訊刑案之要點。爲了防止不法及誣陷等弊端，若未詳察，而驟然定讞，更有誣民入罪之虞。王褘曾提到有某知縣，以縣民持有軍械等器物，欲出海劫盜爲由，遂拘繫董連等二十三人，但經由王褘詳審之後，方得知案情，「所謂軍器太半皆農具，且他無盜跡，乃當董連等五人私持軍器之罪，餘置不問。」〔註 12〕在無任何罪行與證據之下，卻誣指平民持器械泛海劫掠爲盜，並牽連十數人，足見縣官審案之失。另外，有人則因爲與罪犯同姓而貌似，而遭刑求誣服者。〔註 13〕永樂二年（1404）

〔註 8〕　元‧徐元瑞，《吏學指南》（臺北：大華印書館，1972 年 3 月），〈推鞫‧詳讞〉，頁 87。

〔註 9〕　明‧于愼行，《穀山筆麈》（北京：中華書局，1987 年 4 月第 1 版），卷 16，〈論略〉，頁 188。

〔註 10〕　《幾亭全書》，卷 12，〈學言詳記九〉，頁 15 下。

〔註 11〕　明‧來斯行，《槎庵小乘》（《雜著秘笈叢刊》，臺北：臺灣學生書局，1961 年 5 月初版，據明崇禎四年刊本景印），卷 22，〈兵刑類‧刑書〉，頁 17 上～18 下。

〔註 12〕　明‧王褘，《王文忠公文集》（《北京圖書館古籍珍本叢刊》98 冊，北京：書目文獻出版社，1988 年 2 月，據明嘉靖元年張齊刻本景印），卷 11，〈紹興讞獄記〉，頁 29 上。

〔註 13〕　《陸子餘集》，卷 2，〈雲南按察司經歷劉紹卿墓表〉，頁 15 上：「王鬐者，圉奪殺人道中，郡吏名捕之。一兵官子亦姓王而鬐，疑懼自髡，爲吏所錄，既誣服成獄矣。（劉）紹卿往覆案，立得殺人者而出兵官子。」

八月，北京城所發生賣馬帽一事，更能突顯證物在處理案件之重要：

> 有軍校縛至二人言：「北京城中官馬，往往盜剪其尾，二人專鬻馬尾帽於市，此皆因盜所得，請罪之。」上曰：「嘗見其剪馬尾乎？抑以疑似執之乎？」對曰：「實疑而執之。」上顧三法司官曰：「市中貨馬帽甚多，可盡以疑似罪之乎？疑似加刑，有累君德，其釋之。」〔註14〕

雖以京師官馬尾被盜剪，而推斷是賣馬帽者所為，但是既非現行犯罪，亦無任何罪證，若僅憑臆測而斷案，確實是違反法律的公正原則。

關於證物的取得，是刑案定讞之憑據，然有不肖官員卻以掠奪財物，充當罪證，以求草率結案。英宗時期刑部右侍郎何文淵奏稱：五城兵馬司所捕獲盜賊，多於緝獲後，即於所在之處搜奪民家財物，作為贓物，並加以拷掠使之成獄，致使成冤獄太濫，於是規定凡「捕獲盜賊，須有失主認贓，當時連贓送問。」〔註15〕所以官府拘捕犯人之後，需與被告或失主對簿公堂，詳細審問追究，務必讓被告或失主詳實確認明白，方得以畫押取供詞，然後再將人犯收禁監房。〔註16〕

有時官府為求緝捕盜賊，更以限期責令捕快拘捕人犯，致使所司濫誣他人到案，以求免去責罰，也是造成疑犯誣服之原因。萬曆十四年（1586），八賦嶺有賊盜劫殺商賈，巡捕弓兵於無計可施之下，遂盤問乞丐數人，乞丐竟隨口承認其罪行，此時雖無贓物在身，卻仍拷掠下獄，死者數人，此雖歸咎於乞丐之愚，更可見刑官斷案不明。呂坤對此則有「盜賊之獄，十九成於嚴刑，嚴刑之獄，十五類非真盜」的看法，批評嚴刑審問的弊端。〔註17〕

不過，有時刑官也會因過分注重清譽，而有適得其反之情形，產生誤判之失。石楚陽出任南直隸蘇州知府時，其同年金元煥之僕，在市中與人爭物，失手誤傷人致死，卻無確實證據，當地人竟「反揚言太守受同年多金，為之道地。石素以廉峭自矜重，遂立意坐以主使，邑令知守意，竟論金抵償。讞詞上之郡，上之兵道，俱如擬。」〔註18〕在輿論與流言壓力之下，造成知府為求清譽而重判刑責，致使金元煥棄鄉亡命他處。

〔註14〕《明太宗實錄》，卷65，頁9上，永樂二年秋七月乙未條。
〔註15〕《明英宗實錄》，卷65，頁4上，正統五年三月辛亥條。
〔註16〕《芹山集》，卷28，〈公移．慎重刑獄事〉，頁5下。
〔註17〕《呂公實政錄》，卷7，〈獄政．辨盜附〉，頁22上。
〔註18〕《敝帚軒剩語》，卷上，〈金元煥〉，頁8上。

　　刑官或因案件罪證不足，懸宕而未決而疑案，往往將疑犯繫於獄中，直至案情明朗為止。江西鉛山縣縣民，有因食鱔魚腹痛而死，「鄰保疑妻毒殺之，執送官，拷訊無他狀，獄不能具，械繫踰年。」〔註 19〕就因缺乏罪證，難以定讞，進而造成淹禁之弊。對此，有時刑官則借用神明之力，以破除膠著案情。登州府知府於任內，「或有疑獄，則質於神，無有遠近，幽禁逐知來物。」〔註 20〕此非依恃鬼神之助，而是利用一般人對神靈的敬畏，突破罪犯心防，以求得案情真象。

　　刑案之所以晦澀不清，有時是因為涉及個人隱私，致使人犯有所顧忌，而反覆所敘述的供詞，更有時誤導辦案方向，導致刑官於審斷時陷入膠著。〔註 21〕張肯堂即以病患不肯告知病情，來說明治獄之困難：

> 折獄如治病，病者詳告以所苦，湯醪鍼灸不待俞跗而能施也。惟夫諱其疾之所自來，而診之者又不深求其故，一或誤投，鮮不益之屬矣。〔註 22〕

刑部官員王樵（1526～1590）也有同樣的感觸：

> 治獄之難，在得情。嘗譬之醫，治律如按方，鞫事如診病，有人方書雖明，而不中病；如人明法，而不能得情，則所謂明，竟亦何用？〔註 23〕

無論是張肯堂或王樵的觀點，皆是強調治獄的困難在於「得情」，也就是所謂「善治獄者，非民情之不可得，而患言不能盡其情也」，〔註 24〕因此官員在審

〔註 19〕明・陸粲，《庚巳編》（北京：中華書局，1987 年 4 月第 1 版），卷 10，〈張御史神政記〉，頁 131。

〔註 20〕明・潘滋，《浮槎稿》（《北京圖書館古籍珍本叢刊》110 冊，北京：書目文獻出版社，1988 年 2 月，據明嘉靖刻本景印），卷 8，〈登州府重修城隍廟記〉，頁 8 下。

〔註 21〕明・陳仁錫，《皇明世法錄》（臺北：臺灣學生書局，1965 年 1 月初版，據國立中央圖書館珍藏善本景印），卷 5，〈太祖高皇帝寶訓〉，頁 15 上。洪武十五年十月，太祖曾申命法司錄囚曰：「刑當其罪，大抵人之隱曲難明，獄之疑似難辯，故往往有經審錄，尋復反異，蓋由審刑者之失以至此耳。故善理獄者，在推至公之心，擴至明之見，則巧偽無所隱，疑似無所惑，自然訟平理直，枉者得伸，繫者得釋，苟存心不公，聽斷不明，是猶舍衡以求平，捬鑑以索照，獄何由得理，事何由能直？」

〔註 22〕《讞辭》，卷 4，〈鄭加成等〉，頁 1 上。

〔註 23〕明・王樵，《方麓集》（《文淵閣四庫全書》1285 冊，臺北：臺灣商務印書館，1983 年，據國立故宮博物院藏本景印），卷 6，〈西曹記〉，頁 225。

〔註 24〕明・姚淶，《明山先生存集》（臺北：漢學研究資料中心景照明嘉靖三十六年

理定讞之時，必須詳加細察兩造之言辭，並審慎推斷事件始末，以避免錯失其中隱諱或疏漏之處，如此方能還原案情的眞相。

官府訴訟或審訊之時，兩造雙方有時會因爲身分的不同，在應對或心態上皆有顯著的差異，以一般的平民百姓而言，由於平時鮮少出入官府，甚至視入官府爲畏途，對其簿公堂之際，已是心懷恐懼，更遑論鎭定回答刑官的審問。富豪之輩則多交通官府，在訴訟之際可能已經僱請訟師或訟棍，取得較有利的法律資訊，而在公堂聽訟之時，又並往往買通皂隸衙役，於「聽審之日，皂隸得富人賄，先於頭門外鞭擊鄉愚，鄉愚未及見官，已垂首喪己」，〔註25〕藉由收買公堂衙役的手段，以折辱、威勢等方式欺凌鄉民，使其驚懼而不敢興訟，即時雙方訴訟，富豪依然已經具有相當的優勢，因此身分上的差異，有時確實會造成審訊不公的因素。

若遇到罪犯或盜賊口風甚緊，不願吐露犯罪情時事，刑官有時必須詳加謀畫周嚴，甚至私遣差役僞裝成罪犯潛入獄房，藉以探聽實情。潘璟以開國功臣後裔，世襲爲武官鎭守開寧，當時巨盜橫行難治，「會大賈道劫，遮君訴。君潛以計擒至庭下，訊且屢不伏也，故寬之，密授卒狡者，僞爲他盜被擒，君詭怒杖之，械同獄。卒又故飛悖語以毀君，而日與賊昵也，賊不疑而情洩。」〔註26〕在兵卒取得盜賊信任後，待盜賊疏於防範而洩露獄情，終以得將罪犯繩之以法。

有些地方風俗素好獄訟，若是遭人刻意誣陷，復以訟師、惡吏之奧援，則司法官員確實難以察覺，於是被陷害者甚難有生還之理。山西地區民風好訟，爲求案件勝訴，往往無所不用其極：

> 若晉之多辟，則猶有足求者，其民好輕生，又好傾人之生以自快也。本自投繯而以爲有引繩者，本自落井而以爲有下石者，本自試毒而以爲有進而強之者，本自刎頸而以爲有持太阿而授之柄者，本憝以手自摶，以頭擊壁戶柱，而其所傷實類見痕，絕無毫髮差者，案驗之，茫不得其狀也。求之證，而所左袒之人不難以舌劍輔之；求之傷，而所索瘢之人不難以口沙射之；若求之爰書，而所鍛鍊之人又

刻本），卷1，〈贈應君叔寶任瑞州推官序〉，頁12上。
〔註25〕《幾亭全書》，卷30，〈詞訟・禁門皂〉，頁12上。
〔註26〕明・翁萬達，《翁東涯集》（《北京圖書館古籍珍本叢刊》106冊，北京：書目文獻出版社，1988年2月，據明嘉靖三十四年朱睦㮮刻本景印），卷17，〈明武德將軍靜菴潘府君墓志銘〉，頁11下。

不難以墨兵攻之。三求者，皆求所以殺，而此囚宜無生理矣。〔註27〕
有鑑於此，部分勤政的刑官不僅多加留心兩造之供詞，甚至將案件成例或自身
經驗以著書的方式流傳下來，作爲後人斷案的參考依據。柯文曾任刑部郎中，
並歷任廣西、四川、山東三司，所在獄案多所平反，「凡大獄隸公讞決，有枉抑
者無不昭雪，著有《白雲篇》、《求生法》，請於大司寇，奉行之。」〔註28〕藉由
著書，或審單、判牘的刊刻流傳，提供斷案經驗，以減少冤獄發生。〔註29〕

　　刑官爲求審斷公正，勢必依恃律法條文，因此註解律令之書籍，遂應運而
生。明初以來即有註律的書籍，然而多爲官方所註述，至明神宗以後，私家註
律的風氣大盛，著名的有雷夢麟《讀律瑣言》、王肯堂《大明律箋釋》、彭應弼
《刑書據會》，其中王肯堂《大明律箋釋》之完備，不僅爲官方修律所援引，更
爲法官斷案的標準。〔註30〕律法經由時間不斷推移，不免與現實環境產生隔閡，
因此明代各朝則經由增修條例，來加以解決此一問題。從參與增修萬曆時期
（1573～1620）《問刑條例》的臣僚所奏，可以看出此種情形的嚴重：

> 時臣僚有言：律有重而難行，故例常從輕，不無過輕，而失之縱；
> 律有輕而易犯，故例常從重，不無過重，而進于苛。如強盜傷人與
> 殺人者，其情自異，難同彙示之條；私賣軍器比出境者，其罪既同，
> 原無各斬之律，……凡此據文，既有可訾于律，不無相礙，必求經
> 久之議以協情法之中。〔註31〕

有明一代律法制度，除洪武時期（1368～1398）是兼以律、令、誥、榜文等四
大類爲主之外，〔註32〕自仁宗以後，審斷決獄皆以《大明律》爲主，且明令不
得妄加深文刻法，各朝也開始制定新的條例輔律而行，以補《大明律》的缺漏。

〔註27〕明・畢自嚴，《石隱園藏稿》（《文淵閣四庫全書》1293 冊，臺北：臺灣商務印
　　　　書館，1983 年版，據國立故宮博物院藏本景印），卷 2，〈山西求生錄序〉，頁
　　　　5 下～6 上。
〔註28〕《楊忠烈公集》，卷 8，〈中憲大夫廣東韶州府知府西室柯公行狀〉，頁 8 下。
〔註29〕判牘，或稱爲判語、判詞，是爲官員審訊案件之後，所寫的判決公文，其內
　　　　容大量記載刑事、民事、經濟案件等，對於刑官在定讞案件時，皆有重要參
　　　　考價值。判牘有散存於文集之內，亦有彙集成書者。詳見：濱島敦俊，〈明代
　　　　之判牘〉，《中國史研究》，1996 年 1 期，頁 111～121。
〔註30〕張晉藩、懷效鋒編，《中國法制通史・明代卷》，頁 10。
〔註31〕清・譚瑄，《續刑法敘略》（《百部叢書集成・學海類編》，臺北：藝文印書館，
　　　　1966 年版），頁 6 下。
〔註32〕黃彰健，〈明洪武永樂朝的榜文峻令〉，《中央研究院歷史語言研究所集刊》，
　　　　64 本 4 分冊，1975 年 10 月，頁 557。

　　律法雖爲刑官審訊決斷之標準，然而就其根本，則在於刑官心存善念與否。王守仁認爲只要心懷正直之念，推己及人，其格物致知之理，亦能用於訟獄斷案之上：

　　　　有一屬官，因久聽講先生之學，曰：「此學甚好，只是簿書訟獄繁難，
　　　　不得爲學。」先生聞之曰：「我何嘗教爾離了簿書訟獄，懸空去講學？
　　　　爾既有官司之事，便從官司的事上爲學，纔是眞格物。如問一詞訟，
　　　　不可因其應對無狀，起個怒心；不可因他言語圓轉，生個喜心；不
　　　　可惡其囑託，加意治之；不可因其請求，屈意從之；不可因自己事
　　　　務煩冗，隨意苟且斷之；不可因旁人譖毀羅織，隨人意思處之。這
　　　　許多意思皆私，只爾自知，須精細省察克治，惟恐此心有一毫偏倚，
　　　　杜人是非，這便是格物致知。簿書訟獄之間，無非實學；若離了事
　　　　物爲學，卻是著空。」〔註33〕

所以刑官在審理獄訟時，切不可因感情因素驟下斷語，必須擺脫情感，運用理智，予以詳細審察，如此更能實踐格物致知之理。〔註34〕

　　人際關係既爲複雜，遂有爭訟事端，而刑官除秉持縝密的觀察與審決之外，更應懷有仁厚與公正之心，方得以平息訴訟。否則雖精於辨斷是非，未存公正之心，則難以止息紛亂的訴訟。因此，王達認爲：「民生有欲，欲則訟生，善理訟者，不患訟之不止，惟患心之不公，心公則能斷是非而辨淑慝矣。」〔註35〕此論可謂鞭辟入理，切中要點。

二、限制範疇

　　刑訊既以刑具懲處人犯，以求得案情原委，然而刑輕則不足威赫，流於姑息；刑重則失之殘酷，過於苛刻。因此，關於刑罰輕重之取捨，自古以來即有寬、猛之別：

　　　　夫典刑者，不寬而縱則猛而殘。寬者溺於姑息，奪於富威，則攢皮
　　　　而出羽網，或漏於吞舟矣；猛者溺於私情，流於刻骨，則洗垢而索
　　　　瘢瘕，或苛於猛虎矣。是二者之所爲皆過也。〔註36〕

〔註33〕《王陽明全集》，卷3，〈傳習錄三〉，頁94～95。
〔註34〕王雲五，《明代政治思想》（臺北：臺灣商務印書館，1971年2月3版），頁
　　　　83。
〔註35〕《翰林學士耐軒王先生天游雜稿》，卷2，〈論訟〉，頁1上。
〔註36〕《太保費文憲公摘稿》，卷10，〈送□君翼如爲□□府推官序〉，頁43下。

慎刑之道，主要是在於初審的訊問，而非臨刑之際，所以刑訊之原則，不當專以刑殺慘刻，應以明刑弼教為要，則可使獄政清明。〔註37〕因此治獄之難，惟其審訊得宜，刑罰切中，以昭示案情之清白。

刑案在為公開之前，應嚴守保密，以防獄事外洩，尤其是人命劫殺等重大案件，為求機密，審訊時多在衙門廳堂或其它隱密之處，對於審訊過程的公開與否，刑官皆有權自行決定，一般而言，秘密審訊的情形較為多見。韓原善任蘇州府長洲知縣時，刑訊與審錄的過程，皆於公堂之上公開執行，即昭示縣中百姓，以示清白無私：

> 始公之訊訟也，掩左右掖，洞開重門曰：「令偵我者，無所容。」其命攝也，直書訟牒曰：「令被攝者，知所繇也。」兩造具各識以標，一去堂皇數十武，彼此質詞不得相聞。〔註38〕

此外，更有將判決後的審單粘貼於衙門前，使眾人明白觀視，以杜絕吏役索賄、罪犯趁機圖賴等弊端。〔註39〕如此使兩造當堂對質，而採取開誠佈公、公開刑訊與審錄過程的方式，除表示無所私賄，更可以避免可疑者竊聽，以妨礙司法公正。

關於刑訊的各項限制，《明律》規定：「內外問刑衙門，一應該問死罪並竊盜、搶奪重犯，須用嚴刑拷訊，其餘止用鞭朴常刑。」〔註40〕所以依照罪行輕重責罰不一，重罪者嚴屬拷打，輕罪者僅以示警而已，若是在審訊過程之中，有頑辭狡賴、或拒不合作者，亦得以施加刑罰。同時，明律條文也規定，刑訊之時需先立文案，將原由、過程詳載明白，然後依法拷訊。此文案之目的有二：一、表示慎重其事；二、日後人犯若有刑訊致死，刑官得據以此勿論罪責，或減輕刑罰。〔註41〕有些官員則將其施刑的責罰情形，紀錄於

〔註37〕《明山先生存集》，卷1，〈贈戴君孟光尹金壇序〉，頁48上：「不欲如申韓之慘刻，苟主明刑弼教，則獄可使清。」

〔註38〕明‧陳仁錫，《陳太史無夢園初集》（《四庫禁燬書叢刊》集部59冊，北京：北京出版社，2000年1月初版，據崇禎六年張一鳴刻本景印），駐集，卷2，〈永平鵬南韓大夫墓表〉，頁42下。

〔註39〕《幾亭全書》，卷30，〈鄉籌八〉，頁12下：「審單既定，誰能上下其間，取供者欺弄愚民，需索無限，甚或私改數字，誆惑原被，甚可恨也。聽審次日，悉錄審單，粘貼頭門，聽眾綜觀，明如日星，定如山嶽。」

〔註40〕明‧白昂等編，《問刑條例》（《中國珍稀法律典籍集成》乙編第3冊，北京：科學出版社，1994年8月1版），頁266。

〔註41〕《明代律例彙編》，卷28，〈刑律十一‧斷獄‧故禁故勘平人〉，頁977。

文書之上，藉以自省，以免因濫刑流於酷吏之列，如邱俊孫任官之時，謹慎理刑，凡有刑罰則「置稽刑簿，罪人所笞之數，必謹而書之，月朔告於神明。」〔註42〕有些官員則是「平反一獄，必齋沐焚香，昭告神明，而後行事。」〔註43〕藉由自我反省，以減少傷殘罪犯的情形。

傳統中國基於「刑不上大夫」的原則，對於身份地位不同之犯罪，在法律審判及定罪量刑上，皆有所等級不同，此非僅止於在階級上的不平等，更有養其廉恥而敦其節行的目的。〔註44〕刑訊的對象，則因身份地位與年齡之不同，而有所差異。《明律》規定：「凡應八議之人，及年七十以上，十五以下，若廢疾者，並不合拷訊。」〔註45〕所以身份特殊及老幼傷殘者，皆不在刑訊之列，老幼傷殘之所以不刑訊，則是基於憐恤之心。

所謂「八議」者，是指：議親、議故、議功、議賢、議能、議勤、議貴、議賓等八種具有特殊身份之人。〔註46〕屬於八議的身份者，若有犯罪時則不適用一般的司法審理，而需交由皇帝親自裁決，「凡八議者犯罪，實封奏聞取旨，不許擅自勾問，若奏旨推問者，具開具所犯及應議之狀，先奏請議，議定奏聞，取自上裁。」〔註47〕洪武時期（1368～1398）即對文武群臣昭示，有關皇室親族的審議規定，並將所應合議之家，開列於明文之上：

> 皇親國戚有犯，在嗣君自決。除謀逆不赦外，其餘所犯，輕者與在京諸親會議，重者與在外諸王及在京諸親會議，皆取自上裁。其所犯之家，止許法司舉奏，並不許擅自拿問。今將合議親戚之家，指定名目，開列于後：皇后家、皇妃家、東宮妃家、王妃家、郡王妃家、駙馬家、儀賓家、魏國公家、曹國公家、信國公家、平西侯家、

〔註42〕 明‧黃宗羲，《黎州遺著彙刊》（臺北：隆言出版社，1969 年 10 月 1 版），《南雷文約》，卷 2，〈山西右參政籲之邱公墓碑〉，頁 1 上。

〔註43〕 《牧齋初學集》，卷 34，〈贈錦衣吳公進秩一品序〉，頁 373 上。

〔註44〕 勞政武，《唐明律優遇官人規定之研究》（臺北：國立政治大學法律研究所碩士論文，1975 年 6 月），頁 36～40。

〔註45〕 《明代律例彙編》，卷 28，〈刑律十一‧斷獄‧老幼不拷訊〉，頁 987。

〔註46〕 議親：即皇室家族有關親屬。議故：皇室故舊，或蒙受聖恩者；議功：人臣擁有崇大功業或軍功者；議賢：德行賢良，言行可以為法則者；議能：有才能而為帝王輔佐，或人倫之師範者；議勤：人臣謹守於官職，勤於政事者；議貴：授爵一品、散官二品、及文武職官三品以上者；議賓：承先代之後，為國賓者。詳見：《明代律例彙編》，卷 1，〈名例律‧八議〉，頁 258～259。

〔註47〕 《明代律例彙編》，卷 1，〈名例律‧應議者犯罪〉，頁 259。

　　武定侯家。〔註48〕

因此皇室若有犯罪，法司不得逮問，則交由諸親王共同審議，或經由三法司、部、府、公、侯等會官審議後，再由皇帝親自裁奪，但是其所犯之事，若涉及叛逆、不孝等十惡之罪狀時，則不在此規定之列。

　　刑訊雖可以防奸，然而不當或過度刑訊，導致濫刑的結果。疑犯有時在刑訊威逼之下，常有「被掠不勝，將自誣服」之情形，〔註49〕更有刑官因拷訊過重，而使疑犯致死者。〔註50〕皇帝親審之際，拷訊更為嚴厲，南京大理寺丞黃鞏，即因諫武宗南巡，由校尉脅持於殿廷，五日三訊，受杖百餘，幾死而甦。〔註51〕神宗恣行威怒，好以鞭笞傷殘群下，宮人奴僕無辜至死者，達千人之多。〔註52〕刑訊既有輕重之分，然而後世未明其原意，一味以拷掠為要，尤其事關人命重案，動輒造成濫用刑訊，產生「鍛鍊成獄」之惡風，失去刑法持平公正的意義。清代法學家沈家本（1840～1913）即提到，「明律概行刪去拷訊，遂無節度，遇有疑難之案，仁厚者束手難行，暴戾者恣意捶打，枉濫之害，勢所不免」，〔註53〕指出明代刑訊過於濫用的弊病。

　　拷訊雖為審問之手段，若因過度刑訊而造成人犯傷亡，則刑官及行刑的衙役，皆負有連帶罪責。根據《明律》規定：

　　　　凡官司決人不如法者，笞四十；因而致死者，杖一百，均徵埋葬銀
　　　　一十兩，行杖之人，各減一等。若有監臨之官，本因公事，不挾私
　　　　情，而於人之膚體虛怯處拷打，或以大杖、金刃手足拷打，如傷齒
　　　　以上，各減凡人鬥傷之罪二等；至死者，杖一百，徒三年，並追埋
　　　　葬銀一十兩。其執行監臨之命而拷打者，減監臨官罪一等，並罪其
　　　　所由之人。如因公毆人至死，實緣於下手，亦不追埋葬銀。〔註54〕

另外若有對婦女施以不當拷訊，致使孕婦墮胎者，官吏則依凡人鬥傷之罪減等。〔註55〕為防止刑訊過度傷殘人命，洪武時期（1368～1398）曾一度改以

〔註48〕《皇明祖訓》，〈祖訓首章〉，頁 5 上～5 下。
〔註49〕《鮑翁家藏集》，卷 58，〈四川按察司僉事陳君行狀〉，頁 357 上。
〔註50〕《戒庵老人漫筆》，卷 2，〈嚴大理遺事〉，頁 70。
〔註51〕《皇明嘉隆兩朝聞見紀》，卷 1，頁 28 上。
〔註52〕《明史》，卷 236，〈于玉立傳〉，頁 615。
〔註53〕清・沈家本，《沈寄簃先生遺書・甲編》（臺北：文海出版社，1964 年 9 月初版），上冊，〈分考十七・明拷訊法〉，頁 31 上。
〔註54〕《明代律例彙編》，卷 28，〈刑部十一・斷獄・決罰不如法〉，頁 1003。
〔註55〕《明代律例彙編》，卷 28，〈刑部十一・斷獄・婦人犯罪〉，頁 1006。

屯種勞役替代刑訊。〔註56〕

由於不當的拷訊極易致使疑犯傷亡，導致其因畏懼受刑而誣服的情形，此可由疑犯當時的緊張情緒看出端倪。某人於公堂之上以誣服下獄，人問其故，則言：「倉皇之際，惟恐箠楚，但欲承招，償命弗暇計也。鄰里見我已招，遂皆不復言矣」。〔註57〕以當時環境而言，人聲紛擾、胥吏威嚇，且罪證不足之下，又恐刑訊拷掠，只有暫時誣服其罪，希冀日後能洗刷清白而已。部分官員瞭解到刑訊誣服的嚴重性，於是提出審案官員應細心聽訟，避免先使用刑訊，造成證人或疑犯不能盡情說明案情細節，〔註58〕如此便能減少刑訊過當與冤獄情形的發生。

關於拷訊施打的技巧，亦關係時令節氣及經脈之分，若施打不當，則將傷人至死。據《西園聞見錄》記載：

> 以時之辰巳以前，因多枵腹，不可刑之也。日巳嚮晦，萬類俱息，人身血氣各有所歸，亦不可刑之也。以節言之，人身血氣沖和，受刑則變，血本赤者，變而紫焉，血本溫者，變而熱焉。若先刑上體後刑下體，則血氣之變者，奔注于腰臀脾胯之間，其毒稍緩猶可支也；若先刑下體後刑上體，則血氣之變者，衝貫于心肺之竅，其毒不亦烈乎？〔註59〕

此雖以時令節氣與人體血脈來論述刑訊之道，其主要目的，是藉由節氣變化、人體循環來節制刑官的拷訊，以減少濫刑的情況。事實上，刑訊加諸於手足的傷殘，或成跛折、疼痛，甚至造成痼疾，對於百姓以手足生活與工作而言，都是莫大的傷害。〔註60〕

萬曆初年，在京師地區曾發生兩起兇殺刑案，驚動京城內外。被殺害者

〔註56〕 《明太祖實錄》，卷143，頁3下，洪武十五年閏二月甲辰條：「上謂刑官曰：『五刑惟笞、杖罪輕，然或肌膚傷殘，因而致死，朕甚憫焉。自今犯者，悉送滁州種苜蓿，笞十者十日，杖十者二十日，滿日釋之。』」

〔註57〕 元·陶宗儀，《南村輟耕錄》（北京：中華書局，1987年4月第1版），卷23，〈鞫獄〉，頁286。

〔註58〕 明·張選，《忠諫靜思張公遺集》（《四庫全書存目叢書》集部93，臺南：莊嚴文化事業有限公司，1997年10月，據清康熙三十三年張元昇等刻本影印），卷4，〈作縣事宜〉，頁4上～下。

〔註59〕 明·張萱，《西園聞見錄》（《明代傳記叢刊》，臺北：明文書局，1991年1月初版，據民國二十七年北平哈佛燕京學社排印本景印），〈刑部一·法律〉，卷84，頁7上～下。

〔註60〕 明·葉權，《賢博編》（北京：中華書局，1987年8月第1版），頁31。

有兩人，一是石駙馬街的周皇親，一是李皇親的朝房人，經過有司審理訊問後，乃緝捕兇手歸案，而判周皇親之婢女蕭荷花凌遲，李皇親之婢僕等處死。其中蕭荷花一案，更是喧騰中外，周皇親即錦衣指揮周世臣，爲外戚慶雲侯後裔，因家貧無妻，獨與婢蕭荷花居住，後因盜殺周世臣，現場僅見蕭荷花及僕人王奎，遂以通姦弒主結案。刑部郎中潘志伊雖疑其有冤，終未能平反。〔註61〕至萬曆二年（1523）三月，京師緝獲大盜朱國臣等十餘人，從朱國臣臨刑前所言，竟發現之前兩起兇殺案的定讞，竟是樁冤獄，更可看出拷訊定案的弊端：

> 萬曆二年三月，巡捕營獲大盜朱國臣等十人，下法司，具服。而朱國臣曰：「我等擒，京師清矣。且吾語若凡訊獄不可不慎，如石駙馬街周皇親之殺，我也，而坐使女蕭荷花凌遲、家人斬，豈不甚冤，臨刑不覺爲之揮淚。李皇親朝房人亦我殺，其婢與僕棄首飾於道，而坐拾遺人以死，又一冤也。今吾不言，誰復爲鳴之者？」於是法司追問所治荷花獄者，而免侍郎翁大立爲民，謫郎中徐一中於外。〔註62〕

事實上，蕭荷花一案事發不久，南直隸地區已盛傳此事。傳言當時適逢周皇親有喪，盜賊乃趁隙進入，殺害周皇親後，取財離去，而夜巡將校獨見婢女蕭荷花伏泣於旁，乃據狀聞於法司。爾後，蕭荷花因不堪虐刑，誣服與某人通姦，殺主取財，官府雖通力緝捕某姦夫，卻遍尋不得，法司最後仍判決荷花兒凌遲處死。案子完結之後，地方上還陸續發生一些奇聞怪事：

> 始行刑時，荷花兒語劊子手曰：「兒是冤死，幸相念，先死我，而後臠割可也。不然，我必爲厲鬼殺爾。」不聽，竟臠割盡，始死之。越三日，是人坐順成門外麪鋪，忽大呼云：「荷花兒殺我！」七孔流血死。獨呼者，市中賣瓜子炒豆細民朱腦瓜也。〔註63〕

此案雖發生於京師，卻已引起南直隸地區居民的討論，復以事後之奇事異聞渲染，不僅反映此冤案影響層面之廣泛，也顯示出群眾對蕭荷花疑案冤死的同情。因此，刑官有時爲求迅速結案，動輒以嚴刑逼供，致使疑犯不堪凌虐而誣服。類似這種情形，屢見不鮮，雖然是因爲獄案審理的複雜，故「情眞

〔註61〕《明史》，卷223，〈列傳第一百十一・朱衡〉，頁5869。
〔註62〕《春明夢餘錄》，卷44，〈刑部一・諭語〉，頁44上～下。
〔註63〕《酌中志》，卷2，〈憂危竑議後紀〉，頁18。

核者固多，而幽隱難察，草率成者不少」，〔註64〕正因為刑官審理的疏失，所以造成不少冤屈的案件。謝肇淛（1567～1624）對此更感歎：「如往歲荷花之冤，甚與宋墨莊所載沉香事相類。此皆初問之官不能用心細察，而草草下筆，其後遂一成而不可變耳。」〔註65〕所以冤屈案件的形成，在於初審官員未能用心審理，而覆審官員因襲原判而不加詳察，致使冤獄叢生。

第二節　獄　具

　　獄具，是對於罪犯所施戴的懲戒工具，其中包括戒具與刑具兩種型式，兩者在性質上是有所差異。戒具，是於罪犯監禁於獄房之時，依其所犯罪行輕重，分別施戴之工具，主要是防止其脫逃；刑具，則用於審訊拷掠之時。

　　關於獄具的式樣與規格，在洪武二十六年（1393）時曾經規定，凡在京各衙門刑具，皆需較勘如法，若有損壞則需交付有司修理。獄具的取得，則分屬三處採辦與監造：笞、杖、枷由應天府採辦；枷、杻由龍江提舉司打造；鐵鎖、鐵鐐則由寶源局打造。〔註66〕

一、刑　具

　　依據《大明會典》所列〈獄具之圖〉來看，獄具的名稱有笞、杖、訊杖、枷、杻、鐵索、鐐等七種。〔註67〕然而，刑具是用於審訊時的拷掠，而戒具為防止罪囚脫逃的工具，就其目的與功能而言，明代律法中所規定的刑具有笞、杖、訊杖三種，戒具則有杻、枷、鎖、鐐四類。〔註68〕

　　明律規定刑訊時可用笞、杖、訊杖等三種刑具。笞、杖皆為荊條，用於輕罪罪囚，削去節目，施打於臀；訊杖為荊杖，犯重罪者臀腿受刑。依罪行輕重來分，輕罪用荊條，並削去節目；而重罪者則用荊條，尺寸較荊條為大，皆以臀腿為施刑的部位。笞、杖之所以使用荊條，乃基於用荊條「為樸刑，

〔註64〕明・李邦華，《文水李忠肅先生集》（《四庫禁燬書叢刊》集部81冊，2000年1月初版，北京：北京出版社，據清乾隆七年徐大坤刻本景印），卷2，〈矜疑題疏〉，頁50下。

〔註65〕《五雜組》，卷14，〈事部二〉，頁5下。

〔註66〕《大明會典》，卷187，〈工部八・獄具〉，頁25上。

〔註67〕《大明會典》，卷178，〈刑部二十・獄具之圖〉，頁11上。

〔註68〕楊雪峰，《明代審判制度》，頁197。

蓋以其能去風，雖傷不至過甚，苟用他物恐致殞生」爲由，〔註69〕由此可見笞杖之目的，原以懲戒、示警爲主，而非傷殘犯人肢體。

　　對於明律所規定的刑具規格，丘濬（1418～1495）認爲較爲前代寬鬆，且更符合仁德之道。根據《大學衍義補》記載：

> 凡爲笞、杖，皆削去節目，用官降較板較勘如式，然後用之，不許用筋膠諸物裝釘。應決者用小頭，臀受，其大小厚薄，視唐略等，比宋則尤爲輕焉。祖宗好生之仁，雖爲惡之罪人，惟恐或有所傷，而爲之薄刑也。如此是以仁恩厚德，浹于民心，百年于茲。近年以來，乃有等酷虐之吏，恣爲刑具，如：夾棍、腦箍、烙鐵之類，名數不一，非獨有以違祖宗之法，實有以傷天地之和。〔註70〕

若以唐朝所制定的刑具而言，其荊杖長三尺五寸，大杖直徑二分七釐，小杖直徑一分七釐。笞刑，大杖直徑二分，小杖直徑一分半。〔註71〕宋代的笞杖刑具屢有變更，一般笞刑規格採大杖闊六分厚四分，小杖直徑四分。宋代刑具規格與唐代相比，尺寸與規格確實較爲增大，然這或許與宋代刑制的改變與執行方法有關。〔註72〕就以上所述，明代刑具之制定，雖然較唐、宋兩代輕微，但是並不代表施刑的輕微，濫用刑訊所導致酷刑慘烈的情形，在明代則是時有所聞，況且除了法定規範之外，另有違法刑具的存在。

表4-1：明代法定獄具表

		材質	規　　格	等　　別	施　用　情　形
刑具	笞	荊條	長三尺五寸	大頭徑二分七釐 小頭徑一分七釐	以小荊條爲之，須削去節目，毋令筋膠諸物裝釘，應決者小頭臀受。
	杖	荊條	長三尺五寸	大頭徑二分三釐 小頭徑二分二釐	以大荊條爲之，須削去節目，毋令筋膠諸物裝釘，應決者小頭臀受。
	訊杖	荊杖	長三尺五寸	大頭徑四分五釐 小頭徑三分五釐	以荊杖爲之，凡重罪贓証明白，不服承招者，依法拷訊，應決者臀腿分受。

〔註69〕《明太祖實錄》，卷27，頁4上，吳元年十一月甲午條。
〔註70〕《大學衍義補》，卷104，〈慎刑憲・制刑獄之具〉，頁10上～下。
〔註71〕《舊唐書》，卷50，〈刑法志〉，頁2139。
〔註72〕王雲海主編，《宋代司法制度》，頁348。

戒具	枷	乾木	長三尺五寸 頭闊一尺五寸	杖罪重十五斤 徒流重二十斤 死罪重二十五斤	手頸並繫。
	杻	乾木	長三尺五寸 厚一寸		施戴於手。男子犯死罪者用，犯流罪以下，及婦人犯死罪者不用。
	鎖	鐵	長三尺五寸		犯輕罪者用，繫於雙足。
	鐐	鐵	連環共重三斤		犯重罪者帶鐐工作。

【註】據《明律》規定，徒刑以上罪犯應施戴「杻」，充軍以上者應施戴「鎖」，死罪應施戴「枷」，凡戴枷者需同時施加繫杻、鎖。

除明律規定以荊條、荊杖爲法定刑具之外，事實上仍存在其它類型，這些刑具多數介於合法與非法之間。《呂公實政錄》曾記載夾棍、扛子、拶指、腦箍、攢板等，當時刑訊時所用之刑具：

> 夾棍、扛子、腦箍、拶指、攢板，原非應有刑具，近日問官有心不精細，性不耐煩者，盜不分強竊，人命不分眞僞，一入衙門，只靠夾拶，酷烈之狀，不可盡述。以後眾証明白事情，端的而展轉不肯招承者，間用此等刑具。夾，不得過一次；扛，不得過三十；拶指，不得對兩頭；夾拶，不得過二時；腦箍定不許用。如違，不分有無傷人，定以酷刑署考，情重者參究挈問。〔註73〕

除笞、杖之外，另有夾、扛子、拶指、夾拶等名目。拶指，即用圓木五根，中繫一繩相連，以夾其手指，多用於婦女犯罪拷訊之時。而詔獄的刑具主要有：械、鐐、棍、拶、夾棍等，若五種刑具齊用，謂之「全刑」，受刑往往痛不欲生，〔註74〕其種類繁雜，名目甚多，最高曾使用達十八種刑具，〔註75〕而被刑者身心重創，傷殘致死者，比比皆是。《碧血錄》則詳細記載詔獄刑具，及其施用情形：

> 鎮撫司刑具凡五。一、械，堅木爲之，長尺五寸，闊四寸許，中鑿兩孔著臂上，雖受刑時亦不脫，入獄則否，凡殺中惟械手則甚便。故周公之死，郭賊誘之上堂，上堂理應著此物也。一、鐐，鐵爲之，

〔註73〕《呂公實政錄》，卷6，〈風憲約·用刑〉，頁32 上～下。
〔註74〕《明史》，卷95，〈刑法志三〉，頁2338。
〔註75〕《萬曆野獲編》，卷21，〈禁衛·鎮撫司刑具〉，頁538。

即銀鐺也，長五、六尺，盤左足上，以右足受刑，不使動也。一、棍，削楊榆條爲之，長五尺，曲如七，執手處大如人小指，著肉處徑可八九分。每用棍，以繩急束其腰，二人踏繩之兩端，使不得轉側，又用繩繫兩足，一人牽繩背立，使不得伸縮。一、拶，用楊木爲之，長尺餘，徑四、五分，每用拶，兩人扶受拶者起跪，以索力束其兩端，隨以棍左右敲之，使拶上下則加痛。一、夾棍，楊木爲之，二棍長三尺餘，去地五寸許，貫以鐵條，每根中間各幫拶三副，凡夾人則直豎其棍，一人扶之，安足其中，上急束以繩，仍用棍一具支足之左，使不移動。又用大扛一棍，長六七尺，圍四寸以上，從右畔猛力敲足脛。〔註76〕

笞、杖爲五刑之中，屬於較輕微的刑罰，然而不當施刑，亦會造成喪命之虞。弘治六年（1493），太常少卿李東陽建言：「五刑最輕者笞杖，然杖有分寸，數有多寡。今在外諸司，笞杖之罪往往致死。縱令事覺，不過以因公還職。以極輕之刑，置之不可復生之地，多者數十，甚者數百，積骸滿獄，流血塗地，可爲傷心。」〔註77〕因公致使罪犯傷亡，屬於非蓄意酷虐，於情理上尚可獲得諒解，因此明律上的懲處則僅是罰俸貶謫，或還職爲民，然而有些不肖官員以此爲憑藉，專行殘虐之刑，致使審訊流於濫刑。所以李東陽建議，若有因輕罪而考掠致死，或傷亡者累積數十件以上者，除議行降調之外，更乃下法司議處其罪，使刑官在施行刑訊時，能更加謹慎且留意。

　　刑具的用途既以刑訊罪犯爲主，因此有些官員則以陳列刑具的方式，藉以威示不法之徒，如佘自強在治理地方政務時，即設置木枷於官署之旁，並告諭屬吏凡「書吏侵錢糧、衙門索取民錢者，用此枷」，〔註78〕所以設枷的目的便是在於警示，使不法者能知所畏懼。方孝孺（1357～1402）之父任官時，卻是不陳杖械，以示不妄責罰，專以仁德宣化民風：

　　（府君）不喜近名，常稱曰：「務名者必樹威，樹威者必害人，害人以利己，吾不忍爲也。」府庭之前不陳杖械，皮鞭掛楹，示不妄罰。有過者告以道理，使之自愧。始而疑，已而服，已而信爲不可及。

〔註76〕《碧血錄》，卷下，〈天人合徵紀實〉，頁30下～31下。
〔註77〕《明史》，卷93，〈刑法志一〉，頁2290。
〔註78〕明·佘自強，《治譜》（《續修四庫全書》史部753冊，上海：上海古籍出版社，1997年，據明崇禎十二年胡璇刻本景印），卷2，〈初選門〉，頁10上。

〔註79〕

可見當時官吏多以樹威求名，致使過度施刑而傷殘人命。如皮鞭本為刑具之中較輕者，其功用僅以警示而已，然而卻有以「縫夾皮為鞭，灌銅油其中，以決罰人」，〔註80〕或以「生革為鞭，長三尺，中夾銅錢，撻人至皮肉皆裂。」〔註81〕而聽訟時拷訊所用之夾棍，不知起於何時，其本為示警，而後越趨於殘酷。葉權曾記其幼時所見施行的情形：

> 余為兒時，見官府猶重用之，今以為常刑。民間詞訟左證干連之人，一問失對，輒加夾棍。皂隸索杖錢，稍不如意，遂以夾棍之短而硬者，橫錯其足而夾之，往往成跛折廢棄。天色陰雨，疼不能步履。

〔註82〕

可見得早期官員謹慎使用夾棍，而後流於濫刑，更成為皂隸營生之工具，任意施打而造成跛折。手足指既為全身經脈匯聚之處，故而「夾足者猶在踝，而拶手則全在指，痛聯五臟，最為難忍」，〔註83〕稍有不慎，動輒造成傷殘。

杖刑，使用木杖或荊棍、皮鞭擊打，一般情形下罪人多能承受，爾後逐漸改以夾棍，有些「重過二斤，用以側斫，名之曰『砍』。故獄中之人，罪無輕重，但受砍者多死。」〔註84〕如此無異於變相的酷刑。杖刑之設，原用以直接懲處罪犯的刑罰，而後更形成所謂的「貼杖」。即於犯徒罪、流罪者，另於其原來刑責之外，所附加的杖刑，必須受此等杖刑之後，方得以遣送至流配地區，此種杖刑稱為「貼杖」。〔註85〕據表 4-2 所列，貼杖數量的多寡，則依徒、流刑之等別而有所差異，徒刑分為五等，貼杖數則由六十至一百；流刑雖有三等，皆貼杖一百。

〔註79〕《遜志齋集》，卷 21，〈先府君行狀〉，頁 471 下。
〔註80〕《皇明世法錄》，卷 11，〈文皇帝寶訓〉，頁 11 上。
〔註81〕《明太祖實錄》，卷 245，頁 5 上，洪武二十九年三月丙午條。
〔註82〕《賢博編》，頁 31。
〔註83〕《寶坻政書》，卷 6，〈諭察屬用刑文〉，頁 2 上。
〔註84〕《寓圃雜記》，卷 5，〈刑具〉，頁 41。
〔註85〕「貼杖」，即所犯徒、流罪者，除依照原本判決之刑責外，所附加的杖刑。而明代所規定的五刑之中，笞、杖罪是由地方府州縣所審理，並可直接執行刑罰，而徒、流罪則需交付中央審決，府州縣僅有決配權，並無行刑之權。但是遇有罪責應行貼杖者，府州縣對於貼杖的刑責部份，則有執行權。詳見：《明代審判制度》，頁 354。

表 4-2：徒流刑貼杖數額表

	等　　別	貼　杖　數
徒　　刑	一年	六十
	一年半	七十
	二年	八十
	二年半	九十
	三年	一百
流　　刑	二千里	一百
	二千五百里	一百
	三千里	一百

二、戒　具

　　戒具之使用與規格，則因罪行輕重而有所差異，依〈獄具之圖〉記載，所施戴的部位為手、腳兩處。杻、枷皆為木製，施戴於手：杻，類似手銬，僅繫於手；枷，則手與頸並繫。鎖、鐐皆為鐵製，施戴於腳：鎖，又稱為索，犯輕罪者所用，長一丈，繫於雙足；鐐，為重囚所繫戴，重達三斤。戒具的施戴皆有其標準，凡官吏施用戒具而不合規定，以致凌虐獄囚，造成傷殘或死亡者，則降級調用革籍為民。〔註 86〕

　　明律所規定戒具，雖有杻、枷、鎖、鐐四類（參見圖 4-1），但在律令之外，仍有其它戒具型式。李陳玉在獄囚管理的文告內，申明詳實查點戒具等器械時，其中曾提及頸板、手杻、腳鐐、桚床等戒具名稱。〔註 87〕《七修類稿》更詳細記載當時所用戒具之種類：

> 桎梏：木在手曰梏，手械也，所以告天；木在足曰桎，足械也，所
> 以質地，黃帝所置。拲：音拱，《刑統注》兩手同一械曰拲。鐐：即

〔註86〕《明代律例彙編》，卷 28，〈刑律十一・斷獄・囚應禁而不禁〉，頁 976。《嘉靖・問刑條例》載：「凡枷號人犯，除例有正條，及催徵稅糧用小枷枷號，朝枷夜放外，敢有將罪輕人犯，用大枷枷號傷人者，俱照酷刑事例，奏請降級調用。因而致死者，俱發原籍為民。」

〔註87〕《退思堂集》，卷 5，〈文告・禁約監犯示〉，頁 114 上：「監犯知悉，爾等已犯死律，只要遲死一日，便是一日分外之性命，……至於頸板、手杻、腳鐐、桚床、帶鈴、敲梆，舊時法度，著實查點，不能如往時寬政，事干重辟，既懷篤驚，當前嚴懲以明。」

> 帶連鐮刀也，連鐮于足，以限役囚之步；遼制，有鎖無鐐，金章宗
> 始定鐐，連鐶重有三斤。檻車：載囚之車也，漢貫高檻車送長安也。
> 枷，較也，交木爲之，始自後魏，唐、宋以來方定三等斤數也。鎖：
> 今鐵索也，今始制其丈尺。〔註88〕

枏，俗稱手銬，是種長方形木板，中間有兩個圓孔，用以拘繫罪囚雙手，而木枏多用於男子，婦人雖死罪亦不枏，以其拘繫雙手，則飲食生活多所不便。若用於重囚身上，有時則兼用枷、鐐，以嚴防脫逃之虞。除了枷、鎖、鐐等爲明律規定外，桎梏、莘、檻車等皆是施加於罪囚身上，而其防止脫逃的器械，則屬於戒具之列。

戒具既以防止獄囚脫逃爲目的，歷代各朝對其功能多加以變革，隨著戒具的演變與改良，元代已出現枷、械混合改良的戒具，其形狀似床，上有蓋板，而明代仍沿用其制，謂之「梐床」：

> 梐床之制極爲嚴密，頭上有揪頭，鐶頸間有夾項鎖，胸前有攔胸鐵
> 索，腹上有壓腹木梁，兩手有雙鐶鐵紐，兩脛有短索鐵鐐，兩足開
> 於梐欄，仍有號天板一葉，釘長三寸，密如蝟刺，利如狼牙，其板
> 蓋於囚身，去面不及二寸，仍以臬木關閘，而禁卒臥其上，以聽囚
> 犯動靜。復有四面檻欄，狀如鳥籠，八縛在檻，四體如殭，手足不
> 得屈伸，肩背不得輾轉，莫道蚤虱交攻，蚊虻爭嗜，縱使毒蠍螫身，
> 餓鼠嚙足，蚰蜒入腦，大蛇纏頭，只須忍受，孰能寬之。此法司定
> 式，天下所同。〔註89〕

這種梐床的戒具，用以束縛囚身，使其不能轉動、伸屈，致使蚊蟲叮咬，痛癢難當，從身理上的痛楚轉變爲精神上的折磨。梐床在使用初期，尚屬於非法範圍，至萬曆時期（1573～1620）以後漸成定制，並專門施用於重犯罪囚身上。

當罪犯有罪而未決，或決而未執刑時，皆繫於獄房之中，並施以戒具，防止其脫逃，〔註90〕凡「在禁之囚，徒以上應枏，充軍以上應鎖，死罪應枷。

〔註88〕 明・郎瑛，《七修類稿》（《四庫全書存目叢書》子部102冊，臺南：華嚴文化
　　　　事業有限公司，1997年6月初版，據中山圖書館藏明刻本景印），卷44，〈事
　　　　物類・獄具〉，頁1下。
〔註89〕《呂公實政錄》，卷7，〈獄政・關防〉，頁10下。
〔註90〕 清・薛允升，《唐明律合編》（臺北：臺灣商務印書館，1968年3月臺1版），
　　　　明律卷28，〈斷獄・囚應禁而不禁〉，頁666。薛允升認爲囚犯之所以施加戒
　　　　具，即是避免囚徒脫逃，並引用《漢書》加以說明：「《漢書・惠帝紀》云：『有
　　　　罪當盜械者，皆頌繫。』如淳曰：『盜者逃也，恐其逃亡，故著械也。』」

凡枷者兼鎖、杻，惟婦人不杻。」〔註 91〕人犯在審訊時，可以解除戒具，正統二年（1437）規定，審訊之後囚犯可暫去枷、杻，仍需繫戴鎖、鐐，待奏允後另行定奪。〔註 92〕另外罪囚若有染病，亦可暫去戒具，重病者予以就醫診治，若違反此規定者，司獄官與獄卒皆需遭受杖責。〔註 93〕

圖 4-1：明代刑具種類圖

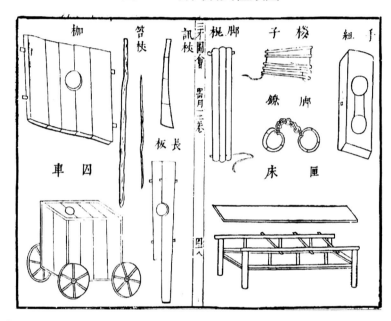

資料出處：明‧王圻纂輯，《三才圖會》（臺北：成文出版社，1970 年，據明萬曆三十五年刊本景印），12 卷，〈器用〉。

　　明代杖罪以上的罪囚，在獄房監禁時多使用枷爲戒具。枷的施戴，於弘治以後大量被採用，其兼具有示警與羞辱作用，在使用時則有單獨使用與附加刑兩種，〔註 94〕所謂附加刑，即是在原來罪責所附加的刑責：

　　　　文職官員、舉貢官恩、援例監生、并省祭知印、承印人等，曾經考
　　　　察論劾罷黜，及爲事問革，年老事故，例不入選者，若買求官吏，
　　　　增減年歲，改洗文卷，隱匿公私過名，或詐作丁憂起復，以圖選用，
　　　　事發問罪，吏部門首枷號一箇月，已除授者發邊衛，未除授者發附

〔註 91〕《明代律例彙編》，卷 28，〈刑律十一‧斷獄‧囚應禁而不禁〉，頁 975。
〔註 92〕《續通典》，卷 118，〈刑十二〉，頁 1859。
〔註 93〕《明代律例彙編》，卷 28，〈刑律十一‧斷獄‧獄囚衣糧〉，頁 985。
〔註 94〕尤韶華，《明代司法初考》，頁 183～184。

近，各充軍終身。〔註95〕

官吏有過則先於吏部戴枷示眾，而後則仍戴枷發往邊衛或充軍。戴枷的期限則因情節輕重，分爲一個月、二個月、三個月、半年不等，如僞造通政司關防印記者，則需戴枷三個月，聽候發落。〔註96〕

枷爲木製戒具，用於手頸並繫，是由古代的「鉗」所演變而來，從唐代以來，即以枷代替鉗成爲戒具，進而沿用至今。〔註97〕枷的輕重大小皆有常規，律法規定有十五斤、二十斤、二十五斤等三種。據《大明會典》記載，死罪戴枷二十五斤重，徒、流戴枷二十斤重，杖罪一十五斤重，所戴的枷輕重多少，則需標明於其上，以防官吏濫刑。〔註98〕雖然明代律法規定的枷有三種型式，然而在弘治時期（1488～1505）卻已出現一百斤的枷。《弘治・問刑條例》規定：「凡設方略而誘取良人，與略賣良人子女，不分已賣未賣，俱發邊衛，枷號一箇月，照前發遣。」〔註99〕此例既開，於是枷的重量逐漸增加，而後劉瑾又創立枷之刑，至萬曆時期（1573～1620）常於罪外加罰，竟已經使用重達三百餘斤的枷，所犯者往往立死。〔註100〕

犯有徒、流以上的罪犯，多爲死罪或無可赦者，「其人皆凶悍，其志在脫逃，即使力相敵，心同切者爲關防，彼可以格鬥，可以劫奪，倘毆人至斃也，死罪無以加。」〔註101〕因此，對於徒、流以上的罪犯，在嚴加看管之餘，則同時施帶數種戒具，而在解送囚犯時，更需加戴腳鐐，甚至在腿上加刑，使其難以奔走，以防止其脫逃。

戒具雖然是用於罪犯施戴，以免其脫逃，原無傷殘罪犯之意，然而亦有酷刑官吏，專務濫施戒具，殘害罪犯。如張和恩掌理刑獄時，凡所繫獄囚「無問善惡貴賤，必被枷鎖、枷械，困苦備極，囚徒見者，破膽喪魂，號『生羅刹』。」〔註102〕而罪囚遭到長期監禁，戒具施戴於身上，經年累月之下，亦會

〔註95〕《大明會典》，卷162，〈刑部四・吏律・職制・舉用有過官吏〉，頁10上。

〔註96〕《明律集解附例》，卷24，〈刑律七・詐僞・僞造印信歷日等〉，頁8下。

〔註97〕《歷代刑法考》，《刑具考》，〈鉗釱〉，頁1213：「後世之枷，即古之鉗也，但鐵、木及大小、長短之不同耳。」

〔註98〕《大明會典》，卷178，〈刑部二十・獄具〉，頁11上。

〔註99〕《明代律例彙編》，卷18，〈刑律一・盜賊・略人略賣人〉，頁785。

〔註100〕《明史》，卷241，〈孫瑋傳〉，頁6271。

〔註101〕《呂公實政錄》，卷4，〈民務・解送軍囚〉，頁80上。

〔註102〕明・鄭瑄，《昨非庵日纂》（《叢書集成三編》，臺北：新文豐出版公司，1997年版），卷20，〈冥果〉，頁13下。

對身體造成傷害。因此監察御史王鼎，奏請檢點獄房，以便清理罪囚：

> 《禮·月令》：仲春命有司省圄圄，去桎梏，茲其時也。臣觀今有司
> 問刑者，往往不惜人命，如所犯笞、杖、徒、流、充軍等罪，獄既
> 已具，仍淹繫經年，不即遣釋，侵欺借貸及諸姦，贓有傾產不足償
> 者，多以禁死。諸所連引及干證人未至，禁候未決，因而致死者甚
> 重，足以干天地之和，不可不恤。〔註103〕

明世宗（1522～1566）遂詔令內外理刑官，凡屬輕罪監禁於獄中者，各予以
審理後放歸鄉里。若屬追贓勘委而無資產者，多則散覊營納，少則奏請裁奪，
以免久繫累及無辜。

圖 4-2：罪囚繫獄收監圖

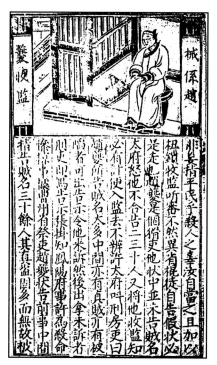

資料出處：明·余象斗編述，《皇明諸司公案傳》（《古本小說叢刊》第 6
　　　　　輯，北京：中華書局，1990 年，據明萬曆三台館余氏刊本景
　　　　　印），〈許太守計獲餘盜〉，頁 1872～1873。
資料說明：許知府為誘捕境內群盜，先將原告趙夔監禁獄中，再遣刑房
　　　　　吏四處查訪，藉以誘出盜賊，趙夔在獄中即施戴戒具：手銬。

〔註103〕《明世宗實錄》，卷48，頁 7 下，嘉靖四年二月乙卯條。

第三節 刑 罰

一、五 刑

　　明律條文規定的「五刑」有：笞、杖、徒、流、死，而五刑之中依量刑輕重，又各有等別。(1)、笞刑，以小荊條決打，每十下為一等，自十至五十下分為五等。(2)、杖刑，以荊杖決打，每十下為一等，自六十至一百下分為五等。(3)、徒刑，罪犯收拘在官，發遣至煎鹽與炒鐵處勞役，每杖十下及期限半年為一等，自一年至三年分為五等。(4)、流刑，以人犯重罪不忍刑殺，而流放至遠方，終身不得還鄉，每杖十下及五百里為一等，自二千里至三千里為三等。(5)、死刑，分為絞、斬二等，兩者之不同處，在於「絞」是保全肢體，「斬」是身首異處。(參見圖 4-3)

　　五刑中笞、杖刑之審理與執行，府州縣得以決斷。而徒、流刑相關的勞役與發遣，則交由刑部河南司、陝西司分別管理。凡笞、杖、徒、流等司法案件，經由按察司或送刑科掛號，再送交大理寺，待大理寺覆審無冤之後，再送回刑部，即可執行判決，〔註104〕南北直隸交付三法司，地方則交由府州縣。笞、杖需在三日內斷決，徒、流則將所需流配及充軍囚徒斷決後，如法施戴戒具，於規定期限內差人押解，發遣至所在場所。

　　徒刑是依照年限規定，發配所在地區勞役，主要有煎鹽與炒鐵兩類，並依所隸屬籍貫，分發流配地區。洪武十四年（1381）規定，凡徒罪煎鹽者，北直隸地區發往河間，南直隸地區發往山東，福建、廣西之人發往兩淮，河南、山東之人，發往兩浙，湖廣之人發往海北。而徒罪炒鐵者，江西之人發山東泰安、萊蕪等處，山西之人發河南鞏昌，北直隸之人發山西平陽，四川之人發湖廣黃梅等。〔註105〕囚徒應役每日工作皆有規定，煎鹽者每日需煎鹽三斤，炒鐵者每日冶鐵三斤，而應役囚徒染有疾病，則予以給假就醫，病癒後仍應服役，若藉故不應役或脫逃者，則拘捕逃囚，依律論罪徒役。〔註106〕

　　除死刑之外，唯以流刑與充軍刑責最重。流刑則分為三等，依照流放里程遠近而定，發往各處邊衛。處流刑者，凡有家屬願跟隨者，聽任之，並安置遷

〔註104〕《明史》，卷94，〈刑法志二〉，頁 2306。
〔註105〕《明太祖實錄》，卷135，頁 5 下，洪武十四年二月癸酉條。
〔註106〕《明代律例彙編》，卷28，〈刑律十一・斷獄・徒囚不應役〉，頁 1006。

徒犯人家口，若所犯爲人命、謀反、叛逆等重罪者，則不在此例之中。〔註107〕流刑的囚徒，多發配邊衛或邊疆地區，這些地區因地處荒涼，人丁原本稀少，復以人口遷移則更爲鮮少，遂有以流刑的囚徒，以充實地方人戶情形。宣德三年（1427），陝西沔縣知縣即以當該縣原有三百戶，現存九十四戶，遂奏請朝將發往四川地區之囚徒，以補舊編民之數。〔註108〕流刑雖屬降死一等之重罪，但因時代推移，流罪之中有部分較重者，歸入死罪範疇；部分罪情較輕者，則歸入徒、杖、笞等範疇。

圖 4-3：明律五刑之圖

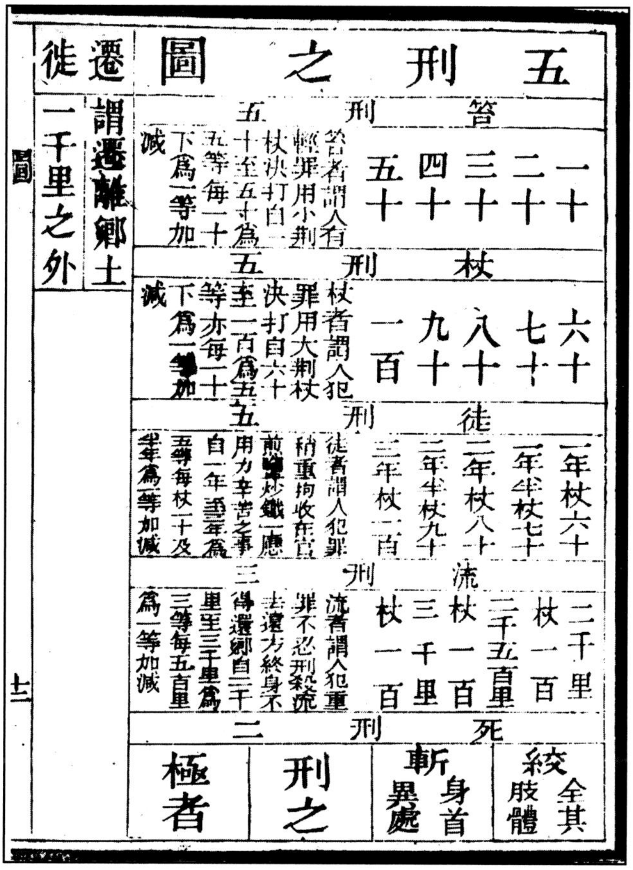

資料出處：明·高舉刊刻，《明律集解附例》（臺北：成文出版社，1969年，據清光緒二十四年重刊本景印），卷首，〈五刑之圖〉。

〔註107〕《明代律例彙編》，卷1，〈名例律·流囚家屬〉，頁318。
〔註108〕《明宣宗實錄》，卷26，頁4上，宣德二年三月丁酉條。

　　明代的死刑可以區分爲「眞犯死罪」與「雜犯死罪」兩種，〔註109〕大抵是承襲《唐律》而來，明代歷朝對於其罪名規定不一，皆詳細記載於《明律》之中。所謂「眞犯死罪」是指涉及十惡、叛逆、強盜、殺人等嚴重犯罪，其罪行皆在絞、斬以上，且往往依律審斷，隨即處決；而「雜犯死罪」的罪責並未完全非依照律來執行，故予以免死，而改以輸作、戍邊、贖罪等方式來執行。洪武十四年（1381）九月，規定「自今惟十惡、眞犯者決之如律，其餘雜犯死罪者，皆減死論。」〔註110〕因此若非觸及眞犯死罪，則使罪行再重，都有轉圜的可能而改以贖刑的方式執行。

　　對於死刑的執行有「決」與「候」兩種：「決」即決不待時，凡罪刑定讞隨即押赴刑場處決，其刑責包含凌遲、斬、絞等；「候」即監候待決，罪囚監禁於獄中，待秋後依律執行刑責。董康認爲，明代律法將刑責分爲「決」、「候」，即是相當於現代的死刑、有期刑、無期刑，實爲法制史上一大進步。〔註111〕刑部於執行死刑時，需取得經由大理寺覆奏處決重囚之文牒，交付刑部後，差遣隸役至司獄司，押解囚犯赴法場，並由刑部主事會同監察御史等官，公同處決，爾後批回附卷。〔註112〕在決囚時則需覆奏審核，若犯十惡不赦之罪者，往往決不待時，隨即處死。而一般死囚，則在於霜降秋後處決，以示肅殺之威，而處決重囚之所以須待至秋後，是勿傷上天好生之德的美意。對於久繫獄中的罪囚，則需於詳審後迅速判決，以防淹禁之弊，明成祖曾因刑部獄囚監禁過久，而詔令三法司，限以三日爲期，審錄死刑罪囚。〔註113〕

　　處決死囚時又有所謂停刑之日。明代對於死刑之執行，有所謂「禁刑日」的規定，期限爲立春以後，秋分之前，及每月初一、初八、十四日、十五日、

〔註109〕巨煥武，〈「眞犯死罪」與「雜犯死罪」——明代律例中的死罪（上）〉，《政大法學評論》，49 期，1993 年 12 月，頁 1～33；〈「眞犯死罪」與「雜犯死罪」——明代律例中的死罪（下）〉，《政大法學評論》，51 期，1994 年 6 月，頁 1～44。

〔註110〕《明太祖實錄》，卷 139，頁 3 下，洪武十四年九月辛丑條。

〔註111〕董康認爲明代的審錄制度，以矜恤人命爲本，其中包含兩大要點：（1）、決候分別明析，（2）、訴訟著重審錄。因爲自唐代以來，死刑若有矜疑者，則交付門下審覆審，然而這種覆審情形，僅屬特例。明代的審錄制度，則特重反覆審理而後定讞，並將刑法區分爲死刑、有期刑、無期刑等自由刑，是爲法制史上新紀元。詳參見：董康，《秋審制度》（《明清史料彙編》6 輯第 8 冊，臺北：文海出版社，1969 年 1 月初版），頁 8～35。

〔註112〕《諸司職掌》，卷 5，〈刑部・處決重囚〉，頁 10 上。

〔註113〕《明太宗實錄》，卷 83，頁 2 上，永樂六年九月己酉條。

十八日、二十三日、二十四日、二十八日、二十九日、三十日等，皆不得行
刑。〔註114〕即使是觸及謀逆大惡之事，亦不得加以行刑。對於禁刑日之來由，
是起緣於佛教的十齋日，而後爲唐律所沿用。據《花當閣叢談》所載：

> 月一日、八日、十四日、十五日、十八日、二十三日、二十四日、
> 二十八日、二十九日、三十日，釋氏謂之十齋日。唐武德二年詔，
> 自今以後，每年正月、九月及每月十齋日，並不得行刑，永爲常式。
> 大明律云：「若立春以後，秋分以前，決死刑者，杖八十。其犯十惡
> 之罪應死及強盜者，雖決不待時，若於禁刑日而決者，笞四十。」
> 禁刑日，即前十齋日也。〔註115〕

另外，若遇歷朝祖宗之忌日亦禁止行刑，宣宗即詔令諸臣，凡遇「祖宗忌日，
通政司、禮科、兵馬司免引囚奏事」，〔註116〕或於太子東宮千秋節，亦加以停
刑。〔註117〕嘉靖時期（1522～1566），更規定聖節等節及齋戒日期，俱不得行
刑。〔註118〕

　　根據《明律》所規定行刑的限制，凡在立春以後、秋分之前，及所規定
禁刑日之內，皆不得任意處決罪囚。然而，有時因爲公文往返傳遞的疏失，
造成執刑日期得延誤，以致於超過行刑期限。如巡按山西監察御史沈福奏：「去
年（宣德三年，1428）十二月二十七日，行在都察院移文處決山西重囚，緣
各人皆應秋後行刑，今前四日已立春，審律揆時，未敢專決。」〔註119〕未敢
專決的原因，在於律法規定決囚應於立春之前，然而公文抵達時卻超過期限，
已有禁刑之限，致使死囚的行刑出現兩難。巡按四川御史戴金，爲求解決此
等弊端，遂奏請採用公文預先發遣之法，以免延遲行刑之日：

> 大辟之刑必於霜降之後，所以象肅殺之威，無逆時令也。適者或以
> 南北直隸遣官之晚，或以各省御史交代之遲，或以部院決單齎送之
> 誤，往往延至冬至之後、立春之前，方纔舉行，非所以順時令而慎
> 刑獄也。乞敕法司起自今年，凡各省決單酌其地方遠近預爲發行，

〔註114〕《大明會典》，卷177，〈刑部十九・決囚〉，頁17上。

〔註115〕明・徐復祚，《花當閣叢談》（《筆記叢編》，臺北：廣文書局，1969年1月初
版），卷1，〈禁刑日〉，頁26下～27上；《長安客話》，卷1，〈皇都雜記・禁
刑日〉，頁37。

〔註116〕《典故紀聞》，卷9，頁166。

〔註117〕《國史唯疑》，卷8，頁515。

〔註118〕《明代律例彙編》，卷28，〈刑律十一・斷獄・死囚覆奏待報〉，頁1008。

〔註119〕《明宣宗實錄》，卷50，頁1上，宣德四年春正月己酉條。

期在七月中至彼兩京應差主事，北直隸以六月，南直隸以三月，庶
用刑如期，而四時之氣無逆，詔從之。〔註120〕

明代處決罪囚為求慎重，凡大辟之重囚，必需經由三覆奏而後行刑，以重民
命，然而正統以後，卻出現「批手留人」事例。即由重囚家屬於臨刑前，以
擊登聞鼓訴冤，並由值鼓給事中於校尉手中批字，至行刑處暫免行刑，待具
狀進呈後，候旨裁決。〔註121〕此舉雖表示慎重人命，欲求無冤抑之情，但卻
也造成死囚心存僥倖，或賄賂以拖延時日，或伺機脫困求生，進而造成行刑
之疏失。對此，陳逅乃奏請革除其事：

> 正統以來有批手留人事例，於是該死重囚家富而有力者，多臨時僥
> 倖夤緣請託，或日暮而旨意不出，或昏夜而鼓狀留人，或已出監門
> 而中止，或已赴法場而取回，或是干壹連貳甲而併及乙，或臨事失
> 查誤決而罪坐監臨，由是監刑之官遷延偵候，束手避責。〔註122〕

嘉靖以後為革除此弊端，遂規定於決囚之前三日，聽任罪囚家屬訴冤，若覆
審已畢，則奉旨依律處決，行刑之日雖有登聞鼓狀進呈，亦不許覆奏，〔註123〕
以阻絕重囚脫逃之心。

對於處決重囚之目的，在於其罪惡已極，人所共憤，故明正典刑以彰國法，
亦為叛逆之戒惕。〔註124〕自明代中葉以來，屢有停刑之舉，其原因則有郊祀、
災禍、皇子誕生等為由，而武宗更以南征為由，連續數年於秋後停刑。萬曆以
前，停刑地區，多以京師為主，萬曆時期（1573～1620）的停刑區域，漸有向
京外擴張的趨勢，如萬曆六年（1578）十月，則以神宗行嘉禮為由，京師遂暫
免行刑，而臨近京師的順、永、保、河等四府，亦照例暫免行刑。〔註125〕停刑
之舉，雖以憐恤為名，但事實上則將罪犯罪行的輕重混淆，無法彰顯司法明正
典刑的功能，〔註126〕而張居正尤為反對歷來停刑之制，認為此舉實違反祖宗舊
制，並加以駁斥：

〔註120〕《明世宗實錄》，卷87，頁6上，嘉靖七年四月壬戌條。
〔註121〕《明武宗實錄》，卷155，頁8上，正德十二年十一月乙未條。
〔註122〕明・陳逅，《省庵漫稿》（《北京圖書館古籍珍本叢刊》109冊，北京：書目文
　　　　獻出版社，1988年2月，據明崇禎十年陳星樞刻本景印），卷2，〈題為建議
　　　　處決重囚以便法守事〉，頁4下。
〔註123〕《明世宗實錄》，卷119，頁2下，嘉靖九年十一月戊子條。
〔註124〕《端簡公文集》，卷9，〈會題詳議賊犯王直等疏〉，頁15上。
〔註125〕《明神宗實錄》，卷80，頁7下，萬曆六年十月甲辰條。
〔註126〕《皇明經世文編》，卷64，馬文升〈為申明律意以弭盜賊事疏〉，頁33上。

粮莠不鋤，嘉禾不茂；冤憤不泄，戾氣不消。今聖母獨見犯罪者身被誅戮之可憫，而不知被彼所戕害者，含冤蓄憤於幽冥之中，明王聖主不爲之一泄，彼以其怨恨冤苦之氣，鬱而不散，上或蒸爲妖沴氛祲之變，下或招致凶荒疫癘之災，則其爲害，又不止一人一家受其荼毒而已。獨奈何不忍於有罪之兇惡，而反忍於無辜之良善乎？其用仁亦舛矣！況此等之人，節經法司評審，九卿大臣廷鞫，皆以眾證明白，輸服無辭。縱使今年不決，將來亦無生理，不過遲延月日，監斃牢獄耳。然與其暗斃牢獄而人不及知，何如明正典刑，猶足以懲姦而伸法乎？法令不行，則犯者愈眾，年復一年，充滿圄圖，既費關防，又虧國典，其於政體，又大謬也。〔註127〕

即使於停刑之後，罪犯仍舊拘繫於獄中，而經年累月的充斥獄房，不僅耗費國家財源，更增加獄房動亂的危險，就整體經濟與律法制度上，皆有所損害。在張居正堅持「法在必行，姦無所赦」的主張信念之下，因此於萬曆初期，鮮少有停刑之舉。

　　決囚是雖爲人命重事，然而帝王有時憑一己之意，動輒破壞司法制度。如成化七年（1471），江西吉安府知府得罪，明憲宗不待覆審，旋以詔令加以處決，謝一夔認爲此舉已「昏暮法司」，乃上書請求依循祖宗舊制執法。〔註128〕此外，更有些官員無視於人命而草率讞獄，或「率用繫斷爲聲決，死囚或多至百人」，〔註129〕甚至有以抽籤決定罪囚執刑與否。在嘉靖時期（1522～1566）有某御史審決罪囚，「御史與錄囚使者以鬮決之，有謀殺親夫者，其奸夫罪絞而鬮得焉，遂殺奸夫而留當磔之奸婦」，於是婦人遂老死於獄中。〔註130〕在執法過於嚴苛的時期，官吏則以決囚多寡，以彰顯任內政績。如張居正爲內閣首輔時，持法甚嚴，「歲決囚，有數郡國吏讞獄不及格，往往被遣，致紛慕多殺爲能。」〔註131〕

〔註127〕明・張居正，《張居正集》（湖北：荊楚書社，1987年9月第1版），卷5，〈論決重囚疏〉，頁255。

〔註128〕明・謝一夔，《謝文莊公集》（臺北：文海出版社，1970年3月，據明嘉靖四十一年新建謝氏刊本景印），卷1，〈天戒疏〉，頁19下。

〔註129〕明・馮琦，《宗伯集》（《四庫禁燬書叢刊》集部15冊，北京：北京出版社，2000年1月初版，據明萬曆刻本景印），卷22，〈明通議大夫湖廣按察使慶川麻先生墓誌銘〉，頁15上。

〔註130〕《賢博編》，頁17。

〔註131〕《國史唯疑》，卷8，頁515。

家庭為構成國家的主要基本單位，並逐漸發展形成宗族組織，宗族為管理龐大的族人，便以明文規範的方式載於宗法、族譜，若違反家法族規或破壞宗族聲譽者，宗族多加以懲罰，各宗族所採行的方式，則因地域性而有所不同。〔註132〕在宗族制度盛行之時，族長在宗族內具有絕對權力，而明代更將族權與皇權相結合，藉以鞏固地方秩序，而族長一職則多由宗族耆老，或鄉紳仕宦擔任，以便提高宗族的權力，有時甚至得以處決族人生死。《止止齋集》即載包氏宗族處決族人一案：

> 死囚尚須三覆，人乃可活埋。世間有此宗法乎？號召族眾，主令擒鎖，雖母弟號泣，立意必致之死，皆（包）洗倡之，洗自謂主張族論，而不知己之絞案定于此矣，蓋借宗法之名，以亂國法，必以國法繩之。〔註133〕

雖然宗族在某種程度上，具有以家法懲處族人的權力，但是國家並未賦予其生殺之權，但這種因家法責人致死的情形，在明代仍屢有發生，此亦說明族權與皇權相結合的密切關係。

二、雜　刑

雜刑，即為五刑之外的輔助刑，又可稱之為「閏律」。〔註134〕依照明律規定，五刑雖為法定的刑法，事實上在五刑之外，另有充軍、贖刑、凌遲、梟首等輔助刑法，因其在法定五刑之外，故歸納為「雜刑」。然而這些雜刑卻因量刑無確切標準，而導致在施行時動輒流於酷虐，與酷刑僅只一線之間而已。

1. 充　軍

即是將罪犯發配至邊衛勞役，其刑罰始於宋而盛於明。據《明史‧刑法志》所載：流罪之下有安置、遷徙、口外為民，其重者曰充軍。充軍既屬於

〔註132〕據《中國的家法族規》研究指出，依照宗族所施行的懲罰方式，約可略分為以下七類：警戒類、羞辱類、財產類、身體類、資格類、自由類、生命類等。其中涉及人身傷害則有，身體類的罰跪、打手、掌嘴、杖責、枷號、礅鎖等，及生命類的自盡、勒斃、打死、溺斃、活埋、丟棄等刑罰。詳見：費成康主編，《中國的家法族規》（北京：新華書店，1998年8月1版），頁98～110。

〔註133〕《止止齋集》，卷28，〈平讞‧包洗〉，頁15下。

〔註134〕清‧王明德，《讀律佩觿》（北京：法律出版社，2001年1月第1版），卷3，〈充軍〉，頁106：「愚（王明德）謂律例之中，有此充軍一例，猶夫歷之致潤以成歲，此愚所謂閏律也。」

五刑之外的輔助刑法，其罪犯又分為終身、永遠之別，終身是罪罰僅止於自身，永遠則是罪罰延及子孫。明初充軍多將罪犯流配至邊衛屯種，而後期則依路程遠近，分為極邊、煙瘴、邊遠、邊衛、沿海附近等。〔註135〕明初充軍的地點，是始於兩廣，進而遼東、雲南地區，中期以後則漸以沿海地區為主，〔註136〕充軍在發遣定衛時之前，另有枷號等刑罰，因此充軍之罪責仍屬重罪。

　　充軍既無確切的量刑標準，雖然具有律法審定的靈活性，固然有矜憐死囚之精神，卻也造成充軍量刑之紊亂。如弘治十二年（1499）刑科給事中周旋所稱，五刑莫重於死罪，其次莫重於充軍，而有司官員多任情擬斷，輒加充軍之罪，因此請求今後在外問擬充軍罪者，需備呈刑部、都察院審決，再由大理寺評允，然後轉行兵部定衛發遣。〔註137〕就整體司法制度而言，充軍重罪雖然沒有進入五刑之中，但在司法實踐上，卻有效解決降死一等重罪的問題，從軍犯罪行的審判、定衛、僉解到著伍，陸續出現相對應之條法規範，實際上已逐漸取代流刑在五刑中的地位。〔註138〕

2. 刺　字

　　即「黥刑」，是在罪犯臉上刺字之刑，明初即有將犯人黥字為奴的作法。洪武二十四年（1391），三法司曾奏請：「獄囚有死罪者，其妻妄訴，援引例當黥為奴。」〔註139〕由其援引條例為罰，則可見明初的黥刑仍未列入明律之中。一般而言，刺字多用於流、徒以上，初犯者刺右臂，再犯刺左臂，三犯者絞。據《明律》所載：

> 凡竊盜者已行而不得財，笞五十，免刺。但得財者，以一主為重，併贓論罪。為從者，各減一等。初犯，並於右小臂膊上，刺「竊盜」兩字。再犯刺左小臂膊。三犯者，絞。以曾經刺字為坐，掏摸者罪

〔註135〕《明史》，卷93，〈刑法志一〉，頁2282～2283。

〔註136〕李興盛，《中國流人史》（哈爾濱：黑龍江人民出版社，1996年3月第1版），頁545～547。關於明代主要充軍地區的轉變，在於明初版圖的統一是先由南而北，江南統一之後，漸次平定河北、山西、遼東等地，並隨即在遼東設置都司，因此明初充軍地區，也依次由兩廣、雲南，轉而遼東等地。至明代後期，建州女真統一東北，遼東喪失，該地遂不再成為充軍遣戍所在，而沿海地區又因倭寇擾邊，所以充軍地區漸以沿海地區為主。

〔註137〕《明孝宗實錄》，卷152，頁2上，弘治十二年七月甲子條。

〔註138〕吳艷紅，《明代充軍研究》（北京：社會科學文獻出版社，2003年4月第1版），頁14～16。

〔註139〕《明太祖實錄》，卷209，頁6上，洪武二十四年六月甲子條。

同。若軍人為盜，雖免刺字，三犯一體處絞。〔註140〕
其中免刺的對象，除竊盜而未得財者，軍人、校尉、軍匠、及老幼婦女俱不刺字。〔註141〕不過，黥刑曾一度被廢除，至萬曆以後，因為雜犯死罪的人數增多，遂恢復刺字之刑。〔註142〕

3. 剝　皮

明太祖鑑於元代以寬縱失天下，於是初期立法甚嚴，洪武初年凡臣民有犯必誅，絕無輕貸者，若有貪酷縣令者，許里老解赴京師，剝皮問罪。〔註143〕更規定凡「贓至六十兩以上者，梟首示眾，仍剝皮實草。府州縣衙之左，特立一廟，以祀土地，為剝皮之場，名曰：『皮場廟』。官府公座旁，各懸一剝皮實草之袋，使之觸目驚心。」〔註144〕明初的皮場廟，多立於縣衙附近，即是以為貪污官吏員之警戒。〔註145〕成祖於靖難之後，仍仿傚此刑，殺害不附己的建文帝大臣，如胡閔的堅貞不屈，即引起成祖大怒，命力士擊碎其齒，猶罵聲不絕，遂將其縊殺，並以石灰水浸脫其皮，剝之實以草，懸於武功坊之上。〔註146〕

剝皮之刑仍偶見於正德時期。正德五年至七年（1440～1443）之間，以劉六、劉七為首的霸州賊，糾眾流劫地方，遍及北方五省，北至北京南部，南抵長江北岸，東到山東，西及漢水等地，規模甚為龐大。〔註147〕除劉六、劉七之外，同時並起者不在少數，〔註148〕其中楊虎勢力被剿滅之後，其黨羽賈能、賈勉兒、龐文宣等三十七人綁赴闕下，詔旨處死，並下令將為首者六人剝皮，法司奏以「祖訓有禁」，正德皇帝不從，仍處以剝皮之刑並製成鞍韉，

〔註140〕《明代律例彙編》，卷18，〈刑律一・賊盜・竊盜〉，頁763。
〔註141〕《讀律瑣言》，卷18，〈刑律一・賊盜・竊盜〉，頁20下。
〔註142〕《明神宗實錄》，卷178，頁4下，萬曆十四年九月癸巳條。
〔註143〕《續刑法敘略》，頁6下。
〔註144〕《廿二史箚記》，卷33，〈重懲貪吏〉，頁764。
〔註145〕明・周文龍等，《嘉靖・磁州志》（《天一閣藏明代方志選刊續編》3，上海：上海書店，1990年12月），卷1，〈地理志〉，頁12上～下：「皮場廟，在修新坊之東巷底。」
〔註146〕明・曹參芳，《遜國正氣集》（《明代傳記叢刊》，臺北：明文書局，1991年1月初版，據國立中央圖書館藏本景印），卷4，〈文忠〉，頁4下。
〔註147〕李洵，《正德皇帝大傳》（瀋陽：遼寧教育出版社，1993年12月第1版），頁212。[總頁數313]
〔註148〕清・谷應泰，《明史紀事本末》（臺北：三民書局，1969年4月初版），卷45，〈平河北盜〉，頁465：「（正德六年）六月，流盜趙鐩、劉三、邢老虎、楊虎分掠河南。劉六、劉七、齊彥名分掠山東。」

供其騎乘之用。〔註149〕

4. 律外酷刑

　　明太祖時期（1368～1398）即以律外用刑著稱，因此各類刑罰種類甚多，僅就大誥所載之刑，有族誅、極刑、梟令、剁指、刖足，閹割等三十餘種，皆爲明律所未設，甚爲酷虐，其量刑標準多重於《明律例》條文。〔註150〕此外，除重辟凌遲處死之外，另有裸置鐵床、沃以沸湯、以鐵帚刷去皮肉、有梟令以鉤鉤脊懸之、抽腸掛架、以鉤入穀道、鉤腸出等，〔註151〕盡是令人觸目驚心之刑。因此，明代律法雖奠定於太祖時期，然而破壞律法的律外酷刑之制，卻也肇始於此。

　　《明律》曾明文規定，身犯死罪並竊盜、搶奪重犯，須用嚴刑拷訊，其餘只用一般常刑，但是官員在施刑時，有時一味以拷掠爲要，用刑輕重之間不免傷殘人命。而法司所拘繫罪囚，仍存在鍛鍊成獄之弊病，〔註152〕特別是事關人命的重案，更容易造成濫用刑罰的情形。如梁景煦爲御史時，雖以明敏法律著稱，但遇獄囚輒箠殺之。〔註153〕有司官員或於法外施以宮刑，絕人嗣續、〔註154〕或不加細察，未經勘檢輒加重刑，致罪囚死於獄中、或用不去稜節的竹片亂打、覆打，因而致死者。〔註155〕正因爲酷吏增多的情形嚴重，所反映在刑罰之上，便有許多標新立異的名目，如烙鐵、一封書、鼠彈箏、攔馬棍、燕兒飛等。〔註156〕這類酷刑官吏，有的以改變原有刑具，有的則律法條文中先立文案爲護身，專以酷虐爲要，雖然刑訊有其必要，但過度刑罰

〔註149〕《明武宗實錄》，卷92，頁8上，正德七年九月己亥條。

〔註150〕《明大誥研究》，頁61。

〔註151〕明・祝允明，《野記》（《四庫全書存目叢書》子部240冊，臺南：華嚴文化事業有限公司，1997年6月初版，據南京圖書館藏明毛文燁刻本景印），卷1，頁28下。

〔註152〕明・齊之鸞，《蓉川集》（《北京圖書館古籍珍本叢刊》104冊，北京：書目文獻出版社，1988年2月，據清康熙二十年齊山悠然亭刻本景印），卷4，〈清理刑獄疏〉，頁33下：「法司、錦衣衛見監罪囚中，間或鍛鍊成獄，或拘泥文案，多有枉抑。」

〔註153〕明・黃瑜，《雙槐歲抄》（《北京圖書館古籍珍本叢刊》67冊，北京：書目文獻出版社，1988年2月，據明嘉靖三十八年陸延枝刻本景印），卷8，〈獄囚冤報〉，頁32上。

〔註154〕《皇明詔令》，卷7，〈仁宗詔皇帝・恤刑詔〉，頁24下。

〔註155〕《芹山集》，卷26，〈公移・禁諭酷刑官員以重民命事〉，頁11下。

〔註156〕《明史》，卷94，〈刑法志二〉，頁2315。

則流於鍛鍊成獄之惡習。

　　詔獄審理之刑案，皆專達於皇帝，除以偵緝為主要職責，另外也有司法刑獄之權。自明初以來，凡官員有罪者，輒下錦衣衛鞫實，在詔獄初期，刑罰尚不甚嚴，受杖有固定數量，並使人監視施刑情形，〔註157〕而後杖責數量多寡，並無一定標準，致使流於殘酷。凡鎮撫司拷問人犯，所用刑具痛楚十倍於官刑，且名目繁多，「其最酷者，名曰琶，每上百骨盡脫，汗下如水，死而復生，如是者二三次，荼酷之下，何獄不成。」〔註158〕在嚴刑威逼之下，身心重創，乃至肌肉漲爛，頭面不可別識，〔註159〕因此詔獄慘毒，「凡觸凶網，即煩緹騎，一屬緹逮，即下鎮撫，魂飛湯火，慘毒難言，苟得送一法司，便不啻天堂之樂矣。」〔註160〕而後詔獄之權高於三法司之上，凡有罪者先入詔獄拷訊之後，再往三法司審理。〔註161〕

　　崇禎即位以來，定逆案誅殺魏忠賢，似乎頗有中興之勢，然而承繼政事頹敝之餘，雖銳意改革，卻導致用刑過急之弊，舉凡大臣有忤旨者，盡逮繫於獄，一時之間，「貫城滯獄，不下萬人，重文橫入，多窮怒之所遷及。」〔註162〕乃至於「圜土無曠，狂狴已滿，疑者盡入，出者盡戍，貴賤不得比差。」〔註163〕而這種特殊的情形，造成獄中所繫之罪犯，多為朝中文武大臣，有時忤旨入獄者，甚至高達數十餘人。所以御史吳履中在〈朝審疏〉中提及：「近日者復朝審獄囚矣，今日之獄囚非尋常比，駢首槁項，率皆公卿大臣。」〔註164〕因此，刑

〔註157〕《國史唯疑》，卷5，頁323：「故事，下錦衣獄者，杖不過四十，乃加八十，且命人監視之。」

〔註158〕清・傅維鱗，《明書》（《四庫全書存目叢書》史部38冊，臺南：華嚴文化事業有限公司，1997年6月初版，據清華大學圖書館藏清康熙三十四年本誠堂刻本影印），卷73，〈志十五・刑法志〉，頁28上。

〔註159〕《牧齋初學集》，卷50，〈山東道監察御史贈太僕寺卿黃公墓志銘〉，頁576上。

〔註160〕明・瞿式耜，《瞿忠宣公集》（臺北：環球書局，1966年9月，據清道光二十八年求是齋刊本景印），卷1，〈陳時政急著疏〉，頁20上。

〔註161〕明・黃道周，《黃彰浦集》（《叢書集成三編》，臺北：新文豐出版公司，1997年版，據臺灣大學圖書館藏清道光八年鐫刻本景印），卷3，〈獄中乞恩疏〉，頁19上：「臣自去歲八月逮杖以來，於今逾載，一過北司，四經拷問，再入刑部，三經審鞫。」

〔註162〕《黎州遺著彙刊》，《南雷文約》，卷1，〈光祿大夫太子太保吏部尚書諡忠襄徐公神道碑銘〉，頁4上～下。

〔註163〕《黃漳浦集》，卷1，〈辨仁義功利疏〉，頁15下。

〔註164〕《春明夢餘錄》，卷45，〈刑部二・慎刑〉，頁6下。

法之設雖以懲奸除惡為目的，然而過度施行，一味以嚴刑峻法整飭朝政，卻會造成適得其反，折損朝中人才，以至於影響朝政的運作。

制度之設，為國家百年之要事，然而制度卻往往因人而異，造成政局混亂。自永樂以來，宦官之權漸重，埋下宦官干政之隱憂，如魏忠賢掌權時即私設獄房，以王思敬侵佔牧地為由，不付之有司判決，而逕拏黑獄三次拷掠，以致身無完膚。〔註165〕凡公卿大臣有忤其意者，則入於廠衛獄中，遭酷刑凌虐，竟至手指拶折，脛骨夾出，必欲置之於死。〔註166〕其亂政之時，權傾朝野，「三公不敢議，司寇不敢詰，廷尉不敢訊，囊口側目，辜功列而弗問，刑責具而弗占。」〔註167〕雖有朝臣不斷直指其弊並奏請革除，然而帝王卻仍逞己之私，致使廠衛流毒天下，三法司如同虛設，嚴重破壞國家政體制度。〔註168〕

第四節　恤　刑

審恤刑獄，是各代王朝政事之要，因為「為政莫大於兵刑，民生莫重於醫，是以周官有詢聽宥赦之詳。」〔註169〕且人命至重，基於「死者不復生，斷者不復續，故刑期無刑，而殺以止殺」的原則，〔註170〕以求殺一夫而天下服，釋一人而天下悅，至使無人可犯法，故歷代皆設有恤刑之制，藉由慎刑以體恤民命，以求無濫刑之失。洪武初年，曾令天下官民有犯罪者，俱由當地所屬法司審理，重罪者則押解至京問罪，〔註171〕之後又規定徒刑以上者，具獄解送至行省，而「布政司及直隸府州縣，笞杖就決。徒、流、遷徙、充軍、雜犯死罪解部。」

〔註165〕《楊忠烈公集》，卷2，〈劾魏忠賢二十四大罪疏〉，頁23下。

〔註166〕《楊忠愍集》，卷1，〈請誅賊臣疏〉，頁8685。

〔註167〕《衡藩重刻胥臺先生集》，卷14，〈送汪汝玉序〉，頁20下。

〔註168〕《罪惟錄》，列傳卷20下，〈祁彪佳傳〉，頁80下：「有舉朝盡知其枉，而法司無肯雪其冤，慘酷等於來周，平反從無徐杜，此詔獄之大弊也。且錦衣衛初名儀鑾司，尚掌直侍衛等事，未嘗有所謂緝事也。自東、西廠設，始有告密之端，行金而買事件。雖勇若孟賁，廉如公綽，一經煆煉，面目已非，匿名指罪，冒籍上書，獄辭屢易，買講百端，此緝事之弊也。自刑章不歸司敗，夏楚煩及至尊，本無可殺之罪，乃罹必死之刑，血漬玉墀，肉非金陛，國體何云？此廷杖之大弊也。」

〔註169〕明‧王文祿，《求志編》（《百部叢書集成‧百陵學山》，臺北：藝文印書館，1966年版），頁2下。

〔註170〕《皇明詔令》，卷4，〈成祖文皇帝上‧戒諭臣下慎刑敕〉，頁37上。

〔註171〕《典故紀聞》，卷4，頁76。

〔註172〕所以審訊對象，起初爲在京部院之重囚，而後在外死罪重囚，亦送往京師審錄，或有時捕獲強盜，也綁送至京師審問。〔註173〕恤刑之權在於中央，即是藉由審錄罪囚以減少枉判之失，以達司法公正的精神。

一、中央會審

會審，又稱會官審錄囚犯，其制度創於洪武年間，至正統、成化時期漸成定制。會審是由中央三法司或地方三司，會同其他府、部官員聯合審理刑案，其案件多爲覆審及清理疑案，以表示謹愼刑獄之意。明代會審之制，其形態約略可分爲中央與地方兩大類：在中央則有朝審、熱審、寒審、圓審之名；在地方則由監察御史、巡按御史會同地方官員，進行會審錄囚。

（一）朝　審

明初遇有重大刑獄情事，尤其爲政治性質之案件，則多由皇帝親自面訊。主要是防止牽連羅織之弊。朝審時需先由行人司行人，持節傳旨法司遣戍囚徒，送五府核塡精微冊，然後批繳內府，〔註174〕並於規定日期由「法司見監重囚，引赴承天門外，三法司會同五府九卿，並錦衣衛各堂上官及科道官，逐一審錄。」〔註175〕倘若有冤情不服者，或罪情有所哀憐者，則再另行奏請裁決。除帝王本身之外，皇太子、皇太孫有時亦奉詔審斷刑獄。明太祖時，即曾命皇太孫朱允炆斷獄，當時盛讚其英斷。〔註176〕

洪武十四年（1381）曾詔命，惟武臣及身犯死罪者，由皇帝親審之外，其餘俱以所犯奏聞，〔註177〕而後更以霜降之時，命列卿朝臣大會於朝參，〔註178〕並改採會官審錄形式，以漸次取代皇帝之面訊。雖然洪武時期（1368

〔註172〕《明史》，卷94，〈刑法志二〉，頁2306。
〔註173〕《大明會典》，卷177，〈刑部十九・朝審〉，頁11下：「弘治七年，命三法司、錦衣衛堂上官，凡捕獲強盜，綁送御前引奏者，仍在午門前會問明白，追贓擬罪如律。」
〔註174〕《明史》，卷74，〈職官志三〉，頁1809。
〔註175〕《大明會典》，卷177，〈刑部十九・朝審〉，頁10上。
〔註176〕《春明夢餘錄》，卷44，〈刑部一〉，頁32上：「常州陳理以子弒父，送太孫（建文帝）處分，太孫從容詳審，竟脫之。理父原抱病經年，誤服一藥而斃，繼母素憎其子，因力證成之，無以自解。太孫條其情而讞之，……帝（太祖）驚曰：『有是哉！刑不可不愼也。太孫不獨仁而且明，朕無憂也。』」
〔註177〕《明史》，卷94，〈刑法二〉頁2307。
〔註178〕《名山藏》，〈刑法記〉，頁18上。

～1398）已有在霜降之期，詔命列卿大會於朝參審訊罪囚，但是尚未成為制度，直到英宗天順二年（1458），始定於每年霜降之後，決處重囚，朝審制度遂為定制。〔註179〕成化十四年（1478）以後規定，凡死罪重囚需依律擬罪，俱送往大理寺審錄，若有矜疑者則上奏請旨，回原問衙門監後，照例具奏後，將犯人引至承天門外會官審錄。而審錄之時，則需由原問、原審及會同審錄官聽審，案情無疑者，則覆奏處決，若遇囚稱冤或翻供時，則重新問審，後聽從多官參詳決議。

關於參與朝審之機構，有時為三法司及其他各部、通政司、錦衣衛、科道等，或為五府、六部、內閣學士，給事中等。對於洪武三十年（1397），朝官會審之事，《春明夢餘錄》載：

> （太祖）命焚錦衣衛非法獄具，悉以所繫囚送部臺審理，而諭刑部論囚，諸武臣並親審。餘引奏詣承天門外，命刑人持訟理幡出，欲自理者聽，入訴諸無罪當釋者，持平政幡，宣德意遣之。其在重辟，府、部、院、六科、通政司、詹事府雜聽之，審錄其冤狀以聞。〔註180〕

此後，皆以承天門為朝審之地。明成祖在位，仍命三法司引奏，依洪武舊例於承天門審錄罪囚，並於「每歲霜降會審，與九卿、五府、六科、十三道坐於闕門下，廷讞其冤者五歲，恩例與司禮、九卿、言官廷讞亦如之。」〔註181〕仁宗以後，歷朝多遵行洪武舊例以為定制。

朝審之時，多由吏部尚書秉筆記錄，並與三法司與各部、院，會同審錄刑部重囚：

> 每年霜降後，吏部等朝審刑部重囚，在門（承天門）前中甬道西，東西甬道之南。五府等衙門坐東向西，吏部等衙門坐西向東，吏部主筆者第一座，刑部正堂第二座，都察院第三座，餘以次列。舊時，犯人朝北跪，而刑部事宜亦明載各旗尉押本囚上前，北面跪，則是有冤者，側面西向主筆者分訴。〔註182〕

若吏部尚書有缺時，則以戶部尚書代替其職。〔註183〕罪囚倘欲翻供而稱有冤

〔註179〕《大明會典》，卷177，〈刑部十九・朝審〉，頁11上。
〔註180〕《春明夢餘錄》，卷44，〈刑部一〉，頁26上～下。
〔註181〕《洪芳洲公文集》，《洪芳洲先生歸田稿》，卷2，〈宜山何公應廷尉召北上序〉，頁25上～下。
〔註182〕《酌中志》，卷17，〈大內規制紀畧〉，頁135。
〔註183〕《明史》，卷94，〈刑法志二〉頁2308：「內閣之與審也，自憲宗罷，至隆慶

詞時,即為「番異」,此時各官應親自照卷陳述,其始末來歷,並原先問審緣由,提出讓會審各官以備參詳。如有疑慮,則再行勘合,並奏請定奪。〔註184〕朝審官員之職責,主要是詳審平反有疑慮的案件,刑部郎中應檟(1494~1554)認為,只要掌握五項要點:詳閱文卷案件始末、詢問原審問官員、詳察口供招由、詳問驗屍仵作等佐證之人、詳細審問並觀察原犯等,就使獄案減少冤屈的情況。〔註185〕不過,並非所有官員都能用心審查案件,以高拱(1512~1578)於刑部審錄重囚時為例,曾詳細審閱文卷達月餘,又召集刑官討論案情十餘日,然後分二日審錄重囚,並從四百七十起案件中,審出冤獄一百三十七人,其餘案情可疑且未有佐證者甚多,〔註186〕由此可知,反映出地方官員審案時定讞草率的嚴重性。

明初朝審地點位於承天門,並設立政平、訟理二旛,凡「論囚引至承天門,奏當者,行人持訟理旛傳論,無罪者持政平旛傳釋之。」〔註187〕受審罪犯多由刑部獄押解至承天門審錄,惟獨詔獄之囚,是從鎮撫司獄所提押。嘉靖二十七年(1548),葉權在游歷京師之時,適逢朝審,而親見其事。根據《賢博編》記載:

> 余遊京師,值霜降後朝審,囚多從刑部牢出,獨見夏少師枷鎖臥板
> 門上,二人舁之,旁一人持白紙小旗,書「犯人夏言」四字,從錦
> 衣鎮撫司俱入西華門。〔註188〕

朝審之時,亦有官員自認無罪,而抗言與審錄官員發生爭執的情形。南京御史馮恩,因上奏備言大臣邪正一事,逮下錦衣衛獄,其朝審之時,因恥於跪向主筆汪鋐(1466~?),更抗言申辯,相互怒罵,致使汪鋐推案而起,竟欲毆之,馮恩終究不屈其威,博得「四鐵御史」的稱謂。〔註189〕而後汪鋐銜恨,

元年高拱復行之。故事,朝審吏部尚書秉筆,時拱適兼吏部故也。至萬曆二十六年朝審,吏部尚書缺,以戶部尚書楊俊民主之。三十二年復缺,以戶部尚書趙世卿主之。」

〔註184〕《大明會典》,卷177,〈刑部十九・朝審〉,頁11下。

〔註185〕明・應檟,《應郎中審錄疏略》(臺北:中央研究院傅斯年圖書館視聽室據明鈔本),頁18上。

〔註186〕明・高拱,《本語》(《文淵閣四庫全書》849冊,臺北:臺灣商務印書館,1983年版,據國立故宮博物院藏本景印),卷6,頁1上~下。

〔註187〕《國榷》,卷10,頁775,洪武三十年六月辛巳條。

〔註188〕《賢博編》,頁32。

〔註189〕《明史》,卷209,〈馮恩傳〉,頁2251。

必置其死罪，其子馮京兆聞知，遂擊登聞鼓爲父訴冤，並割臂瀝血以代父死，終得以減死戍邊。〔註190〕朝審審訊之後，結果或與帝意相左，若犯罪者是宗室或功臣名將時，特別易於法外施恩，〔註191〕此時惟有刑官堅持己見，方可改變帝王初衷。陳克昭爲五軍斷事司官時，因某都督有罪當死，明太祖念其有功而欲以赦免，陳克昭數度上奏論述己見，並經過兵部尚書反覆鞠問後，明太祖才接受此項判決。〔註192〕

審錄時京城治安的維護，則由五城兵馬司負責。五城兵馬司官軍員額不定，宣德時期（1426～1435）僅有五百餘人，嘉靖元年（1522）則設有把總官五員，分別管轄京城內東、西二路，及城外西南、東南、東北三路，且增兵至五千人，至萬曆時期（1573～1620）軍額更高達一萬餘人。除五城兵馬司之外，有時亦以錦衣衛官、巡城御史等共同督理。五城兵馬司既以守衛京師爲職，而朝審審錄罪囚時，皇帝多親臨審問，則率隊駐紮各處戒護京城治安，以防變亂發生。〔註193〕

（二）大　審

大審，即五年審錄，施行範圍是以兩京地區爲主。英宗正統十四年（1449），大理寺卿俞士悅等「以春夏二時不雨，恐刑獄不清所致，請會審刑部、都察院獄，以消天變。上命太監金英，同三法司堂上官審之。」〔註194〕自此，遂開每五年爲大審之先例。據《酌中志》記載，大審之日期，定於凡遇丙、辛年之時，特敕司禮監掌印太監一員，前往三法司錄囚。之所以選擇遇丙、辛年的原因，是取其「丙辛者，丙協於明，辛者新也。欲在上者必明照覆盆，在下者即經此一番鍛煉，期於悔罪自新，斯不負祖宗以來欽恤之至意。」〔註195〕

參與大審之官員，可就獄案提出反駁，顧國輔曾以刑部侍郎參與慮囚，欲對疑獄加以平反時，卻遭到內閣首輔張居正的反對，並出言詰難，顧國輔遂加以反覆論辯而定案。〔註196〕對於參與大審之官員資格，則有三法司、六

〔註190〕《緱山先生集》，卷12，〈馮廷尉父子忠孝墓表〉，頁5上。
〔註191〕《明太祖實錄》，卷140，頁7上，洪武十四年十二月辛未條：「戶部尚書徐輝犯罪下獄，上曰：『輝在官頗勤於政事，命減死論』。」
〔註192〕《南齋先生魏文靖公摘稿》，卷2，〈陳克昭傳〉，頁18上。
〔註193〕《明史》，卷89，〈兵志一〉，頁2189。
〔註194〕《弇山堂別集》，卷90，〈中官考一〉，頁17上。
〔註195〕《酌中志》，卷6，〈大審平反紀畧〉，頁33。
〔註196〕明・焦竑，《澹園集》（北京：中華書局，1999年5月第1版），卷29，〈中憲

部、府院等官員，有時亦有宗室王侯。審錄時官員列班之次序，則取決其品秩高低，《國榷》即載南京地區審錄時列班情形：

> 定南京諸司錄囚議事坐次，闕門文武分班前後坐，闕門直廬，正卿
> 上坐，亞卿、副僉院下坐，五品小京卿左列，六科右列。〔註197〕

所以在審錄時，是以文武官職分列左右，正副官員、品秩依序而下。仁宗時，曾一度詔令大學士楊士奇、楊榮、金幼孜等參與審決重囚，而開啓內閣學士會審的先例。〔註198〕

審錄時之列班，既為地位尊卑的象徵，其茲事體大，不得任意混亂。弘治十二年（1501）刑部主事董天錫與錦衣衛千戶張福，即因論囚而爭執坐次，而引起刑部主事鄭岳（1468～1539）奏請下廷議論斷：

> 先是，主事董天錫同錦衣衛千戶張福，決囚爭坐次，錦衣衛以為言
> 有旨如舊規。岳上疏謂：「錦衣衛本兵部所轄，主事部屬，千戶衛屬
> 也，未可列於主事之上。且凡勘事復命，列銜御史，主事在前，千
> 戶在後，願下廷議，以復舊制。」〔註199〕

孝宗以為鄭岳所奏過於偏僻，遂以違制為由，令其贖杖還職。由此可看出，弘治時期（1488～1505）制度漸有變革，就論囚而言，錦衣衛千戶之列位在刑部主事之前，這也說明錦衣衛職權已位於三法司之上。

明初，多有太監參與審錄罪囚之例。永樂時期（1403～1424）太監地位提高，遂得以參與司法審錄。正統六年（1441），詔命何文淵、王文審錄北京行在疑獄，並敕同內官郭瑾等往南京，當時雖未訂定五年大審之制，而南北內官已經得與三法司會同審理刑獄。〔註200〕成化十七年（1481）以後，更明令司禮監太監會同三法司于大理寺錄囚。此時司禮監太監參與錄囚，齎敕命、張黃蓋，並由馬匹前導，布列於大理寺衙門中，地位皆高於三法司之上：

> 凡大審錄，齎敕，張黃蓋於大理寺，為三尺壇，中坐，三法司左右
> 坐，御史、郎中以下捧牘立，唯諾趨走惟謹。三法司視成案，有所
> 出入輕重，俱視中官意，不敢忤也。〔註201〕

大夫寶慶府知府前浙江按察司副使毅菴顧公墓志銘〉，頁445。
〔註197〕《國榷》，卷35，頁2268，成化五年二月庚辰條。
〔註198〕《明仁宗實錄》，卷3下，頁3上～下，永樂二十二年十月丁巳條。
〔註199〕《明孝宗實錄》，卷155，頁13上，弘治十二年十月壬子條。
〔註200〕《明史》，卷95，〈刑法志三〉，頁2340。
〔註201〕前引書，卷95，〈刑法志三〉，頁2341。

因此，太監審錄時的意見，已具有相當份量。正德元年（1506）之後，詔令凡有三法司讞獄，必以司禮監主之，〔註202〕所以審錄的決定權，已完全取決在司禮監太監之手，此後更沿習為定例。

關於審訊之期限，在萬曆三年（1575）則依路程的遠近，始議定為四等：北直隸，限為三個月；山東、陝西、山西、河南，限為四個月；南直隸、福建、江西、湖廣，限為五個月；四川、廣東、廣西、雲貴，限為六個月。〔註203〕而審訊官之期限規定，則以「入境，以辭朝日為始；復命，以出境為始。」〔註204〕所以奉派赴任各地之審錄官，必須先具立不違限時日之保證，送於刑部查考，若有違限情形則予以深究。並於離京之日赴任，至離開審錄地區為止，如有遲違限程，須從重參究。

大審之制，在於覆審刑獄以體恤民命，所謂「國家大獄，五年一欽恤，非但以明法，以明仁也」，〔註205〕而後卻屢因時政紊亂而不行。周倫即曾奏言道：「本朝慎重刑獄，每五年則命廷臣審錄中外殺囚。比緣朝廷多事，海內四方寇攘，久格不行。經逆（劉）瑾亂政之後，尤多冤濫。」〔註206〕因此明代雖制定五年大審，立意在於減少冤抑，但卻因政治環境的紊亂，而影響其原有的作用。

（三）熱　審

熱審，即於在夏月酷暑時所施行之恤刑制度。熱審之例始於永樂二年（1404），成祖下詔法司以「天氣向熱，獄囚淹久必病，病無所仰給必死，輕罪而死與枉殺何異？今令五府六部六科協助爾等，數日疏決。」〔註207〕因此熱審之緣由，乃是夏日暑熱，而體恤獄囚的良善之意。沈家本亦認為熱審即始於此：

> 明制熱審始此，至宣德中，尤戒法司緩玩，至今刻期竟事。嘗有終
> 夏之間而疏決繫囚，詔三四下，蓋深有念於古者孟夏斷薄刑，仲夏

〔註202〕《罪惟錄》，卷21，〈刑法志〉，頁12上。
〔註203〕《大明會典》，卷177，〈刑部十九・恤刑〉，頁19下。
〔註204〕《春明夢餘錄》，卷44，〈刑部一〉，頁44上。
〔註205〕明・呂坤，《呂新吾先生去偽齋文集》（《四庫全書存目叢書》集部第161冊，臺南：華嚴文化事業有限公司，1997年6月初版，據北京大學圖書館藏清康熙三十三年呂慎多刻本景印），卷5，〈送比部吳中淮恤刑全陝序〉，頁24上。
〔註206〕《甫田集》，卷28，〈周康僖公傳〉，頁2上。
〔註207〕《春明夢餘錄》，卷44，〈刑部一〉，頁34下。

挺囚之義，然是時既命，馳諭中外，悉如京師例。〔註208〕

然而此次之舉，僅止於決遣輕罪，及出獄聽候而已，並未有覆審堪疑之措施。至成化以後，才對於重囚加以矜疑、輕罪減等、枷號疏放、免贓等各種審錄措施。〔註209〕不過，明代歷朝對於暑熱之審錄，僅偶有施行，且無著爲律令，因此熱審並未成爲定制。

若天氣嚴熱，恐累及無辜時，則往往加以清審，「掌印官將見監罪囚逐一清審，除強盜人命、重刑照舊監禁外，其餘一應囚犯自文書到日，務要作速清審明白。應釋放者即與釋放，應召保者即行召保，應問解報審者，查照原行問解，申呈發落，各將審理釋放過囚犯、姓名、數目造冊，具由繳報查究。」〔註210〕

除熱審之外，尚有寒審、春審之例。春審之制，始於宣德時期（1426～1435），在宣德二年（1427）五、六、七月，曾連續諭令三法司審錄獄囚罪狀，而決遣二千八百餘人。宣德七年（1432）二月，又親閱三法司所進獄囚罪狀，決遣千餘人，故春審自此開始。〔註211〕而明朝無寒審之制，崇禎十年（1637），山西代州知州郭正中疏及寒審，命所司求故事，刑部尚書鄭三俊乃稽考歷朝寶訓，得祖宗冬月錄囚數事，備列上奏，然而寢議不行，未成定制。〔註212〕

（四）圓　審

圓審，又稱九卿會審。凡遇特殊重大案件，囚犯多次翻供而不服判決者，則命九卿鞫問之，九卿即六部、大理寺、都察院與通政司長官。若經圓審三、四訊仍不服時，則奏請裁決。永樂時期（1403～1424）曾規定罪犯需經過五覆奏，然後行刑。〔註213〕洪熙元年（1425）三月，更詔令三法司覆奏爲制，務以謹慎審讞爲要：

> 夫五刑之條，莫甚大辟之施，身首異處，斯已極矣。自今犯死罪，
> 律該凌遲者，依律科決，其餘死罪，止於斬殺，法司不許牽連附會，

〔註208〕《歷代刑法考》，《律令》，卷9，〈熱審〉，頁1152。

〔註209〕《大明會典》，卷177，〈刑部十九‧熱審〉，頁12上。

〔註210〕《芹山集》，卷23，〈分巡事宜〉，頁10上。

〔註211〕清‧王鴻緒，《明史稿》（臺北：文海出版社，1962年11月影印初版），志72，〈刑法志二〉，頁3下。

〔註212〕《明史》，卷94，〈刑法志二〉，頁2309。根據《明史》記載，崇禎以前，每遇寒冬時即有錄囚之舉，共計有：洪武二十三年十二月、永樂四年十一月、永樂九年十一月、永樂十一年十月、永樂十二年十一月、宣德四年十月等，然而這些皆屬於事例，並未明文成爲定制。

〔註213〕《明史》，卷94，〈刑法志2〉，頁2320。

昧情失實，以致冤濫。若一時過於嫉惡，律外用籍沒及凌遲之刑者，

法司再三執奏，三奏不允至五奏，五奏不允，同三公及大臣執奏，

必允乃已，永爲定制。〔註214〕

雖然反覆鞫審的目的，是爲求執法平允，然而過份覆勘案情，不僅延宕判決，徒增煩擾，更有臣下藉此擅權之虞。〔註215〕

二、地方錄囚

　　地方錄囚可分爲兩種：一爲固定性質，即以監察御史、按察司之分巡道爲主，出巡各地視察民情；一爲臨時性質，由中央派遣官員審錄地方，以恤刑及審理疑獄爲主。〔註216〕明代對於地方獄政之審恤，是委由巡按御史與審錄官巡察四方。朱元璋於吳王時，即命按察司僉事，分巡郡縣錄囚，〔註217〕至洪武時期（1368～1398）仍不斷派遣刑部官員及監察御史，分行天下，審理地方刑獄。

　　遣官審錄地方始於洪武時期，至成化時期始爲定制，至弘治十二年（1499）則更改以每年遣官錄囚，並限期回京覆命。對於中央所指派遣審錄地方的官員資格，明初除了由按察司分巡各地之外，有時亦遣進士分巡郡邑，〔註218〕或遣國子監生巡視地方等，〔註219〕在重視才能的政策下，用人較不拘資歷，後期則多委由諳於刑名或廉能之官員出任。

　　審錄官既直接受命於皇帝，故權力凌駕於其他官員之上，得以施行司法職權，即如撫按官亦不得妄加干涉，而嘉靖二十六年（1547）更一度規定，凡經由審錄官審理案件後，撫按、三司官皆不得任意更改判決。〔註220〕雖然

〔註214〕　《皇明詔令》，卷7，〈仁宗詔皇帝・恤刑詔〉，頁24上。

〔註215〕　清・傅恆等奉敕撰，《御批歷代通鑑輯覽》（《文淵閣四庫全書》史部，臺北：臺灣商務印書館，1983年版，據國立故宮博物院藏本景印），卷102，頁56下：「法令之當否，詳審至於再三，斯已可矣，即虞廷克允，亦惟殺之，三宥之三而止，必令法司五奏，往復雖多，徒滋繁冗，究之五又何異于三乎？且人主詳求庶獄，反覆披覽，輕重自無遁形，即介于微曖疑似之間，或覆勘以得其眞，或集議以衷於是，自不致猶有枉縱。如必待臣下執奏乃允，何明慎之謂何，而權勢不移，又開其漸。」

〔註216〕　《明代審判制度》，頁62。

〔註217〕　《典故紀聞》，卷1，頁2。

〔註218〕　《明太祖實錄》，卷189，頁14上，洪武二十一年三月己亥條。

〔註219〕　《明太祖實錄》，卷206，頁4下，洪武二十三年十二月戊寅條。

〔註220〕　《明會要》，卷66，〈刑三・寬恕〉，頁1277。

中央審錄官職權甚大，但仍需與地方官員共同會審，在憲宗詔命審錄官的敕文中提到：

> 今特命爾體仁行順，審錄見監罪囚，其在三司者，爾等會同監察御史、三司掌印者，從公審錄；在外府州縣衛者，布按二司分巡、分守官，親詣各處，逐一審錄。〔註221〕

因此審錄官於地方審理刑案，雖握有絕對的司法決定權，但仍需藉重地方官員之助有並接納其建言。若地方官員認爲刑案有疑慮之處，亦可奏請審錄官覆察。〔註222〕而審錄官審錄刑獄時，若有不合刑律或讞獄不當者，皆需依法參究問罪。〔註223〕

由於朝廷不定期派遣部院官員，巡行地方，統御於三司之上，事例由臨時派遣性質而漸成定制，而巡撫與巡按御史多領有專敕，不受吏部管轄，遂逐漸成爲地方最高行政長官。但是在司法職官紊亂的情況之下，所屬相關的衙門職責不一，容易造成有功爭奪、有過推諉的心態，因此山西巡撫靳學顏曾建議，認爲地方刑獄已有三司及府州縣等官，各有職司，巡撫實在是無過問的必要。〔註224〕

地方審訊案件的原則，各有其所屬管轄範圍，不得任意干涉其它地區，但是當獄案長久無法決斷時，則不在此限制之內。王儀眞治貴州眞州時，善於決獄，聲名遠播，凡「毗鄰數十城，千宿數十歲之獄，率請移讞讞矣。」〔註225〕而譚讓出任浙江衢州知府時，因浙江與江淮地區的百姓，互有紛爭鬥殺，朝廷雖遣官處理，亦不能解決，因譚讓的政績卓著，素爲當地人所信服，於是委其處置，未及一月而眾所平服。〔註226〕因此，百姓所眞正在乎

〔註221〕《皇明詔令》，卷16，〈憲宗純皇帝下‧遣官審錄在外獄囚敕〉，頁25下。
〔註222〕明‧楊榮，《楊文敏公集》（臺北：文海出版社，1970年3月，據明正德十年建安楊氏重刊本景印），卷19，〈故奉直大夫兵部職方員外郎致仕周君墓碑〉，頁7下：「（周歧鳳）擢爲即墨主簿，優於爲政，藩司因遣同御史僉事往登州，讞強盜、獄盜七十三人，而稱屈者四十五人。御史欲不與辯，君察其情，果濫，乃具爲御史言，四十五人者悉保不死。」
〔註223〕《衡藩重刻胥臺先生集》，卷17，〈胡端敏公傳〉，頁23下。
〔註224〕《皇明經世文編》，卷299，靳學顏〈講求財用疏〉，頁2上：「一省獄情，有巡按、臬司、守、巡主持于上，有郡縣、有司分決于下，民之冤抑者鮮矣。」
〔註225〕明‧湯賓尹，《睡庵稿》（《四庫禁燬書叢刊》集部63冊，2000年1月初版，北京：北京出版社，據明萬曆刻本景印），卷8，〈王儀眞考績序〉，頁8下。
〔註226〕明‧孫宜，《洞庭集》（北京：書目文獻出版社，1988年2月，據明嘉靖3十2年孫宗刻本景印），卷45，〈知州譚公傳〉，頁13上。

的是守令是否能理民訟，並維持地方的和諧與安定。

錄囚的目的，是為了減少冤抑發生，而平反冤獄之多寡，也成為明代士人實學之表率。如陸完稱其友蔣一葵，「在粵西卓有異政，徵入司政，咸稱厥職，遷刑曹不半歲而平反多方，眞有用之儒，聖門四科之選。」〔註227〕將「平反多方」稱之為「有用之儒」，即是說明審讞公正，乃知識份子經世實用之目標。事實上等待審錄的罪囚，猶如俎上之肉，任人宰制，其有罪與否，皆取決於審錄官之決斷，若遇無能之輩，則往往死於嚴刑拷掠之下，〔註228〕所以刑案定讞與否，完全取決於官員斷案能力。有時斷獄的關鍵，則是在於官員的細心觀察，如陝西乾州武功縣民有失其子，疑其僕人所殺，但苦無確切證據，知州因見群鴉群聚啼叫，乃掘地得屍首而定讞。〔註229〕江西九江府德化縣民趙守彥，與傅五九素有冤仇，趙守彥夜遭盜劫，次日晨遇傅五九於市場賣布，遂執以為贓物，訴訟於官府，九江邢知府乃驗其布，尺寸與趙守彥所言多有出入，於是將傅五九無罪開釋。〔註230〕

對於審理獄案，並非完全委由守令或刑官來鞫訊，佐貳以下官員，若有精於讞獄斷案者，亦可參與審訊的工作。如周翰以精通曆學，而授以蘇州府常熟縣陰陽學術，因其甚有幹才，於是遂被上司委以決獄、徵稅、修葺等諸項事務；〔註231〕盧資川則以湖廣常德府桃源縣主簿之職，被委於推勘刑獄。〔註232〕官員在審斷獄案的正直與否，或敢於對抗強權，都是深受百姓所景仰的因素之一。鄭世威於江西按察副使任內，時值嚴嵩當國，其族人犯罪，有

〔註227〕《長安客話》，〈序〉，頁1。

〔註228〕明・吳子玉，《大鄣山人集》（《四庫全書存目叢書》集部141冊，臺南：華嚴文化事業有限公司，1997年6月初版，據吉林省圖書館藏明萬曆十六年黃正蒙刻本景印），卷11，〈贈司獄王君考最序〉，頁19下：「於民之會逮行錄囚，掠立皆以伏寇在側，不得思貸，猶俎上腐肉，任其膾裁，絕命於箠楚之下，往往然矣。」

〔註229〕明・陶汝鼎，《榮木堂合集》（《四庫禁燬書叢刊》集部85冊，2000年1月初版，北京：北京出版社，據清康熙刻世綵堂彙刻本景印），卷8，〈明觀察大夫歐陽公湘茹先生傳〉，頁3上。

〔註230〕明・葉向高，《蒼霞草》（《四庫禁燬書叢刊》集部124冊，2000年1月初版，北京：北京出版社，據明萬曆刻本景印），卷10，〈九江太守邢公生祠記〉，頁56下。

〔註231〕明・丁奉，《南湖先生文選》（《四庫全書存目叢書》集部65冊，臺南：華嚴文化事業有限公司，1997年6月初版，據北京圖書館藏明萬曆三十二年丁汝寬刻本景印），卷45，〈知州譚公傳〉，頁13上。

〔註232〕《江盈科集》，《雪濤閣集》，卷7，〈三尹盧資川去思記〉，頁355。

司不敢過問，鄭世威遂將其置之於法，當時巡撫欲減輕其罪責，鄭世威乃加以論駁，遂得以維持原判。〔註233〕

官員審錄地方的情形，除了中央審錄官、御史及按察司之外，有時則因地方詞訟過繁，待審罪囚人數過多，〔註234〕而奏請朝廷加派問刑官員。成化十六年（1480），王恕任兵部尚書兼都察院左副都御史時，即以京師畿內詞訟過繁，缺官讞獄，而具疏上聞，於是命南京刑部選差官員，調派至京師隨王恕問刑。〔註235〕對於新君繼位時的即爲詔中，往往會大赦天下罪囚，官員因罪入獄者，有時不僅赦免罪責，甚至有恢復原職者。〔註236〕此外，若是屢見災異或天氣冱寒，帝王亦會下詔監察御史等官出巡，以詳審天下疑獄奏聞。〔註237〕罪犯若適逢此時，則可獲得恩減，如正德時期（1506～1521）盛應期與御史張璞、副使晁必登，因奏劾太監梁裕被誣，逮繫於詔獄之中，鞫訊慘毒，張璞竟拷死獄中，諸大臣言官交章論救，會乾清宮災，遂得以赦免其罪。〔註238〕而在歷任皇帝之即位詔中，往往會有大赦或清理刑獄之措施，如嘉靖皇帝即位時，即詔命清理各法司及錦衣衛在押犯人。〔註239〕

恤刑的完備制度固然重要，而根本之道仍在於刑官的心存善念。白昂於刑部尚書任內，每有疑獄，多所平反，更數勸屬吏「以人命至重，尤當謹重獄。故冤抑者既多平反，其可矜疑者，亦多從末減。每以律爲萬世之法條，例爲一時之宜。」〔註240〕而童寅素有瘍疾，仍「夙夜在公，勞於鞫獄，雖疲憊伏枕，亦親閱獄詞，果於斷決，故事無慮遏，人無冤滯，然竟以此而終。」

〔註233〕《蒼霞草》，卷13，〈通議大夫刑部右侍郎環浦鄭公神道碑〉，頁32上。
〔註234〕《明史》，卷157，〈周瑄傳〉，頁4298。正統四年（1439）周瑄審錄罪犯時，外郡送囚，一日竟至八百人。
〔註235〕《王端毅公文集》，卷1，〈修巡撫廳事記〉，頁1上。
〔註236〕明代皇帝的即位詔，多由內閣所擬定，其格式與內容皆有一定模式，而所開列的條款，不外爲減刑、釋囚、恤民、救災、整軍、修城、儲邊、減稅諸項，至於條文是否會被遵行，則端視新君的態度而定。詳見：張哲郎，〈從明代皇帝之即位詔及遺詔論明代政權的轉移（上）〉，《國立政治大學歷史學報》，14期，1997年5月，頁7～34；〈從明代皇帝之即位詔及遺詔論明代政權的轉移（下）〉，《國立政治大學歷史學報》，15期，1998年5月，頁1～25。
〔註237〕《明英宗實錄》，卷78，頁10下，正統六年四月甲午條。
〔註238〕《甫田集》，卷31，〈明故資善大夫都察院右副都御史致仕盛公墓誌銘〉，頁8下。
〔註239〕《明世宗實錄》，卷1，頁13下，正德十六年四月壬午條。
〔註240〕《鮑翁家藏集》，卷59，〈白康敏公家傳〉，頁371下。

〔註241〕所以「令喜獄則令繁，令息事則訟簡，令深文則刑冤」，〔註242〕刑獄的審訊與訴訟的繁簡，端視刑官的態度而定。

會審與錄囚之主要目的，是在於辨明案情是否有冤枉之處，以避免審訊時所產生的審判疏失，並減少長期淹禁獄囚的問題；然而會審與錄囚制度設計本身，卻也因爲可能過度翻案與重審之間，不可避免的造成種種弊端：

（1）反覆辯駁造成的案情失真。

例如沈演（1566～1638）在重審鄭映三九殺人一案，即認爲重審與翻案之間所存在的缺失，評論道：「此獄駁讞屢矣，究竟初情猶近……，讞者委曲求生，遂開疑竇，然愈求而彌失眞矣。」〔註243〕也就是因爲不斷的重審、翻案，造成案情越來越失眞，越辯駁反而越徒增疑問。因此反覆重審將可能造成的案情失眞，以致於獄案延滯，

（2）會審官員往來所造成的勞民傷財。

由於會審與錄囚通常由中央政府，委派官員前往地方重新審查案情，因此會審官員往來所需的船馬供應，皆交由地方政府負責籌辦，無形中造成勞民傷財。〔註244〕

（3）可能加速疑獄罪囚的死亡。

由於會審與錄囚的過程，頗爲複雜且繁瑣，加上所需耗費的地方財物，有些地方官員因憚於事務勞煩，遂往往事先將罪犯捶笞至死，以爲便於行政事務。〔註245〕

經由以上諸項可能因爲會審與錄囚所衍生的流弊，將原本愼刑體恤民命的美意，反而造成會官審錄的負面效果，所以正統年間（1436～1449）的京外會審，曾因此而一度遭到廢止。

〔註241〕明・胡儼，《胡祭酒集》（北京：書目文獻出版社，1988年2月，據明隆慶四年李遷刻本景印），卷12，〈故通議大夫江西提刑按察使童公墓碑銘〉，頁11下。

〔註242〕《朱太復文集》，卷37，〈陽信縣五事答・詞訟〉，頁16下。

〔註243〕《止止齋集》，卷28，〈平讞・鄭映三九〉，頁5下。

〔註244〕《皇明條法事類纂》，卷48，〈刑部類・死囚復奏待報〉，頁928。

〔註245〕明・屠勳，《屠康僖公文集》（《四庫全書存目叢書》集部40冊，臺南：華嚴文化事業有限公司，1997年6月初版，據原北平圖書館藏明萬曆四十三年刻清初重修本景印），卷5，〈乞恩例以清刑獄事〉，頁3上～下。

第五章　獄房的囚徒

　　訴訟案件經由陳告並由官府受理審理之後，若屬於一般民事及輕微刑事案件時，則於當廷決斷並執行刑罰；若涉及奸盜、人命等重大案件，則需遣派差役緝捕人犯歸案，上呈中央再行審理。緝捕人員又因地域與事件性質差異而有所不同，在地方管轄範圍之內，則由當地官府交予巡檢司或衙役執行；在京師地區則由五城兵馬司等官軍負責，若事涉謀叛或政治等特殊性案件，則由錦衣校尉受命詔令，於各地拘捕人犯到京審問。

　　罪犯既為官府所通緝，為求免罪活命，則以藏匿脫逃來躲避官府追緝，有時甚至公然以武力強行拒捕。若罪犯蓄意對抗，執法人員雖可強行拘捕，但在衝突過程中，雙方不免造成傷害，復以拒捕與叛亂的行僅為一線之隔，如何確立標準，更是考驗刑官的判斷能力。當罪犯審問定罪後，徒、流以上重犯者，需將罪犯押解至邊衛或煎鹽、炒鐵等處勞役，執行刑罰。押解若有罪囚脫逃，押解差役則需依律抵罪，因此為了避免罪囚反抗而脫逃，官府在押解時多有其防範措施，或施戴戒具，或於腿上施刑，以減少其脫逃的可能。

　　然而監禁獄房之內的囚犯，並非都具有改過向善之心，尤其是犯下盜賊、殺人等罪行重大者，或恃其勇力，或憑其狡黠，欲從獄房之中逃脫，以免去刑責。長年累月被監禁的強盜重犯，更無時不懷有脫獄的想法，若是典獄人員稍有疏失，未能詳加巡視，不免讓此輩有幾可趁，而釀成獄囚脫逃事件。所以，獄囚雖身繫於獄中，仍不斷嘗試從牢房中脫逃，有時以行賄買通，或趁管理疏失，或製造獄中動亂，乃至於糾合黨羽劫囚越獄。因此，刑官與看守人員的審慎處置與防範，則是維持獄中秩序及社會安定的重要保障。

第一節　獄囚的緝捕

一、中央欽提

　　欽提，是指皇帝或中央所屬機關，所直接發佈追捕逃犯的命令。京師爲全國至重之地，治安與警備防衛甚嚴，除軍衛的駐防守備之外，治安的管轄主要是由五城兵馬司及巡城御史所負責，而皇城警衛則由侍衛親軍所擔任，若涉及特殊性質的案件時，則由錦衣校尉授命行使偵伺、緝捕的責任。皇城警衛主要是由侍衛親軍所負責，不隸屬於五軍都督府，而由上直親軍都指揮使司所統轄，直屬於皇帝之下。洪武時期（1368～1398）設有十二衛，永樂、宣德時期皆陸續增加，成爲二十六衛。〔註1〕對於皇城守備，凡鐘樓、鼓樓之處，分東、西、南、北四面城門巡守，每夜皆遣軍士宿衛把守，並依時撞擊以爲警示。各衛指揮官則需每日輪流四十員，懸掛金牌、配刀，於皇極門左右侍衛，朝退後則巡視各城門，並與五軍屬衛相互輪值。〔註2〕正德以後，改以留守衛指揮輪調，以督責內外夜巡軍，另加派兵部郎中與主事各一員，隨同御史巡視皇城。〔註3〕

　　各衛於皇城巡警時，皆佩有銅符，上刻有東、西、南、北四字，併所巡視城門之名，每個銅符皆分爲兩半，巡城者持左半，守門者持右半，核驗時則將兩者合併，以辨眞僞。〔註4〕皇城亦設有門禁，凡參朝文武百官均需懸帶牙牌，由守門指揮、千戶等官依次查驗，方得出入皇城，而官員不得相互轉借牙牌，若無牙牌者依律究治，守門官員需每日輪值，軍士則每三日一換。凡內使、內官出入皇城亦需以號牌爲証，凡有挾帶兵器雜藥及閒雜人等，則徑行拘拏，守門軍士若有失察而放行者，依律論處。〔註5〕

　　對於京師地區的守衛，尚設有五城兵馬司。洪武初期即設置兵馬司，以

〔註1〕朱紹侯主編，《中國古代治安制度史》，頁613。洪武時期的皇城警衛，只設有錦衣衛、旗手衛、金吾前衛、金吾後衛、羽林左衛、羽林右衛、府軍左衛、府軍右衛、府軍前衛、府軍後衛、虎賁左衛等十二衛；永樂年間又增加金吾左衛、金吾右衛、羽林前衛、燕山左衛、燕山右衛、燕山前衛、大興左衛、濟陽衛、濟州衛、通州衛等十衛；宣德時期又擴增騰驤左衛、騰驤右衛、武驤左衛、武驤右衛等四衛，總計爲二十六衛。

〔註2〕《大明會典》，卷228，〈上二十二衛〉，頁20下～24上。

〔註3〕《皇明世法錄》，卷43，〈兵制‧皇城守備〉，頁26下。

〔註4〕《明史》，卷89，〈兵志一〉，頁2187。

〔註5〕《大明會典》，卷44，〈禮部二‧入朝門禁〉，頁39上。

稽察奸僞爲職，後增爲五城兵馬司。後因京師多盜，遂增加官軍以協助五城兵馬司巡捕盜賊。嘉靖三年（1524），設總都指揮專職巡捕，是爲巡捕官。萬曆時期（1573～1620），京師治安委由五城兵馬司與巡捕官共同負責，並採輪流制，凡自卯時至申時，由五城兵馬司負責；自酉時至寅時，則由巡捕官負責。〔註6〕不過官軍到晚期時積弊日多，有兵馬司部卒多以賄賂官員，而得以橫行妄爲。〔註7〕在員額方面則是嚴重不足，吳麟徵在巡視皇城之後，發現逃亡者甚多，而軍士雖有造冊，核驗之後卻是牌與冊異，冊與人異，可見雇請代役與隱佔員額情形的嚴重，〔註8〕甚至有員額一萬名，而實存七千名的情形，〔註9〕如此實難以承擔繁重的巡捕任務。

　　巡城御史由都察院監察御史差員輪調，其權責在五城兵馬司之上，明初不設公署，凡有案件隨即審決，或暫借各衛公署發落。〔註10〕既然京師爲全國首要之地，因此在面對京城秩序的維持與盜賊緝捕等問題，勢必涉及許多部門的配合，成化四年（1468）正月，鑑於京城內盜賊的情形，規定京師所在的官吏軍民之家，需輪流坐鋪相互巡警，並會同錦衣衛官校、五城兵馬司分管各地，協力緝捕盜賊，另由巡城御史通行提調：

> 今後不分官吏、軍民、旗校、匠役人等之家，都要輪流坐鋪，提鈴巡警，錦衣衛官校同五城兵馬，照依分管地方，設法緝捕挨拿，巡城御史通行提調。其有賭博之人，并誘引客商，敢有宿娼爲非、無籍之徒，一緊擒拿，通送法司就問。〔註11〕

由此可見，京師治安的警備工作，所牽涉的機關複雜，除了皇城隸屬的錦衣衛之外，還有都察院系統的巡城御史，以及負責守衛京師的五城兵馬司，相

〔註6〕　《明史》，卷89，〈兵志一〉，頁2189。

〔註7〕　《頤山私稿》，卷10，〈從子梧州府通判洽墓志銘〉，頁4上。吳洽任南京兵馬司副指揮使時，其所率部卒爲求營私舞弊，並橫行於鄉里之間，遂多以財貨賄賂所有官員，而收賄官員則聽任其妄爲。

〔註8〕　明·吳麟徵，《吳忠節公遺集》（《四庫禁燬書叢刊》集部81冊，2000年1月第1版，北京：北京出版社，據明弘光刻本景印），卷1，〈移覆兵部〉，頁62下。

〔註9〕　明·楊博，《楊襄毅公奏疏》（《北京圖書館古籍珍本叢刊》110冊，北京：書目文獻出版社，1988年2月，據明萬曆刻本景印），卷4，《本兵奏疏》，〈遵諭申飭京城巡捕事宜疏〉，頁44上。

〔註10〕《天府廣記》，卷2，〈城防〉，頁21。

〔註11〕前間恭作訓讀、末松保和編纂，《訓讀吏文》（東京：極東書店，1942年12月），卷4，〈曉諭錦衣衛巡捕強盜事〉，頁270。

互協同管理。若就京師警備工作的權限範圍而言，巡城御史屬於通同提調，位階應在錦衣衛與五城兵馬司之上。

雖然負責京師治安的警備工作，委由五城兵馬司、巡城御史、錦衣衛等單位所管理，但是京師地區的訴訟案件，仍需經由通政司轉呈刑部審理，再由大理寺定讞，不得擅自定罪。因此，鄭曉（1499～1566）認爲：「在京一應大小詞狀，例該通政司受送，各衙門施行，如巡視等項，御史縱有分內當行詞訟，俱送該城兵馬司轉送刑部理問。」〔註12〕不過南京兵馬司的司法職權，曾一度高於三法司之上。根據何良俊所言：

> 南都之事，有一至大而且要者，尚未裁正。蓋祖宗之法，特設立三
> 法司，凡各衙門之事，干係刑名者，即參送法司，而各衙門不得擅
> 自定罪，無非詳刑愼獄之意。今各衙門尚參送，而巡城有事逕發兵
> 馬司供取，此則道中之新例，而非祖宗之成法矣。〔註13〕

做爲全國政治中心的京師地區，若案件涉及朝廷等特殊情事，此時皇帝可命錦衣衛執朝廷簽發拘票緝捕人犯，是爲「欽提」。而欽提所持票據有三種：一、駕帖；二、堪合；三、批文。〔註14〕錦衣衛欽提人犯時，需具有相關證明文件，方得拘捕人犯，謂之「駕帖」。廠衛校尉以原奉情事送至刑部，而批定駕帖需開寫原奏情事，並由經手衙門署名，發下衙門時則用司禮監印信、刑科掛號等，以出皇城各門關防，所以避免其詐僞。〔註15〕

駕帖之取得，依據明代祖制舊例的規定，需經由刑科所簽發後，錦衣衛校尉方得據此以緝拿人犯，倘若刑科給事中不願簽發駕帖，有時帝王亦不得干涉。基於祖制舊例，即使王振、汪直等人用事時，仍不敢公然違反此例，所以若無駕帖而任意緝拏人犯，則可能遭到質疑或詰難的窘境。萬曆元年（1573）王大臣事起，馮保密遣校尉至高拱處，欲逼令其自裁時，卻遭高拱「呼校面詰，索駕帖觀之，諸校詞窘，謂廠衛遣來奉慰耳。」〔註16〕由此可知，在萬曆時期（1573～1620）駕帖的取得，仍爲欽提人犯之重要依據，故而高拱得以根據此理斥退校衛。此外，校尉若遺失駕帖，必須重新簽發，方得拘捕人犯。熹宗天啓年間（1621～1627）魏忠賢擅權，欲逮黃尊素入詔獄，

〔註12〕《端簡公文集》，卷9，〈明職掌疏〉，頁11上。
〔註13〕《四友齋叢說》，卷12，〈史八〉，頁104。
〔註14〕張晉藩、懷效鋒編，《中國法制通史‧明代卷》，頁523。
〔註15〕《明會要》，卷67，〈刑部四‧駕帖〉，頁1306。
〔註16〕《萬曆野獲編》，卷21，〈禁衛‧駕帖之僞〉，頁534。

遂矯旨遣使至蘇州，然而卻激起吳門義民擊殺緹騎，校尉在遺失駕帖之後，終究不敢前往黃尊素居所。〔註17〕

　　除駕帖之外，另有批文、堪合、符令等相關證明。「批文」爲南北兩京官員派遣所屬官吏出外時，爲防止詐僞的弊端，而向內府領塡原奉批案件之情事以爲憑據，然後差派人員至所在官司，以堪合與批文字號核對相符之後，才能執行職務。〔註18〕洪武二十六年（1393）規定，凡刑部提人或下布政司、府州縣追問刑名時，都需要向刑科塡領堪合，即以外號底簿發給衙門，內號底簿與堪合紙則由本衙門收留。〔註19〕「符令」也是駕帖的一種輔助證明，弘治元年（1481），刑部尚書何喬新，曾奏請緹騎應依循舊制提人，所在官司必驗精微批文與符號相合，方得以發遣，以防止矯詔情形的發生。嘉靖二十一年（1542），恤刑主事戴梗、吳元璧、呂顯等，則以急行失內號相驗，及至，與原給外號不合，而爲巡按御史所糾劾。〔註20〕不過，此後旗校提舉人犯，主要仍多以駕帖爲憑。

　　關於駕帖的簽發，有時另外需有刑科簽字與印信爲輔。凡經由錦衣衛奏明事情原委後，至刑科簽發時，刑科給事中需於姓名之下，再以墨筆批示，以防他人造僞。〔註21〕爾後錦衣衛權力漸增，遂不取原奏，逕自往刑科索取簽發，如嘉靖初期的刑科給事中劉濟，與千戶白壽對駕帖取得的爭論，即是一例：

> 故事，廠衛有所逮，必取原奏情事送刑科簽發駕帖。千户白壽齎帖至，濟索原奏，壽不與，濟亦不肯簽發。兩人列詞上，帝先入壽言，竟詘濟議。〔註22〕

由此可知，嘉靖時期（1522～1566）刑科之權力，已屈居在錦衣衛之下，故校衛不需取原奏情事，即可逕自向刑科索取簽發證明。錦衣校衛的權責與作爲，有時甚至是「官校拘執職官，事皆出於風聞，暮夜搜檢家財，不見有無

〔註17〕《田間文集》，卷11，〈黃忠端公祠堂重建碑記〉，頁195：「當天啓丙寅，予方成童，則聞有吳門義民擊殺緹騎事。已詢知爲逆奄矯旨，逮吳中周公某及黃公者，旣被擊，失去駕帖，不敢前。黃公聞變，即投牒，徒行赴都下就詔獄，考死，天下悲之。」

〔註18〕《典故紀聞》，卷16，頁281。

〔註19〕《大明會典》，卷179，〈刑部二十一・類塡堪合〉，頁19上。

〔註20〕《明史》，卷94，〈刑法志二〉，頁2312。

〔註21〕《玉堂薈記》，總頁560上～下

〔註22〕《明史》，卷192，〈劉濟傳〉，頁5089。

駕帖，人心震慴，各懷疑畏」的情形。〔註23〕

為遏止錦衣校衛的濫用職權，王恕（1416～1508）曾以「祖制」舊例勸諫憲宗，認為駕帖上若無司禮監信印、刑科字號、皇城關防等證明，則將流於空疏，將致使投機者鑽營其間，甚至為害生民休戚，損及國體。〔註24〕雖然明代朝臣在勸諫皇帝時，常以祖制舊法做為理論依據，以期能為帝王所接納，但是事實上，祖制雖具有箝制皇權的作用，然而帝王若執意而為，則群臣亦無可奈何。〔註25〕

在緝捕罪犯的過程中，若因決策不當或疏失，反而會徒增擾民的情形，造成不必要的困擾。成化末年因京師地區多盜，兵部尚書余子俊（1429～1489）乃奏請科道部屬等官，分別至京師各處街道，嚴加搜索內外居民，「凡遇寄居無引者，輒以為盜，悉送繫兵馬司。一二日間，監房不能容，都市店肆傭工，皆聞風匿避，至閉門罷市者累日。」〔註26〕京師居民因為不勝其擾，多有拋擊瓦石至兵部尚書居處以示不滿，而後事態漸趨擴大，幾乎激起民變，朝廷不得已遂終止此項措施。

緹騎既有利可圖，遂有無賴或好事者群聚其後，因此常有緹騎發遣時，形成「每一帖止官旅二人，而偽從輔翊者五十人」的情形，〔註27〕由於緹騎假借皇命四處擾民，甚至隨意逮繫百姓監禁獄中，有時更高達萬餘人之多，引起京師地區的極大騷動。〔註28〕類似此種的弊端甚多，更有假冒緹騎威脅詐騙，到縣治之內脅持知縣，並予以索詐錢帑，〔註29〕甚至已經有偽造的駕帖出現：

〔註23〕《明書》，卷158，〈宦官傳一〉，頁16下。

〔註24〕明‧王恕，《王公奏稿》（臺北：臺北：漢學資料中心景照明嘉靖二十六年刊本），卷3，〈論駕帖不可無印信疏〉，頁37～40下。

〔註25〕朝臣在奏疏上援引祖制舊例，除了在立論上有堅定的立場之外，更容易獲得臣僚的認同，是為勸諫帝王的利器之一。然而，對於祖制是否能拯救時弊，匡正君王得失，則仍需視當時的政治環境，與帝王的接納與否而定。詳見：吳智和，〈明代祖制釋義與功能試論〉，《吉林大學史學集刊》，1991年3期，頁20～29。蕭慧媛，《明代的祖制爭議》，臺北：中國文化大學史學研究所碩士論文，1999年6月。

〔註26〕《菽園雜記》，卷10，頁122。

〔註27〕《玉鏡新譚》，卷6，〈緹騎〉，頁88。

〔註28〕《明通鑑》，卷40，頁1527，弘治十七年十二月條。弘治十七年，以莊田故，遣緹騎逮民兩萬餘人，畿輔為之騷動。

〔註29〕《明史》，卷222，〈張佳胤傳〉，頁5857。

　　　　弘治十八年，南京御史李熙等奏：邇者小人徐俊、程眞，妄造謠言
　　　帖子，特給駕帖，密差錦衣官校，至南京緝拏所指王昇，遠近震驚。
　　　然兵部無此官，亦無此事，官校轟然而來，寂然而返，後日奸人效
　　　尤，又不但如所指而已。〔註30〕

也因爲假冒緹騎的情形層出不窮，在風聲鶴唳的警張狀況下，乃至於有官員
誤將眞緹騎逮於獄中，而遭到朝廷懲罰。〔註31〕

　　錦衣衛雖負有維護京師治安之職，然而其特殊地位，卻造成恃勢而爲的
流弊。錦衣衛既爲帝王耳目，採集外事以供其聽聞，則藉其權勢而行索詐之
事，天順時期（1457～1464）的錦衣衛千戶黃麟，利用執問罪犯的職務之便，
詐言奉旨閉城，索討獄具二百餘副，致使城中百姓心懷驚恐，遂得以訛詐白
金二千餘兩。〔註32〕萬曆年間（1573～1620）鄭銳以御史巡視皇城西城時，
京師有韓朝臣等十人號稱「十虎」，平日倚恃錦衣衛聲勢，橫行京城各地方，
時常逞兇凌虐百姓，霸佔奪人妻女，甚至於白晝公然毆打兵部尚書，若餘怒
未息，更逕入公堂謾罵叫囂。〔註33〕待鄭銳調來地方總甲差役圍捕，眾惡徒
才一哄散去，僅獲韓朝臣、傅宗仁二人，鎖繫監獄審問。此外，亦有錦衣衛
校尉「每緝獲州縣送禮單，必故洩其名，沿門所賂，賂飽乃止，〔註34〕其目
的多是緩於害人，實則急於得賄，藉由索賄以自飽私囊。所以，錦衣衛的弊
端多於應有的實質功能，因而被視爲明代主要的稗政之一。

二、地方拘提

　　明代地方設有巡檢司以掌管地方治安，制度設置源於宋、元時期，其官
設有巡檢、副巡檢，以緝捕盜賊，盤詰奸僞爲職。〔註35〕洪武時期（1368～
1398）始於關津要衝處設置，而後遍及府州縣要衝去處，專職盤察往來者，

〔註30〕《萬曆野獲編》，卷21，〈禁衛‧駕帖之僞〉，頁534。
〔註31〕《明史》，卷203，〈孫懋傳〉，頁5373～5374：「（孫懋）出爲廣東參議，遷副
　　　　使。嘉靖四年有錦衣官校偵事廣東，懋與按察使張祐疑其僞，執之。事聞，
　　　　逮下詔獄，謫藤縣典史。」
〔註32〕《明英宗實錄》，卷302，頁4下，天順三年四月丁卯條。
〔註33〕明‧鄭欽、鄭銳著，《伯仲諫台疏草》（《百部叢書集成‧涇川叢書》，臺北：
　　　　藝文印書館，1966年版），卷下，〈棍徒結黨虐害良善凌辱大臣疏〉，頁8上～
　　　　11上。
〔註34〕《三垣筆記》，卷上，〈崇禎〉，頁4。
〔註35〕《明史》，卷75，〈職官志四〉，頁1852。

並率徭役弓兵以警備奸盜，若有販賣私鹽、犯人、逃軍、逃囚、無引面生可疑之人，〔註36〕另外舉凡軍民無引證者，或無度牒僧道等，亦可提拿治罪。巡檢的職權雖然較為低下，然而所治事皆盜賊、刑名等事宜，因此責任甚為重大。〔註37〕除弓兵之外，另有民壯之設，專以盤詰奸細，守護城池為職責，若邊防與地方有警時則予以調用，頗有古代民兵之遺意。〔註38〕

　　當罪犯於所犯的罪行被揭發之後，為躲避官府緝捕而開始到處藏匿，官府對於這些未到案之罪犯，則於各處緊急發出通緝的文告。文告內容包含事件經過、人犯容貌、年歲等項，並張貼於各地府州縣要衝之處，若案情嚴重時，則上呈刑部交付都察院，京師交由巡城御史督察，京外地區則由撫按官所管轄，以便協同緝捕罪犯，這種告示稱為「海捕文書」或「廣捕文書」，類似今日的通緝令。〔註39〕（參見圖5-1）

　　除了一般橫行於陸路的盜賊外，另有專門劫掠江河水域的江湖盜，而追捕盜賊之責任，主要有巡檢司弓兵、各衙門的捕盜差役、衛所的巡捕官軍等。〔註40〕對於現行罪犯或已被通緝者，除法定緝捕人員之外，其餘如保甲、一般百姓等，皆得以加入追捕行列，有時則設置賞格以為鼓勵，若擒獲盜賊三名以上，則可授以散官，免除差役。〔註41〕

　　拘提又稱為「勾攝」，凡訴訟案件經審理後，若案情嚴重需時，則由官府簽發牌票，交付巡檢司差遣將逮捕罪犯歸案。明律規定於拘提人犯時，須持有信牌為憑證，「凡府、州、縣置立信牌，量地遠近，定立程限，隨時繳銷，違者，一日笞一十，每一日加一等，罪止笞四十。若府州縣官遇有催辦事務，不行依律發遣信牌，輒下所屬守併者，杖一百。」〔註42〕然而京外官員五品

〔註36〕《諸司職掌》，〈兵部・關津〉，頁23上。

〔註37〕明・林弼，《林登州遺集》（《北京圖書館古籍珍本叢刊》99冊，北京：書目文獻出版社，1988年2月，據清康熙四十五年林興刻本景印），卷19，〈故象巡檢墓志銘〉，頁2下。

〔註38〕《皇明經世文編》，卷110，王瓊〈為專捕盜處民兵以祛民事〉，頁28下。

〔註39〕楊雪峰，《明代審判制度》，頁187。

〔註40〕繆全吉，《明代胥吏》，頁67～70。關於地方州縣差役類型，大致可分為三類，即快班、巡壯班、皂隸班，亦稱為「三班」。快班即快手，掌偵緝、密探、詰奸等事；巡壯班即民壯，掌防護、巡邏、勾攝、追捕等事；皂隸班即皂隸，掌直堂、行仗、儀衛、看守等事。清代衙役的三班制度，其權責分明且已成為定制，然而在明代時期，這些衙役的職責與區分，多仍是紊亂不清。

〔註41〕《皇明條法事類纂》，卷45，〈刑部類・應捕人追捕罪人〉，頁798。

〔註42〕《明代律例彙編》，卷3，〈吏律二・公式・信牌〉，頁453。

以上者，若有犯罪情事，則必先奏聞，不得擅勾問罪。〔註43〕信牌又稱「牌票」，是府州縣官拘提人犯時，發給巡捕官吏之憑證。牌票之簽發權在各地方守令之手，而制作者爲吏典，而簽發票拘之後，應將批票及勾攝人犯票帖記於文簿之上，以便日後核查。雖然簽發權在各地方守令手上，但仍需承辦吏典的協助，若守令不稱職或吏治不清時，則會產生牌票作僞的弊病。〔註44〕

圖5-1：營給旅總隊長捕盜目兵各牌式圖

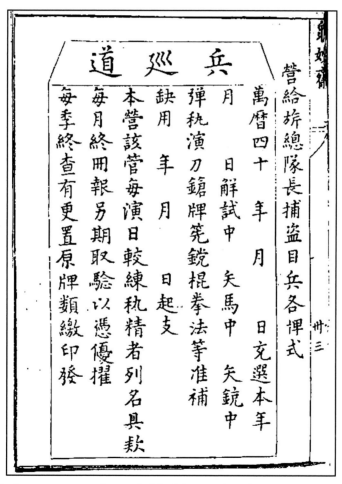

資料出處：明・吳玄，《眾妙齋集》（臺北：漢學資料中心景照明萬曆序
　　　　　刊本），〈條規〉，頁33上。

〔註43〕《明史》，卷94，〈刑法志二〉，頁2311。
〔註44〕《呂公實政錄》，卷6，〈風憲約・聽訟〉，頁26下～27上。

　　除了以牌票簽發以拘捕人之犯外，另有以鄉里組織擔任此職務，以減少對百姓的騷擾。里甲制為明初的鄉里組織，里長之職責廣泛，舉凡一里事務皆得以預聞，除催繳錢糧之外，另有組織鄉民以勾攝人犯，並械送至官府。里長之所以拘捕人犯，除了有保衛地方治安之外，另有其經濟因素，若民戶因治安紊亂而大量遷移，則會造成地方稅源枯竭，因此為確保民戶生活安定，所以拘捕盜賊維持地方安靖，亦為里長之職責所在。〔註 45〕明代後期則有保甲制，兼有管理戶口與維護治安的功能，凡有面貌可疑或不法之徒，即由保長督率小甲追查緝捕。〔註 46〕雖然里長、保長皆有緝捕人犯之權，但仍屬於地方自衛性質，而非官方正式機構。

　　地方在追捕逃犯時，需要有一定的程序與負責機關，有時則由官府會同弓兵、保甲等共同執行。但是事實上仍存有特殊的情形，尤其是涉及政治情事，如刑部左侍郎洪朝選（1516～1582），因往勘遼藩一案與張居正私意不合，遂以此論罷，而後巡撫勞堪為迎合張居正，竟以他事牽連洪朝選，並逕自將其逮繫入獄問罪。〔註 47〕從洪朝選之妻朱氏控訴其夫之冤訟中，可以知道當時官府的拘捕，已經超出法定程序，顯然是屬於非法的行為。根據記載：

> 巡撫勞堪密令同安知縣金枝，誣捏夫罪，遽興奏牘，旨命未下，著把總楊昌言帶兵二百名，五鼓圍屋撞門，迫夫徒跣扭辱，驅行至縣，星夜解省，三日夜馳五百餘里，到省押發按察司獄，送入重囚檻中，非法凌虐，復幽置別獄。夫死之後，面目非人，沿身發砲〔泡〕，十指勾曲，大腸突出，又謬言詐死，延捱六日，發漲臭爛，方許收屍。又將棺柩封置大中寺，差兵環守，不容男看視，臣男望寺痛絕，泣訴無門云。〔註48〕

從同安縣會同把總帶兵破屋，強行帶走洪朝選，隨即押解至按察司獄，其間夜馳五百餘里，然後送入重囚之中，這些舉動並未等到朝廷旨意到達，即予以強行拘捕問罪，顯然已經違反法定正常程序。

〔註45〕 王昊，〈明代鄉里組織初探〉，《明史研究》，第 1 輯，1991 年 9 月，頁 196；張哲郎，〈明初的地方控制與里甲制〉，《食貨月刊》，復刊 11 卷 1 期，1981 年 4 月，頁 3～18。

〔註46〕 朱紹侯主編，《中國古代治安制度史》，613。

〔註47〕 梁希哲，〈洪朝選獄案考〉（《洪芳洲研究論集》，臺北：洪芳洲研究會，1998 年 6 月初版），頁 431～456。

〔註48〕 明‧文秉，《定陵注略》（臺北：偉文圖書公司，1976 年 9 月，據國立中央圖書館藏萬曆刊本景印），卷 1，〈江陵擅政〉，頁 37。

　　地方的捕盜職責雖委由巡檢司，但因其下所編制的人力，僅領有弓兵數十人，數量與能力極爲薄弱，有時遭遇到盜賊勢力過於強大，甚至迫於情勢而遷移巡檢司治所，以爲權宜之計。根據張岳（1492～1552）奏稱，文獻鄉巡檢司因被盜賊騷擾傷害，「以致遷出地名賀江口，今地方既已平復，應合移回該鄉，以使控制其領哨策。」〔註49〕盜賊氣燄之囂張，則可從羅洪先（1504～1564）所記其鄉里之里民，遭群盜侵入的行徑中，看出端倪：

> 里中有二人居者，盜十餘人夜踰垣，拔其扃，揚揚入室取貨器。二人覺而逐之，盜爲四方音以自混，若官府盧喝然者，曰：「呫，敢作聲，聲出死吾手下。」二人驚走，升屋號曰：「盜滿吾室矣！」鄰舍聞之，大譟出，群盜方逃。〔註50〕

對於地方秩序的破壞，若當地官府實在無法應付時，則可請求他處調集兵馬支援，不過專恃他處官軍的保護，而不加強地方的訓練，實爲本末倒置之舉。〔註51〕若能善加撫諭盜賊，以賊兵代官兵，並用歸附之人，反而可以化阻力爲助力，有助於維持地方治安的平靖。〔註52〕

　　巡檢司設立之目的，原爲稽察不法之徒並且拘捕罪犯，以維護地方安靖，但有時巡檢與所屬弓兵會藉由職務之便，來訛詐百姓，甚至於各處關隘所拿住的賊盜與逃軍、逃囚等，並不隨即押解至官府，一概接受財物賄賂，然後縱放其逃逸，或是教唆其誣指平民，藉此牟利。〔註53〕甚至有些地方官府「發兵省直捕緝盜賊，而奸終不止，徒供隸卒擾害良善，毫無裨於地方。」〔註54〕對於此種假借捕盜之名，實際擾害百姓之情形，田藝蘅（1503～1557）對此有極爲沈痛與深刻敘述：

> 平民之家，一被強盜，皆隱忍而不敢呈告。蓋苦捕役之需索也，慮

〔註49〕明・張岳，《小山類稿選》（臺北：臺北市閩南同鄉會，1975年版，據國立中央圖書館藏本景印），卷3，〈報封川捷音疏〉，頁11上。

〔註50〕《明文海》，卷345，羅洪先〈盜記〉，頁1上。

〔註51〕明・何良俊，《何翰林集》（《四庫全書存目叢書》集部142冊，臺南：華嚴文化事業有限公司，1997年6月初版，據中國社會科學院文學研究所藏明嘉靖四十四何氏香嚴精舍刻本景印），卷11，〈送大司成尹洞山赴召北上序〉，頁13上：「東南之民，素不知兵，正如七年之病，求三年之艾。今被寇已二年餘，略不聞訓練一旅，而專恃客兵，無乃亦太過計矣。」

〔註52〕《洪芳洲公文集》，《洪芳洲先生摘稿》，卷2，〈賀譚侯擢本郡海防二序〉，頁42上。

〔註53〕《御制大誥續編》，〈關隘騙民第六十五〉，頁55上。

〔註54〕《萬曆野獲編》，卷29，〈叛賊・馬祖師〉，頁750。

官司之縱放也，在獄則妄攀良善以潤牢吏，發徒則逃回草竊以納月
錢。及成死獄，則又姑息而不忍決，或困審錄之累，或慮減刑之恤。
一賊未除，全家反破。〔註55〕

捕盜官吏本應爲地方除盜安民，但是有時卻是未獲眞盜，反而牽連誣賴無辜
百姓，實爲地方社會的禍患，如捕役許日、朱臣因貪圖鄉民汪璠的財物，遂
教唆賊犯李桂攀誣陷汪璠爲同黨，後經由法司反覆勘驗而眞相大白。〔註56〕
所以，部分司法官員對於刑獄之定讞，抱持著戒愼恐懼的謹愼心態，尤其是
盜案的案件更是謹愼，「勢不得不捕，一捕出而百捕隨，眞盜未獲，而鄉井愚
民概被嚇詐已多，或偶獲一盜，捕卒授意，令扳殷實之家，被扳者慮一至公
庭，當受極刑，敢不傾囊以求免于捕役之手！」〔註57〕對於盜情則不應輕委
於捕衙，審訊時猶需分別區隔，並採出其不意的審問方式，對於所牽連者更
當詳察是否屬實，以免誣陷良善百姓。

萬曆三十六年（1608）十月，有倭船從海上貿易而歸，因海風而飄至福
建長樂縣界，當地人竟劫殺船上男女，以奪取財貨，並向官府謊稱海寇劫掠，
地方巡檢司聞訊之後，竟也加入行列，更以擒捕倭人爲功績。〔註58〕亦有些
巡檢官兵，「專一在鄉設計害民，占據田產，騙要子女，稍有不從，輒加以拒
捕、私鹽之名，各執兵仗圍繞其家。」〔註59〕而沈協爲福州知事時，專任捕
盜之職，爲貪圖路人之財物，動輒殺害而取之。〔註60〕這些都是捕盜官吏，
藉職務之便衍生的種種弊端。

除了假藉差捕爲名而要索地方之外，有些無賴狡猾者，更會僞裝成差役，
尾隨其後而趁機勒索，這種投充差役的情形，稱爲「白捕」。此輩以假藉查緝
爲名，詐騙鄉里，有時一人出外而群起擁附，對地方爲害甚劇，李陳玉即以
禍害比喻此輩的狡詐：

捕快是飛天修羅，白捕是遍地癲鬼，水手是巡河夜叉，又此三種人，
不必紅髮赤目，逢物便咬，觸手即碎。本縣臨任，從不輕差一捕，

〔註55〕《留青日札》，卷37，〈非武備〉，頁11上。
〔註56〕明・屠隆，《鴻苞》（《四庫全書存目叢書》子部90，臺南：莊嚴文化，1997
　　　　年10月，據明萬曆三十八年茅元儀刻本景印），卷48，〈汪璠〉，頁2上～4
　　　　下。
〔註57〕《瞿式耜集》，卷2，〈清苛政疏〉，頁11下。
〔註58〕《小草齋文集》，卷27，〈書倭舶事〉，頁2下。
〔註59〕《明宣宗實錄》，卷6，頁10下，洪熙元年閏七月丁巳條。
〔註60〕《寓圃雜記》，卷10，〈沈協殺人〉，頁85。

> 萬不得已，始咬牙而遣，多方嚴諭，劍在舌，刃在肩，而此輩之暗
> 地吮血如故也。〔註61〕

以「修羅」、「癩鬼」、「夜叉」等尖銳字詞來形容這些無賴差役，可見其危害鄉民之嚴重。正因爲官府差役的素質敗壞，造成百姓對官府的觀感日趨低下，甚至部分官兵紀律敗壞，不時騷擾人民，破壞甚於盜賊，故有「巡捕官兵捕盜而反以爲盜，安民而適以殃民，眞下鄉之虎」之稱。〔註62〕川蜀童謠云：「強賊放火，官軍揮火；賊來梳我，軍來篦我」，〔註63〕更是貼切的形容。所以，官軍的亂無紀律，有時更尤甚於流賊，所過之處破壞地方社會的財物與秩序反而更爲嚴重。

第二節　獄囚的對抗

一、脫逃拒捕

　　罪犯若於追捕過程中，執意對抗而不就範時，法司所屬的緝捕人員可以強行予以逮捕，罪犯則於原本罪行上加重刑責。然而在罪犯拒捕時，往往因狀況危急而引起更大的事端，甚至衍生出諸多問題，因此《明律》規定，凡拒捕者需於原本罪行之上加重二等。〔註64〕對於拒捕的界定，雷夢麟對此有詳盡說明：

> 若罪人持仗拒捕，全重持仗二字，蓋罪人持仗拒捕，意在相戕其捕
> 者，不得不格鬥，於此而殺死罪人，亦勢之所迫以致之，不然則反
> 其所害矣。……若囚見追逐窘急，恐不能脫，自赴水火、墮巖谷、
> 用刀刃而殺者，勿論。若囚逃走而已，就拘執罪人，雖逃走而不持
> 仗拒捕，有可以從容就擒之理，而追捕之人惡其逃走，故毆殺之，

〔註61〕《退思堂集》，卷11，〈讞語一〉，頁95上。

〔註62〕明·張治道，《嘉靖·長垣縣志》（《天一閣藏明代方志選刊》15），卷2，〈田賦〉，頁15下～16下。

〔註63〕明·楊慎，《升庵外集》（《雜著秘笈叢刊》，臺北：臺灣學生書局，1971年5月初版，據明萬曆四十四年顧起元校刊本景印），卷79，〈古今風謠〉，頁46上；《明史》，卷187，〈列傳第七十五·洪鍾〉，頁4960：「（廖麻子）轉掠川東，官軍不敢擊，潛躡賊後，戕良民爲功，土兵虐尤甚。時有謠曰：『賊如梳，軍如篦，土兵如鬀。』」

〔註64〕《明代律例彙編》，卷27，〈刑律十·捕亡·罪人拒捕〉，頁959。

> 或雖未殺而致有折傷，其罪人與囚不應死，而皆以鬥殺傷論罪。蓋
> 恐追捕之人倚勢憑凌，所以折其強悍之氣也。〔註65〕

拒捕的重要定義，既在於罪犯的抵抗與否，若罪犯持器械強行拒捕，官軍得以就此格殺之；同時，逃犯因為蓄意脫逃所造成的溺水、墜谷、自殺等死亡，官軍則不予以論處罪責。若是罪犯的罪行不至於死，且無拒捕、逃脫等意圖，追捕的官軍不得擅自加以毆打傷害，否則將以鬥殺傷論罪，主要是防止官軍依勢為惡，欺凌犯人。

既然罪犯蓄意對抗拒捕，是對司法權力的公然挑戰，執法人員可以強行拘捕，以避免釀成更大的禍亂，然而拒捕與叛亂的行為僅是一線之隔，其界定標準的拿捏，則是考驗刑官判案的判斷能力。刑部郎中陳儼，在審錄南直隸獄囚時，其中有一案例：即五人之中僅一人有罪，然而典吏在拘捕過程中，四人適逢盜賊作亂而拒捕，於是以此牽連入劫盜案，後得其減刑。〔註66〕而陶雲谷於御史任內時，曾平反一起百姓拒捕案：

> 楚之鄙邑與宣慰司鄰民有訟，有司召其人來讞，不至，捕之。扞捕
> 者恚以叛聞，發兵討得二十七人，奏報當死。〔註67〕

此案既夾雜個人私怨，案情更趨複雜，而陶雲谷在反覆推敲下，認為此案當屬拒捕而非叛亂，遂加以平反，免去可能的冤獄。

凡徒、流以上重犯者，地方僅能暫擬其罪，然後上呈中央審理，若三法司認為應予提問至京另行勘問時，則需將罪犯押解至京，若有罪囚脫逃，押解差役則需依律抵罪，更有於因此破家者。〔註68〕為避免罪犯因反抗而脫逃，官府在押解時多有其防範措施，或施戴戒具，或於腿上施刑，以減少其脫逃的可能。對於罪犯的解送，則視案情輕重有別，案情輕微者，由官府衙役或獄卒充任；重大案件或人犯眾多時，除差役人員之外，另需加派官員負責提調。〔註69〕若屬軍士犯罪者，則交由軍衛解送。

罪犯拒捕的情形下，因強行對抗而不免產生傷亡。應天府溧陽縣的皂隸潘富，拒捕逃亡時，所過州縣沿途匿藏遞送者，竟有一百零七戶，甚至將追

〔註65〕 《讀律瑣言》，卷27，〈刑律十‧捕亡‧罪人拒捕〉，頁3下。

〔註66〕 《明憲宗實錄》，卷71，頁1下，成化五年九月癸未條。

〔註67〕 《陶文簡公集》，卷8，〈廣西都御史雲谷陶公暨配諸夫人墓誌銘〉，頁7下。

〔註68〕 《萬曆野獲編》，補遺卷3，〈刑部‧解軍〉，頁872。

〔註69〕 《明宣宗實錄》，卷89，頁8上，宣德七年四月甲寅條。

捕者數人予以殺傷。〔註 70〕另有縣民犯法，於官府發兵緝捕之際，卻遭其強行拒捕，以致殺傷官軍數人。〔註 71〕基於中國的法律觀念，認為「子為父隱」的親屬祖護行為，是值得同情而被允許，所以逃犯於藏匿期間，除罪犯之妻得以拘捕監禁之外，在沒有確實證據之下，巡捕官軍不得任意牽連其父母、旁親，以防止栽贓嫁禍的情形，若因此遭到被害之家申告時，按察司得予以劾奏。〔註 72〕

　　囚徒在逃亡過程中，有時因而逃避山林之中，嘯聚為亂，〔註 73〕或於各地之間為盜，〔註 74〕甚至以變易姓名的方式，企圖掩人耳目。北直隸大名府內黃縣人都方圓，即以變易姓名，矇混當地百姓與官府：

> 都方圓內黃人，而為盜於濬，其混名則李洪義也，以故在濬但知李洪義之本姓為都，而在內黃則但知都方圓之別姓為李。以前縣之審語，合於內黃之訟牒，其為一人較然也，向因同賊劉瑞吾招稱的確，懼捕潛逃久矣。〔註 75〕

另有假藉僧道之名，以隱匿於寺廟之中，或雲遊四方各地，以躲避官府的追緝。〔註 76〕對此，朝廷詔令僧錄司編造文冊，詳載各地寺廟僧名、年歲、度牒字號等，凡有遊方行腳之僧人而驗冊不符者，有司即押解至京問罪。〔註 77〕而亡命罪囚更以投靠權勢之家，並藉其勢為惡地方，對於罪囚隱匿的問題，在宣宗宣德時期（1426～1435）便已經產生，至英宗天順年間，朝廷公侯文武大臣之中，藏留罪囚的情形日趨嚴重，致使英宗不得不下詔加以嚴禁：

> 京師乃天下之本，而貴戚近臣又四方所視效，若貴近未正，何以示至公於天下。近聞皇親、公、侯、伯、文武大臣中間，多有不遵禮法，縱意妄為，有將犯罪逃躲，并來歷不明之人藏留使用者，……朕不敢以外戚之故屈法，皆從重處治，如爾各官見有藏留人口，侵

〔註 70〕《御制大誥三編》，〈遞送潘富第十八〉，頁 52 上。
〔註 71〕《明太祖實錄》，卷 244，頁 7 下，洪武二十九年二月己卯條。
〔註 72〕《呂公實政錄》，卷 6，〈風憲約‧盜情〉，頁 16 下。呂坤認為盜賊之妻，平時享有為盜之利，危時忘卻勸戒之言，因此可視為犯罪一體，得以追捕緝拿，但是在無確切證據之下，則不得任意牽連其父母與旁親。
〔註 73〕《明宣宗實錄》，卷 17，頁 2 上，宣德元年五月丙申條。
〔註 74〕《明太祖實錄》，卷 73，頁 4 上～下，洪武五年三月戊子條。
〔註 75〕《讞辭》，卷 1，〈都方圓〉，頁 16 下～17 上。
〔註 76〕《明太祖實錄》，卷 223，頁 5 下，洪武二十五年閏十二月甲午條。
〔註 77〕《典故紀聞》，卷 5，頁 88。

占田地等項，能自首者，俱免本罪，若被人首發，或體訪得知，必

重罪不宥，其家人及投托者皆發邊衛，永遠充軍。〔註78〕

權勢之家既收恤此輩，不僅以其為僕役，逃避賦稅，更憑藉其勢以增加自己勢力，權傾一方。因此，當閔珪出任都御史巡撫江西時，即直言道：「江西盜賊多京官大家佃僕。」〔註79〕所以，地方權勢之家招攬非法之徒，對於地方社會的秩序安全，埋下許多未知的隱憂。

皇族宗室有時更是包庇盜賊的淵藪之一。如汾州之宗室，多為藏匿盜賊之處，並縱容其為惡，若遇官府追捕，則逃入宗室府第之中，地方官吏亦無可奈何，甚至「擐甲操兵相攻擊，治城之內官寺，為之晝閉」；〔註80〕或於光天化日之下，於道路上劫奪財物，完全無視於王法的存在。〔註81〕慶成府鎮國將軍奇㵾，更狀告其弟奇㵘劫奪民財，為害地方：

據該府鎮國將軍奇㵾，令家人王保兒抱告，為極惡庶人（奇㵘），累

犯不悛，招賊劫截，坐分守贓，刃傷親兄，劫出獄囚，嚇打民財，

違法等事。〔註82〕

此外，士紳之家也隱匿逃囚，以便從中聚財，相互為惡。如馬維銘於致仕後，建園林「牧圃」以供遊樂，而牧圃不僅遊園賞樂而已，其中更藏匿大盜數人，凡有財物皆得以分贓，致使家境殷富，橫行鄉里之間。〔註83〕嚴嵩（1480～1567）為擴張私人勢力，所收留的逃亡者更為可觀，其「養家丁已踰二千，納亡叛更倍其數，以造房為名，而聚四千之眾，以防盜為名，而募數千之兵，精悍皆在其中。」〔註84〕此時的宗室大家，儼然已成為賊盜之首及窩藏之處。

有些囚徒在逃亡之際，以假藉講學為由，聚眾騷擾地方，〔註85〕或傳道佛法以惑眾。如劉天緒流住鳳陽時，即以傳教惑眾，自稱「無為教主」，又詐

〔註78〕　《明英宗實錄》，卷290，頁7上，天順二年四月乙酉條。

〔註79〕　《玉堂叢語》，卷8，〈紕漏〉，頁285。

〔註80〕　《洪芳洲公文集》，《洪芳洲先生摘稿》，卷2，〈送大參陳抑亭之湖廣按察使序〉，頁33上。

〔註81〕　《王端毅公集》，卷6，〈嘉議大夫戶部右侍郎張公墓志銘〉，頁10上～下。

〔註82〕　《苑洛集》，卷14，〈惡逆攢害尊長搆賊殺死多命賄官枉法故勘肆獄淹禁生靈乞恩差官急救以伸大冤以決久訟等事〉，頁6上～下。

〔註83〕　《雪廬焚餘稿》，卷10，〈盜藪〉，頁48上。

〔註84〕　《明經世文編》，卷329，林潤〈申逆罪正典刑以彰天討疏〉，頁8下。

〔註85〕　清·王士禎，《池北偶談》（北京：中華書局，1997年12月第1版），卷5，〈談獻1〉，頁111。

稱雲氣附身，是爲上天眞主下凡，乃於萬曆三十二年（1604）十一月，聚眾造亂，以致燒燬陵寢，劫奪各衙門倉庫，縱放各監獄囚。〔註86〕此外，更有膽大狡黠者，詐稱他官之名以訛詐地方：

> 先是永清衛軍餘張鶴、武功衛軍匠韓章等，聚眾于京城內外爲盜，官司捕之急，逃江淮間行掠者數歲，復連交河縣人沈漢至京，改姓名，詐稱錦衣衛舍人及校尉名目，捏撰旨意，云差往浙江處等收買器玩，驛遞皆應付之。〔註87〕

張鶴等人的詐僞行爲，被徐州官府所察覺，遂將其押解至京審問。逃囚之所以不易被官府所追緝，一方面是逃囚善於藏匿，一方面則是官府的怠惰，如劉誠家中遭到竊盜，執送官府審問監禁於獄中，之後越獄脫逃在外，而捕盜之部卒卻向劉誠要索賞錢，然後才願意追捕盜賊：

> 有群盜入其室，肽篋而去，覺，戒家人勿追。家人尾其後以告君，……得其人送之官，獄成而盜逃。有司遣辛追捕，詣君求賞而後行，君曰：「彼盜吾物，執而送之官，操縱在彼，我何與焉？」眾皆無辭而去。〔註88〕

因此，捕盜官軍所在意的是賞金多寡，而非逃囚緝捕與否，這種惡質現象的產生，更導致罪囚得以逍遙法外。

此外，盜賊之中更有身負絕技的特殊能力，致使官府通緝甚久，仍無法追捕到案。如萬曆年間有（1573～1620）一飛盜，身手極爲矯健，可於屋簷上無聲行走，以手杖點地，更可跳躍數丈之高，凡遭其竊盜之家，有些甚至經過數個月仍渾然不知。〔註89〕另有盜賊是形跡飄忽不定，作案時如入無人之境，完全不懼官府緝捕者，據《五雜俎》記載：

> 嘉靖末年，有盜魁劫大金吾陸炳家，取其珠寶以去，陸氣憺不敢言。一日與巡按御史語，偶及之，其夜即至，怒曰：「囑公勿語，何故不能忘情？」既而嬉笑曰：「雖百御史，其如我何？我不殺公也！」一

〔註86〕明·丁賓，《丁惠清公遺集》（《四庫禁燬書叢刊》集部44冊，2000年1月第1版，北京：北京出版社，據明崇禎刻本景印），卷1，〈擒獲妖犯乞正典刑疏〉，頁30上～34下。

〔註87〕《明武宗實錄》，卷138，頁6上，正德十一年六月丙子條。

〔註88〕明·夏尚樸，《夏東巖先生文集》（《北京圖書館古籍珍本叢刊》103冊，北京：書目文獻出版社，1988年2月，據明嘉靖四十五年斯正刻本景印），卷5，〈止軒劉君墓志銘〉，頁6上。

〔註89〕《客座贅語》，卷9，〈飛盜〉，頁291。

躍而去，不知所之。〔註90〕

大盜竊取陸炳（1510～1560）家中珠寶之後，因某日陸炳私下與巡按御史抱怨，隔夜即到陸炳責問，行跡極為猖狂。另外，也友善於術法而長生不老者，如永樂時期（1403～1424），金晟為刑部主事，當時緝獲湖廣賊盜數人，械至刑部，其首領已一百二十五歲，卻面如童子，金晟不信乃移文驗之，賊首亦自云習得仙人術法，後憐愍其老而杖殺之。〔註91〕

盜賊雖身懷絕技，但官府亦有其因應之道。蘇州常熟縣有捕盜者薛某，最善於捕盜，能觀察人之容貌顏色，而知其所為，凡縣中有竊案而久不能定讞者，皆能拘捕到案。〔註92〕此外，官員有時候只要細心觀察、縝密策劃，也能夠發覺盜賊藏匿的其中奧妙，王世貞（1526～1590）於山東青州兵備使任內，以善於觀察言行而逮捕盜賊：

> 青部故多盜，盜之黨多游於掾史為耳目，吏莫能問，公至，行保甲法，重懸購盜之賞，閭里輕俠少年皆收募為用，群盜屏跡。嘗按捕罪人雷齡不得，齡故善捕盜，公心疑吏王尉匿之，一日試使尉詰盜，具得主名，公大喜：「是何神也，吾得盜媒矣。」立召尉責齡所在，果得齡。〔註93〕

因為盜賊勾結捕盜差役，故而能掌握官府動態而藏匿，以致於難以緝捕歸案，在王世貞細心觀察之下，找出與盜賊勾結的差役，才順利將盜賊緝捕到案。

基於維護社會秩序，對於盜案的處罰較重，因此《明律》規定「凡強盜已行不得財者，皆杖一百，流三千里；但得財者，不分首從皆斬。」〔註94〕所以強盜既屬重罪，若有犯罪的行為，無論獲得贓物與否皆須處罰，不得財者杖一百、流三千里；若得財者，不分首從皆處斬。對於盜賊的流竄，會影響整體的社會治安，官府對此常擬定相關的因應對策，英宗天順時期（1457～1464）曾詔令天下：「凡軍民之家，有為盜賊，曾經問斷不改者，有司即書『盜賊之家』四字於其門。能改過者，許里老親鄰人相保管，方與除之。」

〔註90〕《五雜俎》，卷5，〈人部一〉，頁20下。

〔註91〕《庚巳編》，卷8，〈老盜〉，頁97。

〔註92〕明・張大復，《聞雁齋筆談》（《北京圖書館古籍珍本叢刊》67冊，北京：書目文獻出版社，1988年2月，據明萬曆顧孟兆等刻本景印），卷3，〈薛捕〉，頁13上。

〔註93〕《王文肅公文集》，卷6，〈太子少保刑部尚書鳳洲王公神道碑〉，頁25上。

〔註94〕《明代律例彙編》，卷18，〈刑律一・賊盜・強盜〉，頁755。

〔註95〕而盜賊曾經刺字者，有時發還原籍充任地方警戒之外，還需於每月朔望日，赴所司報到查點。〔註96〕景泰年間（1450～1457），因爲南京地區多盜，南京守備平江伯陳豫，奏請恢復永樂年間（1403～1424）的連坐法，冀能消弭盜賊熾盛之邪風：

> 永樂年間例，一家被盜劫，四鄰十家助擒之，即獲人，賞銀五十兩，文綺四表裏，鈔二千貫，各給以盜者貲產。如坐視，四鄰各十家均償所劫，且枷示之，必得盜乃釋。〔註97〕

關於盜賊的興起，除特定叛亂因素之外，亦有其不得已之處，尤其是適逢水旱之患，百姓怨聲載道時，若官府未能善加處置時，賊盜則會趁此荒亂的機會劫奪地方，嘯聚流移，造成地方更大的災害，〔註98〕甚至在官府救濟不力時，百姓苦於饑寒，亦會爲求生存而群起爲盜。〔註99〕對於這些因爲災荒所引起的流民，其遭遇頗受同情，所以有些官員認爲盜民起於饑寒，皆迫於無奈，一味以武力強制對抗，則造成更多無辜的傷亡，若能善加安撫諭以福禍，則可勸其散兵歸田，免於兵戎相見。〔註100〕四川通江縣黃知縣，因當地之盜起於傷邑，於是對於官軍所需之兵餉，則毀家以給，皆以私人家財捐獻，儘量避免擾民。〔註101〕

對於盜賊的預防，在於整體社會制度的建全，所謂流賊之起的原因，地方撫按乃至府縣皆有其責任，因此整頓吏治更是爲當務之急。〔註102〕呂坤

〔註95〕《明憲宗實錄》，卷3，頁5上，天順八年三月乙卯條。
〔註96〕《花當閣叢談》，卷1，〈娼盜〉，頁27上。
〔註97〕《典故紀聞》，卷12，頁229。
〔註98〕《嵩渚文集》，卷70，〈處置地方以弭盜賊事〉，頁2下。
〔註99〕明・袁宗道，《白蘇齋類集》（《四庫禁燬書叢刊》集部48冊，北京：北京出版社，2000年1月第1版，據明刻本景印），卷11，〈明吏部尚書汪公墓誌銘〉，頁11上。
〔註100〕明・祝允明，《祝氏集略》（臺北：國立中央圖書館，據館藏刻本影印），卷18，〈中憲大夫西南寧府知府蔡公行狀〉，頁1下：「（盜民）覬倖之利，非有固吾心，苟益兵制其死命，屠戮更多良民，非計。無若遣一職，諭以福禍，當免兵而戢矣。」
〔註101〕《甫田集》，卷29，〈故通江縣知縣黃公墓誌銘〉，頁10上。
〔註102〕明・羅明祖，《羅紋山先生全集》（《四庫禁燬書叢刊》集部84冊，2000年1月第1版，北京：北京出版社，據明末古處齋刻本景印），卷5，〈復陳眉公書〉，頁6下：「流賊之禍不在流賊，而在撫按；北虜之禍不在北虜，而在大臣，何也？流賊起於貪污之府縣，而徇府令者誰？北虜乘乎炎熾之流賊，而一意勦流者誰？」

（1536～1618）更認為弭盜之事務，雖著重於地方保甲制度，但其根本之道，仍在教化，[註103] 故教化之功效，重於巡捕制度之嚴密。所以袁煒強調，儒學教官本以教化為要，當其未能克盡職則時，則會產生「盜賊發而不能禁，夷陌不服不能攝，姦邪起不能塞，官耗亂不能治」等亂象。[註104]

二、就死避刑

刑案發生之後，訴訟兩造需對簿於公堂，若罪證確鑿，則將罪犯的一方處以刑罰，或於定讞後押入大牢聽候處決，無罪者則當庭開釋；若案情尚無確切證據，或有可疑之處，則將一干疑犯人等，暫時拘繫獄中，待擇日再行審訊。罪犯監禁於獄中，不免遭受到刑求，倘若遇有獄吏索賄，更是屢受欺陵，如錦衣衛廚子王宗，因某過失入獄，自知其罪不可逃，又恐懼酷刑的殘酷折磨，遂令家人買毒，欲仰藥自盡。[註105] 蘇繼歐則因他事觸忤魏忠賢，當時傳言緹騎四出，欲將其拘捕入獄，蘇繼歐聞言後不勝恐懼，遂自縊而死，[註106] 這些例子都間接反映出刑訊不當的恐懼與威脅。

惡行重大且罪證確鑿的罪犯，在自知律法難逃後，則有在獄中以自殺的方式尋求解脫。如南之梅因爭訟田產，與族人生員南師尹交惡，雙方更因此視如寇仇，某日南師尹偶過南之梅的家門，竟引起南之梅的舊忿，而與其兄聯手將南師尹毆打致死。事發後，南之梅被逮至官府，因深知存活無望，遂自縊於獄中：

> （南）師尹以他事過之梅之門，踽踽獨行，殊不設備，而之梅等皆勇悍人也，陡觸前忿，計不反顧，時值歲晏，正在于茅斫柳之時，利器在手，無俟反兵，之梅手持一鏟，梅兄之竹手持一钁，縱橫亂施，腦髓糜爛，頭顱欲墜，項頸之不殊者，僅僅容指耳。以諸生而被此奇禍，睹斯慘者，誰不髮指，對簿之日，重加刑訊，之梅心知不免，自絕於獄。[註107]

〔註103〕《呻吟語》，卷5，〈治道〉，頁23上。
〔註104〕明·袁煒，《袁文榮公文集》（《明人文集叢刊》19，臺北：文海出版社，1970年3月，據明萬曆元年刊本景印），卷3，〈送友人何羅泉之任南昌郡博序〉，頁32下。
〔註105〕《御制大誥三編》，〈醫人賣毒藥第二十二〉，頁55下。
〔註106〕《明史》，卷245，〈萬燝傳〉，頁6370。
〔註107〕《嗇辭》，卷9，〈南之梅〉，頁23上～下。

罪犯有時恐懼獄中刑罰的折磨，或懼怕死亡的陰影，於是採用自殺的方式，以擺脫身心的傷害與恐懼。

　　死，對忠臣與高士而言，有時更是爲了昭示自身的清白，是種崇高的情操表率。朱蘊奇本爲一介布衣，家貧以織網布爲生，曾因事而繫獄，入獄後即以絕食顯示清白之身：

> 蘊奇，西安右護衛人，家貧傗居，織網巾爲生，從御史馮從吾受學，
> 一介不苟。嘗一下獄，四日不食，黃冠竊官米粥之，寧死不啜，同
> 舍生知其故周之，始食，士大夫高其節。〔註108〕

這種視死如歸的精神，甚至轉化爲士人居處危難的一種精神試鍊。如王陽明（1472～1529）謫處龍場時，於體悟格物致知之理外，亦設置石棺以忘卻死生之道：

> 曾聞陽明居龍場時，歷試諸艱，惟死生心未了，遂置石棺，臥以自
> 鍊。既歸遭謗，則以其語置諸中庸中和章，並觀以克化之。〔註109〕

除以死表示清白之外，若雙親因事入獄，有些孝子則乞代父入獄，〔註110〕或與父同繫於獄等方式，以盡人子孝道。〔註111〕而遭受魏忠賢誣陷入獄的六君子，在詔獄中受盡嚴刑慘酷的折磨，在得知無法改變帝王心意，且自知已無生還餘地時，遂唯求一死而已。如楊漣（1572～1625）於每晨起，多飲涼水以求速死；魏大中（1575～1625）則是以芽菜中加入金屑食用，顧大章更是「勺水不飲，鼓後服毒不殊，次夜投繯而逝。」〔註112〕至此孤臣之心，唯有以死來昭示其忠貞不渝。

　　在洪武初年刑罰嚴峻之時代，「求死」有時反而成爲免除刑罰的手段。當時有某校衛因挾妓飲酒，事發後校衛被補入獄，且追捕此妓甚急，此妓在驚恐之餘，竟毀傷其容貌並欲求死，並經由老吏的指點，方得以無罪開釋。〔註113〕在如此刑罰嚴密之社會環境下，人心自危，尤其是《大誥》陸續的頒布，更使人人惴慄，基於高壓威迫之下，在京官員每入朝時，必與妻兒訣

〔註108〕《國榷》，卷81，頁5009，萬曆三十七年八月丙寅條。

〔註109〕明・黃宗義，《明儒學案》（臺北：世界書局，1965年4月再版），卷22，〈江右王門學案七〉，頁225。

〔註110〕《荊川先生文集》，卷14，〈刑部郎中唐嘿菴墓志銘〉，頁283下。

〔註111〕《李文節集》，卷22，〈倍軒王先生墓志銘〉，頁9上。

〔註112〕《碧血錄》，卷下，〈天人合徵紀實〉，頁23上～27下。

〔註113〕《野記》，卷3，頁29上。

別，無事歸家則相與慶賀，官吏多以得罷免爲幸，甚至有以詐死而逃避者。
〔註114〕仕宦者爭相以詐死、狂疾，作爲保全之道，對明初的政局而言，是
種奇特的現象。

死亡既爲逃避刑責的一種手段，雖然大多出自於當事者意願，不過有時
亦受到地域風俗的影響。中國南方地區地產毒草，如名爲「海黃」的植物，
據稱若「聚蛇屎熬鍊而成，故有毒，能殺人。」〔註115〕而廣東位處偏遠，亦
多產毒草，當地則有僕人以毒草殺其主之情事：

> 王邑令仰者，舉萬曆己丑進士，湖廣之崇陽人也。釋褐爲廣東新興
> 知縣，以大計入京，留其僕王守真等三人於衙齋，時時向縣佐有所
> 關説，又盜在官紙贖底籍貨之，易銀瓜分。王令有妾父亦在署中，
> 備悉此事，比仰歸告之，心銜未發，而諸奴已覺之。粵中故瘴鄉，
> 饒毒草，守真等潛採毒蘭貯於囊，爲同輩名繼仔者所見，詰以需此
> 何爲？云：「不能受拷掠，將餌以自裁耳。」〔註116〕

後來王守真等人，果真將毒草置於飯中，而毒殺其主。經由王守真所言，不
僅可見官府刑訊拷問的慘烈，更可知酷刑確實能造成有人仰藥自殺，而免受
其戕害的情形。

求死，畢竟是需要極大勇氣，並非一般常人所能爲，於是退而求其次，
改由傷殘肢體，以求減輕刑責。據《明律》規定，若老幼廢疾者爲罪犯時，
皆得以收贖抵罪，其中傷殘者亦屬於此條律規範之內，但是人情狡詐，因此
有些罪囚則藉由傷殘肢體，以逃避罪罰。至萬曆時期（1573～1620），此種情
形日趨增多，據萬曆二十三年（1596）刑部尙書奏稱：

> 人情狡僞，奸弊多端，各囚往往有故傷眼目，自殘肢體，希圖僥倖
> 者。以後在京、在外重犯，但有以篤疾釋放生事、犯法，驗非篤疾
> 者，俱比照矜疑逃回事例，仍坐原擬死罪，庶特恩不至惠奸，而狡
> 囚無所飾詐。〔註117〕

中央與地方的會官審錄制度，原有矜疑雪冤等目的，但自嘉靖（1522～1566）
以來，漸開停刑之舉，進而破壞司法體制。而朝政日敗，無辜繫獄者愈眾，

〔註114〕明·王圻纂集，《稗史彙編》（臺北：新興書局，1969年，據明萬曆三十八年
　　　刻本景印），卷74，〈爵賞類·皮場廟〉，頁18上～下。

〔註115〕《廣陽雜記》，卷1，頁33。

〔註116〕《萬曆野獲編》，卷18，〈刑部·手刃逆奴〉，頁481。

〔註117〕《明律集解附例》，卷1，〈名例律·老幼廢疾收贖〉，頁57下。

致使圄圄充斥，獄囚有含冤莫辯者，則持刀斷指洩恨，或以期減輕刑責的情形。〔註118〕

就司法程序而言，罪犯雖定罪入獄，若非隨即處決，罪犯則拘繫於獄中，等待處決，此時獄囚若有不明原因死於監房，司獄官、獄吏人等亦需接受失職處分，〔註119〕因爲罪犯縱然身被死刑，而繫於獄中且尚未等待處決時，皆仍有其生存之權，司獄官吏亦有責任保障其生命安全。如丁賓於寒冬時，救濟獄中重囚一事，即說明此理：

> 丁清惠公賑及獄中重囚，或曰之：「死而致生之，毋乃非智與？」清
> 惠公曰：「不然，其人雖應誅，然一日未就刑，猶上帝一日所生之人。」
> 〔註120〕

這些情形普遍反映在刑官身上，如朱長春認爲「圄圄人之死地也，縱在辟者，其決有時，不宜助虐而速朽。」〔註121〕萬曆時期（1573～1620）有內官陳忠等竊盜內府財物，神宗遂定其死罪，呂坤更以爲皇帝雖厭惡其人，但不當因此致人於死，乃奏請改以徒罪。〔註122〕這都說明法律的精神，是在追求正義與公理，所以刑罰的處置，一方面要符合國家權力的施行原則，即明正典刑以彰國法；另一方面要符合社會公平的審判原則，即有罪當罰以禁暴衛善。

第三節　獄囚的脫逃

獄房既爲拘禁罪犯所在，且欲藉由刑罰與環境的約束，使罪犯改過向善，然而並非所有罪囚皆有向善之心，尤其觸及重大刑案者，更無時不欲從獄房之中逃脫，以免除罪責。獄囚脫逃的方式與型態，亦隨時代環境而有所改變，在明代前期則多採較和緩的脫逃方式，主要是以賄賂官吏，開脫逃逸，或以稱疾詐死等方式，使刑官疏於防範，再伺機逃遁。獄囚脫逃之後，通常仍舊爲惡，對社會秩序安寧之影響甚大，因此對於失職官吏，亦須負起相關責任。

〔註118〕《明史稿》，志73，〈刑法志三〉，頁9下。
〔註119〕《明憲宗實錄》，卷268，頁2上，成化二十一年秋七月癸丑條。
〔註120〕《幾亭全書》，卷26，〈政書・鄉籌四〉，頁4下。
〔註121〕《朱太復文集》，卷37，〈陽信縣五事答・刑獄〉，頁16下。
〔註122〕《呂新吾先生去僞齋文集》，卷2，〈救內犯陳忠等疏〉，頁37上～下。

一、納賄開脫

獄囚既繫於監房之內，豪強富室者多憑藉財貨，尋求開脫刑責。洪武年間江西建昌縣知縣徐頤，即收受鈔四百餘貫，竟監禁押解罪囚的旗軍，而縱放刑部提取的囚徒。〔註123〕浙江按察司僉事王鉉，於母喪憂居之際，收受賄賂，進而干涉縣官審判，脫放死囚於獄。〔註124〕除了收受財物，公然縱放罪囚之外，另有官吏趁職務之便，故意更改囚徒姓名，並顛倒犯罪情事，為其脫罪、〔註125〕或偽造文書詐稱病故，藉以縱放重犯者、〔註126〕甚至從獄中直接予以脫放，〔註127〕這些情形可謂屢見不鮮。

即使殺人需要償命抵罪，若肯花費錢財疏通關節，亦有可能免去罪責，甚至顛倒事實真相。如宦官陳忠因事殺人，即賄賂皂隸頂替入獄，以求免罪；〔註128〕徽州商人孫某，因於路途中聞得有客急需用錢，遂以口頭承諾，借其五百餘金，而後得知客乃太湖巨盜，以其五百金用以疏通獄吏，遂得以免罪。〔註129〕劉天祥則於殺人入獄後，賄賂獄卒出獄，以便盜屍棄河，企圖掩滅罪證。〔註130〕蘇州常熟知縣楊貢，因錢曄橫行鄉里而將其拘捕入獄，卻反遭錢曄以財物賄賂權貴，加以誣陷楊貢，並兩人提問至京師重審：

> 於是貢與曄皆就逮北行，初將朝審，時方嚴寒。曄賂校尉，五更已，
> 縛貢縛繩至骨，又不與飲，裸凍欲僵，莫能發一語；曄則飲酒披裘，
> 至臨，入，始一縛焉。〔註131〕

錢曄在押解途中私下行賄校尉，致使楊貢在路途之中備受折磨，最後在會審時因楊貢身心受創而未能具體辨駁實情，以致於被錢曄顛倒是非，最後竟無

〔註123〕《御制大誥三編》，〈臣民倚法為姦第一〉，頁3上。
〔註124〕《明宣宗實錄》，卷55，頁9下，宣德四年六月辛丑條。
〔註125〕《御制大誥續編》，〈故更囚名第四十三〉，頁34下。
〔註126〕《呂公實政錄》，卷7，〈獄政·關防〉，頁15下～16上。
〔註127〕《御制大誥三編》，〈官吏長押實囚第十九〉，頁52下。
〔註128〕明·譚元春，《譚元春集》（上海：古籍出版社，1998年12月第1版），卷25，〈湖廣布政司閔公墓表〉，頁721：「有瑞陳忠方貴幸，殺人，賄隸使承之，已復餓隸獄中，隸怒其倍〔背〕己，吐實焉，竟當忠罪。」
〔註129〕明·費元祿，《甲秀園集》（《四庫禁燬書叢刊》集部62冊，2000年1月第1版，北京：北京出版社，據明萬曆刻本景印），卷30，〈拙客傳〉，頁15下～16上。
〔註130〕《止園集》，卷25，〈藏書一·劉天祥〉，頁12下。
〔註131〕明·楊循吉，《吳中故語》（《廣百川學海》，臺北：新興書局，1970年7月，據明刻本景印），〈錢曄陷楊貢〉，頁8上。

罪開釋。

開脫罪責的手段，除了從變造公文或干涉審判等方式之外，另有直接收買押解差役，於途中開脫人犯。《謷辭》即載某皂隸因貪圖錢財，欲縱放罪囚，而僱請他人代役，輾轉脫放罪囚的案件：

> 葉文秀之中途潛逸也，僱役代解，則李進德與王成罪同；受僱致逃，則陳貴與孫光罪同。前審始則重擬陳貴，既則改擬進德、王成，一出一入，二者必居似也。然進德轉覓陳貴，貴猶在也，王成轉覓孫光，光何往乎？，夫押囚致逃，駭聽已甚，何至并押囚之人而亦逃也？僱人押囚，觳法實深，何至并受僱之人而亦逃也，則王成之罪與進德可同律而擬乎？〔註132〕

本案的罪犯王成，既已知悉孫光與葉秀文有姻親關係，仍僱其代爲押解罪囚，事發後孫光與葉秀文皆逃逸無蹤，案情至此，詭譎而甚多疑竇，經由張肯堂反覆推敲，終於真相大白。原來是押解差役在收受賄賂後，雖然縱放罪囚逃脫，但亦深知此舉將觸犯刑律，於是便在押解的過程中，製造出些許假象，企圖誤導官員的判案，並藉此逃避罪責。而藺純縱囚一案，其手法幾乎是如出一轍：

> 前件會審得藺純押解重囚，致令脫逃，與囚同罪，律也。但方逃之時，尚吆叫張寵同趕，似非故縱，而未逃之先，魏登已有活變之語，分明指示，安所逃罪，故抵監緝獲斷斷乎定屬之魏登也，況嚴追家屬，賊無不獲之，理問官但以藺純一抵，遂足以塞責，豈知天祐之招未成，純亦無全科之律乎？〔註133〕

藺純縱囚後，並與同伴假意吆叫追趕，以混淆視聽，欲造成刑官審判失誤而從中脫罪，其心思可謂縝密。

當重囚久繫於獄中，除了更改姓名或故稱病故等方式，以開脫罪責外，更有以死屍頂替罪犯，來瞞騙官吏耳目。如留守中衛千戶郭誠，趁監領砌城之便，收受錢財縱放罪囚，而買死屍頂替掩埋。〔註134〕有時更通同查驗官吏、醫士、忤作、獄卒相關人等，以出脫在監囚犯。洪武十九年（1386），刑部都官員外郎李燧等，「將在禁死囚邵吉一屍停於獄內，通同醫人、典獄、獄卒等，

〔註132〕《謷辭》，卷7，〈李進德王成〉，頁16下～17上。
〔註133〕《止園集》，卷26，〈讞書二·藺純〉，頁47上。
〔註134〕《大誥武臣》，〈監工賣囚第二十六〉，頁39。

作三屍相驗，以出有罪者張受甫等三人。」〔註135〕更有書吏憑藉職權收取賄賂，公然將獄囚保釋在外，任其自由出入。〔註136〕另外，看守獄房者與罪犯有親屬關係，更容易造成戒護上的疏忽，甚至聽任出入而不加設防。〔註137〕

賄賂脫罪並非皆能成功，若是遇到剛正不阿的刑官，則脫罪不成，甚至招致反效果。謝肇淛（1549～1613）之父任吉府左長史時，適有太學生徐元亨與人爭田興訟，其「恐不能勝，則暮夜遣金府君，府君立鉗繫之，具論如法，一邑慴伏。」〔註138〕尹良曙在刑部郎中任內，曾受命讞獄，即嚴懲此等納賄通關之小人：

> 時久旱，雨澍應，一舉人忘其名，為盜數當死，公未朝辭，用事者頤指令出之，公弗應，而其人復行千金以一刺入，公怒叱之曰：「死狗欲汙我耶，三尺不貸汝。」至部立治之死。〔註139〕

楚王府鎮國中尉朱顯榱，與武昌知府仲選為故交，郡中有殺人者，賄賂朱顯榱以求脫免。朱顯榱則將半數金銀，送往仲選之處，仲選與僚屬參議之後，遂以其事告聞撫按，撫按遂上奏劾治朱顯榱。〔註140〕因此若刑官皆能秉持正直之心，則司法制度方能彰顯現出公正的精神。

若盜賊與官吏之間存有利益或其他特殊關係，則會藉職權之便予以開脫，甚至有些貪官污吏更將盜賊視為衣食父母，藉由縱放以謀取賄賂。巡檢蔣龍更藉職務之便，包攬訴訟，貪贓妄法，根本無視於法紀的存在。〔註141〕而隆慶末年，有鄉民逮獲一慣偷，解往里長、應捕官之處，皆加以推託而不受，最後縣丞竟向盜賊索賄之後，縱其逃逸的荒謬奇事：

> 隆慶末，鄉民夜獲一盜，乃慣偷也。送之里長，里長懼而不受。付之應捕，應捕熟而不擒。不得已送之縣丞，丞鞫之曰：「汝何處人？」曰：「餘杭人。」丞曰：「餘杭人如何來我錢塘為盜？」堂下隸胥聞

〔註135〕《御製大誥續編》，〈相驗因屍不實第四十二〉，頁33下。

〔註136〕明・祁彪佳，《按吳檄稿》（《北京圖書館古籍珍本叢刊》48，北京：書目文獻出版社，1993年，據明末抄本景印），〈一件出巡事〉，頁626。

〔註137〕《萬曆野獲編》，卷18，〈刑部・逸囚正法〉，頁481：「吳中有銀工管方洲者，私用官帑千金，事發問斬，奏請旨下即正法，暫繫蘇州衛之鎮撫司獄。時押獄者王百戶，即管兒女姻也，防範稍疏，聽其出入。」

〔註138〕《小草齋文集》，卷17，〈先考奉政大夫吉府左長史天池府君行狀〉，頁7下。

〔註139〕《弇州山人續稿》，卷68，〈應天尹公方傳〉，頁6下。

〔註140〕《皇明嘉隆兩朝聞見紀》，卷4，頁27下。

〔註141〕《止止齋集》，卷28，〈平讞・犯官蔣龍〉，頁27上。

之，皆掩口而笑。是賊但不當越境邪？又將自己酒食勞之，曰：「汝
良苦矣。」且縱之使逃，兩索其賄而罷。或私語丞曰：「治賊何以如
是？」丞笑曰：「此皆衣食父母也。」〔註142〕

這種懼而不受、識而不緝、賄而不囚的心態，如此則何以止盜，社會何以安
寧？由此看來，貪賄之官眞可謂爲盜賊之首。唐繼祿以荊襄地區多盜，乃受
命前往巡撫湖廣行部荊州，在其明察之下，得知因山區礦沙收入豐盈，縣官
隱匿盜情不發，而欲從中得利，實爲亂源禍首，乃縛縣官於獄中，並下令招
諭盜賊，進而免去一場可能的禍亂：

會興山盜起，穴高雞寨，鑿礦行劫眾至三千人，而縣官利縣礦砂之
入，固匿不以聞。郡守徐學謨上狀，繼祿即日下鵰剿之令，守言：「大
侵後兵食俱詘，未可輕動，且寨峻難于仰攻，不如檄降之便。」繼
祿默然良久，曰：「吾策之矣，擒賊先擒王乎！」乃縛縣官來，囚之
郡獄，而陰遣沙市巡檢趙應奎，坦步詣高雞寨諭以朝廷威福。……
賊下寨羅拜巡檢，泣曰：「吾等爲飢寒所迫，故聚而乞食，一聚不得
散，縣官復餌我，謂上人未之知也，今日之命懸于巡司，願巡司活
之。」趙應奎馳歸，以賊語報繼祿，繼祿領之，急檄郡鈐符票三千
如賊之數，復遣趙應奎詣寨，人給一符待以不死……，月餘賊黨散
盡，高雞寨平。〔註143〕

因此，官吏與盜賊有時暗自勾結，互爲表裏，進而縱容盜賊滋生，成爲禍亂
根源。唐繼祿既深諳此理，在巡撫湖廣任內，善用智謀而消除禍源，方得以
撫平亂事。

二、管理疏失

罪囚在執行刑罰或押解過程之中，時而因執法人員有意的收受賄賂，造
成司法執行的疏失，然而有些疏失的情況，則是由於官員無心的不愼所造成。
刑官疏失，大多因爲審判時的失察，而造成審判失當，既而間接開脫罪囚。
孫克弘在論述推官之職時，認爲其職掌分雜而艱難，「合千里而郡，獄訟之至，
紛錯旁午，而其情巧伏詭匿，非強察有智術機械者，莫或勝之」，〔註144〕因此

〔註142〕《留青日札》，卷37，〈非武備〉，頁11下。
〔註143〕《西園聞見錄》，卷83，〈兵部二十三·戡定〉，頁17上～下。
〔註144〕明·孫克弘，《孫文簡公瀼溪草堂稿》（《北京圖書館古籍珍本叢刊》102冊，

刑獄的審定，甚為不易。而無論在審理刑案，或押解罪囚時，若稍有疏失，則不免受到懲治。

　　對於公文辨偽的忽略，或疏於看守罪囚，也是造成罪囚脫逃的因素。宣德三年（1428）八月，行在左副都御史陳勉等人，即因為更改判例，致使開脫重囚而戴罪下獄。〔註145〕天順四年（1460）十二月，監察御史楊治等人押解死囚四人，欲至行劫之所處斬，至夜晚疏於看守，竟致使三人逃亡。〔註146〕而南寧府上思州的土人黃鏐叛變，事後被捕入獄後，則是以假造公文的方式，脫逃復出為亂：

> （黃）鏐糾邊隆峒兵掠鄰境，攻州弗克，總督都御史林廷，選遣兵
> 捕鏐，繫潯獄。有偽為公牘下潯釋之，鏐復與其黨殺掠州境，至是
> （都御史張）嶽督官軍剿之，鏐走匿生漆山，獲之，檻送三府，并
> 俘其妻子，鏐死于獄，仍棄市，州境始平。〔註147〕

此雖屬刑官在審判或執法上的無心疏失，以致罪囚假造公文逃獄，但因管理上的疏失而需接受相關處分。

　　刑官有時會以善意寬待獄囚，但是往往卻也造成獄囚脫逃的機會，如劉賓於河南泌陽縣為官，典獄多所寬貸，凡獄案有疑未決者，「憫而頌繫之，其人逸去，當以故縱反坐，尋獲之得免，自是稍稍厭刑名。」〔註148〕山西山陰縣毛知縣因善意出囚，卻遭獄囚逃逸為盜，滋擾地方，當時正值主簿典掌獄政，為恐株連無辜，遂親自向上司請罪，以承擔失職之責。〔註149〕地方官員若任官清明，以教化鄉里，一時雖有獄囚脫逃情事，則百姓亦自動盡力協助緝捕到案。例如廣西賀州知府韓對廷，於任內政績斐然，某日有獄囚數人脫監而出，城中百姓聞知，爭相加入圍捕逸囚的行列：

> 有逸囚，城門閉，鄉之田更市駔，相率荷穋干而奮曰：「當為大夫跡

　　　　北京：書目文獻出版社，1988年2月，據明孫克弘等刻本景印），卷27，〈送吳舜弼序〉，頁20下。

〔註145〕《明宣宗實錄》，卷46，頁2下，宣德三年八月癸未條。

〔註146〕《明英宗實錄》，卷323，頁6下，天順四年十二月辛卯條。

〔註147〕明・應檟修、劉堯誨重修，《蒼梧總督軍門志》（臺北：臺灣學生書局，1970年12月初版，據萬曆九年廣東布政司刊本景印），卷19，〈討罪三〉，頁1下。

〔註148〕《宗伯集》，卷18，〈封吏部左侍郎松嚴劉公行狀〉，頁17下。

〔註149〕明・朱賡，《朱文懿公文集》（臺北：文海出版社，1970年3月，據明天啟年間刊本景印），卷2，〈山陰毛侯去思碑記〉，頁40上：「侯常公出囚逸為盜，時簿攝獄，侯曰：『吾或堪茲簿糜矣。』遂以身請，臺使者多侯之義，不之罪。」

因。」婦女餼其夫，若父而勉曰：「毋憂飢，勉跡囚以報大夫。」於
是吏士盡銳追討，盡獲之。〔註150〕

而王瑄任浙江遂安知縣時，勤於政事，當時有縣獄罪囚脫逃，則自身深加反
省，並無加罪任何官吏，其德行致使逃囚來歸。〔註151〕因此，獄政管理之嚴
密與否，端視守令施政如何，若為政甚得民心，雖行政有所疏失，猶得於事
後彌補。

　　罪囚之中不乏狡詐之徒，此輩工於心計，為從獄中脫困，不免設計出許
多奇特之異事。宣德五年（1430）八月，所發生的一起獄囚脫逃案，其過程
始末，尤為曲折離奇：

> 南京江西道監察御史張楷，劾奏刑部尚書趙羾、侍郎俞仕吉曠職瘝
> 官，本部（刑部）所繫強盜貝福全者，覆奏待決，乃詐病死，相驗
> 瘞之，其後復出強劫。〔註152〕

此事在當時曾經喧騰一時，而《國榷》、〔註153〕《罪惟錄》〔註154〕對此皆有
所載。貝福全是以閉氣之術詐死，其技巧之高超，竟使刑部尚書、侍郎等會
官勘驗，亦無法發覺其破綻，遂得以脫逃並復出為盜，而趙羾等人也因此受
到御史劾奏。然而，此事在四十年後，卻又有意外的發展，據《嵩渚文集》
所載：

> 初，公（趙羾）為郎署，一人犯罪大辟，死獄中，出其屍，實閉氣
> 詐死也，越四十年，公為司寇，其人復犯法，公一見呼其姓名，駭
> 曰：「汝非曩死獄中者邪？」訊之伏辜，人以為神。〔註155〕

此宗越獄案件既以奇異始，亦以奇異終，其中過程曲折離奇，頗類戲曲小說
之情節，而逃囚終究難逃法網而伏罪，這應是當初獄囚脫逃時所始料未及。

〔註150〕《弇州山人續稿》，卷31，〈賀州大夫對廷韓侯四屠旌薦序〉，頁2上。

〔註151〕明・黃鞏，《黃忠裕公文集》（江蘇：廣陵古籍出版社，1997年3月1版，據
　　　　福建省圖書館藏明刻本影印），卷6，〈故奉政大夫南京戶部郎中致仕自菴王
　　　　公行狀〉，頁10上。

〔註152〕《明宣宗實錄》，卷69，頁5下，宣德五年八月戊子條。

〔註153〕《國榷》，卷21，頁1398，宣德五年八月戊子條。

〔註154〕《罪惟錄》，志，〈刑法志21〉，頁10上：「有大盜吳福金久繫刑部獄，擬秋
　　　　沒，忽報福金病死獄，有官一再勘之，死狀確，押瘞之郊外。無何，福金活，
　　　　出瘞復出為盜。」據《罪惟錄》所載，其詐死的事略過程大致相同，惟罪犯
　　　　姓名有所出入，而《嵩渚文集》與《國榷》皆記載罪人之名為貝福全，因此
　　　　「吳福金」應為「貝福全」之誤筆。

〔註155〕《嵩渚文集》，卷79，〈刑部尚書趙公傳〉，頁8下。

另外，宣德三年（1428）監察御史張循理誤縱同僚一案，則因疏失而致使走脫罪犯，顯然就是私人情感的背叛：

> 監察御史張循理有罪下獄死。先是河南道監察御史趙儼，往河南清理軍伍，非法杖死無罪九人，事發，罪應死，後監處決。循理與儼故同僚，一日具酒，召儼出獄共飲，飲罷，儼乘間逃逸，行在都察院官奏循理縱死囚。上命行在錦衣衛鞫之，至是以病死獄中。〔註156〕

張循理因顧念同僚之情，邀請趙儼共飲，豈知趙儼竟恩將仇報，趁酒席間脫逃，致使張循理背負縱囚的惡名而入獄，最後病死於獄中。

獄囚既已從獄中脫逃，巡捕官吏則需設法補救，盡快追捕逃囚歸案，有時陷於案情膠著之際，則不免祈問神靈，以求指點迷津。謝肇淛的友人鄭翰卿，即曾假藉神靈附身，並以此愚弄里中百姓，當時適逢獄囚脫逃，鄉民問其罪犯藏匿所在，鄭翰卿乃隨口而說，竟也被說中逃囚去處，因而一時聲名大噪：

> 萬曆庚寅、辛卯間，吾郡瘟疫大作，家家奉祀五聖甚嚴，鄭知其妄也，乃詐箕降言：「陳眞君奉上帝敕命，專管瘟部諸神。」令即立廟於五聖之側，不時有文書下城隍及五聖，愚民翕然崇奉，請卜無需日。適聞獄失囚，召箕書曰：「天網固難漏，人寰安可逃？石牛逢鐵馬，此地可尋牢。」無何，果於石牛驛鐵馬鋪中得之，名遂大譟，遠近祈禳雲集。〔註157〕

不過此等巫師與不肖者，既藉由幻術、騙術或行使神靈附身之法等方式，作爲誆騙的手段，自然不足以爲緝捕罪犯之常法。對於追捕逃囚的措施，各地官員皆有應對之方法。王基曾於獄囚脫逃之後，表面不動聲色，暗中則縝密籌畫，遂將逃囚一舉成擒。〔註158〕或者採用以盜制盜之法，從獄中選出有膽識、勇力的獄囚，直接刺殺狡猾大盜。〔註159〕

此外，若事先防範於未然並加強管理，更能收到事半功倍之效。山東歷陽縣人方茂，在任職陰陽典術時，因鑑於當地巨盜不時出沒，於是未雨綢繆，

〔註156〕《明宣宗實錄》，卷48，頁4上，宣德三年十一月丁卯條。
〔註157〕《五雜俎》，卷15，〈事部三〉，頁20下。
〔註158〕《弇州山人續稿》，卷30，〈送餉兵觀察使對滄王公遷浙江右布政序〉，頁8上：「日者獄司之不戒，盜逸者十人，公時自行部歸，不動聲色，晝笑懸購，不浹日，而獲其九。」
〔註159〕清‧王鐸，《擬山園選集》（《四庫禁燬書叢刊》集部87冊，北京：北京出版社，2000年1月第1版，據清順治十年王鑨刻本景印），卷45，〈鄭僧傳〉，頁17上。

預先所屬人員嚴加訓練，卻遭當地居民以過於擔憂爲由，加以訕笑。不久，州獄的獄囚竟然聚衆裂裳爲旗，持利器斬殺獄卒越獄而走，當地官吏因突來舉動而驚慌失措，後賴方茂策劃並運用計謀，終而將脫逃的獄囚全數緝獲歸案。〔註160〕有些逃囚則隱匿於豪強巨室之中，欲藉此逃避刑責與追緝，勇於幹事的官員則必須不屈於強權，發揮執行司法公正的決心，拒絕權貴的疏通關說，方能將罪犯繩之以法。〔註161〕戴鰲爲山西按察使時，素以振飭綱紀著稱，適有某太監殺人匿於宗室，官吏皆不敢過問，戴鰲遂率領衙役入宗室內，收捕罪犯入獄。〔註162〕

　　獄房管理的缺失，有時則是出於看守獄卒的素質低落，而導致獄政運作的效果不彰。弘治五年（1492）所發生刑部官員被劾一案，即肇因於獄卒盜取獄囚財物：

> 刑部諸司隸卒故多各處逃民冒名爲之，詐取獄囚財物，爲弊日久，而官弗知之也。至是緝事者發其事，於是郎中車霆、陳章，員外郎蔡相、陳宣、郁容，主事朱儀、侯直、仲本、張愷、姚文灝、張景琦、朱清、李克嗣、陶纘俱以防閑不嚴，下獄併鞠之。〔註163〕

明初，太祖對獄卒選任甚爲重視，曾誡以京師之民充任皂隸或獄卒，即恐其狡詐而滋生事端。〔註164〕雖然此案之所以被糾劾，是因爲緝事校尉以私事囑托刑部郎中車霆等人被拒，故而以它罪加以誣陷，不過仍可見當時的刑部獄卒，多由各處逃民所冒名頂替，進而有詐取獄囚財物等情形，官員卻未能詳加細察，終不免落人口實。

第四節　獄囚的暴動

　　獄囚的脫逃方式，愈至明代後期，則多採行暴力行爲，並於獄中藉故製造喧鬧與混亂，進而煽動其它獄囚，再以武裝方式強行突破獄房守備，甚至

〔註160〕《澹園集》，卷28，〈方君西野暨配張氏合葬墓志銘〉，頁415。
〔註161〕《王文肅公文集》，卷6，〈太子少保刑部尚書鳳洲王公神道碑〉，頁24下：「緹帥陸炳方貴幸，用事受巨璫指，匿姦校閭某，欲貸其死，公搜炳家得之，炳宛轉請脫，既復因執政徐公以請，公不許故。」
〔註162〕《戴中丞遺集》，附錄，〈明故通議大夫巡撫四川都察院右副都御史東石戴公墓志銘〉，頁4上。
〔註163〕《明孝宗實錄》，卷67，頁4上，弘治五年九月壬午條。
〔註164〕《大誥續編》，〈市民不許爲吏卒第七十五〉，頁63下。

以事前規畫，採取裏應外合，入獄劫救黨羽。在獄囚脫逃的數量上，則從前期的零星舉動，轉變成大規模集體行動，人數有時高達百人以上。此外，獄囚脫逃或暴動時，所附加的「縱囚」行為，則是另一個值得討論的議題。

一、越獄逃亡

對於獄囚脫逃的類型，因採取行為方式不同，而有所差異。〔註165〕《明律》規定「凡犯罪被囚禁而脫監，及解脫自帶枷鎖，越獄在逃者，各於本罪上加二等」，〔註166〕因此，《明律》條文規範了獄囚「越獄」的脫逃方式，是指解開枷鎖等戒具後而逃亡者；此外，另有「脫監」的定義，即是趁獄卒不注意時，由獄門脫逃；「越獄」則是解脫戒具後，翻越獄房圍牆而脫逃。因此就明律條文的定義，有較為嚴明的劃分。

反獄與越獄事件，多由強盜及重囚所為，然而刑吏與獄卒管理獄事，所以獄政人員的操守與行為，是獄政管理的主要關鍵。而獄卒人等既與賊盜共處一室，易受其影響，甚至日久熟稔，或通同收賄，導致關防疏漏，則使罪囚有可趁之機，進而越獄脫逃，呂坤即提到「近日有司常不下監，牢頭、禁卒日久情熟，安常心，怠夜間，囚犯既不入梐床，又不上鎖鐐，彼賊無一念生理，心懷百計脫逃，虎兕出柙，非掌印官之過與？」〔註167〕看守禁子若疏於防範，不僅造成罪囚脫逃，更會牽涉獄案而危及自身性命，因此李陳玉在曉諭看監的皂隸時，則曉以利害關係：「爾等守宿重犯，干係非輕，自應正身巡守，何得僱倩老穉塞責，萬一疏虞，身家性命付之一擲矣。」〔註168〕吳昂任福建參政時，事必躬親，勤於政事，當時因侯官縣獄囚脫逃一事，造成情勢危亂，吳昂則以素服齋居來德化吏民，致使獄囚亦相戒無亂事。〔註169〕

獄囚之中既有輕重之別，而重囚獄房多以劫盜、殺人等囚犯為主，這些囚犯亦多有勇力，一旦喧鬧於獄中，情勢甚難處置，稍有不慎而未能當機立斷，則可能釀成疏失。河南開封知府張夢鯉，曾於府獄中獄囚喧鬧時，加以

〔註165〕整個明代的獄囚脫逃類型及其演變各有所差異，若就《明律》條文對於獄囚的脫逃類型，可概分為脫監、越獄、反獄、劫囚等四種類別，詳請參見第六章第一節論述。
〔註166〕《明代律例彙編》，卷27，〈刑律十‧捕亡‧獄囚脫監及反獄在逃〉，頁960。
〔註167〕《呂公實政錄》，卷6，〈風憲約‧監禁〉，頁24上。
〔註168〕《退思堂集》，卷5，〈文告‧曉諭貼監民壯示〉，頁115上。
〔註169〕《端簡公文集》，卷5，〈南溪先生傳〉，頁8上。

迅速處置，而免除一場禍事：

> 有大盜譁于獄，聞兵來赴援者，匝墻外，日暝睥睨不敢動，公起手
> 劍而入曰：「敢後者死。」眾擁入，盜皆伏誅。〔註170〕

當獄中喧鬧之時，雖然調遣軍士前往鎮壓，然軍士仍懼獄囚武勇，而不敢有
所舉動，導致雙方僵持不下，幸有張夢鯉躬親先行，復以軍令號召，方得平
息紛亂。一般而言，獄中若產生喧鬧，多是由重監罪囚所鼓噪，尤其若有死
囚摻雜其中，則莫不願藉此脫逃而免去死罪，因此罪囚一旦喧鬧獄中，則勢
不可收拾，唯賴官司善加應變處置，以平息事端。

罪囚從獄中脫逃，有時需要有縝密的步驟與計畫，方得以成功。如廣東
南海黃蕭養越獄案即有事前的詳細規劃，先與獄中罪囚相結好，再行賄獄卒
人等，得以與外界聯絡，並使其疏於防範，再偷運器械入獄，最後由黨羽裡
應外合，持械鼓噪，破獄而出：

> 黃蕭養，南海縣沖鶴堡人，以行劫被獲，械繫都司獄。踰年，所臥
> 處枯竹生葉，眾咸異之，曰：「此瑞徵也。」遂有異謀。時獄中重囚
> 數百人，皆山海巨盜，蕭養密與結，乘間殺出，咸喜諾。行賄獄吏，
> 飲酒攜物出入自如，禁益疏縱。一日藏斧燖鵝中以入，伏其黨于外，
> 至夜，脫眾囚械出之，斧破獄門，劫軍器局，得兵杖，挺而大呼，
> 內外嚮應如數千人，諸司各壘石拒門不敢動。遂開城門，出劫民船，
> 嘯聚縣東之潘村，從者近萬人。〔註171〕

除了依恃同黨，以裏應外合的方式直接越獄外，另有狡詐之徒，則專門工於
心計，企圖製造假象以達成相同目的。〔註172〕杭州府生員楊井孫，於其長兄
亡故後，欲侵奪其家產，遂收買里人汪孝刺殺其嫂，事發後被繫於獄。楊井
孫因有功名在身，自恃久繫後必得開釋，於是屢次煽動其他獄囚越獄，然後
安坐於獄中以製造假象，冀望有利於日後的判決：

> 先是楊井孫計免罪，每從獄中說亡命者逃，而井孫安坐不動，冀為

〔註170〕《宗伯集》，卷22，〈廷尉張公墓誌銘〉，頁19上。

〔註171〕明・朱國禎《皇明大事記》（《四庫禁燬書叢刊》史部，第28冊，北京：北京
　　　　出版社，2000年1月第1版，據明刻本景印），卷17，〈黃蕭養〉，頁29上。

〔註172〕關於黃蕭養事件之研究，參見：彭伊洛，〈明中葉黃蕭養在廣州起義的社會背
　　　　景及其經過〉，《史學月刊》，10期，1957年。徐續，〈關於黃蕭養起義的幾個
　　　　問題〉，《史學月刊》，11期，1958年。李龍潛，〈明正統年間廣東黃蕭養的起
　　　　義〉，《理論與實踐》，11期，1959年。連啟元，〈反獄動亂下的歷史書寫：明
　　　　正統末年廣東黃蕭養事件研究〉，《白沙歷史地理學報》，4期，2007年10月。

> 上官所憐。是日，以酒醉獄卒，（汪）孝褻強盜數人排獄門而出，天已薄暮，……適巷中鼎沸，曰：「賊越獄矣。」爭閉門避之，已而孝等自獄西沿河走，擬從普照寺出西關，不意聲先至。有蔡飯店者，閉柵門堅拒，孝度不可越，回至縣前，遇蕭木匠，將奪其斧，頗易之，竟為蕭所斃，餘黨皆從屋上走，登靈官殿，兵民手磚石者，徹夜不息，二日始定。〔註173〕

此後，楊井孫仍一再重施故技，企圖博取官府的同情，而後為知府所發覺，遂處決於市。

有時越獄、劫囚情形的發生，是由於官府對事件處理不當，所激發出來的宿怨情緒。崇禎初年，陝西地方有富室錢文俊，因借貸錢銀予總兵官王國興的家兵吳榮等人，以本金七兩，卻索討本利共四十七兩，吳榮以利息過高為由，拒不還錢。錢文俊屢加催討，雙方鬥毆，以致錢文俊童僕被毆死。錢文俊控訴於總兵官王國興，遂下吳榮等人於獄，而錢文俊又恃其權勢且不服判決，乃上訴都指揮使司，卻因此釀成巨禍：

> 已而，錢僕死者三人，文俊馳院控理，兵眾譁，擁署前。邢兵憲詢所由，兵竟不白，直前欲殺文俊。邢大怒曰：「有理當辯，奈何聚眾鬧公庭！」即擒數十人笞之，悉下之獄。眾兵將劫獄，入白（王）國興，國興止之，進見邢，備言軍心欲變，請貰其罪。時重文輕武，總戎秩雖高，自文臣視之，猶藐如也。邢謂國興曰：「汝縱家丁反，予將奏汝，此罪非輕！」國興懼而謝曰：「下官瀆犯。」辭出。諸兵皆憤，入獄劫吳榮四人去，遂殺文俊全家，燼掠室廬。復入察院獄中，劫出眾家丁。邢知事急，出諭招撫，諸兵見而毀之，遂肆殺掠，各官逃匿。〔註174〕

當司獄官吏面對獄囚突如其來的騷動，有時會因恐懼而放棄抵抗，使罪囚破械越獄而去，導致事態嚴重。雖然越獄的相關罪責甚重，但若能在期限之內，追捕逃逸犯人歸案，則可從輕量刑。越獄案既可分為故縱與疏失兩種，所以對於蓄意縱囚與否，以及相關量刑輕重，刑官更應審慎判定。《湖湘讞略》即

〔註173〕明・范濂，《雲間據目抄》（《筆記小說大觀》第22編5冊，臺北：新興書局，1978年9月），卷3，〈記祥異〉，頁6下。

〔註174〕清・計六奇，《明季北略》（北京：中華書局，1984年6月1版），卷4，〈錢文俊激變〉，頁95。

記載一起具有爭議的縱囚案：

> 會審得刑吏楊徵璧、獄卒高世文鄧，身司犴狴，心懈關防，或貪饕而鬆其刑，或沉緬而授之刃，以致重犯四十一名，斬關破械而去，按律擬絞，洵不爲枉。第查冊內所開，已獲二十八名，未獲尚有二名，而各犯極口以爲未獲者，止於二名，何歟？又云此係張應元、魏振經管，夫各有司存，今獲者既什之九，則分別其經管與否，以重罪監守者，而其餘矜全之，倘亦法之在也。況當時大眾反獄，亦屬大變，未必盡由此輩乎？該道再細審的確，另招詳奪。〔註175〕

根據《明律》規定：「若賊自外入劫囚，力不能敵者，免罪。若押解罪囚，中途不覺失囚者，罪亦如之。」〔註176〕然而在獄囚持械脅迫下，致使司獄官吏人等，爲顧及自身安全而退縮不前，且在無確切證據時，若僅以此判定故縱之罪，於法理而言似有不公之處。浙江布政司曾發生一起越獄案，該司判定二十七名獄卒爲故縱之罪，然而按察副使陳煒，在經過反覆調查後，卻認爲定罪過重，乃從輕發落改論徒刑。〔註177〕

　　明代後期以來，獄囚脫逃的型態由消極的行賄開脫，轉而積極的越獄。就獄囚脫逃所在層級而言，下至布政司獄、按察司獄，上至刑部獄，各級獄房皆曾發生過越獄事件，即使是錦衣衛獄亦不例外。錦衣衛又稱爲「詔獄」，原設有南北鎮撫司，永樂以後始以北鎮撫司專理詔獄。詔獄既位居京師之地，外有五城兵馬司及禁衛軍戒護，內則關防甚嚴，其設有看監百戶五名，並有獄卒數名把守，凡一切大小獄情，皆不得走露，亦不許受人囑託，若有看監千戶、百戶等，走透獄情，皆以律處斬。〔註178〕錦衣衛獄在英宗時期，還因錦衣衛都指揮僉事門達之議，增建新衛獄，以拘繫罪囚，〔註179〕以此關防嚴密，竟然分別在成化九年（1473）正月、〔註180〕成化十七年（1481）三月，〔註181〕兩次被獄囚所越獄。此外，在成化九年（1473）七月所發生的越獄案，竟是盜賊趁風雨之際，侵入南京都察院獄，並劫走死囚三人，僅憑天候不佳

〔註175〕《湖湘五略》，《湖湘讞略》，〈審錄武昌道屬〉，卷1，頁41下。

〔註176〕《明代律例彙編》，卷27，〈刑律十‧捕亡‧主守不覺失囚〉，頁968～969。

〔註177〕《國朝獻徵錄》，卷84，〈浙江等處承宣布政使左布政使陳煒墓志銘〉，頁4上。

〔註178〕《大明會典》，卷228，〈上二十二衛〉，頁8下～11下。

〔註179〕《明英宗實錄》，卷344，頁5上，天順六年九月壬子條。

〔註180〕《明憲宗實錄》，卷112，頁3上，成化九年正月壬子條。

〔註181〕前引書，卷213，頁1上，成化十七年三月丁丑條。

的情形，卻致使獄囚脫逃成功，這些都是說明獄政管理出現嚴重的缺失，進
而導致越獄事件不斷。

當監禁罪囚累繫過久，而覆審又不能定讞，或受獄吏私刑，或病故於獄
中，甚至通同禁卒人等越獄、劫獄，以免去重罪。〔註182〕而審錄未決的罪犯
既多繫獄，所以獄中滯留人數多寡，有時也會成為獄囚脫逃與動亂根源：

> 賊人問招，開詳監候，會審轉詳待報，然後行刑，展轉歲月，防守
> 嚴謹則多死獄中，得全首領，一或輕忽，往往越獄脫走，或同夥未
> 獲，賊徒糾眾劫奪，非惟無以示戒，將來抑且重為地方大患。〔註183〕

所以罪行重大而審訊無疑者，即應速審速決，杜絕其越獄之患，以免危害地
方安全。有鑑於此，李銓任福建汀州府通判時，即以獄囚淹繫者過眾，按其
無罪者皆予以釋放，旬日獄為之空，〔註184〕胡富更於福建按察僉事任內，分
巡至福寧州閱囚時，即著手清理獄囚，並審錄二百餘人，於五日內清理一空，
〔註185〕消除了獄中可能的變亂因素。

對於越獄的失職官員懲置，若過於輕緩而失之公允，則不免對獄政管理
產生不良影響。依據《明律》規定，凡有失囚，司獄官與獄卒皆負罪責，並
聽限一百日追捕，而提牢官若曾檢點罪囚，且獄具皆如法枷戴，則罪歸司獄
官、獄卒；若未曾檢點以致失囚，則與司獄官同罪。若能於聽限日內，緝捕
逃囚到案，或由他人捕得，或逃囚已死、自殺者，則各減罪一等。〔註186〕然
而正統二年（1438），江西按察司的獄囚反獄案，僅將按察使石璞、都指揮使
楊節去冠帶停俸，責限擒拿而已，且事隔八個月後，仍未緝捕至京，遂下詔
再延期三個月的追捕期限：

> 初，江西按察司死囚反獄，給事中劾奏按察使石璞、都指揮使楊節
> 罪，詔免璞、節官，立期捕之，至是踰官不獲，遂逮至京，法司當
> 璞、節徒罪，上命再期三月，不獲，乃罪之。〔註187〕

英宗對此事的處份，較明律所定則過於寬鬆。另外成化年間，兩度發生詔獄越

〔註182〕《王廷相集》，《浚川公移集》卷1，〈清查淹禁獄囚事〉，頁1132。
〔註183〕《蒼梧總督軍門志》，卷23，陳金〈嚴法令以靖地方疏〉，頁12下。
〔註184〕明·梁潛，《泊菴先生文集》（《北京圖書館古籍珍本叢刊》100冊，北京：書
　　　　目文獻出版社，1988年2月，據清第1刻本景印），卷11，〈李通判墓誌銘〉，
　　　　頁16下。
〔註185〕《見聞雜記》，卷11，頁16上。
〔註186〕《明代律例彙編》，卷27，〈刑律十，捕亡，主守不覺失囚〉，頁968。
〔註187〕《明英宗實錄》，卷37，頁1下，正統二年十二月己未條。

獄事件，錦衣衛都指揮使朱驥，在兩次案件中則是特別「詔命不問」，僅命其嚴
加督察緝捕，並未受任何處分。〔註188〕獄囚脫逃既關乎司法制度，亦可能危害
社會秩序，然而失職官員所受處置若嫌輕微，則可能無法達到警惕的作用。

二、暴動劫囚

　　除脫監、越獄之外，另有以暴力的方式強行進入監房，而縱放獄中囚犯
者，即所謂的「劫囚」。劫囚的罪行甚爲嚴重，因此只要有劫囚的舉動，無論
得囚與否，皆以論斬處置。〔註189〕因爲劫囚與姦盜、殺人、縱火等罪相當，
所以相關劫囚罪犯於拘捕之後，不需再監禁待至秋後，即採取斬不待決的方
式，以斷絕再次劫囚與越獄的意念。而司獄官吏幫助其劫囚原因，雖非蓄意
而爲、或遭其挾持脅迫等情形，但是因此致使它他人傷亡，則仍分別處以絞、
斬之刑。

　　若將脫監、越獄視爲較緩和的脫逃行爲，則劫囚就屬於暴力的脫逃行爲，
而介於兩者之間，則另有「反獄」的行爲模式，也就是武力或其他方法從獄
中脫逃。因此，「劫囚」與「反獄」兩者之間的差異，在於脫逃的行徑方向不
同，劫囚是由外而內縱放罪囚，而反獄屬於由獄內向外脫逃。

　　劫獄既是採取暴力手段以對抗官府，其目的主要在於解救黨羽。在浙江
杭州地區，有偷盜者被地方鄉里扭送官府時，途中即被其黨羽所解救，而鄉
民更反遭其侮辱的情形。〔註190〕正德十五年（1450）十一月，江西安義縣因
拘捕盜賊首領楊子橋於獄後，隨即遭到其餘黨聚眾至縣監劫囚：

> 依奉拿獲楊子橋妻周氏，男楊華五、華七、華八、月保併伊同居親
> 弟楊子樓收監。起解間，十二月二十二日辰時，不期子樓未獲男楊
> 本榮，統集百十餘徒，各持鎗刀衝縣。當同巡捕主簿崔錠，督領機
> 兵防禦，彼賊勢勇，打入獄門，劫去楊華五等，併原監楊正江、楊
> 紹鑑，及別犯胡清等一十八名，燒燬總甲張惟勝房屋，劫掠鋪户傅
> 甫七等貨物。〔註191〕

另外，賊盜在起事爲亂時，亦與各地奇異人士相結好，進以助長其勢。如呂

〔註188〕《明憲宗實錄》，卷213，頁1上，成化十七年三月丁丑條。
〔註189〕《客座贅語》，卷6，〈夏大理斷獄〉，頁182：「今律劫囚者斬，不須得囚，此
　　　　則不分成、未成也。」
〔註190〕《雲間據目抄》，卷2，〈記風俗〉，頁4下。
〔註191〕《王陽明全集》，卷13，〈別錄五・剿平安義叛黨疏〉，頁448。

光午曾於爲亂之前,得知松江華亭縣有奇人繫於監房之中,遂欲劫獄以爲己用,後爲被縣令得知,先行處死罪囚,以免除可能的後患:

> 華亭檻一盜,伸其兩膊能於膊上剪銀,應手而解,呂(光午)嘗欲從獄中劫之,華令畏其多力,則撲殺,不果劫,呂每大恨,以爲失人。〔註192〕

楊漣在遭到魏忠賢矯旨提問至京師時,當地百姓憐憫其冤屈,又因錦衣校尉過度跋扈,因此地方鄉里父老多忿恨不平,甚至有欲從緹騎手中劫奪楊漣,以免至京受刑枉死,楊漣得知之後,恐怕事態擴大累及百姓,乃泣謝而免。〔註193〕

另有些劫囚的情形,則是由豪強宗室所指使。例如漢王高煦在受封爲漢王後,內心深懷怨望,漸思異謀圖變,暗地「私造火器,籍壯丁爲軍,破獄死囚厚養之,集旁近亡賴壯子弟及逋逃人」,〔註194〕厚養此輩以爲私人武力,最後在宣德元年(1426)於山東發動叛亂。弘治時期(1488~1505)的外戚張鶴齡兄弟,恣意驕肆,數度犯法,更放縱家奴強奪民田廬舍,甚至進入官府竊放獄囚。〔註195〕

劫囚與反獄,雖然同樣是以暴力型式的行爲,然而劫囚之舉,主要是依恃其黨羽爲奧援,從外面進入獄房劫出獄囚,因此刑官若能審慎的防範於未然,則能收到極大的遏阻效果。廣東海豐縣三面臨海,常有賊盜成群出沒,百姓即使被劫掠,也因畏懼而不敢報官,官兵亦不敢加以追捕,知縣葉維榮於是定計擒拿,首先佯裝無事,私下密訪賊盜蹤跡,然後出其不意率領官軍擒獲賊首,並緝得贓物,終將賊黨全數入罪伏法。〔註196〕然而並非每位官員皆有幹才,以山西交城縣爲例,其縣獄分別在崇禎七年(1634)、崇禎九年(1636)之間,遭到盜賊爲解救黨羽,連續被劫獄兩次,〔註197〕可見當地官員對於獄政管理上,並未能嚴加防備。

明代中期以來兵變的情形漸多,隨風氣影響所至,兵變喧鬧成爲軍士要求的一種手段。造成兵變的原因甚多,主要是以苛扣軍餉、勞役繁重、屯地

〔註192〕明‧張大復,《聞雁齋筆談》(北京:書目文獻出版社,1988年2月,據明萬曆顧孟兆等刻本景印),卷3,〈呂光午鬥僧兵事〉,頁3下。

〔註193〕《楊忠烈公集》,《表忠錄》,〈郡伯傅公重修忠烈公祠記〉,頁26上。

〔註194〕《國榷》,卷19,頁1298,宣德元年八月壬戌朔條。

〔註195〕《明史》,卷95,〈刑法志三〉,頁2338。

〔註196〕《睡庵稿》,卷22,〈海豐知縣補祁州判官四明葉公行狀〉,頁2下。

〔註197〕《國榷》,卷93,頁5624,崇禎七年二月壬戌條;前引書,卷95,頁5726,崇禎九年二月庚辰條。

被奪、待遇不公等情形最為常見。〔註198〕如北直隸地區保定衛等旗軍千餘人，為控訴知府屠僑不給月糧，而鼓譟進入都察院，要求巡城御史張恂主持公道，協議許久，軍士仍不願離去，眼見事態漸趨嚴重，最後由保定副總兵官陳謹入院協調，軍士才逐漸散去。〔註199〕而浙江台州兵的索餉事件，更是因為群情抗議，聚眾包圍公署，進而挾放監犯，拆毀民房，致使城中秩序大亂。〔註200〕不過，萬曆十五年（1587）鄖陽巡撫李材所引起的軍士變亂，則是因為過度役使並歧視軍士，最後因改參將署為書院講學而激起兵變：

> （李）材好講學，遣部卒供生徒役，卒多怨，又徇諸生所請，改參
> 將公署為學宮。參將米萬春諷門卒梅林等大譟，馳入城，縱囚毀諸
> 生廬，直趨軍門，挾賞銀四千，洶洶不解。居二日，萬春脅材更軍
> 中不便十二事，令上疏歸罪副使丁惟寧、知府沈鈇等，材隱忍從之。

〔註201〕

另外，在甘肅所發生的兵變，起因雖是由於裁減月餉，但背後則另有人為的煽動，蓄意教唆所造成。都御史許銘於巡撫甘肅時，因每事持正，且裁革占役弊病甚多，引起甘州總兵官李隆的忌恨，於是藉其議減戍卒月餉時，教唆戍卒王禮二等，嘯聚數千人，喧囂侵入許銘公署，並將其亂毆致死，以火焚屍，並大肆劫掠城中，釋獄囚以劫官軍，致使城中大震。〔註202〕事發之後，朝廷命大臣至甘肅勘驗事變經過時，李隆又脅迫鎮守太監董文忠，反誣許銘剋減兵糧激致變亂，欲藉此脫罪。〔註203〕

除兵變發生的頻繁之外，有些則是因為私人家丁的約束不當，則會發生類似的禍事。如寧夏鎮四營的官軍家丁，因不滿所屬長官的嚴屬約束，於是聚眾「圍殺巡撫党馨、副使石繼芳，數其侵剋殘暴二十事，併殺衛官李承恩、供應官陳漢于市，放囚、毀文卷」，一時之間，亂軍劫掠城中，造成寧夏地區秩序動蕩。〔註204〕山西參政高鵬，有廝養卒八百餘人，因控馭無術，致使聚眾變亂，高鵬與游擊畢文皆遭亂軍殺害，同時「焚毀府縣官署，劫囚掠帑，

〔註198〕韓大成，《明代城市研究》（北京：中國人民大學出版社，1991年9月第1版），頁378～381。
〔註199〕《明世宗實錄》，卷88，頁8上，嘉靖七年五月丙申條。
〔註200〕《明熹宗實錄》，卷6，頁21下，天啟元年二月丙寅條。
〔註201〕《明史》，卷227，〈李材傳〉，頁5957。
〔註202〕《國朝典彙》，卷163，〈兵部二十七・兵變〉，頁1上。
〔註203〕《鄭山齋先生文集》，卷8，〈復勘甘肅兵變疏〉，頁3上。
〔註204〕《明神宗實錄》，卷246，頁2下，萬曆二十年三月戊辰條。

一郡大亂，都指揮鄭印督兵討之，群寇遁散。」〔註205〕而在南直隸蘇州的吳中地區，有所謂新興的打行，其成員多爲力壯少年，平時不務正業，專以侵害鄉里爲事，因官府嚴加追緝，打行遂作亂於城中，舉火喧鬧甚至劫獄，燒殺地方，巡撫翁大立幾乎遭其殺害。〔註206〕

倡亂者往往基於一時憤慨，而有衝動之舉，然則烏合散亂之眾，實難以成事，此時若得有能力者爲主帥，或可有所作爲。嘉靖三年（1524）十月，因徙城之議所釀成的大同軍變，在軍心激憤之下，焚燒公署，殺傷巡撫等人，進而攻入都司獄中縱放獄囚，甚至推舉前總兵朱振爲主帥，欲使軍變聲勢益壯：

> 先是，（張）文錦巡撫大同，議于城北九十里築五堡，徙鎮卒二千五百家居之，諸卒畏虜，不願徙。參將賈鑑，希旨嚴逐之，不往者捶，其伍長郭鑑、柳忠倡亂殺鑑，裂其屍。……鑑、忠遂率眾劫獄囚，焚府院。文錦踰垣匿博野王第，諸卒索而殺之，乃出在繫故總兵朱振于獄，推以爲主。〔註207〕

軍心激憤，不僅戮其參將之屍，即如匿於博陽王府的巡撫張文錦，亦追索而殺之，進而攻入都司之中，縱放獄囚以狀聲勢，可見當時軍變之勢盛。此時，前總兵朱振雖迫於情勢，被推舉爲帥，仍以威德勸諭諸卒勿劫掠府庫、傷及無辜，然而諸卒則佯聽而盜劫如舊，最後在朝廷招撫協調之下暫時平息。然而數年之後，大同兵亂又起，朝廷雖遣將巡撫，但是因爲用人失當，竟有屠城之訛言傳於城中，亂軍在心生畏懼之下，轉而勾結北虜以爲抵抗，致使「鑑忠授首，郭疤復起，氈兒既斃，季富又興，脫巾相尋，勢若蝟毛」，〔註208〕徒使邊境叢生亂事。

亂民有時脅迫爲主帥據以叛變，或挾持地方官員並拘禁於獄中。〔註209〕而部分盜民之所以拘執守令，只是欲藉以求取厚贖而已，如嘉靖三十年（1551），貴州麻陽苗亂之時，「苗每執郡縣長吏，必求厚贖，院司及守將，亦幸朝廷不知也，率許之以爲常」，〔註210〕此猶如同買賣一般，更可見地方官

〔註205〕《國朝典彙》，卷163，〈兵部二十七·兵變〉，頁19下。

〔註206〕《賢博編》，頁7。

〔註207〕《皇明嘉隆兩朝聞見紀》，卷2，頁18上。

〔註208〕明·蔣棻，《明史紀事》（臺北：文海出版社，1979年8月初版，據國立中央圖書館藏清初清稿本景印），〈大同叛卒〉，頁255。

〔註209〕《明太祖實錄》，卷23，頁2下，吳元年夏四月丙午朔條。

〔註210〕《震川先生集》，卷24，〈中憲大夫貴州思州府知府贈中議大夫贊治尹貴州按察副使李君墓碑〉，頁308下。

員的無能與怠忽職責。而嘉靖元年（1521）六月，廣西土著黃鏐等亂，則是於獄中脫逃，復率眾攻州，因官軍圍剿，乃詐降。後又趁副總兵張祐疏忽不備時，又復叛攻破城州。〔註211〕如此降而復叛，仍得以橫行各地，猶無視於官軍的存在，而官軍亦無可奈何。

　　若地方官員有德政於地方，雖有盜賊劫獄，亦未必能聚眾成事，主要是施恩於囚，則不易使其輕叛。伊熊伯為柳州府同知時，凡於訟辭獄案皆細心審理，同時申飭綱紀規範屬吏，胥吏莫敢從中亂法生事，致使獄中常空，曾有獄囚張某以累罪坐死，伊熊伯細察其冤情，許以不死，當時有大盜張軏在獄，約其一同反獄，張某即曰：「伊公信人也，許我不死矣，何忍負之以速死邪？」〔註212〕於是在感念伊熊伯德行之下，堅決不肯夥同反獄。而浙江長興縣遭變亂時，盜賊據城邑以叛，縣令石雲岫為使城民免於劫掠之苦，不顧自身安危，寧願為盜匪所挾持，始終不屈，遂為所害。高攀龍（1562～1626）盛讚其德行，並論道：

　　　　長興之盜，非劫庫之盜也，欲據邑叛也，公逸則盜恣屠殺焚掠矣。
　　　　民鳥獸散，盜有城矣。不意公直身當之矣，彼以為得令不得志焉。
　　　　不意劫獄，獄囚無從叛者，皆曰：「寧死不背石爺。」士民且動地，
　　　　盜於是思挾令出城，又不意公視死如歸也。〔註213〕

縣令之德，化育鄉民，雖然以己身受死，亦可謂之殺身成仁。此外，有少部分獄囚在遭受變亂時，反而挺身抵抗盜匪以監守獄房，如四川獄囚黃金玉，在面臨變亂，協助防守官署與城池。〔註214〕所以刑官在治理獄政時，若能以德行教化獄囚，或許能導正罪囚的行為。

　　有時變亂除了糾合同黨之外，也常威脅其它良民加入，以營造聲勢，而真正叛亂賊首僅為少數，所依附的多數徒眾，通常是被脅迫而不得已為亂者。洪武二十三年（1390），雲南烏撒衛軍士馬四兒，以妄言祥瑞應己，遂糾合黃頭等六人為亂，並脅迫當地百姓從水西劫掠至南陽鄧州。〔註215〕因此在亂民之中，除了少數首惡之外，其餘多為其勢所迫，在弭平亂事後，這些良民多

〔註211〕《皇明嘉隆兩朝聞見紀》，卷1，頁27上。
〔註212〕《衡藩重刻胥臺先生集》，卷16，〈奉政大夫柳州府同知伊先生墓誌銘〉，頁8下。
〔註213〕《高子遺書》，卷5，〈祭長興令石雲岫〉，頁35下。
〔註214〕《廣陽雜記》，卷5，頁230。
〔註215〕《明太祖實錄》，卷200，頁4下，洪武二十三年二月癸亥條。

會遭到牽連受罪。如閩賊攻劫江西地區，當地有司逐捕獲千餘人問罪，而當刑部郎中洪宣之受敕前往審錄時，未免累及無辜，僅以誅殺爲首數人，釋放被迫脅從者，所以存活者甚多。〔註216〕而白昂以南京都察院左僉都御史，兼管操江巡捕盜賊時，曾以計擒江盜劉通諸人，也是將賊首「特械通至京，凡脅從者，悉釋不問。」〔註217〕因此眞正叛亂賊首僅爲少數，而所依附的徒衆，多爲被脅迫而不得已爲亂者。

　　隨著獄囚反獄、劫獄出現次數的頻繁，在獄囚脫逃的型態之中，更出現一種因變亂而產生的附加性「縱囚」行爲。在此所指的縱囚，是指經由變亂時，亂軍或亂民所產生縱放罪囚的舉動，其主要目的是藉以壯大變亂組織之勢力。正德五年（1440）北直隸霸州的劉六、劉七變亂，糾衆流劫地方，即以「所過獄囚，即放爲助，庫藏甲兵，即取爲用」的方式來增加聲勢；〔註218〕明末張獻忠之所能於湖廣襄陽等地區變亂達六年之久，其部分原因即是藉由縱放罪囚以壯大勢力：

> 賊入縣治，見穀城令署襄陽縣事李大覺，縊于署之望峴樓，樓已焚矣。肘懸其印，賊取以進獻，獻盡出府縣獄犯，收其壯狡，散其老穉，開長門，盡出襄民，隨殺隨走。〔註219〕

重監罪囚一般多爲狡詐且有勇力，張獻忠既能收其狀狡之輩，使其勢力得以擴充，進而流劫地方。所以巨盜劉汝國等，亦以釋放罪囚並招納無賴之徒，數次擊敗巡捕官兵，而橫行於劫掠於太湖地區。〔註220〕

　　雖然在變亂的過程中，縱囚的行爲會使得獄囚能有機會從獄中逃脫，但是在混亂局勢之中，所有獄囚未必皆能被釋放而獲得自由，有時反遭亂軍所殺害。如巡撫監察御史張隆所奏稱：「去歲（弘治十二年，1499）義州之捷，有于本城殺舍餘，及取囚人首以報級者，鎮守等官坐視不理。」〔註221〕因此在變亂的危急之中，有時監獄中的囚犯可能會遭受其害，反而成爲變亂中的犧牲品。

〔註216〕明・何喬新，《椒丘文集》（臺北：文海出版社，1970年3月，據明嘉靖元年廣昌刊本景印），卷11，〈送憲副洪公赴任序〉，頁12下。
〔註217〕《鮑翁家藏集》，卷59，〈白康敏公傳〉，頁371上。
〔註218〕《七修類稿》，卷13，〈國事類・霸州賊〉，頁9上。
〔註219〕《羅紋山先生全集》，卷16，〈寓楚雜著・襄變〉，頁7下。
〔註220〕《弇州山人續稿》，卷31，〈賀大中丞志齋周公平鉅寇奏捷序〉，頁7下。
〔註221〕《明孝宗實錄》，卷161，頁2上，弘治十三年夏四月癸巳條。

　　大體而言，明代獄囚之脫逃形態，是由初期的脫獄、越獄，轉變成後其的劫獄、反獄，而劫獄現象之出現，更是說明地方秩序已開始動盪，因此盜賊敢於直接對抗官府，導致各地劫獄事件漸次增多。此外，軍變的不斷發生，與地方秩序的維持也有相當關聯，因為朝廷對屢次軍變處置失當，不僅造成軍變頻繁，更突顯朝廷能力不足，致使賊盜群起效尤，於是直接以武力強行對抗官府，若地方秩序未能獲得安靖，接踵而至的反抗行為，勢必破壞明代王朝的根基。

第六章　逃囚與社會

　　獄房爲司法審判之後，執行刑罰之場所，就國家社會的立場，希望藉由獄政制度的管理與規範，使犯罪者經由適當規訓來改過遷善。但是事實上，並非所有罪犯都有改過向善的意願與動機，特別是長年監禁的累犯，以及強盜、殺人等重犯，內心多懷有脫逃的企圖，或憑恃自身的勇力，或憑其狡點，無論是從內部脫困還是糾眾暴動，無不想從獄房管理的疏失當中逃脫，以期免去自身的刑責，若是再加上典獄人員的疏忽，則必然釀成獄囚脫逃的重大事件。

　　從整個明代的獄囚脫逃類型及其演變，可以概分爲五大特點：

（1）就脫逃類型而言：可分爲脫監、越獄、反獄、劫囚四大類。

（2）就脫逃行爲而言：從初期較爲消極平和的脫獄方式，轉向晚期積極暴力的反獄、劫囚方式。

（3）就脫逃人數而言：從初期個人單獨行爲，轉變爲多數集體行動。

（4）就獄房層級而言：從中央層級的刑部獄、都察院獄，轉爲集中於地方層級的府、州、縣獄。

（5）就所在地域而言：除北直隸地區以外，東南地區的逃囚情形較其它地區頻繁。

　　就整體而言，獄政管理與地方社會秩序息息相關，若獄囚逃脫的情形增多，將使地方治安連帶出現鬆動，從明代獄囚脫逃的演變來看，越到中晚期之後則越容易出現武裝暴力、多數的集體行動，且集中於地方層級的府、州、縣獄，顯示出明代晚期的獄政管理失當與地方社會漸趨失序的情形。

第一節　《明律》對獄囚脫逃的定義

對於獄囚脫逃的類型，因行為方式不同而有所差異，關於「越獄」則較有明確的定義，根據《明律》規定：

> 凡犯罪被囚禁而脫監，及解脫自帶枷鎖，越獄在逃者，各於本罪上
> 加二等，因而竊放他囚，罪重者，與囚同罪。〔註1〕

在此條文中，提到「脫監」與「越獄」兩種獄囚脫逃方式，雖然對於「越獄」定義，是解開枷鎖等戒具後而逃亡者，但是對「脫監」的定義則並未提及。《讀律瑣言》對此，則有更詳細的註腳：

> 從門出者，謂之脫監；踰垣出者，謂之越獄。犯罪被囚禁而乘獄卒
> 之不覺私自脫監，及解脫自帶枷鎖而越獄，各在逃者，各於本罪上
> 加二等。〔註2〕

由此得知，所謂「脫監」是趁獄卒不注意時，由獄門脫逃；「越獄」則是解脫戒具後，翻越獄房圍牆而脫逃。

除脫監、越獄之外，另有以暴力的方式強行進入監房，而縱放囚犯者，此即所謂「劫囚」：

> 凡劫囚者，皆斬。若私竊放囚人逃走者，與囚同罪。至死者，減一
> 等。竊而未得囚者，減二等。因而傷人者，絞。殺人者，斬。為從，
> 各減一等。〔註3〕

劫囚的罪行甚為嚴重，因此只要有劫囚的舉動，無論得囚與否，皆以論斬處置。〔註4〕因為劫囚與姦盜、殺人、縱火等罪相當，所以相關劫囚罪犯於拘捕之後，不需再監禁待至秋後，即採取斬不待決的方式，以斷絕再次劫囚與越獄的意念。而司獄官吏幫助其劫囚原因，雖非蓄意而為、或遭其挾持脅迫等情形，但是因此致使它他人傷亡，則仍分別處以絞、斬之刑。

若將脫監、越獄視為較緩和的脫逃行為，則劫囚就屬於暴力的脫逃行為，而介於兩者之間，則另有「反獄」的行為模式。根據《明律》卷二七，〈主守不覺失囚〉條規定：

〔註1〕　《明代律例彙編》，卷27，〈刑律十‧捕亡‧獄囚脫監及反獄在逃〉，頁960。
〔註2〕　《讀律瑣言》，卷27，〈刑律十‧捕亡‧獄囚脫監及反獄在逃〉，頁4上。
〔註3〕　《明代律例彙編》，卷18，〈刑律一‧盜賊‧劫囚〉，頁760。
〔註4〕　《客座贅語》，卷6，〈夏大理斷獄〉，頁182：「今律劫囚者斬，不須得囚，此則不分成、未成也。」

　　凡獄卒不覺失囚者，減囚罪二等。若囚自內反獄在逃，又減二等，
　　聽給限一百日追捕。限內能自捕得，及他人捕得，若囚已死及自首
　　者，皆免罪。……若賊自外入劫囚，力不能敵者，免罪。若押解罪
　　囚，中途不覺失囚者，罪亦如之。〔註5〕

若就「劫囚」與「反獄」兩者相互比較，則可知兩者之間的差異，在於脫逃的
行徑方向不同，劫囚是由外而內縱放罪囚，而反獄屬於由獄內向外脫逃。因此，
強行以暴力的方式進入監房，而縱放囚犯者，即為「劫囚」，因劫囚罪行甚重，
只要有劫囚的舉動，無論成功與否，皆以論斬處置。一般官府將強盜殺人等重
罪刑犯，拘捕審讞之後，採取「斬不待決」予以隨即處決，毋需等待至秋後，
以斷絕任何獄囚的逃脫意念。另外，對於竊放獄囚脫逃，或收受賄賂、或遭其
挾持脅迫而為者，若因此而致使它他人傷亡，則分別處以絞、斬之刑。

　　獄囚脫逃除脫監、越獄、劫囚之外，另有「反獄」型式，根據《明律》
規定：

　　凡獄卒不覺失囚者，減囚罪二等，若囚自內反獄在逃，又減二等，
　　聽給限一百日追捕。限內能自捕得，及他人捕得，若囚已死，及自
　　首者，皆免罪。司獄官典減獄卒罪三等。……若賊自外入劫囚，力
　　不能敵者，免罪。若押解罪囚，中途不覺失囚者，罪亦如之。〔註6〕

此條文主要是強調「不覺失囚」，因此若有盜賊自外入內劫囚，官吏雖力不能
敵者，則免除罪責；若押解罪囚時，中途不覺失囚者，罪亦相同。因此對於
與獄囚格鬥對抗與否，即作為官吏是否收受賄賂、私自縱放之判定依據。

　　反獄是經由獄內向外脫逃，與脫監、越獄的方式相似，然而究竟如何從
內而外脫困，律文之中並無進一步說明。但在〈與囚金刃解脫〉條文之中，
則可略見端倪：

　　凡獄卒以金刃，及他物可以自殺，及解脫枷鎖之具而與囚者，杖一
　　百。因而致囚在逃，及自傷或傷人者，並杖六十，徒一年。若囚自
　　殺者，杖八十，徒二年。因而致囚反獄，及殺人者，絞。其囚在逃，
　　未斷之間，能自捕者，及他人捕得，若囚已死，及自首者，各減一
　　等。〔註7〕

〔註5〕　《明代律例彙編》，卷27，〈刑律十‧捕亡‧主守不覺失囚〉，頁968～969。
〔註6〕　《明代律例彙編》，卷27，〈刑律十‧捕亡‧主守不覺失囚〉，頁968～969。
〔註7〕　《明代律例彙編》，卷28，〈刑律十一‧斷獄‧與囚金刃解脫〉，頁984。

由此看來，「反獄」應當是屬於獄囚暴動，並趁其喧鬧或持械攻擊而脫逃。
從條文中所謂「致囚反獄及殺人者」，可以推測獄囚在獲得刀械之後，以此
作出殺傷或挾持等攻擊行為，進而從獄房中脫逃。獄卒既給予獄囚刀械等器
物，造成獄囚自殘或傷人，則依其事後影響，區分為四等罪責：一、金刀等
器械能以使獄囚自殺，或解脫枷鎖戒具，則杖一百；二、獄囚脫逃及自傷、
傷人，則杖六十，徒一年；三、若獄囚自殺，則杖八十，徒二年；四、致使
獄囚反獄及殺人，絞罪。不過，若能緝捕逃囚歸案，則可減一等罪責。此條
文較值得注意，是致使「獄囚自殺」之罪責，比致使獄囚脫逃更為嚴重，此
應與《明律》之中〈凌虐罪囚〉、〈死囚令人自殺〉等條文規定有關，所謂獄
囚「有應死之罪，然惟士師可以殺之，非他人之所當殺，亦非囚之可以令人
殺也」，〔註8〕丁賓也認為此等重囚雖然該殺，「然一日未就刑，猶上帝一日
所生之人。」〔註9〕所以，將重囚明正典刑固然是彰顯國法，但繫於獄中尚
未處決之時，司獄官吏仍需保障其生命安全；此外，亦防範有司官吏藉職務
之便受賄誣殺獄囚，或以酷刑虐殺獄囚，以確保司法公正的審判原則。

　　《明律》僅規定獄卒給予獄囚刀械等之失職罪責，實際上獄囚家屬、黨
羽人等，都有可能藉由訪視的機會，暗中夾帶物品或器械而協助獄囚進行越
獄、反獄的行為。《讀律瑣言》即詳載其他人等的相關罪責：

> 獄卒以金刃及他物，但可以自殺及可解脫枷鎖之具，而與囚者，其
> 囚雖未殺、未解脫，然業已與之，則彼有其具矣，杖一百。若其囚
> 得金刃、他物，以致解脫枷鎖，脫監越獄在逃，及在獄而自傷其身，
> 或傷人者，獄卒杖六十，徒一年。若囚自殺者，獄卒杖八十，徒二
> 年。致囚反獄而逃及在獄殺人者，獄卒處絞。雖皆囚之所為，而原
> 其所得為者，皆獄卒與之具也。若常人以金刃及他物，與他人之在
> 禁者，及子孫與祖父母、父母之在禁者，奴婢、雇工與家長之在禁
> 者，各減獄卒之罪一等，獄卒有主守之責，自與常人不同也。〔註10〕

因為看守獄房為獄卒之責，應此所規定罪行較重；而獄囚家屬則屬於常人，
若以金刃及他物給予獄囚，減獄卒之罪責一等。事實上，對於刀械的取得，
對於獄囚脫困有極大的助益，例如山東歷陽縣獄囚號召聚眾，裂裳為旗，即

〔註8〕《讀律瑣言》，卷28，〈刑律‧斷獄‧死囚令人自殺〉，頁8下。
〔註9〕《幾亭全書》，卷26，〈政書‧鄉籌四〉，頁4下。
〔註10〕《讀律瑣言》，卷27，〈刑律‧捕亡‧獄囚脫監及反獄在逃〉，頁4上。

持利器斬殺獄卒而反獄逃走，造成州縣官吏及地方的恐慌。〔註 11〕獄房所監禁的重罪囚犯多以劫盜、殺人為主，因此這些重囚多擁有勇力，若是監禁不當，輕忽看管，往往藉機越獄脫走，甚至夥同其他黨羽，糾眾劫奪地方，進而釀成亂事。

　　總結《明律》條文，對於獄囚的脫逃型態，皆有嚴格之定義，明確區分為脫監、越獄、反獄、劫囚等四種類別：

　　（1）脫監，是趁獄卒看守不察或疏失之時，從獄門脫逃。

　　（2）越獄，獄中囚犯在解脫戒具之後，翻越獄房圍牆而脫逃。

　　（3）反獄，製造獄房喧鬧、暴動，或持械攻擊典獄人員進而脫逃。

　　（4）劫囚，以武力強行從外進入獄房，然後縱放獄囚。

　　若就獄囚脫逃的方向而言：脫監、越獄、反獄皆屬於由獄內向外脫逃；劫囚則是由外而內縱放罪囚。就脫逃的行為模式而言：相較之下，脫監、越獄屬於較為消極的行為；反獄、劫囚則屬於較為積極的行為。

　　根據《明律》條文分析，雖將逃囚型態概分為脫監、越獄、反獄、劫囚等四種類型，但是實際上若再加以詳細分析，還有其它脫逃的方式，例如脫監應涵蓋官吏的納賄開脫、疏失縱囚以及獄囚自身的逃脫；劫囚則應涵蓋盜賊自發性劫奪在獄中的黨羽、變亂時附加性的縱放獄囚。此外，其中反獄與劫獄的類型極為相似，差異點在於是否持械、聚眾暴動、挾持典獄官員等行為，是以武力先由內向外的行動，還是由外力強行進入破壞獄房。〔註 12〕為了更深入瞭解明代獄囚脫逃與越獄情形，茲從史料之中就所獲得資料加以列表分析，表中所列舉獄囚脫逃的資料，以其繫有年月為主，其餘相關史料，則因其略記事件內容，或不詳載時間，或時間未確切等，皆不在收錄範圍，因此相關史料應該尚存許多，〔註 13〕所搜集的史料雖未臻完善，但仍可看出明代獄囚脫逃的類型及其演變。其中《明實錄》是官方重要記載，非大事不予以載錄，對於獄囚脫逃事件，若載於實錄之中，則表示出當時對事件的重

〔註 11〕　《澹園集》，卷 28，〈方君西野暨配張氏合葬墓志銘〉，頁 415。

〔註 12〕　以黃蕭養事件為例，其聚眾暴動、持械反抗典獄官員，然後破獄而出，是以武力先由內向外的行動，而非由外力進入破壞獄房，所以應屬於「反獄」行為，但不少史書卻概稱為劫獄事件。參見：連啟元，〈反獄動亂下的歷史書寫：明正統末年廣東黃蕭養事件研究〉，頁 256～258。

〔註 13〕　如《大誥續編》、《大誥三編》《大誥武臣》等，皆有官吏收賄私放獄囚、偽造驗屍報告開脫獄囚等情形，但因未記載詳細時間，故不予以列入附表之中，詳見以下論述。

視，或事態嚴重。自明初以來，獄囚的脫逃方式，皆隨社會環境而有所變化，甚至於每下愈況，且由和緩的脫逃、越獄，轉變為激烈的反獄、劫獄。試就內容析分為社會與地域兩大因素，加以深入探討。

表 6-1：明代獄囚脫逃知見表

時　　　間	事　　　　略	出　　　處
洪武 18 年 10 月	贛州人誤宿逃囚，刑部坐其罪，帝免之。	《國榷》卷 8
洪武 19 年	刑部都官員外郎李燧等，以死屍出罪囚。	《大誥續編》卷 43
宣德 1 年 5 月	北直隸真定府獄卒送囚至京，中途失囚。	《宣宗實錄》卷 17
宣德 1 年 8 月	漢王朱高煦反，率眾破獄，出死囚。	《宣宗實錄》卷 20
宣德 3 年 8 月	行在左副都御史等，坐失出重囚。	《宣宗實錄》卷 46
宣德 3 年 11 月	御史趙儼因罪下獄，趁與其同僚御史張循理飲酒，飲罷而逸，張循理遂坐失出重囚。	《宣宗實錄》卷 48
宣德 4 年 6 月	浙江按察僉事王鉉憂居，受金脫人死獄。	《宣宗實錄》卷 55
宣德 5 年 7 月	刑部司獄、楊慶受賄縊殺獄囚。	《宣宗實錄》卷 68
宣德 5 年 8 月	刑部尚書趙羾等論囚，罪囚詐死得脫。	《宣宗實錄》卷 69
正統 2 年 4 月	江西按察司獄，強盜二十餘人，反獄出走。	《英宗實錄》卷 29
正統 3 年 2 月	山東按察司獄，強盜五人反獄。	《英宗實錄》卷 39
正統 3 年 9 月	山西都司獄強賊反獄。	《英宗實錄》卷 46
正統 9 年 1 月	刑部獄失囚，刑部官員謫罰有差。	《國榷》卷 25
正統 11 年 10 月	杭州府防範不嚴，致強盜二十餘人反獄。	《英宗實錄》卷 146
正統 14 年 8 月	廣東南海賊黃蕭養繫於獄中，後反獄為亂。	《雙槐歲鈔》卷 7
正統 14 年 9 月	南京刑部囚逸。	《國榷》卷 28
景泰 1 年 6 月	浙江都司罪囚越獄。	《英宗實錄》卷 193
景泰 2 年	廣西太平府獄囚，暮夜越獄。	《蒼梧總督軍門志》卷 18
景泰 5 年 9 月	山西都司獄囚反獄。	《英宗實錄》卷 245
景泰 6 年 2 月	福建布政司重囚，三十餘人反獄。	《英宗實錄》卷 250
景泰 6 年 6 月	刑部廣東司，監候聽決強盜反獄。	《英宗實錄》卷 254
天順 1 年 7 月	都察院強盜越獄。	《英宗實錄》卷 280
天順 2 年 5 月	錦衣衛囚逸。	《國榷》卷 32
天順 4 年 12 月	監察御史楊治等押解死囚四人，欲至行劫之所處斬，至夜晚逃亡三人。	《英宗實錄》卷 323
天順 8 年 1 月	巡撫四川左僉御史奏，去年夜盜入廣安州，毀公廨文卷，並劫囚四十餘人。	《憲宗實錄》卷 1
成化 4 年 7 月	下宣城伯衛穎於獄，以俘囚越獄不能追防。	《憲宗實錄》卷 56

成化 4 年 4 月	南京都察院獄囚六十四人夜晚逃逸。	《國権》卷 35
成化 4 年 8 月	南京監察御史王相，以囚犯反獄械至京師。	《憲宗實錄》卷 57
成化 5 年 6 月	夜，山西行都司潰獄十五人。	《國権》卷 35
成化 9 年 1 月	錦衣衛罪囚越獄。	《憲宗實錄》卷 112
成化 9 年 7 月	南京盜因風雨入都察院獄，劫死囚三人出。	《憲宗實錄》卷 118
成化 9 年 7 月	左軍都督府失囚。	《憲宗實錄》卷 118
成化 14 年 5 月	都察院囚逸，御史馬龍等下獄問罪。	《國権》卷 38
成化 15 年 2 月	廣西守禦千戶所獲安南諜者，賄獄卒而逸去。	《憲宗實錄》卷 187
成化 17 年 3 月	錦衣衛囚越獄。	《憲宗實錄》卷 213
成化 19 年 8 月	前軍都督府囚越獄。	《憲宗實錄》卷 243
弘治 1 年 5 月	嘉興百戶陳輔作亂，糾眾劫庫，釋囚大掠。	《孝宗實錄》卷 14
弘治 2 年 10 月	都察院獄囚逃逸，獲之。	《國権》卷 41
弘治 5 年 9 月	刑部隸卒詐取獄囚。	《孝宗實錄》卷 67
弘治 11 年 8 月	湖廣桃源縣有盜二十人入獄劫囚。	《孝宗實錄》卷 140
弘治 11 年 12 月	盜劫湖廣桃源縣獄。	《孝宗實錄》卷 145
弘治 15 年	刑部重囚越獄。	《明史》卷 204
正德 5 年 4 月	安化王朱寘鐇反，釋放衛所重囚。	《武宗實錄》卷 62
正德 5 年 9 月	順天府霸州劉六、劉七之變，流劫地方獄囚。	《七修類稿》卷 13
正德 6 年 1 月	霸州賊流劫安肅縣，劫取繫獄黨羽。	《明史紀事本末》卷 45
正德 6 年 11 月	霸州賊攻破河南舞陽縣，劫獄縱囚。	《明史紀事本末》卷 45
正德 6 年	廣西南寧府土官黃鏐為亂，入獄後越獄復叛。	《明史》卷 317
正德 6 年 12 月	流盜至河南舞陽縣，劫庫釋囚。	《國権》卷 48
正德 13 年 12 月	刑部逸囚緝獲。	《武宗實錄》卷 169
正德 14 年 16 月	寧王朱宸濠反，釋獄囚，分奪郡縣印起兵。	《武宗實錄》卷 175
正德 14 年 10 月	湖廣辰州知府楊瑋等防守不嚴，致使士兵劫獄。	《武宗實錄》卷 179
正德 15 年 11 月	江西安義縣賊黨劫囚造亂。	《王陽明全集》卷 13
嘉靖 2 年 6 月	盜賊劫山東萊蕪縣獄，並轉掠淄川各地。	《國権》卷 52
嘉靖 3 年 10 月	大同軍變，軍士聚眾劫囚。	《嘉隆兩朝聞見紀》卷 2
嘉靖 11 年 12 月	福建侯官縣獄囚十九人劫獄出。	《嘉隆兩朝聞見紀》卷 4
嘉靖 18 年 7 月	刑部賊囚越獄，隨即格殺之。	《世宗實錄》卷 227
嘉靖 32 年 8 月	河南梧城縣盜賊反，劫殺庫獄。	《世宗實錄》卷 401
嘉靖 34 年 1 月	南京應天府死囚十五人越獄。	《世宗實錄》卷 418
嘉靖 34 年 2 月	福建漳州府監犯吳天祿反獄，縱火燒燬官署。	《萬曆・漳州府志》卷 12
嘉靖 36 年 6 月	盜劫陝西平涼府獄。	《國権》卷 62

嘉靖 38 年 11 月	蘇州打行作亂城中，劫衛所獄囚。	《世宗實錄》卷 478
嘉靖 45 年 2 月	湖廣山寇黃中脫獄逃歸，流劫地方。	《世宗實錄》卷 555
隆慶 5 年 5 月	左軍都督府繫囚逸出。	《穆宗實錄》卷 57
萬曆 3 年 9 月	雲南潋江府罪囚脫獄。	《神宗實錄》卷 42
萬曆 4 年 4 月	江西浮梁縣獄強賊逃逸。	《神宗實錄》卷 49
萬曆 4 年 12 月	潮州江府獄囚越獄。	《神宗實錄》卷 57
萬曆 7 年 3 月	湖廣衡州府獄囚反逃三十餘人。	《神宗實錄》卷 85
萬曆 7 年 9 月	南直隸鳳陽府宿州獄逸。	《國榷》卷 70
萬曆 20 年 3 月	寧夏鎮四營軍變，縱放獄囚，燒毀文卷。	《神宗實錄》卷 246
萬曆 27 年 5 月	河間府青縣，獄囚數十人越獄。	《撫畿奏疏》卷 3
萬曆 31 年 3 月	陝西西寧都司張大紀家丁鄧大海等，以誘殺冒級下獄，乘夜糾眾劫獄，奪城而遁。	《神宗實錄》卷 382
萬曆 32 年 11 月	南直隸鳳陽府劉天緒聚眾造亂，劫奪倉庫，縱放獄囚。	《丁惠清公遺集》卷 1
萬曆 34 年 6 月	靖江王府宗室，糾合盜賊，行劫獄囚。	《神宗實錄》卷 422
萬曆 43 年閏 8 月	盜入山東安丘縣，劫庫出囚。	《國榷》卷 82
天啟 1 年 2 月	浙江台州兵亂，挾放監犯，拆毀民房。	《熹宗實錄》卷 6
天啟 3 年 1 月	山西絳州人王得山，鼓動貧民劫獄。	《熹宗實錄》卷 30
崇禎 1 年 11 月	盜劫陝西宜君縣獄。	《崇禎實錄》卷 1
崇禎 1 年 4 月	江西安遠縣流賊劫掠，縱放獄囚。	《內閣大庫史料》卷 1
崇禎 2 年 12 月	刑部逸囚一百七十餘人。	《國榷》卷 90
崇禎 6 年 5 月	山東獄囚黑夜越獄。	《內閣大庫史料》卷 2
崇禎 6 年 9 月	夜，南直隸懷寧縣盜賊越獄六十一人。	《國榷》卷 92
崇禎 7 年 2 月	盜劫山西交城縣獄，出其黨牛應魁。	《國榷》卷 93
崇禎 9 年 2 月	盜劫山西交城縣獄。	《國榷》卷 95
崇禎 15 年閏 11 月	女眞劫掠山東臨清州，庫門大開，獄囚脫逃。	《內閣大庫史料》卷 20

【註】獄囚脫逃的資料，以記載詳細時間為主，其餘若僅略記事件內容，或不詳載時間，或時間未確切等資料，皆不在收錄範圍。

第二節　社會因素的影響

一、洪武至宣德時期（1368～1435）

　　本時期的永樂以前，關於獄囚管理的疏失，並不詳見於實錄的文字記載，這是否說明永樂以前受到明初律法重典懲治的影響，所造成的社會安定

現象？這是否反映出此時期的獄政管理得當，完全無獄囚脫逃的問題？事實上，就洪武時期所頒定《大誥》三編及《武臣大誥》之中，其中仍不乏獄囚脫逃情形，如《大誥續編》記載洪武十九年（1386）刑部都官員外郎李燧、司務楊敬等人，收受賄賂四百八十貫，而以死屍通同醫人、獄典、獄卒等在驗屍時假造資料，藉以出脫罪囚張受甫等二人。〔註14〕另外，《大誥續編》又載刑部主事吏員王進等人，故意更改罪囚姓名，以開脫罪囚，並從中獲取錢財圖利。〔註15〕同樣情形在《大誥三編》、《大誥武臣》等，皆有多起記載。〔註16〕就以上數例來看，洪武時期（1368～1398）確實存在獄囚脫逃的情形，而非實錄上所呈現毫無跡象的情形。

　　就以上史料而言，雖然在洪武、永樂兩朝實錄之中，對於獄囚脫逃事件幾乎隻字未提，然而在《大誥》三編等內容上，卻屢見不鮮，如《續編》〈刑獄第四十〉、〈續刑獄第四十一〉、〈相驗囚屍不實第四十二〉、〈故更囚名第四十三〉、〈縱囚越關第四十四〉；《三編》〈臣民倚法為姦第一〉、〈逃囚第十六〉、〈官吏長押賣囚第十九〉；《大誥武臣》〈監工賣囚第二十六〉等，總計九項條目，都顯示出獄政管理上之缺失與問題，正是說明洪武時期仍存在獄囚脫逃之事實，可見實錄遭到修改與刻意隱諱，以彰顯社會安定。〔註17〕就朱元璋的重典懲治個性而言，對於小事尚且不容輕乎，屢次於律外施行酷刑，而觸犯刑律的獄囚脫逃事件，豈能不施以重刑以警惕臣民；〔註18〕同時，也說明在明初律法重典制度之下，表面上社會秩序受到嚴格的管理與控制，但是《大誥》三編的內容來看，關於獄政管理的部分，仍舊充斥不少受賄賂買放與縱囚的弊端。至於永樂朝（1403～1424）的情形是否如同洪武朝一般，則限於史料的不完整而未能確切證明。

〔註14〕　《大誥續編》，〈相驗囚屍不實第四十二〉，頁33下。

〔註15〕　《大誥續編》，〈故更囚名第四十三〉，頁34下。

〔註16〕　《大誥三編》，〈臣民倚法為姦第一〉，載有建昌縣知縣徐頤，暗圖賄賂，接受鄧子富等三名鈔四百餘貫，脫放各人，卻令吏房吏徐文政抄批支吾。《御制大誥續編》〈相驗囚屍不實第四十二〉，官吏將監禁死囚的屍體，通同醫人、典獄、獄卒等人，偽造驗屍報告，以開脫有罪者。而《大誥武臣》〈監工賣囚第二十六〉，則載留守中衛千戶郭成，藉監領囚人砌城之便，受財買死屍以頂替罪囚。從這些史料顯示出，明初官吏收賄脫放罪囚情形的普遍。

〔註17〕　關於明實錄內容，屢遭修改溢美以致失實之處，非本文討論的主要重點，相關論述詳參見：謝貴安，《明實錄研究》（臺北：文津出版社，1995年1月初版）。

〔註18〕　《洪武法律典籍考證》，頁91。

在宣德時期（1426～1435）的獄囚脫逃情形，則有宣德元年（1426）五月真定府獄卒押解囚犯途中失囚、宣德三年（1428）八月行在左副都御史等誤失重囚、宣德三年（1428）十一月御史趙儼飲酒誤失重囚、宣德五年（1430）八月刑部尚書趙羾等讓罪囚詐死得脫，以上四例為官員個人或管理上的行政疏失，屬於「非蓄意」縱放獄囚；而宣德四年（1429）六月浙江按察僉事王鉉受賄脫囚死獄、宣德五年（1430）七月刑部司獄等受賄縊殺獄囚，以上兩例則是官員收賄縱囚，則可歸類為因收賄而「蓄意」縱放獄囚。值得注意的是，除了前述官員是否具有犯意而縱放獄囚，皆屬於司法人員個人的不當或疏失行為之外；另此還出現因軍民變亂，而產生劫奪獄房的武力「縱囚」行為，此兩者的縱囚類型是有所差別。就整體而言，宣德時期除了漢王高煦叛變，率眾破獄縱放死囚之外，仍偏重於官員個人或管理疏失，以及收賄縱囚的現象。

明代初期獄囚脫逃的情形，除宣德年間漢王高煦叛變的武裝行動之外，其它皆屬於較為和緩而單純的行為，大致原因可略分為二類：（1）屬於官員行政管理上的疏失，例如以刑官論囚失當或失察，而導致獄囚脫逃的問題。（2）屬於典獄官吏私下收受賄賂而釋放獄囚，或偽造驗屍報告以死屍開脫獄囚等情形。就整體而言，明初受到洪武以來嚴厲的刑法與禮法控制，社會秩序或許較為安定，因此獄囚脫逃的主要途徑，則是藉由賄賂買通官吏而得以脫逃，另一方面也說明，此時期相較於明代中晚期，獄政管理較為嚴密，雖有行政疏失、受賄釋囚等獄囚脫逃問題，但不致於出現較為暴力的越獄、反獄等現象。

二、正統至弘治時期（1436～1505）

自英宗正統時期以來可明顯看出，獄囚脫逃的型態逐漸由消極的行賄開脫，轉而較為積極的越獄行動。就獄囚脫逃所在層級而言，上至中央層級的刑部獄、都察院獄，下至地方層級的布政司獄、按察司獄與府州縣獄，各級獄房皆曾發生過越獄事件，可見各級機關的獄政管理，開始出現缺漏與疏失的情況。特別是錦衣衛獄又稱為「詔獄」，位於皇城之下，卻在此時期出現三次獄囚脫逃的情形；此外，兩直隸地區的刑部獄、都察院獄，也陸續發生五起的獄囚脫逃的問題，如此頻繁的越獄事件，顯示出京師地區管理的獄政與治安警備，已經出現嚴重的管理漏洞。

對於失職官員的處置，與越獄事件發生的頻率亦有所影響。依據《明律》規定，凡有失囚，司獄官與獄卒皆負罪責，並聽限一百日追捕，而提牢官若

曾檢點罪囚，且獄具皆如法枷戴，則罪歸司獄官、獄卒；若未曾檢點以致失囚，則與司獄官同罪。若能於聽限日內，緝捕逃囚到案，或由他人捕得，或逃囚已死、自殺者，則各減罪一等。〔註19〕正統二年（1438）江西按察獄的反獄案，僅將按察使石璞、都指揮使楊節去冠帶停俸，責限擒拿而已，然而事隔八個月仍未緝捕至京，遂下詔再給予延期三月。據載：

> 初，江西按察司死囚反獄，給事中劾奏按察使石璞、都指揮使楊節罪，詔免璞、節官，立期捕之，至是踰官不獲，遂逮至京，法司當璞、節徒罪，上命再期三月，不獲，乃罪之。〔註20〕

英宗對此事的處份，較《明律》所規定而言則太過寬鬆。另外成化年間，兩度發生詔獄越獄事件，錦衣衛都指揮使朱驥，在兩次案件中則是特別詔命不問，僅命其嚴督緝捕，未受任何處分。〔註21〕獄囚脫逃既關乎司法制度，亦可能危害社會秩序，然而失職官員所受處置似乎稍嫌輕微，並未達到警惕作用。

相較於洪武至宣德時期（1368～1435），此時期的獄囚脫逃，除了有賄賂官吏、誤縱之外，獄囚脫獄、越獄的方式逐漸增加，總計有二十六起，而以武裝行爲從獄中糾眾反獄，或是由獄外的黨羽劫囚情形，也增加到十四起，說明獄囚逐漸採取聚眾的集體行動，敢於與官方作正面的武裝對抗。

此時期獄囚脫逃的型式，在心態上逐漸從消極脫逃，轉而採取積極越獄。其中以成化時期的獄囚脫逃情形最爲特殊：（1）所在層級而言，下至布政司獄、按察司獄，上至刑部獄，各級獄房皆曾發生過越獄事件，甚至錦衣衛獄亦是如此。（2）越獄案件是爲歷朝以來次數最多。另外，此時期雖有劫獄案件，如弘治十一年（1498）的二次桃源縣劫獄案，但仍屬於零星個案。大致而言，在正統至弘治時期，獄囚脫逃的型態仍以越獄型態居多，且屬於單獨個人行爲，從越獄案件的漸次頻繁，可以看出此時期各級機關的獄政管理，已經逐漸開始出現缺失。

三、正德至崇禎時期（1506～1644）

自嘉靖時期（1522～1566）以來，獄囚越獄情形日趨增多，並出現獄囚暴亂及武裝行動的劫獄案件；萬曆時期（1573～1620）以後，獄囚的脫逃，

〔註19〕《明代律例彙編》，卷27，〈刑律十，捕亡・主守不覺失囚〉，頁968。
〔註20〕《明英宗實錄》，卷37，頁1下，正統二年十二月己未條。
〔註21〕《明憲宗實錄》，卷213，頁1上，成化十七年三月丁丑條。

更由以前零散之舉，轉變成大規模集體行動，人數動輒數十人。關於此時期之劫獄案件陸續增多，從正德末年的安義縣劫囚造亂，至崇禎九年（1636）的交城縣劫獄案，至少就有七起以上的案例；就獄囚脫逃的人數而言，從嘉靖三十四年（1555）的應天府死囚十五人越獄、嘉靖十一年（1532）侯官縣獄劫獄十九人、萬曆七年（1579）的衡州府重囚反逃三十餘人、崇禎六年（1633）懷寧縣越獄六十一人，其中在崇禎二年（1629）十二月的刑部獄失囚一案，甚至高達一百七十人的情形。有鑑於府州縣反獄與劫獄案件的頻繁，嘉靖時期朝廷甚至詔令將地方重囚俱改繫按察司獄，以加強獄房的管理。〔註22〕從獄囚脫逃的數量來看，人數不僅逐漸增多，且通常為數在數十人以上，最多甚至高達百餘人，且逃囚型態逐漸由單獨個人轉向集體行動，對地方秩序造成嚴重衝擊。

此時期獄囚脫逃的方式，則是採用劫囚與反獄兩種暴力型式的行為為主。劫囚之舉，多恃其黨羽為奧援，若刑官能細察，則能防範於未然。然而並非每位官員皆有幹才，以山西交城縣為例，其縣獄在崇禎七年（1634）、崇禎九年（1636）之間，因為盜賊解救黨羽，連續被劫獄兩次，且未有任何緝獲逃囚之結果，可見當地官員對於獄政管理上，未能有效防範，而出現嚴重缺失。

對於獄犯之暴動與劫囚，有時則因畏懼重罪獄囚的武勇，而未能作出適當處置，致使事態擴大。如張夢鯉任職河南開封知府時，即因獄中喧鬧而迅速加以處置，並調遣軍士前往鎮壓，然而軍士卻畏懼獄囚武勇，而不敢有所舉動，雙方因而僵持不下，幸有張夢鯉躬親先行，復以軍令號召，方得平息紛亂。〔註23〕一般而言，獄中若產生喧鬧，往往是由重監罪囚所鼓噪，尤其若有死囚參雜其中，則莫不願以此脫逃而免去死罪，因此罪囚一旦喧鬧獄中，則勢不可收拾，惟賴官司善加應變處置，方能平息事端。

附加性縱囚行為的出現，通常是隨著獄囚反獄、劫獄事件的發生而產生。在此所指的「縱囚」行為，與官吏因為行政疏失「誤縱」獄囚有所不同。在獄囚脫逃的型態之中，變亂時通常會連帶產生縱放罪囚的舉動，其主要目的則是藉以壯大變亂組織與勢力，例如宣德元年（1426）漢王高煦、正德時期安化王寅鐇與寧王宸濠，以宗藩起兵叛變，皆採取此種模式；而正德五年（1510）劉六、劉七的霸州賊，在北直隸順天府的安肅縣劫獄救出黨羽後，

〔註22〕《皇明嘉隆兩朝聞見紀》，卷4，頁24下。
〔註23〕《北海集》，卷15，〈大理寺卿龍池張公墓誌銘〉，頁14上。

至河南舞陽縣又劫獄縱囚，可見其於所過地方皆以縱放獄囚的方式，以增加組織聲勢與力量，〔註24〕由於武裝規模龐大，各地方受創甚重，更因逼近京畿地區，乃至於造成京師數次戒嚴。

此外，正德十五年（1520）十一月江西安義縣賊黨劫囚造亂、嘉靖三十二年（1553）八月河南梧城縣盜賊劫殺庫獄、嘉靖三十四年（1555）二月福建漳州府監犯吳天祿反獄、萬曆三十二年（1604）十一月鳳陽劉天緒聚眾造亂並縱放獄囚等，其所採取之方式，如出一轍。一般而言，縱放罪囚主要是為了壯大聲勢，然而並非所有被釋放之獄囚，都會加入變亂組織，如崇禎元年（1628）四月江西安遠縣流賊，以鳥銃及大銃砲攻破縣城，劫掠庫銀四千餘兩，並將獄中罪囚十餘人盡行釋放，各用紅巾裹頭，其中獄囚謝禹華不從，即於獄中殺死，止有脅從重犯董傳、羅江等七人，隨賊而去。〔註25〕崇禎以降，東北女眞勢力漸起，開始侵擾明朝邊境，如崇禎十五年（1642）閏十一月，女眞劫掠山東臨清州，致使獄囚脫逃，但其主要目的則是劫掠糧草物資，損毀軍備器械。〔註26〕

此時期的獄囚脫逃的方式，說明兩種情形：(1)、劫獄與反獄的頻繁出現，反應了地方秩序開始動盪，因此盜賊與獄囚敢於以武裝力量直接對抗官府，導致劫獄與反獄事件增多。(2)、劫獄事件的增加，可能與嘉靖以來軍變的不斷發生有相當關聯，由於朝廷對軍變事件的處置失當，不僅造成各地軍變的頻繁，更影響附加性縱囚行為的增多，突顯朝廷管理能力不足，致使賊盜與獄囚群起效尤。(3)、東北女眞勢力的崛起，逐漸衝擊到崇禎以後的地方社會結構，並對整體秩序產生負面影響。

表6-2：獄囚脫逃類型表I

	受賄	誤縱	脫獄	越獄	反獄	劫囚	縱囚	其它
洪　武	1							1
宣　德	2	4					1	
正　統			4	1	4			

〔註24〕《明史紀事本末》，卷45，〈平河北盜〉，頁464～469。

〔註25〕前東北圖書館編，《明內閣大庫史料》（《中國文史哲資料叢刊》，臺北：文史哲出版社，1971年5月初版），卷1，〈兵部尚書王為反賊打破城池等事〉，頁12。

〔註26〕《明內閣大庫史料》，卷20，〈山東巡撫王永吉塘報為稽查失城情形事〉，頁977～978。

景　泰				2	3			
天　順		2	1	1		1		
成　化	2		5	4	2	1		
弘　治	1		2	1		2	1	
正　德			1	1		6	4	
嘉　靖			1	2	1	6		
隆　慶			1					
萬　曆			3	2	1	3	2	
天　啓						1	1	
崇　禎			1	2		3	2	
總　計	6	6	19	16	11	23	11	1

表 6-3：獄囚脫逃類型表 II

	脫　獄	越　獄	反　獄	劫　囚
洪武至宣德 （1368～1435）	7			1
正統至弘治 （1436～1505）	17	9	9	5
正德至崇禎 （1506～1644）	7	7	2	28
總　　　計	31	16	11	34

【註】1. 本表略去「其他」類型不算，以脫監、越獄、反獄、劫囚等四大類分析。
　　　2. 受賄、誤縱併入「脫監」類型；縱囚併入「劫囚」類型。

表 6-4：獄囚脫逃類型表 III

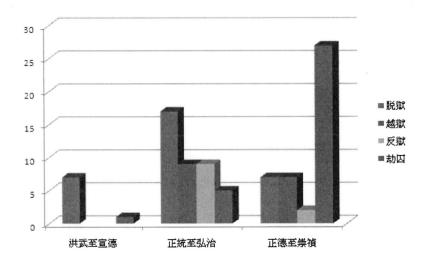

第三節　地域因素的影響

　　獄囚脫逃的產生，與獄房所在的地域位置具有一定程度上的關聯，故稱之為地域因素。地域因素則可分為獄房所屬的層級與所屬的行政地區等兩大類，「所屬層級」是指獄房所屬的行政隸屬範圍，以行政層級而分為中央獄、地方獄、軍獄等三類；「所屬地區」即指獄房所在的地理位置，依明代政區劃分而區分為北方、東南、西南等三大區域。

一、獄囚脫逃所屬層級分析

　　明初所發生的獄囚脫逃，在類型上多為誤縱及開脫等型態，如表6-5所列，整體而言的獄囚逃脫情形較為零散，且獄房層級則涵蓋中央與地方，比例甚為平均。因此在整體環境之下，民風淳樸，府州縣的治安良好，產生獄囚脫逃的因素，應為豪強富室的賄賂開脫，或純粹的司法行政疏失。明代中期以來，成化年間的獄囚脫逃情形最為特殊，從京師的刑部獄、都察院獄以下，各級獄房皆曾發生過獄囚越脫逃事件，甚至於詔獄、軍獄亦是如此，而詔獄、軍獄皆屬於關防嚴密之處，由此可以看出此時期在獄政管理上，出現普遍性的嚴重缺失。

　　就整體而言，在總數93起獄囚逃亡案例之中，屬於中央層級獄房有27起，屬於地方層級獄房有52起，軍事層級獄房7起，其他類則有7起；而在成化時期（1465～1487）以前的獄囚越脫逃事件，中央層級獄房有19起，地方三司層級獄房有14起，可見事件多集中在省級衙門以上，其中雖然正統年間（1436～1449）與景泰年間（1451～1457）的反獄情形稍多，但仍屬於零散之行為，主要仍以獄囚誤縱、越獄為主，所以府州縣的地方秩序情形，大體而言尚維持在相對穩定狀態。

　　錦衣衛原設有南北鎮撫司，永樂以後始以北鎮撫司專理詔獄。錦衣衛獄既位居京師之地，外有五城兵馬司及禁衛軍戒護，內則關防嚴密，詔獄內更設有看監百戶五名，並有獄卒數名把守。錦衣衛獄關防嚴密，凡一切大小獄情，皆不得走漏，亦不許受人囑託，若有看監千戶、百戶等走透獄情，皆以律法處斬。〔註27〕錦衣衛獄在英宗時期，還因錦衣衛都指揮使僉事門達之議，增建新的衛獄，以拘繫罪囚，〔註28〕然而以詔獄關防之嚴密，在天順二年

〔註27〕《大明會典》，卷228，〈上二十二衛〉，頁8下～11下。
〔註28〕《明英宗實錄》，卷344，頁5上，天順六年九月壬子條。

（1458）五月發生錦衣衛獄囚逃逸，更令人訝異的是，分別在成化九年（1473）正月、成化十七年（1481）三月，竟然兩次被獄囚越獄成功。

除詔獄出現越獄情形之外，屬於中央層級的刑部獄、都察院獄也陸續出現類似的情形，例如弘治十五年（1502）刑部獄重囚反獄，而都察院在成化十四年（1478）五月、弘治二年（1489）十月都出現獄囚脫逃；此外，南京刑部獄與都察院獄，也分別傳出獄囚脫逃的情形，於成化九年（1473）七月所發生的越獄案，竟是盜賊趁風雨之際，侵入南京都察院獄，並劫走死囚三人，僅因天候不佳的因素，竟然使獄囚脫逃成功。以上事例都說明中央層級的詔獄與刑部獄、都察院獄，在獄政管理方面都陸續出現極為嚴重的缺失，進而導致越獄事件不斷。

自弘治時期（1488～1505）以降，府州縣獄所發生的獄囚越脫逃比例逐漸增多，除正德五年（1510）安化王寘鐇、十四年（1519）寧王宸濠以宗藩起兵叛變之外，多屬於地方性盜賊性質。甚至有些州縣更遭到連續侵犯，如弘治時期的湖廣桃源縣獄、崇禎時期的山西交城縣獄，皆曾被劫囚兩次。關於獄囚的脫逃，亦與獄中滯留人數有關，若審錄未決的罪犯累積獄中，則不免成為動亂根源，因此胡富於福建按察僉事任內，分巡至福寧州閱囚，提囚審錄二百餘人，於五日內清理一空，〔註29〕而消除獄中可能的變亂因素。自弘治以降，劫囚之獄房所在，漸有向各地方分散的趨勢，這都說明府州縣地方社會治安已經出現敗象，若未能善加整頓，不僅獄政管理敗壞，民變甚至會接踵而至。

另外，嘉靖時期軍變頻繁，則是影響明代中晚期獄囚脫逃的參考指標，從徐學聚所編著《國朝典彙》來看，此時期的軍亂頻繁，自嘉靖元年至四十五年（1521～1560）之中，其間發生軍變、兵亂至少20起，其數量不可謂不多，〔註30〕其中大同軍亂更多次撫而復叛。因此軍變的頻繁，造成兵驕難制，

〔註29〕明・李樂，《見聞雜記》（上海：上海古籍出版社，1989年6月第1版，據明萬曆年間刊本景印），卷11，頁16上。

〔註30〕《國朝典彙》，卷163，〈兵部二十七・兵變〉，頁1上～25下。徐學聚所記載，嘉靖在位時期的兵變甚多，自嘉靖元年至四十五年之中，其間發生軍變、兵亂約有：嘉靖元年甘州軍變、元年八月福州衛卒叛與大同軍亂、三年八月大同五堡軍叛、八年七月溫州軍士亂、八年十月雲南諸衛亂、十二年大同軍亂、十四年四月遼東衛所軍亂、十七年五月南京龍江衛亂、十八年廣寧衛軍變、二十二年延綏軍變、二十四年池河衛卒亂、三十七年金山衛軍亂、三十九年福州衛卒叛等，至少二十餘起。

更顯示出朝廷能力不足，軍士敢於公然對抗。造成軍變的原因甚多，主要是以剋扣軍餉、勞役繁重、屯地被奪、待遇不公等情形最為常見。〔註31〕其中則有因為軍變的產生，而衍生出縱囚行為，雖然並非每起軍變皆附帶有燒殺劫掠之動亂，但是軍變的頻繁，已顯示出朝廷能力不足，故而軍士敢於公然對抗官方。

　　在這些附加性的縱囚行為當中，通常發生於守備薄弱的地方，如成化時期、嘉靖時期、萬曆時期等，各府州縣獄皆曾發生 6 起以上案例。因此朝廷與地方既無力處置變亂，致使變亂頻繁，又因為兵變後遺症的影響所及，使流民、流賊層出不窮，甚至地方盜賊任意反獄、劫囚，進而發生大規模民變，造成地方秩序被破壞殆盡。

表 6-5：獄囚脫逃所屬層級表

獄房類型 / 時期	中央			地方				軍獄	其它
	詔獄	刑部獄	都察院獄	布政司獄	按察司獄	都司獄	府州縣獄		
洪　武		1							1
宣　德		3					3		1
正　統		4			2	1	2		
景　泰		1		1		2	1		
天　順	2		1				1		1
成　化	2		5			1		4	2
弘　治		2	2				3		
正　德		1					11		
嘉　靖		2					7	1	
隆　慶								1	
萬　曆							9	1	1
天　啓							2		
崇　禎		1					6		1
總　計	4	15	8	1	2	4	45	7	7

【註】
1. 中央獄包含南、北兩直隸地區。
2. 都司獄歸入地方三司，其餘五軍都督府獄房等，則歸入軍獄。

〔註31〕韓大成，《明代城市研究》，頁 378～381。

二、獄囚脫逃所屬地域分析

明代對於政區的劃分，除南北直隸之外，則分爲十三布政使司。今就敘述需要，則將明代政區分爲北方、東南、西南三大區域，並加以探討獄囚脫逃與地域因素之間的關係。從表 6-6 的資料所見，歷朝所發生的獄囚脫逃事件，在北方地區曾發生獄囚脫逃的有北直隸、山西、陝西、河南、山東等地；東南地區則有南直隸、江西、湖廣、浙江、福建、廣東等地；西南地區則有廣西、雲南、四川等地。

1. 北方地區

在北方地區 54 起獄囚脫逃案件中，僅就北直隸地區發生次數總計共 33 例，比例超過本區總數半數以上，同時也是各地方發生獄囚脫逃案件之冠，然而這種現象是否說明北直隸地區的獄政管理最爲疏漏，則尚有商榷之處。因爲北直隸既爲京師近畿重地，舉凡有任何事變發生，必爲全國關注之焦點，而逃囚案件勢必影響當地治安，尤爲要事，除洪武、永樂兩朝因爲實錄編纂的避諱隱匿因素之外，其餘歷朝實錄對越獄事件多有詳實載錄，基於文字記載最爲完整的特點來看，也是造成北直隸逃囚案件的數量偏高的因素。以詔獄、刑部、都察院所屬的中央獄房而言，發生獄囚越獄與反獄案件，有：天順元年（1457）七月都察院強盜越獄、成化九年（1473）一月錦衣衛罪囚越獄、成化十七年（1481）三月錦衣衛囚越獄、弘治十五年（1502）刑部重囚越獄、嘉靖十八年（1539）七月刑部賊囚越獄等案件。其中較爲特別的是崇禎二年（1629）十二月刑部逃逸獄囚，竟高達一百七十餘人之多，是爲京師地區最嚴重失序的事件。

雖然北直隸地區發生逃囚案件次數甚高，佔此區比例絕大多數以上，若詳細分析則可以發現兩點特色：（1）、北直隸地區逃囚事件雖多，但僅止於越獄、反獄等型態，較少出現武裝暴力的劫獄案件，某種程度反映出北直隸地區獄政管理較爲嚴密的現象。（2）、對於逃囚事件之處理，北直隸地區較爲積極而迅速，以嘉靖十八年（1539）七月之案件爲例，當時刑部雖有獄囚越獄，隨即加以格殺之，〔註32〕而弘治二年（1489）十月都察院獄逃囚與正德十三年（1518）十二月的刑部獄逃囚，也都在事件發生後陸續緝捕到案。這些都可以說明北直隸地區，特別是京師之獄政管理雖略有缺失，但整體的防備力

〔註32〕《明世宗實錄》，卷227，頁 2 上，嘉靖八年七月壬寅條。

量仍具有相當優勢，因此還不至於出現公然劫囚的情形。

　　山西、陝西、河南、山東的逃囚案件之中，以山西與山東兩地發生獄囚脫逃的情形較為嚴重，山西所發生的案件有：正統三年（1438）九月山西都司獄強賊反獄、景泰五年（1454）九月山西都司獄囚反獄、成化五年（1469）六月山西行都司夜潰獄十五人、嘉靖三年（1524）十月大同軍變士聚眾劫囚、天啓三年（1623）一月山西絳州人王得山等劫獄、崇禎七年（1634）二月與九年（1636）二月等山西交城縣獄兩次被劫獄，共計七起案例；山東地區的六起案例之中，即有四起反獄與劫獄的事件：正統二年（1437）四月江西按察司獄強盜二十餘人反獄、嘉靖二年（1523）六月山東萊蕪縣遭盜賊劫獄、萬曆四十三年（1615）閏八月盜入山東安丘縣劫獄、崇禎六年（1633）五月山東獄囚黑夜越獄。此外，就衛所都司而言，既為地方軍備防務所在，仍不免發生反獄案件，且愈到後期愈與軍士譁變有關。至崇禎時期更陸續發生陝西宜君縣獄、山西交城縣獄、山東萊蕪縣獄與安丘縣獄等，都分別遭盜賊的武力劫囚，這些或許與地方衛所制度崩解、當地生活環境較不富裕等因素，所形成剽悍的民風習性有關，進而影響當地獄政管理的優劣。

2. 東南地區

　　就東南地區而言，以南直隸、江西、湖廣等地較為嚴重，其中南直隸為經濟富庶之地，商旅往來，利之所生，賊盜事件層出不窮，對社會治安亦多所影響。明代自國都北遷以來，猶需仰賴大運河的運輸，以取得江南地區的經濟支援，因此運河流經之處，皆為經濟富庶之地，故而行旅熙攘，各地盜賊因圖利而劫奪的情形，亦隨之增加。除橫行於陸路之盜賊外，明代自國都北遷以來，猶需仰賴大運河的運輸，以取得江南地區的經濟支援，因此運河流經之處，皆為經濟富庶之地，故而行旅熙攘，利之所生，盜賊亦隨之而起，於是出現專門劫掠江河水域的江湖盜。江湖盜即「江盜」與「湖盜」的合稱，因其劫掠對象有別，則又分為鹽盜、劫盜、糧盜、拐盜、茶盜等。〔註33〕由於盜賊類型繁多，說明經濟富裕地區背後，更隱含複雜的訴訟、治安社會問題。〔註34〕

　　在南直隸地區方面，獄囚脫逃的情形也是該區之冠，不過相較於北直隸

〔註33〕　吳智和，〈明代的江湖盜〉，《明史研究專刊》，1期，1978年7月，頁107～137。
〔註34〕　關於盜賊所引起的訴訟、治安等相關社會問題，參見：戴順居，《明代的強盜案件──判牘中所反映的民間社會治安問題》，宜蘭：明史研究小組，2005年10月初版。

地區的治安警備能力，南直隸相對地表現出獄政與治安管理的極大缺失，其餘如應天府、蘇州府、鳳陽府宿州、懷寧縣等，也都發生零星的獄囚越獄案件。湖廣地區自明代中葉以來，即有天下穀倉之稱，而所屬荊州府、襄陽府的交界地，則為著名的荊襄地區，所屬轄區較嚴重的獄囚脫逃情形，有：弘治十一年（1498）八月與十二月桃源縣的縣獄分別被盜賊兩次劫獄、萬曆七年（1634）三月衡州府反獄逃亡三十餘人。荊襄地區多崇山峻嶺，雖然明初即有不得民人擅入的禁令，不過因為經濟等其他因素，仍吸引許多流民與客民的遷入，於是此區人口漸眾，但卻無正式的行政管轄機構，大量的流民移入造成人口組成的複雜，進而成為盜賊聚集之處，〔註35〕對於此地區的整體治安而言，具有不良的影響。〔註36〕

在福建、廣東、江西、湖廣等四省交界地帶，也就是閩粵贛湘四省邊界，其所轄「地區曠遠，山深林茂，盜賊竊發不常，素稱極衝之區」，〔註37〕自古以來便以多亂著稱。其中受到地理環境因素的影響，山區險峻，風氣限隔，政令難以傳達，幾乎成為化外之地。此區開發遲緩，居民流移雜處，官方既不易掌控，乃至於當地小民以劫盜為常事。在政令無法治理的「盜區」下，盜賊進而轉化為家族性支配，企圖建立長久的勢力發展，以黃鄉土寇葉氏為例，不僅招攬新進流民，更藉由招撫取得與官方合作，暗中擴張勢力，其家族發展延續長達六代之久。〔註38〕明代原於此區設置守備等武職官員，但自弘治（1488～1505）以後陸續改設參將、伸威營總兵等武官，即是說明盜賊亂事嚴重，所採取之加強措施。〔註39〕

〔註35〕 曹樹基，《中國移民史·明代卷》（福州：福建人民出版社，1997年7月第1版），頁375～401。

〔註36〕 《皇明經世文編》，卷46，項忠〈報捷疏〉，頁9上。其奏疏上稱：「荊襄地連數省，川陵延蔓，環數千里，山深地廣，易為屯聚。自洪武初，高皇帝命申國公鄧愈芟平之後，禁無人入，永樂迨今，所在流移，歲集月聚，無慮百萬。」自明初以來，荊襄山區即有不得民人擅入的禁令，但是從永樂以來，荊襄山區因流民屯聚而人口漸增，並不時發生動亂，而成化年間更有李鬍子為亂，遂有項忠大規模的鎮壓行動。

〔註37〕 明·張聿，《鶴樓集》（臺北：漢學研究中心景照明隆慶四年序刊本），卷1，〈題為申明鎮守官兵以一法令以固根本重地疏〉，頁66上。

〔註38〕 唐立宗，《在「盜區」與「政區」之間——明代閩粵贛湘交界的秩序變動與地方行政演化》，頁194～225。

〔註39〕 蔡嘉麟，〈明代的南贛參將——兼論南贛地區的軍事防禦體制〉，《明史研究專刊》，13期，2002年3月，頁39～72。

　　此區發生逃囚案件，除南直隸刑部獄與都察院獄之外，較爲嚴重的有：正統十四年（1449）廣東南海縣黃蕭養越獄後嘯聚地方，從者近萬餘人、[註40] 弘治十一年（1498）湖廣桃源縣獄被盜賊劫獄兩次、嘉靖十一年（1532）福建侯官縣獄遭劫獄十九人、嘉靖三十四年（1555）一月南京應天府十五人越獄、萬曆七年（1579）三月湖廣衡州府獄囚反逃三十餘人、崇禎六年（1633）九月南直隸懷寧縣越獄六十一人。正因爲四省交界之組成份子複雜，寧王朱宸濠即以此招納亡叛，起兵反叛於江西，所以東南地區的逃囚現象，應與此區治安之不穩定因素有所關係。

表6-6：獄囚脫逃地域關係表

地域／時期	北方地區					東南地區						西南地區				其它
	北直隸	山西	陝西	河南	山東	南直隸	江西	湖廣	浙江	福建	廣東	廣西	四川	雲南	貴州	其它
洪武	1						1									
宣德	5				1				1							
正統	2	1			1	2	1		1		1					
景泰	1	1							1	1		1				
天順	3												1			1
成化	8	1				2						2				1
弘治	4							2	1							
正德	5		1	2			2	1				1				
嘉靖	1	1	1	1	1	2		1	1	1						
隆慶	1															
萬曆	1		2		1	3	2	1						1		
天啓		1								1						
崇禎	1	2	1		2	1	1									
總計	33	7	5	3	6	10	7	5	5	3	1	4	1	1	0	2

3. 西南地區

　　西南地區地屬邊陲，其地多設有土司制度，並以土官管轄其地。對於獄囚脫逃的地方，則有廣西、雲南、四川等地。西南既地處偏遠，在史料記載的取得與保存上，或許較爲不易，但是就所得史料來看，總計目前所見的明

〔註40〕《皇明大事記》，卷17，〈黃蕭養〉，頁29上。

代 93 例獄囚脫逃事件之中，僅佔 6 件而已，就整體地域比較而言，比例相較於北方、東南地區發生獄囚脫逃的情形，較爲鮮少而且呈現零星狀態。

西南地區所發生的逃囚事件，雖然在程度較少於其它地區，但是本區主要特點卻在於土官的叛服無常。西南地區的逃囚事件僅有 5 件，即廣西：景泰二年（1451）太平府獄囚趁夜越獄、成化十五年（1479）二月廣西守禦千戶所獲安南諜者因獄卒受賄所縱放、正德六年（1511）南寧府土官黃鏐於繫獄後越獄復叛；四川：天順八年（1464）一月賊盜入廣安州毀損公廨文卷，並劫囚四十餘人；雲南：萬曆三年（1575）九月澂江府罪囚脫獄。總計縱囚、脫獄、劫囚各一件，越獄二件，不過較值得注意是土官黃鏐越獄復叛事件，屬於西南地區典型的逃囚類型。

關於南寧府土官黃鏐事件始末，據《明史》所載是改土官後爲流官，所引發的變亂：

> 上思州，唐始置。元屬思明路。洪武初，土官黃中榮內附，授知州，子孫畔服不常。弘治十八年改流官，屬南寧府。正德六年，土目黃鏐聚眾攻城，都御史林廷選捕之，下獄。已，越獄復叛，官軍禦之，詐降，攻破州城，復捕獲之，伏誅。嘉靖元年，都御史張嵿言：「上思州本土官，後改流，遂致土人稱亂。宜仍其舊，擇土吏之良者任之。」議以爲然，仍以土官襲。〔註41〕

此外，根據《皇明嘉隆兩朝聞見紀》記載：嘉靖元年（1521）六月廣西土著黃鏐等亂，於獄中脫逃，復率眾攻州，因官軍圍剿而詐降。此後又趁副總兵張祐疏忽不備時，又復叛攻破城州。〔註42〕因此黃鏐聚眾與官府對抗，應起自正德六年（1511）至嘉靖元年（1521），盤據時間甚長，由其抵禦官軍且攻陷州城，勢力應頗爲龐大，如此降而復叛，仍橫行各地，猶無視於官軍的存在，而官軍亦對此無可奈何。

若就明代逃囚演變情形與地域因素兩者關係而言，獄囚脫逃事件發生的獄房層級，從初期的中央刑部獄、都察院獄，轉變成集中於地方的府州縣獄；而獄房所在地域，除北直隸地區數量偏高之外，北方地區與東南地區的逃囚情形，較西南地區來的頻繁。

〔註41〕 《明史》，卷 317，〈列傳第二百五·廣西土司一〉，頁 8226。
〔註42〕 《蒼梧總督軍門志》，卷 19，〈討罪三〉，頁 1 下；《皇明嘉隆兩朝聞見紀》，卷 1，頁 27 上。

第四節 獄政職能的探討

一、管理的內在困境

關於獄政管理的疏失，除了人事因素的各項缺失之外，另外還包含：感化教育的執行成效、獄卒的劣質化現象、獄房人力與空間不足等三項客觀因素的管理困境。

（一）感化教育的執行成效

傳統中國監獄的理念與制度，來自於孟子的性善論，經由「感化」的概念讓罪犯能經由適當制度的引導來改過遷善，而西方對於監獄制度的設立，則是基於剝奪自由的形式，以體現罪行不僅傷害被害者，同時也傷害整個社會的概念，並透過教養制度來矯正犯罪者的不良行為。不過，監獄作為一種管訓形式，最困難之處在於多數的囚犯缺乏參與「導正」的意願，因此使監獄的管訓制度無法發揮應有的作用，反而出現頑固的累犯。〔註43〕所以，管訓與教養制度的不完善，或是監獄管理的失當，將使監獄成為一種培養累犯的場所，形成適合犯罪者生存的環境——彼此稱兄道弟、講究義氣，甚至準備支援或教唆任何的犯罪行動。〔註44〕

對於獄政管理的外部規範，即是透過《明律》律法條文嚴格規定，提牢官吏對於獄房的看管的相關規範，若有任何獄政管理的疏失與處置不當，都可能是增加獄囚脫逃的因素，因此獄囚要審訊、提取，皆需經由一定程序及文件，〔註45〕而獄卒則隨身在旁戒護，以防備獄囚趁隙脫逃，審訊完畢之後，

〔註43〕 馮客（Frank Dikötter）著，葉毅均、程曉文譯，〈民國時期的摩登玩意、文化拼湊與日常生活〉（收入李孝悌編，《中國的城市生活》，臺北：聯經出版公司，2005 年），頁 479～482。關於馮客對民國時期現代監獄體系、刑罰理論等議題探討，詳見：Crime, Punishment, and the Prison in Modern China, 1895～1949, Columbia University Press, 2002

〔註44〕 傅柯著，劉北成、楊遠嬰譯，《規訓與懲罰：監獄的誕生》，頁 266～283。傅柯（Michel Foucault）認為監獄的教養制度若是失效，不僅無法將罪犯行為予以改正，反而會將大批的過失犯散佈於社會各處，成為社會上犯罪或腐化的根源，造成社會秩序所潛藏的可能危機，並直指這些教養、教化制度失效的監獄為「犯罪兵營」。

〔註45〕 《明史》，卷 94，〈刑法志三〉，頁 2311：「凡法官治囚，皆有成法，提人勘事，必齎精微批文。」

再以獄卒押回收監。〔註46〕獄門前差遣獄卒等差役把守，便是嚴防閒雜人等隨意出入。對於家屬或親友的探視，要詳加盤問檢查，特別是夜間前來探獄，尤須提高警覺，以免因疏忽而造成意外，因此獄房的看守與戒護，是需要時時提高警戒，其目的即是預防獄囚有越獄脫逃的可能。〔註47〕另外，對於家屬或親友一切器物的遞送，都有嚴格的規定，若是獄卒不加以盤查檢驗，而使獄囚以金刃等物品，造成自殺、解脫戒具，甚至反獄殺人者，皆以職責疏失分別處以徒、絞等重罪。〔註48〕

至於獄政管理的內部規範，主要針對獄囚的改過與勸誡，施行相關的措施。明代獄政的感化制度，雖不如傅柯（Michel Foucault）的西方世界所建立出一套完整管訓與教養制度，但中國傳統制度仍具有一套類似的機制。如呂坤所謂「刑法之設，明王之所以愛小人，而示之以君子之路也，然則圄圄者，小人之學校。」〔註49〕袁黃（1533～1606）任順天府寶坻縣知縣時，為激發獄囚向善之心，規定若是獄囚有誠心悔改者，經查證屬實則多給口糧以為嘉勉。〔註50〕明代的德清大師（1545～1623），法號憨山，曾受人誣陷而入獄，在獄中時常以佛法教化其他獄囚，於是常有獄囚隨德清大師日夕叩誦佛經，讓獄囚於精神心靈上有所寄託。〔註51〕

就上述所論，監獄中的囚犯若未能施以良好的管訓與教養制度，加上獄囚無法積極參與，將使監獄的管訓制度無法發揮應有的作用，不僅無法矯正不良行為，反而出現頑固的累犯，同時監禁於獄中的囚犯大量增加，勢必造成獄政管理的困難。從維護社會秩序的角度而言，監獄固然是審判罪犯之後，懲處並執行刑罰的所在，但是監獄的看守制度若未能嚴格執行，卻是將極具危險的重囚罪犯集中於一處，更增加誘發集體越獄或反獄的可能性，一旦讓

〔註46〕《大明會典》，卷178，〈刑部二十・提牢〉，頁8下。
〔註47〕《退思堂集》，卷7，〈批記・探獄之事〉，頁3上。
〔註48〕《明律例彙編》，卷28，〈刑律十一・斷獄・與囚金刃解脫〉，頁984：「凡獄卒以金刃，及他物可以自殺，及解脫枷鎖之具而與囚者，杖一百。因而致囚在逃，及自傷或傷人者，並杖六十，徒一年。若囚自殺者，杖八十，徒二年。因而致囚反獄，及殺人者，絞。其囚在逃，未斷之間，能自捕者，及他人捕得，若囚已死，及自首者，各減一等。」
〔註49〕《呻吟語》，卷5，〈治道〉，頁33下。
〔註50〕《寶坻政書》，卷6，〈示諭提牢監倉吏卒〉，頁5上。
〔註51〕明・沈德符，《敝帚軒剩語》（《筆記續編》，臺北：廣文書局，1969年9月初版），卷上，〈憨山之遣〉，頁10下。

這些重囚脫困而出，勢必造成社會秩序上更大的騷動與破壞。而明代獄政管理的教養與規訓制度，雖有其雛形概念，但大體實踐在個人官員的手上，並未能施行於廣泛而全面的制度。

（二）獄卒與囚犯共處的劣質化現象

獄卒屬於賦役制度下的徭役之一，獄卒通常領有工食銀，但因工食銀極為微薄，又常被官府移作它用或拖欠，致使獄卒難以負擔家計。既然被官府挪用工食銀，不少獄卒為謀生計，遂藉由獄房內的一些舊例規矩，作為生財之道，所謂「金多者，雖重罪，處淨室，或自構精舍以居；否，置一獄名套監，周遭樹木柵地，穢濕覆以腐草，鬱蒸之氣是生惡蟲。」〔註52〕所以，部分獄卒會研習舊例陋規，向獄囚要索財物，以便從中牟利。此外，獄卒以看守獄房之便，有時得以施行刑罰的權力，或捶打欺凌，或斷絕飲食，無形之中也為獄卒帶來財源。

除了上述利益因素所導致獄卒劣質化的情形之外，獄房既為監禁囚犯之處，負責看守的獄卒，間接具有宰制囚犯的權力，這種施予刑罰的權力過度擴張，加上與狡詐的重罪獄囚共處過久，兩者交互影響，衍生出牢頭、監霸、鎖頭等特殊身份，代理或取代正規司法官吏的刑罰權力，進而橫行肆虐於各獄囚之間，造成獄卒劣質化的重要原因。獄卒常年看管囚犯，有時採取以囚治囚之法，擇其入獄時間最久者，來管理其它囚犯，過度濫用權力的結果，產生「致使獄吏之貴，移為牢頭之橫」的情形，〔註53〕可知獄卒權力在獄中是凌駕法司之上。

從正統十三年（1448）九月，廣東廣州府獄囚黃蕭養結夥反獄逃亡事件來看，是由獄房內部持器械破獄脫出，而朱國禎認為應是獄卒收賄，縱其任意出入，而使此輩取得器械，進而所釀成的大禍：

> 時獄中重囚數百人，皆山海巨盜，黃蕭養密與結，乘間殺出，咸喜諾。行賄獄吏，飲酒攜物，出入自如，禁益疏縱。一日藏斧燖鴛中以入，伏其黨于外，至夜眾囚械出之，斧破獄門。〔註54〕

朱國禎指出正由於獄卒收賄，任其隨意出入，不僅防備的工作鬆懈，更能讓獄中重囚規劃出反獄的時機。因此，獄卒在看守時，不僅因收賄而疏於防備，

〔註52〕　《明文海》，卷340，王猷定〈浙江按察司獄記〉，頁5下～6上。
〔註53〕　《三垣筆記》，卷上，〈崇禎〉，頁36。
〔註54〕　《皇明大事記》，卷17，〈黃蕭養〉，頁29上。

在嚴重失職的情況下，進而導致重囚的反獄事件。此外，獄卒在獄中握有絕對權力，甚至可以濫施刑罰，掌握生殺之權，如天啓年間（1621～1627），楊漣、左光斗、魏大中等六君子陸續遇害，就是死於獄卒葉之仲手中，而葉之仲手段之狠毒，號為「獄卒之冠」。〔註55〕雖然在《明律》條文規定，獄囚若遭獄官、獄卒凌虐時，可以申告舉發，〔註56〕但事實上若非官員懷有清廉愛民之心，否則獄囚舉發獄卒的行為不僅成效不彰，甚至可能只是換回更殘酷的欺凌。所以，獄卒與囚犯長時間共處的情形，強化了獄卒可能或潛在的劣質化現象，以致於獄卒對於獄政管理產生索賄、凌虐等各種弊端。

（三）典獄人員與監禁空間的不足

獄卒或稱禁子，是各地獄房最基層的編制人員，也是第一線主要看管獄囚的警備力量。獄卒既為負責看守獄房者，屬於地方賦役制度下的徭役，依照府州縣層級與各地的編制不同，所屬獄卒員額略有差異，基於應役輕重及路程遠近等因素，屬於省級以上者，多採用「銀差」，屬於府州縣者，則多為「力差」。

以廣州府所屬獄卒編派員額來看，在獄卒總數 280 名之中，按察司因掌理一省司法事務，所以禁子員額分配最多，共達 80 名，其次為布政司、府級員額各 40 名，都司佔員額 20 名。而各縣禁子總數雖有 100 名，但實際上各縣員額頗少且相差甚多，除南海縣為廣州府治所在之處，兼有府級禁子與縣級員額可達 30 名之外，其餘各縣僅在 10 名以下，連山縣更是僅有 2 名獄卒。若用如此少量的禁子來看守獄房，確實在警備的規劃與配置上極為不足。〔註57〕因此，面對逐漸增加的獄囚數量，對編制較少的州縣獄房產生極大的潛在威脅，一旦爆發獄囚的武力動亂，實難有效的地予以遏止。

此外，由於各地獄房多位於官署衙門之內，一旦爆發獄囚反獄事件，官署內的官吏性命首當其衝遭到威脅，如從嘉靖十二年（1533）正月，在福建所發生的一起反獄殺官事件，可以約略看出大致相關性。當時福建左布政使查約、右參議楊瑀、都指揮僉事王韜等人，以公事參與集會，適逢重囚持兵械反獄而出，由於事出突然，眾位官員皆遭殺害，另外在追捕逃囚的同時，

〔註55〕《碧血錄》，卷下，〈天人合徵紀實〉，頁 24 下。
〔註56〕《明代律例彙編》，卷 22，〈刑律五・訴訟・見禁囚不得告舉他事〉，頁 882。
〔註57〕關於禁子的編制與徭役類型，以及各地僉派員額的分配情形，詳請參閱第 3 章第 4 節詳細論述。

孫燧、許逵、周憲等官吏力抗不屈而殉國，此等獄囚在白晝公然反獄並殺害官吏，引起朝廷極大的震撼與重視。〔註 58〕然而獄內重囚持刃突出反獄，不少官吏擔心受其殺害而聞風逃散、竄伏躲避，不僅突顯獄政關防的看守疏失，更是說明重囚反獄的強大破壞力。因此基於防範未然，在典獄官吏看守獄房時，必須嚴密盤查可疑人、事、物，以免獄中重囚獲取兵械或相關訊息，以便杜絕任何可能的反獄暴動行為。

至於獄政管理的另一困境，在於獄房的空間不足，因此審錄制度執行的某些程度，正是在抒解這項根本的問題。如正統二年（1437）九月四川按察使龔錢，因四川強賊繫於當地三司獄房者不下三百人，而尚有未緝獲到官者，對此即奏報朝廷要求遣官審錄。〔註 59〕福建按察僉事福富分巡至福寧州清理獄囚，於五日之中提囚二百餘人，予以審錄定讞。〔註 60〕而弘治時期（1488～1505）的南昌舊獄，圜墻僅有一畝，卻積繫獄囚千餘人。〔註 61〕從以上事例而言，可以看出清理獄囚的人數，動輒達數十人甚至百人，然而地方衙門的獄房，何以同時能容納如此多的獄囚？至萬曆時期（1573～1620），朝廷開始思考獄囚過多所引起獄房空間不足的問題，於是萬曆二十一年（1593）刑部奏請：

> 於巡按每歲審錄外，再立澄清图圄之法，師兩京會審之規，為撫按會疏之例。方春時和，每歲聽兩直隸、十三省各撫按官會同所屬問刑衙門，各審部內輕重罪囚。按察司居省會，即審省會之囚，守巡道即審各道之囚，皆親身巡行，不得調審，亦不得委審。〔註 62〕

於是這種「歲清制度」的施行，即是在清理獄房內的獄囚數量。萬曆二十三年（1595）再改革歲清制度，以「春為歲清，冬為處決，中屬審錄」為原則，〔註 63〕在罪囚執行處決之前，先施行歲清制度，再委由各官員審錄，藉由兩者並行之下，達到清理獄囚的目的，並抒解淹禁與冤獄的發生。

〔註 58〕 明・夏言，《南宮奏稿》（《文淵閣四庫全書》429 冊，臺北：臺灣商務印書館，1983 年），卷 2，〈慎重恩典以杜濫請疏〉，頁 40 上～43 上。

〔註 59〕 《明英宗實錄》，卷 34，頁 6 下～7 上，正統二年九月戊申條。

〔註 60〕 明・李樂，《見聞雜記》（上海：上海古籍出版社，1989 年，據明萬曆年間刊本影印），卷 11，頁 16 上。

〔註 61〕 《康熙・南昌郡乘》，卷 47，〈藝文志六〉，頁 37 下。

〔註 62〕 《神宗實錄》，卷 261，頁 5 上，萬曆二十一年六月丁酉條。

〔註 63〕 《續通典》，卷 112，〈刑六〉，頁 1820 上。

二、覆審與淹禁弊端

考察獄囚私自脫逃或武裝反獄的原因，除了前述獄房看管與行政的疏失之外，另外的潛在因素，在於明代司法制度的缺失──淹禁。所謂「淹禁」，是指獄囚的長時間監禁，而在《明律》規定的條文上，凡訴訟案件審錄定讞之後，需於三日之內斷決並加以執行處罰：

> 凡獄囚情犯已完，監察御史提刑按察司審錄無冤，別無追勘事理，
> 應斷決者，限三日內斷決，應起發者，限一十日內起發，若限外不
> 斷決不起發者，當該官吏，三日笞二十，每三日加一等，罪止杖六
> 十，因而淹禁致死者，若囚該死罪，杖六十。流罪，杖八十。徒罪，
> 杖一百。杖罪以下，杖六十，徒一年。〔註64〕

此條文規定是指審錄無冤者，必須於規定期限之內決斷、執行刑責；但若是案件的獄情有可疑之處，則必需暫時羈押相關疑犯人等，待證據、人犯或案情明朗時，方能予以判罪定讞。所以在《明律》已有速審速決，禁止長期監禁的規定。

明代的司法案件依照罪行輕重，所執行刑罰的機關各有不同，凡屬笞、杖以下的輕罪案件，多由所轄地方司法機關執行；〔註65〕屬於徒罪以上的重罪案件，必須由所屬地方司法機關，將判決與相關卷宗、物證等提交上級機關審核，若涉及人命、謀叛等十惡重罪，則需經由轉審制度呈報中央的三法司審議。〔註66〕所以《明律》所謂審錄無冤，而需依照規定於期限內決斷、執行的限制，朝廷對於審錄制度的訂定，即是希望能藉此有效的解決各地案件積壓不決，導致人犯長期監禁的普遍性弊端。〔註67〕如此審錄制度設立的原意，是要解決案件矜疑或積壓不決的問題，但是也可能因為反覆的審錄造成時間上的往返拖延，罪囚仍因此長繫於獄中，造成適得其反的效果。沈演（1566～1638）在重審鄭映三九殺人一案，即認為重審與翻案之間所存在的

〔註64〕《明律例彙編》，卷28，〈刑律十一·斷獄·淹禁〉，頁980。

〔註65〕楊雪峰，《明代審判制度》，頁235～241。地方性質的戶婚、田宅、鬥毆等輕微案件，在明初時還設立里老、申明亭制度，作為和解的機關，若無法和解者，再前往官府審理，其目的不僅顧慮一般百姓涉入訴訟後的可能損失，更可以減少司法機關審理訴訟的工作來源。

〔註66〕邱澎生，〈以法為名：明清訟師與幕友對法律秩序的衝擊〉，頁105～112。基於對案情的矜疑或謹慎態度，所形成重罪案件的「轉審制度」，是對於明清以來所建立官方法律秩序的維護，並且有越加嚴密的趨勢。

〔註67〕那思陸，《明代中央司法審判制度》，頁251～252。

問題，在於重審官員過度委曲求生，致使案情添增更多疑竇，以致於愈求而彌失其眞。〔註68〕會審、重審之間的公文案牘往返，虛耗時間過多，亦是弊端之一：

> 案牘不清，則官府無善治，勾攝不寡，則里巷無安民。自來循良之司，明察之長，未嘗不斂輯凤牌，洗清故牘，以惠小民也，然其中有事屬上司而文移不能斷，情關重大而理法不能容者，所以或五六年、或八九年、或一二十年，迄無結絕，官司多事，吏弊滋繁，職此故也。〔註69〕

所以導致部分官員好事吹求，苛刻爲務，專以深文巧詆爲能事，造成故入人罪或妄引律法的問題。〔註70〕因此法司所審錄案件或許爲特例，但是疑案本身的爭議與辯駁，都會增加法官審錄時間的延滯，這種情形則可能成爲司法程序上難以避免的淹禁因素。

罪犯與獄囚之間的攀誣牽連，是造成會審案情不清與淹禁情形的因素，崇禎十三年（1640），黃希憲以右僉都御史巡撫應天等處，〔註71〕曾對南直隸地區的罪犯攀誣陷害入罪情形，提出以下的看法：

> 強盜扳害良善，比比皆然，然得縱其肆害者，其弊有三：一、在印官厭煩或委佐貳代審，左右藉以行私，或暫寄大監，老囚勒令改口。一、在積年捕役，私刑苦拷，唆撥扳良，計圖詐騙。一、在所供徒黨，概行提捉，玉石遂致混焚。〔註72〕

獄囚的妄攀誣陷，除了被人買通、挾怨報復之外，就是藉此作爲脫罪的機會，因此獄囚隨意的誣陷情形極爲常見，不少法司官員斥之謂「獄犯故套」，〔註73〕

〔註68〕《止止齋集》，卷28，〈平讞‧鄭映三九〉，頁5下。

〔註69〕明‧霍與瑕，《霍勉齋集》（臺北：中央研究院傅斯年圖書館古籍線裝書），卷18，〈申爲清案牘事〉，頁30下。

〔註70〕《西園聞見錄》，卷97，〈聽訟‧前言〉，頁24上。「出入人罪」是指法司對於案情定讞的錯誤與疏失，凡是將無罪判有罪、輕罪判重罪等重判的行爲，則稱爲「入人罪」；反之，輕判者稱爲「出人罪」，詳見：巨煥武，〈明代律例有關官員出入人罪的規定〉，《政大法學評論》，23期，1981年6月，頁27～63。

〔註71〕《國榷》，卷97，頁5853，崇禎十三年正月戊辰條。

〔註72〕明‧黃希憲，《撫吳檄略》（臺北：漢學研究中心景照明刊本），卷1，〈爲督撫地方事〉，頁7下～8上。

〔註73〕明‧冒日乾撰，《存笥小草》（《四庫禁燬書叢刊》集部60，北京：北京出版社，2000年1月第1版，據清康熙六十年冒春溶刻本景印），卷6，〈郡中讞語‧下〉，頁86上～下。

視爲狡詐獄囚的一貫伎倆。此種妄攀誣陷的情形，不僅增加法官定讞的困難性，同時也增加囚犯入獄的監禁時間，形成淹禁的問題。

除了司法程序上的淹禁因素之外，更多淹禁情形是來自於非正當性的因素，如鍛鍊成獄、非法監禁。明代司法審錄上的淹禁情形，從明初以來即有所聞，如洪武七年（1374）正月廣平府成安縣丞唐詢，即因公事細故繫獄二年，後自獄中上書陳情，太祖得知後即命釋放，並逮問淹禁的相關官吏問罪。〔註74〕官員尚且因小事繫獄二年，更遑論一般百姓，同時還會遭受到官吏或獄卒的威逼勒索，動輒破家者不在少數。

長時間獄囚淹禁情形的出現，則可能衍生出兩種不同的惡果：獄囚的庾死或逃脫。「庾死」是指獄囚受到長時間的監禁，可能由於人爲因素的虐待、剋扣糧食而致死，或是自然因素的酷暑、寒冷、病疫所導致的死亡等狀況；「逃脫」則是由個人單獨趁隙從獄中脫逃，或是夥同獄中囚犯於謀劃後共同逃亡。獄囚因淹禁而遭到庾死的情形，在明初已頗爲常見，如永樂九年（1411）十一月刑科都給事中曹潤等審錄地方，奏言其中多有淹禁一年之上者，一月之間庾死九百三十餘人。〔註75〕永樂十七年（1419）十二月監察御史鄧眞提到，刑部、都察院職掌刑名案件，仍有淹禁三年、五年以至十年，都不予以審錄，以致獄囚多有淹禁致死者。〔註76〕王廷相（1474～1544）認爲獄囚淹禁太久，則會引發越獄、劫獄的弊端：

> 審見監一應罪囚，中間已問成案者，雖經巡按衙門會審允示，多至監禁年久，不行轉詳。蓋由各該官員不知轉詳來歷，而巡按衙門會審一過，又不行查，多致自斃于獄，甚至年久，通同禁卒人等，越獄劫獄，難免重罪，不知幾何？〔註77〕

獄囚淹禁的案件內，有些是因爲會審制度下轉審的延宕，以致於官員不知其轉詳來歷，又不行確實查明，造成獄囚的長期監禁。所以這些造成獄囚淹禁的因素，致使不少囚犯在獄中受到磨難，而在長時間監禁之下，也可能對獄囚的心理造成影響：孤窮貧弱者，或許只能默默忍受長時間非人道、無理的虐待與折磨；狡詐強壯者，卻可能對此無理的對待，激起反抗或不合作的心

〔註74〕《明太祖實錄》，卷87，頁3上，洪武七年春正月壬午條。

〔註75〕《明太宗實錄》，卷121，頁5上～下，永樂九年十一月丙子條。

〔註76〕《明太宗實錄》，卷219，頁4下，永樂十七年十二月己丑條。

〔註77〕《王廷相集》，《浚川公移集》，卷1，〈一爲清查淹禁獄囚事〉，頁1132。

態，進而可能形成越獄脫逃的潛在動機。

　　至於淹禁獄囚可能會導致獄囚脫逃的疑慮，無論中央或地方司法官員則是採取積極的審錄獄囚，企圖化解這股潛在的危機，而獄房通常位於行政中心附近，例如府治、縣治之內，一旦爆發事故官府衙門必定首當其衝，所以獄囚數量的暴增，對於獄房的管理應當造成極大負擔與壓迫。故而無論中央或地方官員，其要求審錄獄囚的目的，不僅在於避免冤枉無辜、體恤人命，另一方面更是因爲可能會危害到官府衙門，甚至是整體地方的社會秩序。以嘉靖十二年（1533）正月福建所發生的一起反獄殺官事件，也同樣是因爲重囚淹禁多年，或是拖延不決斷，進而釀成反獄之禍。〔註78〕因此可知，司法審判程序中之淹禁與停刑，不僅屬於司法制度上的施行弊端，更可能因此釀成越獄或反獄事件，不僅劫奪財物、殺害官民，甚至聚眾謀亂造成地方社會秩序的動盪。

　　從司法制度的觀察層面而言，獄囚的脫逃案件顯示出地方獄政管理的失能，特別是著重在淹禁弊端與看管疏失，前者可視爲導致獄囚逃亡的間接因素，後者則爲直接因素。由於淹禁可能衍生出兩種不同的結果：瘐死與脫逃。特別淹禁獄囚導致獄囚脫逃的疑慮，在獄房之中容納過多的獄囚，一旦發生事故，勢必對官府衙門與整體地方秩序產生衝擊，其中還牽涉導致獄囚集體越獄或反獄的可能性。而看守管理的疏失，則是因爲獄卒等差役疏於防範，甚至收賄而未嚴加看守，導致重囚趁隙反獄。因此獄政管理的嚴格執行與否，顯然與當地地方社會秩序有相當關聯，而監獄制度本爲監禁罪犯之所，是國家權力對於破壞社會秩序者所給予懲罰，若配套措施的不完善或因管理失當，反而成爲一種培養累犯的場所，並且將極具危險的重囚罪犯集中於一處，更增加誘發集體越獄或反獄的可能性，若是讓這些重囚脫困而出，勢必造成社會秩序上更大的騷動與破壞。

〔註78〕《南宮奏稿》，卷2，〈慎重恩典以杜濫請疏〉，頁42上～下。

第七章　結　論

　　對於明代獄房的設置與否，毫無疑問是肯定的，然而關於獄房設置的所在、規制、類型等，卻鮮少為學者所提及。前人每論述及此，雖然也肯定其存在的必然性，則多為簡略說明，其問題的主要徵結，在囿於史料的檢索範圍。有鑑於一般正史、實錄與政典等，對於獄政管理相關事宜的記載之簡略，而明人文集、筆記、方志等，其所記載事物雖近於瑣碎，然而卻切合周遭生活，如訴訟爭端、獄囚脫逃、劫囚越獄等，皆有詳細記載，因此從整合兩者間的史料記載，尋找出相關資料，以架構出明代的獄政管理制度。

　　有關罪犯的懲戒與監禁，皆屬於國家權力與皇權的延伸，因此若非經由正式的司法程序，皆不得任意私設獄房。而明代在獄政體系下的官員編制，可分為刑官、獄官、監察官等三類，其職掌分別為刑案定讞、獄房管理與巡察監督，於獄囚監禁的過程中，從中央到地方皆有遣官審錄罪囚，防止官吏施行虐囚、侵奪、枉殺等一切不法情事，並減低獄案冤屈的發生，以維護司法制度的正義精神。明代在獄政管理上，雖承襲歷代前朝的制度，亦有其創發與革新之處，包含人事制度、獄房起居與督察、及獄囚飲食與勞役等諸項措施，而自成一套有系統的管理制度，以下就其特點加以總結。

一、獄房建置的規劃

　　對於地方獄房的建置，一般多位於府縣衙門治所的西側，除以獄房為主體之外，另有土地廟、獄神祠及官員審訊的廳堂等，獄房的類型則因罪行輕重、性別的考量，而有重監、輕監、男監、女監等區別。獄房與廳堂的相關位置，亦有其縝密的規劃與考量，如獄房所在之處，多是衙門較為內側的地

區，即為了防止獄事機密的外洩，而緊臨審訊廳堂的目的，則是便於提囚審問與押解。若是兩者間的距離過遠，則以改建或遷移官署來加以解決。

關於明代獄房種類的設置情形，從直屬於皇帝的詔獄、鳳陽高牆，中央的刑部獄、都察院獄，到地方的三司、府、州、縣等皆設有獄房，而軍事的專門獄房劃分更細，衛與千戶所亦有其獨立的獄房，明初甚至一度出現水牢的設置。關於獄房的警戒，也因為獄房層級不同而有所差異。地方縣級獄房的巡查，因為無司獄官的設置，通常委由刑吏與獄卒擔任；府級以上，則委由司獄官專職提調；刑部既掌天下刑名，於司獄官之上添設提牢官，即由刑部主事輪流提調；詔獄在獄政關防上更為嚴密，由錦衣衛千戶、百戶、禁子等加以看守，在員額編制上，亦高於其它各級獄房。以上為明代常態的獄房設置，另外較為特別的是，有些造船廠、轉運鹽使司等，也都附設獄房，這些皆是就所得史料所能確認的情形，實際上獄房的種類應不僅止於此。

禁子員額的編制，是為獄政管理制度下必要的條件，從《大明會典》所載兩京禁子員額數來看，甚至包含戶部、兵部與通政司等機構。雖然禁子員額的編列，並不代表獄房設置的絕對性，但從戶部、兵部與通政司等設有員額的情形來看，應可推測這些機構既設獄房，則表示掌有部分司法審判之權。兵部附設獄房之目的，應與軍事審判有關，然而戶部、通政司附設獄房之目的，則頗令人費疑，但囿于史料之闕，未能深入瞭解實際狀況。因此，從明代所設立的獄房種類來看，不僅遍佈各地，甚至有過度設置的情形，幾乎可用「無處不設獄」來加以形容，這也反映明代獄政制度的紊亂，及其獄政職權的不相統合。

二、獄政管理的革新

明代在獄政管理上，雖承襲歷代前朝的制度，但不乏其創發與革新之處。在獄囚的監禁上，執行嚴格的區分制度，就獄房類型而言，有輕重類分、男女有別；就罪行輕重而言，有施戴械具與散收的區別。在獄囚飲食醫療上，則由官府供給囚糧、衣物，身染疾病時則由惠民藥局給藥，或由醫士診治，若遇重病及厲疫時，則允許保外就醫。當獄囚於獄中亡故，則需由相關官員會同堪驗，以防獄吏凌虐與通同舞弊等情形。在提取獄囚審訊時，需要經過一定的程序與證明文件，審訊完畢後隨即還押獄中，並由司獄官與禁子戒護在側，以減少失囚的可能性。

在獄政制度的管理革新上，早在正德時期（1506～1521）王陽明出任刑部主事前，即有前任主事開始整飭獄政，及其接任後，更大力整頓獄政事宜，舉凡刑部獄房修繕、獄囚稽核等一切不法事宜，皆加以汰舊改善，其中的夜巡警戒，是較為特殊的創舉，並將其載文嚴格施行，可惜僅見其大要而未見細則。嘉靖初期都察院獄也曾一度革新獄政，並由御史方鳳撰文刻石為記。此兩次的獄政革新，皆隸於中央所推行，然而相關內容卻未能流傳後世。萬曆時期（1573～1620），呂坤在巡撫山西時，特別留心地方政務，並詳載當時獄政管理的施行情形，並提出見解與改良之法，其中即受到王陽明的影響甚大，尤其是夜巡的走更之法，配合禁子巡邏、鈴鑼、砲聲等警訊，各環節皆嚴密相扣。在這種獄房管理制度的演進下，明末各地的府州縣，更設置團練兵壯，專以防護城池與庫獄重地，以維持當地治安。

除了中央所推動的獄政革新外，對於獄房的整修與管理，則分別由相關機構所負責，因此各地官員留心於獄政者，便不乏屬於個人性質的獄政革新。例如獄房環境的清潔與通風、溷廁打掃、飲水衣物、醫藥保健、刑罰改革等，另有出自於鄉里百姓的捐貲整修獄房、寒冬周濟獄囚等行為。因此，明代獄政的管理上，不免存有獄房黑暗與殘酷刑罰的情形，但是無論從中央到地方，官方乃至於私人都不斷在進行的改革，其努力亦不當忽略。

三、司獄官員的位階

司獄既為掌理獄政事務的職官，舉凡獄房監督、清理、飲食等皆為其職責範圍，且隸屬於刑部管轄。司獄司通常設有司獄官一員，從九品，掌印，勳階則初授將仕佐郎，陞授徵仕佐郎，其下設獄典及職役禁子數人。府、州、縣各地雖皆有獄房，但惟有在府級以上的行政機關，才設置司獄司專職獄政，縣級地方並無專職司獄官，而是以知縣、縣丞或司吏兼理。

關於司獄的進階授官，亦需經由九年三考，或三年、六年考滿，分由南北兩處管轄，屬北直隸者赴吏部，屬南直隸者赴南京吏部，隸各布政司者赴各布政司給由，並交付吏部存查，以為查考、升黜的參考。考滿後則授以敕命，並從將仕郎晉陞為進登仕郎，而這些處理政事的資歷，對於管理獄政事務，皆有相當的助益。對於司獄官的簡選，需擇其有才幹且專精刑律的官員，此外更要有正直仁厚之品德，及智慮聰穎之計謀，其宅心仁厚，可使獄囚免於拷訊的鍛鍊，而勤於職事則使獄囚安於獄中生活起居，及遏止獄吏的一切不法事端。

司獄官既掌獄政，便關乎獄政之清明與否，然而司獄品秩雖爲從九品，但卻歸入雜職人員之列，所以其地位多不受重視，且從所得史料而言，除刑部的提牢官之外，司獄官通常由胥吏擔任，加以職責在於管理獄囚，常年與盜賊爲伍，因此多受到社會的輕視。在待遇方面，明代官俸之低，是爲歷代之最，雖然官俸多寡，並不一定能影響官吏的才幹與操守，若是生計一旦遭受威脅時，貪瀆弊端發生的機率，則將會增高。一切制度的背後，人事因素是制度運作的重要核心，而司獄官既不受重視，職責權限又小，在行政制度的推動與革新上，多有掣肘與不便，加以所處環境的複雜，兩者相互影響之下，弊病便層出不窮。所以，司獄官地位是否受到社會的重視，是直接影響到明代獄政管理的良莠與否。

四、監候制度的確立

明代的死刑可以分爲「眞犯死罪」與「雜犯死罪」兩種，其死刑罪名的種類，在《明律》上皆有詳細記載。所謂「眞犯死罪」是指十惡、叛逆、強盜、殺人等嚴重犯罪，其罪行皆在絞、斬以上，且往往隨即處決；而「雜犯死罪」之刑責雖重，但並未完全非依照律法來執行，通常是透過贖刑的方式，予以減輕罪責。因此，就明代律法而言，若非觸及眞犯死罪，則罪行再重，亦有轉圜與減免的可能。

明代對於死刑的執行有「決」與「候」兩種，「決」即決不待時，凡罪刑定讞隨即押赴刑場處決，其刑責包含凌遲、斬、絞等；「候」即監候待決，罪囚監禁於獄中，待秋後依律執行刑責。明代律法將刑責分爲「決」、「候」，即是相當於現代的死刑、有期刑、無期刑。獄囚在監禁獄房中，除重大惡行的死刑犯隨即處決外，其餘死罪者往往留待秋後問斬，然而在此之間，有時因帝王即位、聖誕、災異等，則也有赦免或恤刑的情形。明代的監候制度，在情理上既以矜恤民命爲根本，在法理上則是將死刑作嚴密的區分，所以董康認爲明代的監候制度，將刑法區分爲死刑、有期刑、無期刑等自由刑，實爲法制史上一大進步。

明代在監候制度的基礎下，逐漸產生完備的會審制度。審錄制度是從明初開始成形，至明代中期漸成爲定制。會審是以矜恤人命爲根本，其中包含決候分明與覆審定讞等兩大要點，主要是由三法司或三司，會同其他府、部官員聯合審理刑案，其案件多爲覆審及清理疑案，以示謹慎刑獄之意。而會

審制度在明代，其形態可分爲中央與地方兩大類：在中央則有朝審、熱審、寒審、圓審之名；在地方則由監察御史、巡按御史會同地方官員，進行會審錄囚。會審目的既在於辨明冤抑，以減少淹禁的發生，不過制度本身也可能因爲翻案與重審之間，形成矛盾，並造成案情失眞等弊端，但是會審制度的完備，卻是對於司法制度之下公正精神的保障。

五、停刑制度的影響

歷代以來，對於決囚時有所謂禁刑之日，自唐律制定以後，各朝皆加以承襲，期限則爲立春以後，秋分之前，及每月初一、初八、十四日、十五日、十八日、二十三日、二十四日、二十八日、二十九日、三十日等，另外若遇歷朝祖宗之忌日、聖節、齋戒等特殊日期，皆不得行刑。禁刑之日的設立，主要是因爲佛教的戒殺日而來，其背後仍有愼重人命的意義，然而明代的停刑之舉，卻將這些善意轉化爲司法的流弊。

明代處決罪囚爲求愼重，凡死囚必經由三覆奏而後行刑，以重民命，然而正統時期以後，卻出現「批手留人」事例。即由重囚家屬於臨刑前，以擊登聞鼓的方式訴冤，並由值鼓給事中於校尉手中批字，至行刑處暫免行刑，待具狀進呈後，候旨裁決。在「批手留人」制度之下，形成停刑、停審的先例，明代中葉以後，遂屢有停刑之舉，其原因雖有郊祀、災禍、皇子誕生等爲由，而武宗則以南征爲藉口，世宗以信奉道教爲由，連續數年停刑。至萬曆時期（1573～1620）更將停刑的地區，從以前的京師向京外地區擴散。

停刑之舉，雖以表示愼重人命之精神，但卻也造成死囚心存僥倖，或賄賂以拖延時日，再伺機脫困求生等弊端，進而造成行刑之疏失。死囚之中亦有罪惡已極者，就國家立場而言，應當明正典刑以彰國法，以示爲警誡，而停刑停審之舉，雖以憐恤爲名，事實上則將罪行輕重混淆，無法彰顯司法功能，即使停刑之後，罪犯仍舊拘繫於獄中，而經年累月的充斥獄房，造成獄囚淹禁的弊端。淹禁的結果，造成獄囚瘐死獄中的情形增多，產生變相的虐囚行爲，而過多的獄囚長年累繫於獄房，不僅耗費國家財政資源，無形中更增加獄房動亂的危險性，就整體經濟與律法制度而言，皆有嚴重損害。

六、獄囚脫逃的轉變

獄房爲拘禁罪犯之所，其設置的目的是藉由刑罰與環境的約束，裨使罪

因能改過向善，以免危害社會安全，然而罪囚並非皆有向善之心，尤其觸及重大刑案者，多欲從獄房之中逃脫，以冀免刑責。獄囚脫逃在《明律》上的規定，逃囚經緝捕歸案，需於原罪上加重二等，而劫囚之罪責等同盜賊、人命之死罪，其罪責甚重，且相關的司獄官吏人等，亦需連帶處分，然而罪囚為求免罪去刑，無不費盡心思以逃離獄房，故有明一代的獄囚脫逃的情形，仍頗為嚴重。

自明初以來，獄囚的脫逃方式，隨社會環境而有所變化，就《明律》條文所規定，獄囚脫逃的類型是以脫監、越獄、反獄、劫囚等為主，而獄囚脫逃所發生的原因，則有納賄開脫、刑官疏失、黨羽奧援、變亂縱囚等因素。此外，政治情勢的社會因素、風土民情的地域因素等，都間接影響獄囚的脫逃方式。明初受到較嚴厲的刑法與禮法控制，且此時期獄政管理得當，關防嚴密使獄囚較無脫逃的機會。明代中期以來，罪囚越獄情形日趨增多，並出現獄囚暴亂及武裝行動的劫獄，而萬曆時期（1573～1620）以後，獄囚的脫逃，更從前零散之舉，轉變成大規模集體行動，人數動輒數十人。

在獄政管理上，獄囚脫逃除了以買通、詐偽、開脫等方式外，更有些不可抗拒的因素存在，如獄中暴動、劫囚等，而這些武力的強行對抗行為，若僅憑薄弱的獄卒守備，切實無法與之抗衡，因此在獄囚脫逃後，若能在其限內追捕歸案，則可減輕罪責與處分。不過若能在獄政管理上嚴加看守，扼止獄囚逃亡的企圖，才是減少獄囚脫逃的根本之道。獄囚脫逃的轉變，可視為獄政運作情形的指標，而獄政管理制度的優劣，則不免受到當時政治與社會的相互影響，對於整體獄政的管理，獄政改革尤為獄政管理之核心，若司法審判未能發揮公正精神，復因管理制度的疏失，則將產生令人難以理解的獄囚脫逃現象。

七、制度運作的困境

明代獄政管理的疏失，除了人為因素的各項缺失之外，對於獄政管理在運作上的困境，就整體制度層面的設計而言，應包含以下兩個癥結點：

（1）涉及感化教育與規訓的執行成效、獄卒的劣質化現象、獄房人力與監獄空間不足等三項因素。監獄作為一種管訓形式，是透過教養制度來矯正犯罪者的不良行為，然而並非多數獄囚能積極參與，於是規訓制度無法發揮應有的作用，反而出現頑固的累犯，甚至是將極具危險的重囚罪犯集中於一

處，增加並誘發集體越獄或反獄的可能性；獄卒以看守獄房之便，有時得以獲得施行刑罰的權力，而與獄囚長時間共處的情形，更強化了獄卒潛在的劣質化現象，以致於獄卒在管理獄房時產生索賄、凌虐等可能弊端；此外，獄房人員的編制與空間不足，則是監獄看管與警備上的制度設計問題，而逐漸增加的獄囚數量，對獄政人員編制較少的地方獄房，產生極大的潛在威脅，一旦爆發獄囚的武力動亂，實難有效地予以遏止。

（2）有關覆審與淹禁所引起的管理議題，明代的司法案件依照罪行輕重，所執行刑罰的機關各有不同，輕罪案件委由地方司法機關執行，重罪案件則由地方司法機關提交上級機關審核，或經由轉審制度呈報中央的三法司審議。爲求詳實審錄的制度設計原意，在於有效的解決各地案件積壓不決，導致人犯長期監禁的普遍性弊端，但是過度反覆的審錄，卻也造成時間上的往返拖延，致使獄囚長期監禁於獄中，造成適得其反的效果。而這種獄囚長時間監禁的「淹禁」現象，一方面是由於人爲因素的虐待、剋扣糧食，或是自然因素的酷暑、寒冷、病疫所導致的獄囚死亡狀況；另一方面則是因爲獄囚在長時間監禁與精神磨難之下，對於心理產生壓抑與衝擊，若屬狡詐強壯的獄囚，將可能激起反抗或不合作的心態，進而形成以暴力越獄或反獄的潛在動機。

書　影

書影 1：明・張肯堂,《𧮂辭》

（臺北：臺灣學生書局，1970 年 12 月初版，據崇禎年間原刊本景印），
卷 4,〈鄭加成等〉，頁 1 上。

折獄如治病病者詳告以所苦湯膠鍼灸不待徧詢
而能施也惟夫諱其疾之所自來而診之者又不深
求其故一或誤投鮮不益之厲矣馬守用之訟鄭加

鄭加成等

𧮂辭卷之四

雲間張肯堂載寧父讞

𧮂辭　卷四

一

書影2：明‧吳亮，《止園集》

（臺北：漢學資料中心景照明天啓元年刊本），卷28，〈詳牘二〉，頁39上。

提管招夷識究革該道仍通行申飭繳

一件度命事

批

固監重犯干係匪輕倘有疎虞誰執其咎且

因四犯而議修監房議該獄卒不煩費平不便一。至零星會審不便二。起解會審不便三。

梁珠之呈請安得謂其無知而諉託也。又安

待謂巳奉憲批而難改也。本院原無成心該

路殊少卓見張朝等仍舊解發應州固監候

決不必再議收管繳。

書影 3：明‧章律修，《成化‧保定郡志》

（《天一閣藏明代方志選刊》2，臺北：新文豐出版公司），卷 5，〈官寺‧司獄司〉，頁 11 下。

年間建於府治西廳堂土地神廟如制州邑惟四
門廡宇俱在獄內以防情泄也本府司獄司洪武
廢罪人惟府治有司獄官石二縣則無官也其衙
之俾不得他適也　國朝於府州縣各設牢獄以
奸以守之謂之奸獄所以待夫不法之人而禁錮
司獄司即古圜圉也在天星應貫索之象古人設牲

司獄司

制其因革與廢詳見學校

於治東南春秋祭祀以奉先聖先賢州縣皆如其

書影4：明・謝彬等，《萬曆・漳州府志》

（《明代方志選（三）》，臺北：臺灣學生書局，1965年5月，據明萬曆元年刊本景印），卷5，〈均徭〉，頁36下。

漳州府志卷之十二

同內宰門子各二名　庫子各二名　內平和詔安海澄洋一名

銀七兩二錢南靖漳平　平和海澄銀五兩四錢斗級各二名

無編　殿夫各一名　龍溪漳浦文公祠門子各一名

洋學

錢銀八兩　漳浦龍巖射圃門子各一名　巡司弓兵共一千一百

邑厲壇門子各一名　八錢

四十名　每名銀七兩二錢內扣餉弓兵四百三十四名

力差　本府司獄司獄卒三十名　六兩

名四兩　常平倉斗級四名　各縣禁子共五

山川社稷郡　龍巖平和詔安

新監禁子六

書影5：明·汪應蛟，《撫畿奏疏》

（臺北：漢學資料中心景照明天啓三年刊本），卷 2，〈縣獄脫囚查叅失事官員
疏〉，頁 43 上。

縣獄脫囚查叅失事官員疏

為縣獄脫囚查叅失事官員以懲怠玩事竊照天

津道兵備叅議張汝蘊呈問得一名陳可顯年

四十五歲係南直隸寧國府宣城縣人由監生

見任河間府青縣主簿因本縣正官陞任奉文

委署印務狀招萬曆二十七年五月內有見監

詳名斬罪強賊張小得濟即張得濟并吳松吳

山及本府駁問強賊王尚志劉登高仲安高仲

義史大才楊朝佃與典史呈堂問明聽解柚封

書影6：明‧高舉刊刻，《明律集解附例》

（臺北：成文出版社，1969年，據清光緒二十四年重刊本景印），卷首目錄，〈斷獄〉條。

斷獄計二十九條

囚應禁而不禁	故禁故勘平人
淹禁	凌虐罪囚
與囚金刃解脫	主守教囚反異
獄囚衣糧	功臣應禁親人入視
死囚令人自殺	老幼不拷訊
鞫獄停囚待對	依告狀鞫獄
原告人事畢不放回	獄囚誣指平人
官司出入人罪	辯明冤枉

書影 7：明‧高舉刊刻，《明律集解附例》

（臺北：成文出版社，1969 年，據清光緒二十四年重刊本景印），卷首，〈附眞犯雜犯死罪〉。

附眞犯雜犯死罪　弘治十年奏定

眞犯死罪決不待時

凌遲處死

謀反及大逆但共謀者不分首從

謀殺祖父母父母及期親尊長外祖父母夫夫

奴婢及雇工人謀殺家長及家長之期親外祖

妻妾因姦同謀殺死夫者

妻妾謀殺故夫祖父母父母已殺者

殺一家非死罪三人及支解人者

採生折割人

奴婢毆殺家長者○若故殺家長之期親及外

雇工人故殺家長及家長之期親若外祖父母

參考書目

一、史　料

（一）一　般

1. 漢・班固，《漢書》，100 卷，臺北：鼎文書局，1979 年 2 月 2 版。

2. 南朝宋・范曄，《後漢書》，120 卷，臺北：鼎文書局，1981 年 4 月 4 版。

3. 後晉・劉煦等，《舊唐書》，200 卷，臺北：鼎文書局，1979 年 2 月 2 版。

4. 宋・李昉等，《太平御覽》，1000 卷，臺北：大化書局，1977 年 5 月，據宋刊本景印。

5. 宋・歐陽修等，《新唐書》，225 卷，臺北：鼎文書局，1979 年 2 月 2 版。

6. 元・脫脫等，《宋史》，496 卷，臺北：鼎文書局，1978 年 9 月。

7. 元・徐元瑞，《吏學指南》，不分卷，臺北：大華印書館，1972 年 3 月。

8. 元・陶宗儀，《南村輟耕錄》，30 卷，北京：中華書局，1959 年 2 月第 1 版。

9. 明・于慎行，《穀山筆麈》，18 卷，北京：中華書局，1984 年 6 月第 1 版。

10. 明・不著撰人，《萬曆邸鈔》，不分卷，臺北：國立中央圖書館，據國立中央圖書館藏抄本景印。

11. 明・不著撰人，《諸司職掌》，10 卷，《玄覽堂叢書》初輯，臺北：國立中央圖書館，1981 年 8 月臺初版，據明刊本景印。

12. 明・尹守衡，《明史竊》，105 卷，臺北：華世出版社，1978 年 4 月臺 1 版，據清光緒丙戌年重刊本景印。

13. 明・文秉，《先撥志始》，2 卷，《借月山房彙鈔》，臺北：義士書局，1968 年 9 月影印初版。

14. 明・文秉,《定陵注略》,10 卷,臺北:偉文圖書公司,1976 年 9 月,據國立中央圖書館藏萬曆刊本景印。

15. 明・王文祿,《求志編》,1 卷,《百部叢書集成・百陵學山》,臺北:藝文印書館,1966 年版。

16. 明・王世貞,《弇山堂別集》,100 卷,臺北:臺灣學生書局,1965 年 5 月初版,據國立中央圖書館藏本景印。

17. 明・王世貞,《觚不觚錄》,1 卷,《廣百川學海》,臺北:新興書局,1970 年 7 月 1 版,據明刻本景印。

18. 明・王圻纂集,《稗史彙編》,175 卷,臺北:新興書局,1969 年,據明萬曆三十八年刻本景印。

19. 明・王圻纂輯,《三才圖會》,106 卷,臺北:成文出版社,1970 年版,據明萬曆三十五年刊本景印。

20. 明・王恕,《王公奏稿》,6 卷,臺北:臺北:漢學資料中心景照明嘉靖二十六年刊本。

21. 明・王錡,《寓圃雜記》,10 卷,北京:中華書局,1984 年 6 月第 1 版。

22. 明・丘濬,《大學衍義補》,160 卷,京都:中文出版社,1979 年 1 月初版,據日本實正四年和刻本景印。

23. 明・田生金,《徽州府賦役全書》,不分卷,臺北:臺灣學生書局,據明泰昌元年徽州府刊本景印。

24. 明・田藝蘅,《留青日札》,39 卷,《四庫全書存目叢書》子部 105 冊,臺南:莊嚴文化事業有限公司,1997 年 6 月初版,據明萬曆三十七年徐懋升重刻本景印。

25. 明・白昂等編,《問刑條例》,不分卷,《中國珍稀法律典籍集成》乙編第 2 冊,北京:科學出版社,1994 年 8 月第 1 版。

26. 明・吏部奉敕編,《吏部條例》,不分卷,《中國珍稀法律典籍集成》乙編第 2 冊,北京:科學出版社,1994 年 8 月第 1 版。

27. 明・朱元璋,《皇明祖訓》,不分卷,《明朝開國文獻》(三),臺北:臺灣學生書局,1966 年 3 月,據國立北平圖書館原藏本景印。

28. 明・朱元璋,《御製大誥》,不分卷,《明朝開國文獻》(一),臺北:臺灣學生書局,1966 年 3 月影印初版。

29. 明・朱元璋,《御製大誥三編》,不分卷,《明朝開國文獻》(一),臺北:臺灣學生書局,1966 年 3 月影印初版。

30. 明・朱元璋,《御製大誥續編》,不分卷,《明朝開國文獻》(一),臺北:臺灣學生書局,1966 年 3 月影印初版。

31. 明・朱長祚,《玉鏡新譚》,10 卷,北京:中華書局,1989 年 9 月第 1 版。

32. 明‧朱國禎，《皇明大事記》，50 卷，《四庫禁燬書叢刊》史部 28 冊，北京：北京出版社，2000 年 1 月第 1 版，據明刻本景印。

33. 明‧朱國禎，《湧幢小品》，32 卷，《筆記小說大觀》22 編第 7 冊，臺北：新興書局，1978 年 9 月。

34. 明‧何良俊，《四友齋叢說》，38 卷，北京：中華書局，1959 年 4 月第 1 版。

35. 明‧何喬遠，《名山藏》，不分卷，臺北：成文出版社，1971 年 1 月初版，據明崇禎十三年刊本景印。

36. 明‧余繼登，《典故紀聞》，18 卷，北京：中華書局，1981 年 7 月第 1 版。

37. 明‧呂坤，《呂公實政錄》，7 卷，臺北：文史哲出版社，1971 年 8 月初版，據清嘉慶丁巳年重刊本景印。

38. 明‧呂坤，《呻吟語》，6 卷，臺北：漢京文化事業有限公司，1981 年 3 月，據明萬曆癸巳刊本景印。

39. 明‧呂毖，《明朝小史》，18 卷，《四庫禁燬書叢刊》史部 19 冊，2000 年 1 月第 1 版，北京：北京出版社，據北京圖書館藏舊抄本景印。

40. 明‧宋濂等，《元史》，210 卷，臺北：鼎文書局，1981 年 3 月 3 版。

41. 明‧李東陽等敕撰、申時行等重修，《大明會典》，228 卷，臺北：新文豐出版公司，1976 年 7 月，據明萬曆十五年司禮監刊本景印。

42. 明‧李春芳等修，《宗藩條例》，2 卷，《中國珍稀法律典籍集成》乙編第 2 冊，北京：科學出版社，1994 年 8 月第 1 版。

43. 明‧李清，《三垣筆記》，3 卷，北京：中華書局，1982 年 5 月第 1 版。

44. 明‧李詡，《戒庵老人漫筆》，8 卷，北京：中華書局，1982 年 2 月第 1 版。

45. 明‧李樂，《見聞雜記》，9 卷，續 2 卷，上海：上海古籍出版社，1989 年 6 月第 1 版，據明萬曆年間刊本景印。

46. 明‧沈朝陽，《皇明嘉隆兩朝聞見紀》，12 卷，臺北：臺灣學生書局，1969 年十二月初版，據明萬曆己亥江東沈氏原刊本景印。

47. 明‧沈榜，《宛署雜記》，20 卷，北京：古籍出版社，1982 年 4 月第 1 版。

48. 明‧沈德符，《敝帚軒剩語》，4 卷，《筆記續編》，臺北：廣文書局，1969 年 9 月影印初版。

49. 明‧沈德符，《萬曆野獲編》，30 卷，補遺 4 卷，北京：中華書局，1959 年 2 月第 1 版。

50. 明‧汪應蛟，《撫畿奏疏》，10 卷，臺北：漢學資料中心景照明天啟三年刊本。

51. 明‧來斯行，《槎庵小乘》，41 卷，《雜著秘笈叢刊》，臺北：臺灣學生書

局，1961 年 5 月初版，據明崇禎四年刊本景印。

52. 明‧周暉，《金陵瑣事》，4 卷，續瑣事 2 卷，二復瑣事 1 卷，《中國方志叢書‧華中地方》440 冊，臺北：成文出版社，1989 年 3 月臺 1 版，據明萬曆三十八年刊本景印。

53. 明‧林煃等修，《福建運司志》，16 卷，《玄覽堂叢書》初輯，臺北：國立中央圖書館，1982 年 6 月臺初版，據明萬曆癸丑刊本景印。

54. 明‧祁伯裕，《南京都察院志》，40 卷，臺北：漢學資料中心景照明天啓三年刊本。

55. 明‧范濂，《雲間據目抄》，5 卷，《筆記小說大觀》第 22 編 5 冊，臺北：新興書局，1978 年 9 月。

56. 明‧郎瑛，《七修類稿》，51 卷，續編 7 卷，《四庫全書存目叢書》子部 102 冊，臺南：莊嚴文化事業有限公司，1997 年 6 月初版，據中山圖書館藏明刻本景印。

57. 明‧唐順之，《稗編》，120 卷，臺北：新興書局，1972 年 2 月，據明萬曆辛巳年刻本景印。

58. 明‧夏原吉等，《明實錄》，3045 卷，臺北：中研院史語所，1984 年再版。

59. 明‧徐復祚，《花當閣叢談》，8 卷，《筆記叢編》，臺北：廣文書局，1969 年 1 月初版。

60. 明‧徐學聚，《國朝典彙》，200 卷，臺北：臺灣學生書局，1965 年 1 月初版，據國立中央圖書館藏明刊本景印。

61. 明‧祝允明，《野記》，4 卷，《四庫全書存目叢書》子部 240 冊，臺南：莊嚴文化事業有限公司，1997 年 6 月初版，據南京圖書館藏明毛文燁刻本景印。

62. 明‧袁黃，《寶坻政書》，12 卷，《北京圖書館古籍珍本叢刊》48 冊，北京：書目文獻出版社，1988 年 2 月，據明萬曆刻本景印。

63. 明‧馬從聘，《蘭臺奏疏》，3 卷，《四庫全書存目叢書》史部 64 冊，臺南：莊嚴文化事業有限公司，1997 年 6 月初版，據清光緒五年定州王氏謙德堂刻畿輔叢書本景印。

64. 明‧高拱，《本語》，6 卷，《文淵閣四庫全書》849 冊，臺北：臺灣商務印書館，1983 年版，據國立故宮博物院藏本景印。

65. 明‧高舉刊刻，《明律集解附例》，30 卷，臺北：成文出版社，1969 年版，據清光緒二十四年重刊本景印。

66. 明‧屠隆，《鴻苞》，48 卷，《四庫全書存目叢書》子部 90 冊，臺南：莊嚴文化事業有限公司，1997 年 10 月，據明萬曆三十八年茅元儀刻本景印

67. 明‧張大復，《聞雁齋筆談》，6 卷，《北京圖書館古籍珍本叢刊》67 冊，

北京：書目文獻出版社，1988 年 2 月，據明萬曆顧孟兆等刻本景印。

68. 明·張岱，《陶庵夢憶》，8 卷，《百部叢書集成·粵雅堂叢書》，臺北：藝文印書館，1966 年版。

69. 明·張肯堂，《䇓辭》，12 卷，臺北：臺灣學生書局，1970 年 12 月初版，據明崇禎年間原刊本景印。

70. 明·張鹵校刊，《皇明制書》，20 卷，臺北：成文出版社，1969 年，據明萬曆年間刊本景印。

71. 明·張萱，《西園聞見錄》，107 卷，《明代傳記叢刊》，臺北：明文書局，1991 年 1 月初版，據民國 27 年北平哈佛燕京學社排印本景印。

72. 明·張瀚，《松窗夢語》，8 卷，北京：中華書局，1985 年 5 月 1 版。

73. 明·敖英，《東谷贅言》，2 卷，《四庫全書存目叢書》子部，臺南：莊嚴文化事業有限公司，1997 年 6 月初版，據南京圖書館藏明嘉靖二十八年沈淮刻本景印。

74. 明·曹參芳，《遜國正氣集》，8 卷，《明代傳記叢刊》，臺北：明文書局，1991 年 1 月初版，據國立中央圖書館藏本景印。

75. 明·陳子龍等編，《皇明經世文編》，504 卷，附 4 卷，北京：中華書局，1962 年 6 月第 1 版。

76. 明·陳仁錫，《皇明世法錄》，92 卷，臺北：臺灣學生書局，1965 年 1 月初版，據國立中央圖書館珍藏善本景印。

77. 明·陳洪謨，《治世餘聞》，4 卷，北京：中華書局，1985 年 5 月第 1 版。

78. 明·陳洪謨，《繼世紀聞》，6 卷，北京：中華書局，1985 年 5 月第 1 版。

79. 明·陳循等，《寰宇通志》，119 卷，《玄覽堂叢書》續輯，臺北：國立中央圖書館，1985 年 12 月臺初版，據明景泰間內府刊初本景印。

80. 明·陸容，《菽園雜記》，15 卷，北京：中華書局，1985 年 5 月第 1 版。

81. 明·陸粲，《庚巳編》，10 卷，北京：中華書局，1987 年 4 月第 1 版。

82. 明·章潢，《圖書編》，127 卷，臺北：成文出版社，1971 年 1 月初版，據明萬曆四十一年刊本景印。

83. 明·傅鳳翔編纂，《皇明詔令》，21 卷，臺北：成文出版社，1967 年 9 月臺 1 版，據明嘉靖刊本景印。

84. 明·焦竑，《玉堂叢語》，8 卷，北京：中華書局，1981 年 7 月第 1 版。

85. 明·焦竑，《國朝獻徵錄》，119 卷，臺北：臺灣學生書局，1965 年 1 月初版，據國立中央圖書館藏明刊本景印。

86. 明·舒化等編，《重修問刑條例》，不分卷，《中國珍稀法律典籍集成》乙編第 2 冊，北京：科學出版社，1994 年 8 月第 1 版。

87. 明·黃宗羲，《明儒學案》，62 卷，師說 1 卷，序例 1 卷，目錄 1 卷，臺

北：世界書局，1965 年 4 月再版。

88. 明・黃宗羲編，《明文海》，482 卷，補遺 1 卷，北京：中華書局，1987
年 2 月第 1 版。

89. 明・黃景昉，《國史唯疑》，12 卷，臺北：正中書局，1969 年 12 月臺初
版，據國立中央圖書館藏本景印。

90. 明・黃煜輯，《碧血錄》，3 卷，《百部叢書集成・知不足齋叢書》，臺北：
藝文印書館，1966 年版。

91. 明・黃瑜，《雙槐歲抄》，10 卷，《北京圖書館古籍珍本叢刊》67 冊，北
京：書目文獻出版社，1988 年 2 月，據明嘉靖三十八年陸延枝刻本景印。

92. 明・楊昱，《牧鑑》，10 卷，《百部叢書集成・得月簃叢書》，臺北：藝文
印書館，1966 年版。

93. 明・楊博，《楊襄毅公奏疏》，17 卷，《北京圖書館古籍珍本叢刊》110 冊，
北京：書目文獻出版社，1988 年 2 月，據明萬曆刻本景印。

94. 明・楊循吉，《吳中故語》，《廣百川學海》，臺北：新興書局，1970 年 7
月 1 版，據明刻本景印。

95. 明・楊慎，《升庵外集》，100 卷，《雜著秘笈叢刊》，臺北：臺灣學生書
局，1971 年 5 月初版，據明萬曆四十四年顧起元校刊本景印。

96. 明・葉子奇，《草木子》，4 卷，北京：中華書局，1959 年 5 月第 1 版。

97. 明・葉權，《賢博編》，不分卷，北京：中華書局，1987 年 8 月第 1 版。

98. 明・雷夢麟，《讀律瑣言》，30 卷，附 1 卷，臺北：臺灣學生書局，據明
嘉靖癸亥歙縣知縣熊秉元刊本景印。

99. 明・劉若愚，《酌中志》，24 卷，《北京古籍叢書》，北京：北京古籍出版
社，1994 年 5 月第 1 版。

100. 明・劉錫玄，《黔牘偶存》，5 卷，《北京圖書館古籍珍本叢刊》80 冊，北
京：書目文獻出版社，1988 年 2 月，據明末刻本景印。

101. 明・蔣一葵，《長安客話》，8 卷，《北京古籍叢書》，北京：北京古籍出
版社，1994 年 5 月第 1 版。

102. 明・蔣棻，《明史紀事》，不分卷，臺北：文海出版社，1979 年 8 月初版，
據國立中央圖書館藏清初清稿本景印。

103. 明・談遷，《國榷》，104 卷，附 4 卷，臺北：鼎文書局，1978 年 7 月初
版。

104. 明・鄭欽、鄭銳著，《伯仲諫台疏草》，2 卷，《百部叢書集成・涇川叢書》，
臺北：藝文印書館，1966 年版。

105. 明・鄭瑄，《昨非庵日纂》，20 卷，《叢書集成三編》第 65 冊，臺北：新
文豐出版公司，1997 年版。

106. 明・鄭曉，《今言》，4 卷，北京：中華書局，1984 年 5 月第 1 版。

107. 明・鄧球，《皇明詠化類編》，136 卷，臺北：國風出版社，1965 年 4 月初版，據國立中央圖書館藏明隆慶間刊鈔補本景印。

108. 明・蕭彥，《制府疏草》，2 卷，《百部叢書集成・涇川叢書》，臺北：藝文印書館，1966 年版。

109. 明・錢春，《湖湘五略》，10 卷，《四庫全書存目叢書》史部 65 冊，臺南：莊嚴文化事業有限公司，1997 年 6 月初版，據首都圖書館藏明萬曆王時敏刻本景印。

110. 明・應檟修、劉堯誨重修，《蒼梧總督軍門志》，34 卷，臺北：臺灣學生書局，1970 年 12 月初版，據明萬曆九年廣東布政司刊本景印。

111. 明・戴金等編，《皇明條法事類纂》，50 卷，《中國珍稀法律典籍集成》乙編第 2 冊，北京：科學出版社，1994 年 8 月第 1 版。

112. 明・薛瑄，《薛文清公從政錄》，不分卷，《百部叢書集成・寶顏堂秘笈》，臺北：藝文印書館，1966 年版。

113. 明・謝肇淛，《五雜組》，16 卷，臺北：新興書局，1971 年 5 月，據明萬曆戊申年刻本景印。

114. 明・顧起元，《客座贅語》，10 卷，北京：中華書局，1987 年 4 月第 1 版。

115. 清・王士禎，《池北偶談》，26 卷，北京：中華書局，1982 年 1 月第 1 版。

116. 清・王明德，《讀律佩觿》，8 卷，北京：法律出版社，2001 年 1 月第 1 版。

117. 清・王鴻緒，《明史稿》，310 卷，臺北：文海出版社，1962 年 11 月初版。

118. 清・沈家本，《歷代刑法考》，73 卷，北京：中華書局，1985 年 12 月第 1 版。

119. 清・谷應泰，《明史紀事本末》，80 卷，臺北：三民書局，1969 年 4 月初版。

120. 清・查繼佐，《罪惟錄》，90 卷，《四部叢刊廣編》，臺北：臺灣商務印書館，1981 年 2 月初版，據上海涵芬樓影印吳興劉氏嘉業堂手稿本。

121. 清・計六奇，《明季北略》，24 卷，北京：中華書局，1984 年 6 月第 1 版。

122. 清・夏燮，《明通鑑》，90 卷，附 6 卷，臺北：世界書局，1962 年 11 月初版。

123. 清・孫承澤，《天府廣記》，44 卷，臺北：大立出版社，1980 年 11 月初版。

124. 清・孫承澤，《春明夢餘錄》，70 卷，臺北：大立出版社，1980 年 10 月，據清光緒九年古香齋重刊本景印。

125. 清・張廷玉等，《明史》，332 卷，臺北：鼎文書局，1978 年 10 月再版。

126. 清‧清高宗敕撰,《續通典》,150 卷,臺北:新興書局,1963 年 10 月初版。

127. 清‧陳雷夢,《古今圖書集成》,10000 卷、目錄 40 卷,臺北:鼎文書局,1977 年 4 月初版。

128. 清‧傅恆等奉敕撰,《御批歷代通鑑輯覽》,120 卷,《文淵閣四庫全書》史部 335 冊～339 冊,臺北:臺灣商務印書館,1983 年版,據國立故宮博物院藏本景印。

129. 清‧傅維鱗,《明書》,171 卷,《四庫全書存目叢書》史部 38 冊,臺南:莊嚴文化事業有限公司,1997 年 6 月初版,據清華大學圖書館藏清康熙三十四年本誠堂刻本影印。

130. 清‧楊士聰,《玉堂薈記》,1 卷,《四庫全書存目叢書》子部 244 冊,臺南:莊嚴文化事業有限公司,1997 年 6 月初版,據北京圖書館藏清鈔本景印。

131. 清‧劉獻廷,《廣陽雜記》,5 卷,北京:中華書局,1957 年 7 月第 1 版。

132. 清‧龍文彬,《明會要》,80 卷,北京:中華書局,1956 年 1 月第 1 版。

133. 清‧薛允升,《唐明律合編》,30 卷,臺北:臺灣商務印書館,1968 年 3 月臺 1 版。

134. 清‧譚瑄,《續刑法敘略》,1 卷,《百部叢書集成‧學海類編》,臺北:藝文印書館,1966 年版。

135. 中央研究院歷史語言研究所編,《明清史料》,臺北:維新書局,1972 年 3 月再版。

136. 前東北圖書館編,《明內閣大庫史料》,《中國文史哲資料叢刊》,臺北:文史哲出版社,1971 年 5 月初版。

137. 前間恭作訓讀、末松保和編纂,《訓讀吏文》,東京:極東書店,1942 年 12 月。

138. 黃彰健,《明代律例彙編》,臺北:三民書局,1979 年 3 月初版。

139. 董康,《秋審制度》,《明清史料彙編》第 6 輯 8 冊,臺北:文海出版社,1969 年 1 月初版。

(二)文 集

1. 明‧丁奉,《南湖先生文選》,8 卷,補編 1 卷,《四庫全書存目叢書》集部 65 冊,臺南:莊嚴文化事業有限公司,1997 年 6 月初版,據北京圖書館藏明萬曆三十二年丁汝寬刻本景印。

2. 明‧丁賓,《丁惠清公遺集》,8 卷,《四庫禁燬書叢刊》集部 44 冊,2000 年 1 月初版,北京:北京出版社,據明崇禎刻本景印。

3. 明‧文徵明,《甫田集》,35 卷,附錄 1 卷,臺北:國立中央圖書館,據

明嘉靖原刊本景印。

4. 明‧方孝孺,《遜志齋集》,24 卷,《四部叢刊初編》集部,臺北:臺灣商務印書館,1975 年 6 月臺 3 版,據明刊本景印。

5. 明‧王世貞,《弇州山人續稿》,207 卷,臺北:文海出版社,1970 年 3 月,據明崇禎間刊本景印。

6. 明‧王在晉,《越鐫》,21 卷,《四庫禁燬書叢刊》集部 104 冊,2000 年 1 月初版,北京:北京出版社,據明萬曆三十九年刻本景印。

7. 明‧王守仁,《王陽明全集》,41 卷,上海:上海古籍出版社,1997 年 8 月第 1 版。

8. 明‧王廷相,《王廷相集》,76 卷,北京:中華書局,1989 年 9 月第 1 版。

9. 明‧王忠孝,《惠安王忠孝公全集》,12 卷,南投:臺灣省文獻委員會,1993 年 12 月。

10. 明‧王恕,《王端毅公文集》,9 卷,《四庫全書存目叢書》集部 36 冊,臺南:莊嚴文化事業有限公司,1997 年 6 月初版,據北京大學圖書館藏明嘉靖三十一年喬世寧刻本景印。

11. 明‧王慎中,《遵巖先生文集》,41 卷,《北京圖書館古籍珍本叢刊》105 冊,北京:書目文獻出版社,1988 年 2 月,據明隆慶五年邵廉刻本景印。

12. 明‧王達,《翰林學士耐軒王先生天游雜稿》,10 卷,《北京圖書館古籍珍本叢刊》103 冊,北京:書目文獻出版社,1988 年 2 月,據明正統元年胡濱刻本景印。

13. 明‧王褘,《王文忠公文集》,24 卷,《北京圖書館古籍珍本叢刊》98 冊,北京:書目文獻出版社,1988 年 2 月,據明嘉靖元年張齊刻本景印。

14. 明‧王衡,《緱山先生集》,27 卷,《四庫全書存目叢書》集部 178 冊,臺南:莊嚴文化事業有限公司,1997 年 6 月初版,據吉林省圖書館藏明萬曆刻本景印。

15. 明‧王錫爵,《王文肅公全集》,55 卷,《四庫全書存目叢書》集部 135 冊,臺南:莊嚴文化事業有限公司,1997 年 6 月初版,據首都圖書館藏明萬曆王時敏刻本景印。

16. 明‧王寵,《雅宜山人集》,10 卷,臺北:國立中央圖書館,據明嘉靖十六年原刊本景印。

17. 明‧朱長春,《朱太復文集》,52 卷,目錄 5 卷,《四庫禁燬書叢刊》集部 82 冊,2000 年 1 月初版,北京:北京出版社,據明萬曆刻本景印。

18. 明‧朱賡,《朱文懿公文集》,12 卷,臺北:文海出版社,1970 年 3 月,據明天啓年間刊本景印。

19. 明‧江盈科,《江盈科集》,25 卷,長沙:岳麓書社,1997 年 4 月第 1 版。

20. 明‧何良俊,《何翰林集》,28 卷,《四庫全書存目叢書》集部 142 冊,

臺南：莊嚴文化事業有限公司，1997 年 6 月初版，據中國社會科學院文學研究所藏明嘉靖四十四何氏香嚴精舍刻本景印。

21. 明‧何喬新，《椒丘文集》，34 卷，臺北：文海出版社，1970 年 3 月，據明嘉靖元年廣昌刊本景印。

22. 明‧何喬遠，《鏡山全集》，72 卷，臺北：漢學研究資料中心景照明崇禎十四年序刊本。

23. 明‧吳子玉，《大鄣山人集》，53 卷，《四庫全書存目叢書》集部 141 冊，臺南：莊嚴文化事業有限公司，1997 年 6 月初版，據吉林省圖書館藏明萬曆十六年黃正蒙刻本景印。

24. 明‧吳仕，《頤山私稿》，10 卷，《四庫全書存目叢書》集部 70 冊，臺南：莊嚴文化事業有限公司，1997 年 6 月初版，據北京圖書館藏明嘉靖刻本景印。

25. 明‧吳玄，《眾妙齋集》，不分卷，臺北：漢學資料中心景照明萬曆序刊本。

26. 明‧吳亮，《止園集》，24 卷，附錄 4 卷，臺北：漢學資料中心景照明天啓元年刊本。

27. 明‧吳寬，《匏翁家藏集》，77 卷，《四部叢刊初編》集部，臺北：臺灣商務印書館，1975 年 6 月臺 3 版，據明正德刊本景印。

28. 明‧吳鵬，《飛鴻亭集》，20 卷，《四庫全書存目叢書》集部 83 冊，臺南：莊嚴文化事業有限公司，1997 年 6 月初版，據北京圖書館藏明萬曆吳惟貞刻本景印。

29. 明‧吳麟徵，《吳忠節公遺集》，4 卷，附年譜 1 卷，《四庫禁燬書叢刊》集部 81 冊，2000 年 1 月初版，北京：北京出版社，據明弘光刻本景印。

30. 明‧呂坤，《呂新吾先生去僞齋文集》，10 卷，《四庫全書存目叢書》集部第 161 冊，臺南：莊嚴文化事業有限公司，1997 年 6 月初版，據北京大學圖書館藏清康熙三十三年呂愼多刻本景印。

31. 明‧李廷機，《李文節集》，28 卷，臺北：文海出版社，1970 年 3 月，據明崇禎年間刊本景印。

32. 明‧李邦華，《文水李忠肅先生集》，6 卷，附錄 1 卷，《四庫禁燬書叢刊》集部 81 冊，2000 年 1 月初版，北京：北京出版社，據清乾隆七年徐大坤刻本景印。

33. 明‧李陳玉，《退思堂集》，13 卷，臺北：漢學資料中心景照明崇禎年間刊本。

34. 明‧李濂，《嵩渚文集》，100 卷，目錄 2 卷，《四庫全書存目叢書》集部 71 冊，臺南：莊嚴文化事業有限公司，1997 年 6 月初版，據杭州大學圖書館藏明嘉靖刻本景印。

35. 明・李攀龍，《李攀龍集》，30 卷，濟南：齊魯書社，1993 年 12 月第 1
版。

36. 明・沈演，《止止齋集》，70 卷，臺北：漢學資料中心景照明崇禎六年刊
本。

37. 明・周斂，《石溪周先生文集》，8 卷，《四庫全書存目叢書》集部 31 冊，
臺南：莊嚴文化事業有限公司，1997 年 6 月初版，據蘇州市圖書館藏明
萬曆二十三年周承超等刻本景印。

38. 明・季本，《季彭山先生文集》，4 卷，《北京圖書館古籍珍本叢刊》106
冊，北京：書目文獻出版社，1988 年 2 月，據清初抄本景印。

39. 明・林弼，《林登州遺集》，23 卷，《北京圖書館古籍珍本叢刊》99 冊，
北京：書目文獻出版社，1988 年 2 月，據清康熙四十五年林興刻本景印。

40. 明・祁彪佳，《祁彪佳集》，10 卷，上海：中華書局，1960 年 2 月第 1 版。

41. 明・姚淶，《明山先生存集》，4 卷，臺北：漢學研究資料中心景照明嘉
靖三十六年刻本。

42. 明・洪朝選，《洪芳洲公文集》，臺北：洪福增重印，1989 年 11 月。

43. 明・胡敬辰，《檀雪齋集》，40 卷，《四庫全書存目叢書》集部第 191，臺
南：莊嚴文化事業有限公司，1997 年 6 月初版，據上海圖書館藏明刻本
景印。

44. 明・胡儼，《胡祭酒集》，14 卷，附錄 8 卷，《北京圖書館古籍珍本叢刊》
103 冊，北京：書目文獻出版社，1988 年 2 月，據明隆慶四年李遷刻本
景印。

45. 明・范景文，《文忠集》，9 卷，《文淵閣四庫全書》集部，臺北：臺灣商
務印書館，1983 年版，據國立故宮博物院藏本景印。

46. 明・唐順之，《荊川先生文集》，17 卷，外集 3 卷，《四部叢刊初編》集
部，臺北：臺灣商務印書館，1975 年 6 月臺 3 版，據明萬曆重刊本景印。

47. 明・夏良勝，《東洲初稿》，14 卷，附錄 1 卷，《文淵閣四庫全書》集部
1269 冊，臺北：臺灣商務印書館，1983 年版，據國立故宮博物院藏本景
印。

48. 明・夏尚樸，《夏東巖先生文集》，12 卷，《北京圖書館古籍珍本叢刊》
103 冊，北京：書目文獻出版社，1988 年 2 月，據明嘉靖四十五年斯正
刻本景印。

49. 明・夏浚，《月川類草》，10 卷，《北京圖書館古籍珍本叢刊》107 冊，北
京：書目文獻出版社，1988 年 2 月，據清抄本景印。

50. 明・孫克弘，《孫文簡公瀼溪草堂稿》，48 卷，《北京圖書館古籍珍本叢
刊》102 冊，北京：書目文獻出版社，1988 年 2 月，據明孫克弘等刻本
景印。

51. 明・孫宜，《洞庭集》，53 卷，《北京圖書館古籍珍本叢刊》105 冊，北京：書目文獻出版社，1988 年 2 月，據明嘉靖三十二年孫宗刻本景印。

52. 明・徐渭，《徐渭集》，29 卷，逸稿 24 卷，佚草 7 卷，北京：中華書局，1999 年 2 月第 1 版。

53. 明・海瑞，《海忠介公全集》，7 卷，臺北：海忠介公集輯印委員會，1973 年 5 月初版。

54. 明・祝允明，《祝氏集略》，30 卷，臺北：國立中央圖書館，據國立中央圖書館藏本景印。

55. 明・翁萬達，《翁東涯集》，17 卷，《北京圖書館古籍珍本叢刊》106 冊，北京：書目文獻出版社，1988 年 2 月，據明嘉靖三十四年朱睦㮮刻本景印。

56. 明・耿定向，《耿天臺先生文集》，20 卷，臺北：文海出版社，1970 年 3 月，據明萬曆二十六年刊本景印。

57. 明・袁中道，《珂雪齋前集》，24 卷，《四庫禁燬書叢刊》集部 181 冊，北京：北京出版社，2000 年 1 月初版，據明萬曆刻本景印。

58. 明・袁宏道，《袁中郎集》，不分卷，臺北：清流出版社，1976 年 10 月，襟霞閣精校本。

59. 明・袁宗道，《白蘇齋類集》，22 卷，《四庫禁燬書叢刊》集部 48 冊，北京：北京出版社，2000 年 1 月初版，據明刻本景印。

60. 明・袁煒，《袁文榮公文集》，8 卷，臺北：文海出版社，1970 年 3 月，據明萬曆元年刊本景印。

61. 明・袁袠，《衡藩重刻胥臺先生集》，20 卷，《四庫全書存目叢書》集部 86 冊，臺南：莊嚴文化事業有限公司，1997 年 6 月初版，據北京大學圖書館藏明萬曆十二年衡藩刻本景印。

62. 明・高拱，《高文襄公集》，44 卷，《四庫全書存目叢書》集部 108 冊，臺南：莊嚴文化事業有限公司，1997 年 6 月初版，據北京圖書館藏明萬曆刻本景印。

63. 明・高攀龍，《高子遺書》，6 卷，《乾坤正氣集》17，臺北：環球書局，1966 年 9 月，據清道光二十八年求是齋刊本景印。

64. 明・屠勳，《屠康僖公文集》，6 卷，附錄 1 卷，《四庫全書存目叢書》集部 40 冊，臺南：莊嚴文化事業有限公司，1997 年 6 月初版，據原北平圖書館藏明萬曆四十三年刻清初重修本景印。

65. 明・張居正，《張居正集》，48 卷，湖北：荊楚書社，1987 年 9 月第 1 版。

66. 明・張岳，《小山類稿選》，10 卷，臺北：臺北市閩南同鄉會，1975 年版，據國立中央圖書館藏本景印。

67. 明・戚繼光，《止止堂集》，5 卷，臺北：臺灣中華書局，1971 年版，據

中央研究院歷史語言研究所藏本景印。

68. 明・梁潛，《泊菴先生文集》，16 卷，附錄 1 卷，《北京圖書館古籍珍本叢刊》100 冊，北京：書目文獻出版社，1988 年 2 月，據清初刻本景印。

69. 明・畢自嚴，《石隱園藏稿》，8 卷，《文淵閣四庫全書》1293 冊，臺北：臺灣商務印書館，1983 年版，據國立故宮博物院藏本景印。

70. 明・陳仁錫，《陳太史無夢園初集》，34 卷，《四庫禁燬書叢刊》集部 59 冊，北京：北京出版社，2000 年 1 月初版，據崇禎六年張一鳴刻本景印。

71. 明・陳逅，《省菴漫稿》，4 卷，《北京圖書館古籍珍本叢刊》109 冊，北京：書目文獻出版社，1988 年 2 月，據明崇禎十年陳星樞刻本景印。

72. 明・陳儒，《芹山集》，34 卷，臺北：漢學研究資料中心景照明隆慶 3 年刊本。

73. 明・陳龍正，《幾亭全書》，64 卷，《四庫禁燬書叢刊》集部 142 冊，北京：北京出版社，2000 年 1 月初版，據清康熙雲書閣刻本景印。

74. 明・陳獻章，《白沙子》，8 卷，《四部叢刊三編》集部，臺北：臺灣商務印書館，據東莞莫式五十萬卷樓藏明嘉靖刊本景印。

75. 明・陸粲，《陸子餘集》，卷，《文淵閣四庫全書》集部 1274 冊，臺北：臺灣商務印書館，1983 年版，據國立故宮博物院藏本景印。

76. 明・陶汝鼎，《榮木堂合集》，35 卷，《四庫禁燬書叢刊》集部 85 冊，2000 年 1 月初版，北京：北京出版社，據清康熙刻世綵堂匯刻本景印。

77. 明・陶望齡，《陶文簡公集》，13 卷，《四庫禁燬書叢刊》集部 9 冊，北京：北京出版社，2000 年 1 月初版，據明天啓 7 年陶履中刻本景印。

78. 明・陶望齡，《歇菴集》，16 卷，臺北：偉文圖書公司，1976 年 9 月初版，據國立中央圖書館藏本景印。

79. 明・彭華，《彭文思公文集》，10 卷，臺北：文海出版社，1970 年 3 月，據明弘治十六年安福彭氏刊本景印。

80. 明・湯賓尹，《睡菴稿》，36 卷，《四庫禁燬書叢刊》集部 63 冊，2000 年 1 月初版，北京：北京出版社，據明萬曆刻本景印。

81. 明・焦竑，《澹園集》，27 卷，北京：中華書局，1999 年 5 月第 1 版。

82. 明・費元祿，《甲秀園集》，47 卷，《四庫禁燬書叢刊》集部 62 冊，2000 年 1 月初版，北京：北京出版社，據明萬曆刻本景印。

83. 明・費宏，《太保費文憲公摘稿》，20 卷，臺北：文海出版社，1970 年 3 月，據明嘉靖三十四年江西刊本景印。

84. 明・馮琦，《宗伯集》，81 卷，《四庫禁燬書叢刊》集部 15 冊，北京：北京出版社，2000 年 1 月初版，據明萬曆刻本景印。

85. 明・黃宗羲，《黎州遺著彙刊》，不分卷，臺北：隆言出版社，1969 年 10

月 1 版。

86. 明·黃道周，《黃漳浦集》，36 卷，《叢書集成三編》，臺北：新文豐出版公司，1997 年版，據臺灣大學圖書館藏清道光八年鐫刻本景印。

87. 明·黃鞏，《黃忠裕公文集》，8 卷，江蘇：廣陵古籍出版社，1997 年 3 月 1 版，據福建省圖書館藏明刻本景印。

88. 明·楊士奇，《東里文集》，25 卷，北京：中華書局，1998 年 7 月第 1 版。

89. 明·楊時喬，《新刻楊端潔公文集》，20 卷，《四庫全書存目叢書》集部 139 冊，臺南：莊嚴文化事業有限公司，1997 年 6 月初版，據山西省祁縣圖書館藏明天啟楊聞中刻本景印。

90. 明·楊榮，《楊文敏公集》，25 卷，臺北：文海出版社，1970 年 3 月，據明正德十年建安楊氏重刊本景印。

91. 明·楊漣，《楊忠烈公集》，10 卷，《四庫禁燬書叢刊》集部 13 冊，北京：北京出版社，2000 年 1 月初版，據清道光十三年重鐫世美堂藏板景印。

92. 明·楊繼盛，《楊忠愍公遺筆》，1 卷，《百部叢書集成·學海類編》，臺北：藝文印書館，1966 年版。

93. 明·楊繼盛，《楊忠愍集》，2 卷，《乾坤正氣集》17 冊，臺北：環球書局，1966 年 9 月，據清道光二十八年求是齋刊本景印。

94. 明·葉向高，《蒼霞草》，20 卷，《四庫禁燬書叢刊》集部 124 冊，2000 年 1 月初版，北京：北京出版社，據明萬曆刻本景印。

95. 明·趙維寰，《雪廬焚餘稿》，10 卷，續草 2 卷，附錄 1 卷，《四庫禁燬書叢刊》集部 88 冊，2000 年 1 月初版，北京：北京出版社，據明崇禎刻本景印。

96. 明·齊之鸞，《蓉川集》，8 卷，附錄 1 卷，《北京圖書館古籍珍本叢刊》104 冊，北京：書目文獻出版社，1988 年 2 月，據清康熙二十年齊山悠然亭刻本景印。

97. 明·潘滋，《浮槎稿》，12 卷，《北京圖書館古籍珍本叢刊》110 冊，北京：書目文獻出版社，1988 年 2 月，據明嘉靖刻本景印。

98. 明·蔡清，《虛齋先生文集》，5 卷，臺北：文海出版社，1970 年 3 月，據明正德十六刊本景印。

99. 明·鄭岳，《鄭山齋先生文集》，24 卷，臺北：文海出版社，1970 年 3 月，據明萬曆十九年莆田鄭氏家刊本景印。

100. 明·鄭曉，《端簡公文集》，12 卷，《四庫全書存目叢書》集部 85 冊，臺南：莊嚴文化事業有限公司，1997 年 6 月初版，據北京大學圖書館藏明萬曆二十八年鄭心材刻本景印。

101. 明·錢琦，《錢臨江集》，卷 8，臺北：漢學研究資料中心景照明萬曆三十二年刊本。

102. 明・戴鰲，《戴中丞遺集》，8 卷，附錄 1 卷，《四庫全書存目叢書》集部 74 冊，臺南：莊嚴文化事業有限公司，1997 年 6 月初版，據北京圖書館 藏明嘉靖三十九年戴士充刻本景印。

103. 明・薛瑄，《薛敬軒先生文集》，10 卷，《百部叢書集成・正誼堂全集》， 臺北：藝文印書館，1966 年版。

104. 明・謝一夔，《謝文莊公集》，6 卷，臺北：文海出版社，1970 年 3 月， 據明嘉靖四十一年新建謝氏刊本景印。

105. 明・謝肇淛，《小草齋文集》，28 卷，附 1 卷，續 3 卷，臺北：漢學資料 中心景照明天啓間刊本。

106. 明・韓邦奇，《苑洛集》，23 卷，《文淵閣四庫全書》集部，臺北：臺灣 商務印書館，1983 年版，據國立故宮博物院藏本景印

107. 明・韓雍，《韓襄毅公家藏文集》，15 卷，臺北：文海出版社，1970 年 3 月，據明鈐溪草堂刊本景印。

108. 明・歸有光，《震川先生集》，30 卷，別集 10 卷，《四部叢刊初編》集部， 臺北：臺灣商務印書館，1975 年 6 月臺 3 版，據據清康熙本景印景印。

109. 明・瞿式耜，《瞿忠宣公集》，8 卷，《乾坤正氣集》40 冊，臺北：環球書 局，1966 年 9 月，據清道光二十八年求是齋刊本景印。

110. 明・魏驥，《南齋先生魏文靖公摘稿》，10 卷，《北京圖書館古籍珍本叢刊》 103 冊，北京：書目文獻出版社，1988 年 2 月，據明弘治十一年洪鐘刻 本景印。

111. 明・羅明祖，《羅紋山先生全集》，18 卷，卷首 1 卷，《四庫禁燬書叢刊》 集部 84 冊，2000 年 1 月初版，北京：北京出版社，據明末古處齋刻本 景印。

112. 明・譚元春，《譚元春集》，34 卷，上海：古籍出版社，1998 年 12 月第 1 版。

113. 明・顧起元，《嬾眞草堂集》，50 卷，臺北：文海出版社，1970 年 3 月， 據明萬曆四十二年刊本景印。

114. 明・張翀，《鶴樓集》，14 卷，臺北：漢學研究中心景照明隆慶四年序刊 本。

115. 清・王鐸，《擬山園選集》，82 卷，《四庫禁燬書叢刊》集部 87 冊，北京： 北京出版社，2000 年 1 月初版，據清順治十年王鑨刻本景印。

116. 清・吳偉業，《吳梅村全集》，64 卷，上海：上海古籍出版社，1999 年 12 月第 1 版。

117. 清・錢澄之，《田間文集》，30 卷，安徽：黃山書社，1998 年 8 月第 1 版。

118. 清・錢謙益，《牧齋有學集》，50 卷，上海：古籍出版社，1996 年 9 月第 1 版。

119. 清·錢謙益，《牧齋初學集》，110 卷，《四部叢刊初編》集部，臺北：臺灣商務印書館，1975 年 6 月臺 3 版，據明崇禎癸未刊本景印。

（三）方　志

1. 明·方岳貢修、陳繼儒纂，《崇禎·松江府志》，58 卷，《日本藏中國罕見地方志叢刊》，北京：書目文獻出版社，1990 年 2 月。

2. 明·毛鳳韶纂，《嘉靖·浦江志略》，8 卷，《天一閣藏明代方志選刊》7，臺北：新文豐出版公司，1985 年。

3. 明·王光庭等，《萬曆·陝西通志》，36 卷，臺北：漢學資料中心景照明萬曆三十九年刊本。

4. 明·王崇等，《嘉靖·池州府志》，9 卷，《天一閣藏明代方志選刊》8，臺北：新文豐出版公司，1985 年。

5. 明·王朝璲等，《嘉靖·應山縣志》，3 卷，《天一閣藏明代方志選刊》16，臺北：新文豐出版公司。

6. 明·申嘉瑞等，《隆慶·儀眞縣志》，14 卷，《天一閣藏明代方志選刊》5，臺北：新文豐出版公司，1985 年。

7. 明·何喬遠，《閩書》，154 卷，福州：福建人民出版社，1994 年 6 月第 1 版。

8. 明·何儀，《萬曆·淮安府志》，20 卷，《天一閣藏明代方志選刊續編》8，上海：上海書店，1990 年 12 月。

9. 明·何儀等纂修，《萬曆·宿遷縣志》，8 卷，《天一閣藏明代方志選刊續編》8，上海：上海書店，1990 年 12 月。

10. 明·吳福原修、姚鳴鸞重修，《嘉靖·淳安縣志》，17 卷，《天一閣藏明代方志選刊》6，臺北：新文豐出版公司，1985 年。

11. 明·李然等，《嘉靖·寧國府志》，10 卷，《天一閣藏明代方志選刊》8，臺北：新文豐出版公司，1985 年。

12. 明·李遇春，《嘉靖·略陽縣志》，6 卷，《天一閣藏明代方志選刊》20，臺北：新文豐出版公司，1985 年。

13. 明·沈紹慶，《嘉靖·光山縣志》，9 卷，《天一閣藏明代方志選刊》14，臺北：新文豐出版公司，1985 年。

14. 明·汪心，《嘉靖·尉氏縣志》，15 卷，《天一閣藏明代方志選刊》15，臺北：新文豐出版公司，1985 年。

15. 明·汪尚寧等，《嘉靖·徽州府志》，22 卷，《明代方志選（2)》，臺北：臺灣學生書局，1965 年 5 月，據明嘉靖四十五年刊本景印。

16. 明·周文龍等，《嘉靖·磁州志》，4 卷，《天一閣藏明代方志選刊續編》3，上海：上海書店，1990 年 12 月。

17. 明‧易時中纂，《嘉靖‧夏津縣志》，2 卷，《天一閣藏明代方志選刊》13，臺北：新文豐出版公司。

18. 明‧林雲程修，《萬曆‧通州志》，8 卷，《天一閣藏明代方志選刊》4，臺北：新文豐出版公司。

19. 明‧俞憲等，《嘉靖‧獲鹿縣志》，13 卷，《天一閣藏明代方志選刊續編》1，上海：上海書店，1990 年 12 月。

20. 明‧姚卿，《嘉靖‧魯山縣志》，10 卷，《天一閣藏明代方志選刊》15，臺北：新文豐出版公司。

21. 明‧胡容重修，《嘉靖‧威縣志》，8 卷，《天一閣藏明代方志選刊續編》2，上海：上海書店，1990 年 12 月。

22. 明‧唐胄，《正德‧瓊臺志》，44 卷，《天一閣藏明代方志選刊》8，臺北：新文豐出版公司。

23. 明‧夏玉麟等，《嘉靖‧建寧府志》，21 卷，《天一閣藏明代方志選刊》9，臺北：新文豐出版公司。

24. 明‧夏良勝等，《正德‧建昌府志》，19 卷，《天一閣藏明代方志選刊》11，臺北：新文豐出版公司。

25. 明‧席書編、朱家相增修，《漕船志》，8 卷，《玄覽堂叢書》初輯，臺北：國立中央圖書館，1981 年 8 月臺初版，據明嘉靖甲辰刊本景印。

26. 明‧袁應祺，《萬曆‧黃巖縣志》，7 卷，《天一閣藏明代方志選刊》6，臺北：新文豐出版公司。

27. 明‧張古修等，《嘉靖‧內黃縣志》，9 卷，《天一閣藏明代方志選刊》15，臺北：新文豐出版公司。

28. 明‧張治道，《嘉靖‧長垣縣志》，9 卷，《天一閣藏明代方志選刊》15，臺北：新文豐出版公司。

29. 明‧張梯，《嘉靖‧固始縣志》，10 卷，《天一閣藏明代方志選刊》15，臺北：新文豐出版公司。

30. 明‧陳洪謨等，《嘉靖‧常德府志》，20 卷，《天一閣藏明代方志選刊》17，臺北：新文豐出版公司。

31. 明‧陳善等，《萬曆‧杭州府志》，100 卷，《明代方志選（4、5)》，臺北：臺灣學生書局，1965 年 5 月，據明萬曆七年刊本景印。

32. 明‧陳讓，《嘉靖‧邵武府志》，15 卷，《天一閣藏明代方志選刊》10，臺北：新文豐出版公司。

33. 明‧章律修，《成化‧保定郡志》，25 卷，《天一閣藏明代方志選刊》2，臺北：新文豐出版公司。

34. 明‧彭澤，《弘治‧徽州府志》，12 卷，《天一閣藏明代方志選刊》7，臺北：新文豐出版公司。

35. 明·褚宦等,《嘉靖·蘭陽縣志》,10 卷,《天一閣藏明代方志選刊》15,臺北:新文豐出版公司。

36. 明·趙錦,《嘉靖·江陰縣志》,21 卷,《天一閣藏明代方志選刊》5,臺北:新文豐出版公司。

37. 明·劉佃等,《嘉靖·武定志》,2 卷,《天一閣藏明代方志選刊》13,臺北:新文豐出版公司。

38. 明·劉訒纂修,《嘉靖·鄢陵縣志》,8 卷,《天一閣藏明代方志選刊》15,臺北:新文豐出版公司。

39. 明·鄭慶雲,《萬曆·延平府志》,23 卷,《天一閣藏明代方志選刊》9,臺北:新文豐出版公司。

40. 明·戴璟,《嘉靖·廣東通志初稿》,40 卷,首 1 卷,《北京圖書館古籍珍本叢刊》38 冊,北京:書目文獻出版社,1988 年 2 月,據明嘉靖刻本景印。

41. 明·謝彬等,《萬曆·漳州府志》,33 卷《明代方志選（3）》,臺北:臺灣學生書局,1965 年 5 月,據明萬曆元年刊本景印。

42. 明·蘇民望修、蕭時中等纂,《萬曆·永安縣志》,9 卷,《日本藏中國罕見地方志叢刊》,北京:書目文獻出版社,1990 年 2 月。

43. 清·王永瑞,《康熙·新修廣州府志》,54 卷,《北京圖書館古籍珍本叢刊》39 冊,北京:書目文獻出版社,據清康熙抄本景印。

44. 清·李芳春,《康熙·袁州府志》,20 卷,首 1 卷,《北京圖書館古籍珍本叢刊》31 冊,北京:書目文獻出版社,1988 年 2 月,據清康熙刻本景印。

45. 清·葉舟,《康熙·南昌郡乘》,55 卷,《北京圖書館古籍珍本叢刊》30 冊,北京:書目文獻出版社,1988 年 2 月,據清康熙刻本景印。

二、論　著

（一）專　書

1. 丁易,《明代的特務政治》,北京:群眾出版社,1983 年 12 月 1 版。

2. 尤韶華,《明代司法初考》,福建:廈門大學出版社,1998 年 11 月第 1 版。

3. 毛佩琦主編,《中國社會通史·明代卷》,太原:山西教育出版社,1996 年。

4. 牛平漢編著,《明代政區沿革綜表》,北京:中國地圖出版社,1997 年 10 月第 1 版。

5. 王國斌（R. Bin Wong）著,李伯重、連玲玲譯,《轉變的中國──歷史

變遷與歐洲經驗的局限》（China Transformed: Historical Change And The Limits Of European Experience），江蘇：江蘇人民出版社，1998 年。

6. 王雲五，《明代政治思想》，臺北：臺灣商務印書館，1971 年 2 月 3 版。

7. 王雲海主編，《宋代司法制度》，河南：河南大學出版社，1999 年 2 月第 1 版。

8. 王劍英，《明中都》，北京：中華書局，1992 年 5 月第 1 版。

9. 包筠雅（Cynthia J. Brokaw）著，杜正貞、張林譯，《功過格：明清社會的道德秩序》（The Ledgers of Merit and Demerit: Social Change and Moral Order In Late Imperial China），杭州：浙江人民出版社，1999 年。

10. 安東尼・紀登斯（Anthony Giddens）著，胡宗澤、趙力濤譯，《民族國家與暴力》（The Nation－State and Violence），臺北：左岸文化，2002 年。

11. 朱紹侯主編，《中國古代治安制度史》，開封：河南大學出版社，1994 年 12 月第 1 版。

12. 吳智和，《明代儒學教官》，臺北：臺灣學生書局，1991 年 3 月初版。

13. 吳智和編，《洪芳洲研究論集》，臺北：洪芳洲研究會，1998 年 6 月初版。

14. 吳晗等著，《皇權與紳權》，天津：天津人民出版社，1990 年 11 月第 1 版。

15. 吳緝華，《明代海運及河運研究》，臺北：中央研究院歷史語言研究所，1961 年 4 月初版。

16. 吳艷紅，《明代充軍研究》，北京：社會科學文獻出版社，2003 年 4 月第 1 版。

17. 呂進貴，《明代的巡檢制度 —— 地方治安基層組織及其運作》，宜蘭：明史研究小組，2002 年 8 月初版。

18. 李甲孚，《中國監獄法制史》，臺北：臺灣商務印書館，1984 年 6 月初版。

19. 李洵，《正德皇帝大傳》，瀋陽：遼寧教育出版社，1993 年 12 月第 1 版。

20. 李興盛，《中國流人史》，哈爾濱：黑龍江人民出版社，1996 年 3 月第 1 版。

21. 那思陸，《明代中央司法審判制度》，臺北：正典，2002 年。

22. 屈萬里註譯，《尚書今註今譯》，臺北：臺灣商務印書館，1993 年 2 月。

23. 林紀東，《監獄學》，臺北：三民書局，1991 年 8 月 8 版。

24. 武樹臣主編，《中國傳統法律文化辭典》，北京：北京大學出版社，1999 年。

25. 洪漢鼎，《詮釋學史》，臺北：桂冠，2002 年。

26. 唐立宗，《在「盜區」與「政區」之間 —— 明代閩粵贛湘交界的秩序變動與地方行政演化》，臺北：國立臺灣大學文史叢刊，2002 年 8 月。

27. 張哲郎,《明代巡撫研究》,臺北:文史哲出版社,1995 年 9 月初版。

28. 張晉藩、懷效鋒編,《中國法制通史・明代卷》,北京:法律出版社,1999 年 1 月第 1 版。

29. 張偉仁主編,《中國法制史書目》,臺北:中央研究院歷史語言研究所,1976 年 6 月。

30. 陳顧遠,《中國法制史》,臺北:臺灣商務印書館,1968 年 2 月臺 4 版。

31. 傅柯(Michel Foucault)著,劉北成、楊遠嬰譯,《規訓與懲罰:監獄的誕生》,(Discipline and Punish: The Birth of Prison)臺北:桂冠圖書公司,1992 年。

32. 勞改專業教材編輯部,《中國監獄史》,北京:群眾出版社,1986 年 12 月第 1 版。

33. 勞政武,《唐明律優遇官人規定之研究》,臺北:國立政治大學法律研究所碩士論文,1975 年 6 月。

34. 童光政,《明代民事判牘研究》,廣西:廣西師範大學出版社,1999 年 5 月第 1 版。

35. 費成康主編,《中國的家法族規》,北京:新華書店,1998 年 8 月第 1 版。

36. 黃葦等著,《方志學》,上海:復旦大學出版社,1993 年 6 月第 1 版。

37. 黃彰健,《明律例彙編》,臺北:三民書局,1979 年。

38. 楊一凡,《明大誥研究》,南京:江蘇人民出版社,1988 年 12 月第 1 版。

39. 楊一凡,《洪武法律典籍考證》,北京:法律出版社,1992 年 8 月第 1 版。

40. 楊雪峰,《明代審判制度》,臺北:黎明文化公司,1981 年 12 月 3 版。

41. 趙世瑜,《吏與中國傳統社會》,杭州:浙江人民出版社,1994 年 11 月第 1 版。

42. 廣東省社會科學院等編,《明清佛山碑刻文獻經濟資料》,廣州:廣東人民出版社,1987 年。

43. 潘德榮,《詮釋學導論》,臺北:五南,1999 年。

44. 戴順居,《明代的強盜案件——判牘中所反映的民間社會治安問題》,宜蘭:明史研究小組,2005 年 10 月初版。

45. 蔡嘉麟,《明代的衛學教育》,宜蘭:明史研究小組,2002 年 2 月初版。

46. 蕭慧媛,《明代的祖制爭議》,臺北:中國文化大學史學研究所碩士論文,1999 年 6 月。

47. 繆全吉,《明代胥吏》,臺北:嘉欣水泥公司文化基金會,1969 年 11 月初版。

48. 謝國楨編著,《增訂晚明史籍考》,上海:上海古籍出版社,1981 年 2 月第 1 版。

49. 韓大成，《明代城市研究》，北京：中國人民大學出版社，1991 年 9 月第 1 版，。

50. 韓國磐，《中國古代法制史研究》，北京：人民出版社，1993 年 7 月第 1 版。

51. 懷效鋒，《嘉靖專制政治與法制》，長沙：湖南教育出版社，1989 年 3 月第 1 版。

52. 蘇亦工《明清律典與條例》，北京：中國政法大學出版社，2000 年 1 月第 1 版。

53. 蘇同炳，《明代驛遞制度》，臺北：中華叢書編審委員會，1969 年 6 月初版。

（二）中文論文

1. 方志遠，〈明朝軍隊的編制與領導體制〉，《明史研究》，第 3 輯，1993 年 7 月。

2. 王昊，〈明代鄉里組織初探〉，《明史研究》，第 1 輯，1991 年 9 月。

3. 巨煥武，〈「真犯死罪」與「雜犯死罪」──明代律例中的死罪（上）〉，《政大法學評論》，49 期，1993 年 12 月。

4. 巨煥武，〈「真犯死罪」與「雜犯死罪」──明代律例中的死罪（下）〉，《政大法學評論》，51 期，1994 年 6 月。

5. 巨煥武，〈明代判決書的招由及其記載方法〉，《中華文化復興月刊》，10 卷 6 期，1977 年 6 月。

6. 巨煥武，〈明代的訴訟費用－囚紙〉，《大陸雜誌》，62 卷 4 期，1981 年 4 月。

7. 巨煥武，〈明代提刑按察司職掌之陵替〉，《思與言》，14 卷 1 期，1976 年 11 月。

8. 朱鴻，〈從南京到北京－明初定都問題的討論〉，《師大學報》，33 期，1988 年 6 月。

9. 吳智和，〈明代的江湖盜〉，《明史研究專刊》，1 期，1978 年 7 月。

10. 宋純路，〈明代巡撫及明政府對它的控制〉，《長春師範學院學報》，2001 年第 3 期。

11. 巫仁恕，〈明代的司法與社會－從明人文集中的判例談起〉，《法制史研究》，2 期，2001 年 12 月。

12. 巫仁恕，〈「妖婦」乎？「女仙」乎？──論明代山東唐賽兒的形象轉變〉，收入呂芳上主編，《無聲之聲（Ⅰ）：近代中國的婦女與國家（1600～1950）》，臺北：中研院近史所，2003 年。

13. 李國祁，〈明清兩代地方行政制度中道的功能及其演變〉，《中央研究院近

代史研究所集刊》，3 本，1972 年 7 月。

14. 李龍潛，〈明正統年間廣東黃蕭養的起義〉，《理論與實踐》，11 期，1959
年。

15. 杜婉言，〈明代訴訟制度〉，《中國史研究》，1996 年 2 期。

16. 邱澎生，〈真相大白？明清刑案中的法律推理〉，收入於熊秉真編《讓證
據說話──中國篇》，臺北：麥田出版公司，2001 年。

17. 邱澎生，〈有資用世或福祚子孫：晚明有關法律知識的兩種價值觀〉，《清
華學報》，新 33 卷 1 期，2003 年 6 月。

18. 邱澎生，〈以法為名：明清訟師與幕友對法律秩序的衝擊〉，《新史學》，
15 卷 4 期，2004 年 12 月。

19. 島田正郎，〈遼朝鞫獄官考（上）（下）〉，《大陸雜誌》，31 卷，10 期、11
期，1996 年 11 月、12 月。

20. 徐續，〈關於黃蕭養起義的幾個問題〉，《史學月刊》，11 期，1958 年。

21. 張哲郎，〈明初的地方控制與里甲制〉，《食貨月刊》復刊，11 卷，1 期，
1981 年 4 月。

22. 張哲郎，〈從明代皇帝之即位詔及遺詔論明代政權的轉移（上）（下）〉，《國
立政治大學歷史學報》，14 期、15 期，1997 年 5 月、1998 年 5 月。

23. 連啓元，〈明代獄囚脫逃的類型分析〉，《明史研究專刊》，13 期，2002 年
3 月。

24. 連啓元，〈反獄動亂下的歷史書寫：明正統末年廣東黃蕭養事件研究〉，《白
沙歷史地理學報》，4 期，2007 年 10 月。

25. 陳寶良，〈明代巡檢司初探〉，《天府新論》，1992 年 6 期。

26. 彭伊洛，〈明中葉黃蕭養在廣州起義的社會背景及其經過〉，《史學月刊》，
10 期，1957 年。

27. 馮客（Frank Dikötter）著，葉毅均、程曉文譯，〈民國時期的摩登玩意、
文化拼湊與日常生活〉，收入李孝悌編，《中國的城市生活》，臺北：聯經
出版公司，2005 年。

28. 黃彰建，〈明洪武永樂朝的榜文峻令〉，《中央研究院歷史語言研究所集
刊》，46 本 4 分冊，1975 年 10 月。

29. 萬明，〈明代兩京制度的形成及其確立〉，《中國史研究》，1993 年 1 月。

30. 趙世瑜，〈明代吏典制度簡說〉，《明清史》，1988 年 5 月。

31. 劉志偉，〈明代廣東地區的「盜亂」與里甲制〉，《中山大學史學集刊》第
3 輯，廣州：廣東人民出版社，1995 年。

32. 劉曉，〈元代監獄制度研究〉，《元史論叢》，第 7 輯，1999 年 4 月。

33. 蔡嘉麟，〈明代的南贛參將──兼論南贛地區的軍事防禦體制〉，《明史

研究專刊，13 期，2002 年 3 月。

34. 鄧嗣禹，〈明大誥與明初之政治社會〉，《燕京學報》，20 期，1936 年 12
月。

35. 栢樺，〈明代州縣官的施政及障礙〉，《東北師範大學學報》，1998 年 1 月。

36. 濱島敦俊，〈明代之判牘〉，《中國史研究》，1996 年 1 期。

（三）外文論文

1. 川勝守，〈明代鎮市の水柵と巡檢司 —— 長江デルタ地域について〉，《東
方學》，74 輯，7 月。

2. 濱島敦俊，〈明末東南沿海諸省の牢獄〉，《西嶋定生博士還曆記念 —— 東
アジア史における國家と農民》，1984 年。

3. 濱島敦俊，〈明清時代中國の地方監獄 —— 初步的考察〉，《法制史研究》，
卷 33，1984 年。

4. 高遠拓兒，〈清朝の監獄と越獄反獄〉，《亞洲史研究》（中央大学）24，
2000 年。